INTRODUCTION
TO SERVICE FOR
THE DISABLED

残疾人服务概论

李锦顺　罗文波　王秀丽◎编　著

东方出版中心有限公司

目录

第一章
残疾人基本知识

残疾人是一个特殊的、困难的群体，需要格外关心、格外关注。虽然我国的残疾人事业取得了辉煌的成就，但是目前我国残疾人事业的发展水平与经济社会协调发展的要求相比，与广大残疾人的需求相比，还有较大的差距，残疾人问题已成为当今一个无法回避的社会问题。了解残疾人基本知识是为残疾人提供服务的第一步。

第一节　残疾与残疾人

残疾人是人数众多、特性突出、有特殊困难的社会群体。关心残疾人、做好残疾人服务工作，是全面建设社会主义现代化国家的重要方面。残疾的概念具有相对性，残疾人的范畴也随着残疾与残疾人的评定标准的变化而变化。

一、残疾与残疾人的概念界定

（一）残疾的定义

1. 残疾的国际定义

第 37 届联合国大会通过的《关于残疾人的世界行动纲领》，将残疾定义为“由于缺陷而缺乏作为正常人以正常方式从事某种正常活动的能力”。

第 61 届联合国大会通过的《残疾人权利公约》中对残疾的定义为，“残疾是一个演变中的概念，残疾是伤残者和阻碍他们在与其他人平等的基础上充分和切实地参与社会的各种态度和环境障碍相互作用所产生的结果”。

2. 我国对残疾的定义

对于残疾的定义，有很多不同的表述方式。我国学者对残疾的概念作了不同的界定。例如，王辅贤认为，残疾就是由于人的器官在结构和功能上出现比较严重的问题而影响了人的正常社会生活的状况。① 郑晓英、孙喜斌、刘民则认为，残疾(Disability)是指由于疾病、意外伤害等各种原因所致的人体解剖、生理功能的异常或缺失，从而导致部分或全部丧失正常人的生活、工作和学习的能力，无法承担其日常生活和社会功能。②

简言之，残疾是指由病伤等原因而改变人的心理、生理、人体器官的结构和功能，从而导致全部或者部分丧失以正常方式从事某种活动能力的状况。

（二）残疾人的定义

1. 残疾人的国际定义

1982 年，联合国大会决议通过的《关于残疾人的世界行动纲领》将残疾人定义为一个非单一的性质的群体，包括精神病者，智力迟钝者，视觉、听觉和言语方面受损者，行动能力受限者和“内科残疾”者等。

国际劳工组织大会第 69 届会议通过的《残疾人职业康复和就业公约》中，“残疾人”一词系指经正式承认的身体或精神损伤，从而在获得、保持适当职业并得到提升方面的前景大受影响的个人。

第 61 届联合国大会通过的《残疾人权利公约》中定义残疾人包括肢体、精神、智力或感官有长期损伤的人，这些损伤与各种障碍相互作用，可能阻碍残疾人在与他人平等的基础上充分和切实地参与社会。

2. 我国关于残疾人的法律定义

根据国际社会的提法，结合我国社会的实际，2008 年 4 月 24 日修订通过的《中华人民共和国残疾人保障法》第二条规定：残疾人是指在心理、生理、人体结构上，某种组织、功能丧失或者不正常，全部或者部分丧失以正常方式从事某种活动能力的人。相对而言，这个定义在范围上更完整，基本上概括了残疾人的基本特征，对残疾人的理解上不仅包含了身体上的缺陷而带来的器官的丧失或者不正常，而且也包含了心理上的功能障碍而带来的精神和智力层面的残疾。因此，本书采纳《中华人民共和国残疾人保障法》中关于残疾人的定义。

二、 残疾人的分类

目前世界各国对残疾人的评定标准不同，其划分类别也不完全一致。大体可根据如下不同标准划分为不同的类别。

（一）根据身心功能和身体结构分类

根据发生部位的不同，人的身心功能和身体结构障碍可划分为不同类别。2006 年中国第 2 次全国残疾人抽样调查，将残疾人分为 7 类，分别为视力残疾人、听力残疾人、言语残疾人、肢体残疾人、智力残疾人、精神残疾人、多重残疾人。

---

① 王辅贤：《残疾人社会工作》，北京大学出版社，2008，第 2 页。

② 郑晓英，孙喜斌，刘民：《中国残疾预防对策研究》，华夏出版社，2008，第19 页。

而美国根据残疾人生理缺陷的具体部位和心智不健全的特征，将其分为 11 类，即智力落后、重听、聋、语言障碍、重度情感紊乱、畸形损害（包括肢体伤残、侏儒症）、又聋又盲、又聋又哑、其他健康损害、多重障碍和特殊学习困难。

日本把残疾人分为 8 类，即视觉障碍（包括全盲和弱视）、听觉障碍（包括聋和重听）、智力落后、肢体缺陷、病弱、精神和情感障碍、语言障碍、多重障碍。

（二）根据生命周期不同阶段分类①

人成长的生命周期是个体由生到死，依次通过几个成长阶段而经历人生的过程。根据人口学理论，我们通常将个体成长生命周期分为婴幼儿期、少年期、青年期、中壮年期、老年期。与之相对应，可将残疾人划分为婴幼残疾人、少年残疾人、青年残疾人、中壮年残疾人、老年残疾人。

人成长的生命周期是个体生理上由弱小到强壮再到衰退，心理上由不成熟到成熟，社会方面由逐步开始承担责任到承担众多社会责任再到减少社会责任，个人发展不断变化的过程。残疾人同非残障人士一样，在人生的每一个成长阶段，都有不同的生理、心理需求及社会发展任务。因此，处于生命周期不同阶段的残疾人，其面临的困难和危机也各不相同。

（三）根据障碍影响程度分类

根据各种障碍对各类活动能力影响程度的轻重，人的身心功能和身体结构障碍可分为一级、二级、三级、四级等残疾等级。与之相对应，可将残疾人划分为轻度残疾人、中度残疾人、重度残疾人和极重度残疾人，通常残疾等级为一、二级的被视为极重度和重度残疾人，残疾等级为三、四级的分别被视为中度和轻度残疾人，而测量障碍的程度，通常可依据障碍者照料自己能力的高低来衡量，如按照“自理无困难”“自理有困难”或“不能自理，需要帮助”三种情况进行分级。有着不同程度功能和结构障碍的残疾人，其康复训练的需求和目的也不一样。

（四）根据 ICF 分类

《国际功能、残疾和健康分类》（International Classification of Functioning，Disability and Health，简称 ICF）是世界卫生组织（World Health Organization，简称 WHO）2001 年 5 月在第 54 届世界卫生大会颁布的用以描述健康及其相关状况的理论框架和分类体系。ICF 从躯体、个人及社会 3 个维度构建健康、功能及残疾（失能）新模式；运用国际标准化的通用语言使全世界不同学科和领域能够在同一个术语平台上交流有关健康和功能的信息。在“2014—2021 年全球残疾行动计划”中，ICF 已被 WHO 推荐为收集关于功能和残疾（失能）的综合信息框架，同时被纳入 WHO 和国际物理医学与康复学会的协作计划。

---

① 卓彩琴：《残疾人社会工作》，华南理工大学出版社，2008，第 4 页。

ICF 的核心概念是个体在特定领域的功能取决于健康状况和背景性因素(环境因素和个人因素)之间的交互作用,这种交互作用是双向、多维、动态的,一种成分的变化会对其他成分产生促进或者阻碍作用,且功能受限可以用等级来标记。

根据 ICF 的理念,可将残疾人划分为如下类别:① 有损伤而没有活动和参与受限的残疾人;② 有损伤和活动受限但没有参与受限的残疾人;③ 有活动或参与受限但没有显著损伤的残疾人;④ 有活动受限但没有显著损伤和参与受限的残疾人。

第二节 残疾人标准

不同国家对残疾人残疾分类和分级的标准不尽相同,我国评定残疾人的标准是根据我国国情,参照国际标准制定的。我国评定残疾人的标准是《残疾人残疾分类和分级》国家标准。

一、国家评定残疾人的标准

1. 残疾人残疾分类和分级标准制定的过程①

《残疾人残疾分类和分级》是由国家参照国际标准,根据我国国情制定的。残疾人残疾分类和分级国家标准不是静态的,而是动态的,是随着我国经济、社会及科学文化的发展而发展的。

该国家标准项目由国家标准化管理委员会于 2009 年批准立项,民政部、中国残疾人联合会组织北京协和医学院、中国康复研究中心、中国聋儿康复研究中心、北京大学精神卫生研究所、北京大学第一附属医院、武警北京市总队第三医院等 10 余家单位的数十位专家参加了标准的起草工作。为保证标准的科学性、合理性以及与现行的国家相关政策有效衔接,标准草案广泛征求了各类残疾人组织、残疾人代表及其亲属、基层残疾人工作者及群众等社会各界以及原国家卫生和计划生育委员会(以下简称"卫计委")、司法部、人力资源和社会保障部、公安部、保险监督管理委员会等多个行业管理部门的意见。《残疾人残疾分类和分级》推荐性国家标准是残疾人领域关于残疾种类和等级划分的首个国家标准。它规定了残疾人残疾分类和分级的术语和定义、残疾分类和分级及代码等,适用于残疾人有关的信息、统计、管理以及对残疾人的服务、保障等方面。

该国家标准在起草过程中,充分考虑了我国残疾人工作的实际情况、特点以及现阶段的经济社会发展水平,参考了第 2 次全国残疾人抽样调查的数据和使用的技术要求,其后又进行了大量的调研、论证、试点和反复修改,借鉴了目前国际上通行的相关分类

① 奚从清,林清和:《残疾人社会工作》,浙江大学出版社,2013,第 6—7 页。

分级方法，参考了各界意见，既符合国情，又与国际接轨，具有较强的科学性与可操作性。

2011 年 4 月 28 日，中国残疾人联合会副理事长程凯在残疾人分类和分级国家标准新闻发布会上的讲话中指出，经过专家们两年多的辛勤工作，在民政部、卫计委、国家市场监督管理总局、国家标准化管理委员会等部门的大力支持下，《残疾人残疾分类和分级》国家标准(以下简称分类分级国家标准)于 5 月 1 日正式实施。

2. 残疾人残疾分类和分级标准实施的意义

中国残疾人联合会副理事长程凯在残疾人分类和分级国家标准新闻发布会上的讲话，着重从以下三个方面阐述了分类分级国家标准的实施对推动我国残疾人口的统计和信息管理，有针对性地开展残疾人社会保障和服务，特别是对加强和创新社会管理，加快推进残疾人社会保障体系和服务体系建设的重要意义。①

(1) 分类分级国家标准的颁布实施，是贯彻落实党中央国务院促进残疾人事业发展一系列方针政策的重要举措。

2008 年 3 月 28 日，中共中央政治局开会研究促进我国残疾人事业发展一系列方针政策，并颁发《中共中央 国务院关于促进残疾人事业发展的意见》(中发〔2008〕7 号，以下简称“促进残疾人事业发展的意见”)，这是党中央、国务院在全面建设小康社会的关键时期做出的促进残疾人事业发展的重大部署，是指导当前和今后一个时期残疾人事业发展的纲领性文件。意见从保障和维护残疾人的生存权和发展权的高度，以健全残疾人社会保障制度、加强残疾人服务体系建设为核心，提出了当前和今后一个时期促进残疾人事业加快发展的一系列政策措施。意见明确提出“制定国家残疾标准，建立残疾报告制度，加强信息收集、监测和研究”。时任中共中央政治局委员、国务院副总理、国务院残疾人工作委员会主任回良玉同志也就残疾分类分级国家标准制定工作提出明确要求。因此，分类分级国家标准的颁布实施是贯彻落实党中央和国务院发展残疾人事业一系列方针政策的重要举措，是做好当前和今后一个时期残疾人口统计、管理、服务和保障等工作的重要依据。这一标准具体适用于第二代残疾人证核发、残疾人人口基础信息数据库建设等残疾人事业管理基础性工作。中华人民共和国残疾人证是我国残疾人身份的唯一合法证明，是残疾人享受社会保障、基本公共服务和优惠政策的重要凭证。残疾人人口基础数据库建设是加强和规范残疾人口管理的基础，有助于实现跨部门、跨地区的信息资源共享。分类分级国家标准的颁布实施必将有力推动第二代残疾人证核发、残疾人口的管理以及残疾人人口基础信息数据库建设，全面准确了解残疾人的基本情况，特别是及时准确掌握他们的困难和需求，落实残疾人劳动就业、社会保障、康复医疗、税收减免等福利政策，以实现国家保障和优惠残疾人各项法规政策的目标和意志。

---

① 中国残疾人联合会，2011，《程凯在残疾人分类和分级国家标准新闻发布会上的讲话》，2011 年工作通报第 15 期，http://www.cdpf.org.cn/yw/ldjh/201107/t20110720_7883.shtml。

(2) 分类分级国家标准的颁布实施，是我国残疾人事业科学发展的重大成果。

1987 年，经国务院批准，我国进行了首次全国残疾人抽样调查，掌握了国内残疾人的基本状况。调查后国家陆续出台一系列保障残疾人、发展残疾人事业的法规、政策，推动残疾人事业有了一个较大的发展。为了保证调查的科学性和准确统一，调查领导小组组织专家制定了第一次全国残疾人抽样调查残疾标准并在入户调查中发挥了重要的作用。此后该标准成为管理和发放“中华人民共和国残疾人证”的主要依据。首次全国残疾人抽样调查之后 20 年来，我国经济社会发展迅速，残疾人状况发生明显变化。为准确掌握全国残疾人的实际状况，国务院批准于 2006—2007 年开展第二次全国抽样调查，并成立由中国残联、民政部、卫计委、国家统计局等 16 个单位组成的领导小组。由国内医学、统计等各方面知名专家组成第二次全国残疾人抽样调查专家委员会，负责制定了《第二次全国残疾人抽样调查残疾标准》并报国务院批准同意。第二次全国残疾人抽样调查标准既保持了与第一次抽样调查残疾标准的延续性，经过大样本量的调查检验和各方面专家研究论证，既与国际残疾标准相衔接，又符合我国国情，同时又具有可操作性，得到政府有关部门、专家、残疾人和残疾人工作者及社会各方面的广泛认同。分类分级国家标准就是在这一标准基础上研究、制定的。

在标准制定过程中，我们注意到，一个国家残疾人占总人口的比例在一定程度上反映着这个国家的社会保障能力和水平。联合国发布的数据确认，残疾人口占全球总人口的 10%，发达国家残疾人比例一般均在 10%以上。残疾人残疾分类分级标准在参考国际相关标准的同时，充分考虑和反映了我国国情和经济社会发展水平，特别是国家社会保障的可承受力。根据《中华人民共和国残疾人保障法》相关规定，把残疾类别限定在视力残疾、听力残疾、言语残疾、肢体残疾、智力残疾、精神残疾和多重残疾等 7 类，未把许多发达国家已明确列为残疾的内脏缺损、不可逆慢性疾病等可能带来社会适应性障碍的致残因素列入评残范围。此外，分类分级国家标准与我国现有的工伤、交通事故、司法鉴定等涉及不同领域的“伤、残”评定标准相比，在适用范围、使用目的、评定方法、等级划分等方面都存在差异。分类分级国家标准有其特定的适用范围和评定方法，既不等同也不能替代其他领域的评定标准。总之，在《第二次全国残疾人抽样调查残疾标准》基础上，经过两年多的调研、论证、试点和反复修订的分类分级国家标准符合科学发展观要求和我国残疾人事业发展的需要，实践证明在我国残疾人工作领域是科学适用的。

(3) 分类分级国家标准的颁布实施，为残联组织履行“代表、服务、管理”职能增添了重要手段。

标准发布后，各地进一步认真贯彻落实“促进残疾人事业发展的意见”和国家“十二五”规划纲要提出的加快发展残疾人事业的各项政策措施，大力推进残疾人社会保障体系和服务体系建设。同时，作为党和政府联系广大残疾人及其亲属的桥梁和纽带，残联组织在加强和创新社会管理、保障和改善残疾人民生工作中担负着义不容辞的责任。各级残联组织以分类分级国家标准的颁布实施为契机，进一步摸清残疾人底数，加快第二代残疾人证的核发，完善工作流程，加强人员培训，真正发挥好这一国家标准应有的作用。国家残联在残联系统和广大残疾人中广泛宣传贯彻分类分级国家标准，同时依据国家标准研究制定了《残疾人残疾分类和分级评定手册》等配套标准，规范了各个类别残疾评定的方法、工具和流程，使这一重要国家标准在残疾人工作实践、人口管理和服务中切实发挥作用，彰显了残联组织的“代表、服务、管理”职能。

《残疾人残疾分类和分级》国家标准的实施，充分体现了党和国家对残疾人事业的高度重视，也体现了社会各界对广大残疾人的真挚关爱和对残疾人服务工作的帮助与支持。

二、 残疾人分类分级的标准

制订残疾标准应遵循以下两个原则：

一是以社会功能障碍为主来确定残疾，即以社会功能障碍的程度划分残疾等级，每类残疾划分四个等级，各对应不同程度自理能力。

二是为利于国际学术交流和资料的互相比较，凡是已经有国际统一标准的，尽量和国际统一标准取得一致；对没有国际统一标准的，自行制订。因此，我国制订的五类残疾标准中的视力残疾标准、听力语言残疾标准与国际标准基本一致，智力残疾标准也是一致的，肢体残疾标准则是自行制定的，精神残疾标准也是参照世界卫生组织提供的精神病分级标准而自行制定的。

1987 年我国进行了第一次全国残疾人抽样调查，同时制定了《中国残疾分类标准》。该标准将残疾分为视力残疾、听力语言残疾、肢体残疾、智力残疾和精神残疾等 5 大类。

然而，随着时间推移和残疾概念的不断演变，上述标准已不合时宜。2006 年，我国举行了第二次全国残疾人抽样调查并重新制定了残疾的分类标准，并从 2011 年 5 月 1 日起开始实施《残疾人残疾分类和分级》国家标准。

根据 2011 年 5 月 1 日正式实施的《残疾人残疾分类和分级》国家标准①，对 7 类残疾的定义及分级标准如下(多重残疾指有 2 项或多项残疾类别的残疾人)：

(一) 残疾分类

按不同残疾分为视力残疾、听力残疾、言语残疾、肢体残疾、智力残疾、精神残疾和多重残疾。

1. 视力残疾

各种原因导致双眼视力低下并且不能矫正或双眼视野缩小，以致影响其日常生活和

① 广东省残疾人联合会，《残疾人残疾分类和分级》国家标准，http://www.gddpf.org.cn/zzll/cjrz/201904/t20190403_996090.htm。

社会参与。视力残疾包括盲及低视力。

2. 听力残疾

各种原因导致双耳不同程度的永久性听力障碍,听不到或听不清周围环境声及言语声,以致影响其日常生活和社会参与。

3. 言语残疾

各种原因导致的不同程度的言语障碍,经治疗一年以上不愈或病程超过两年,而不能或难以进行正常的言语交流活动,以致影响其日常生活和社会参与。包括:失语、运动性构音障碍、器质性构音障碍、发声障碍、儿童言语发育迟滞、听力障碍所致的言语障碍、口吃等。(注意言语残疾三岁以下不定残。)

4. 肢体残疾

人体运动系统的结构、功能损伤造成的四肢残缺或四肢、躯干麻痹(瘫痪)、畸形等导致人体运动功能不同程度丧失以及活动受限或参与的局限。

肢体残疾主要包括:

a) 上肢或下肢因伤、病或发育异常所致的缺失、畸形或功能障碍;

b) 脊柱因伤、病或发育异常所致的畸形或功能障碍;

c) 中枢、周围神经因伤病或发育异常造成躯干或四肢的功能障碍。

5. 智力残疾

智力显著低于一般人水平,并伴有适应行为的障碍。此类残疾是由于神经系统结构、功能障碍,使个体活动和参与受到限制,需要环境提供全面和间歇的支持。

智力残疾包括在智力发育期间(18 岁之前),由于各种有害因素导致的精神发育不全或智力迟滞;或者智力发育成熟以后,由于各种有害因素导致智力损害或智力明显衰退。

6. 精神残疾

各类精神障碍持续一年以上未痊愈,由于存在认知、情感和行为障碍,以致影响其日常生活和社会参与。

7. 多重残疾

同时存在视力残疾、听力残疾、言语残疾、肢体残疾、智力残疾、精神残疾中的两种或两种以上残疾。

(二) 残疾分级

各类残疾按残疾程度分为四级,残疾一级、残疾二级、残疾三级和残疾四级,残疾一级为极重度,残疾二级为重度,残疾三级为中度,残疾四级为轻度。

1. 视力残疾分级

按视力和视野状态分级。其中盲为视力残疾一级和二级,低视力为视力残疾三级和四级。视力残疾均指双眼而言,若双眼视力不同,则以视力较好的一眼为准。如仅有单眼为视力残疾，而另一眼的视力达到或优于0.3，则不属于视力残疾范畴。视野以注视点为中心，视野半径小于10°者，不论其视力如何均属于盲。视力残疾分级见表1-1。

表1-1　视力残疾分级

级　别	视力、视野
一级	无光感～<0.02；或视野半径小于5°
二级	0.02～<0.05；或视野半径小于10°
三级	0.05～<0.1
四级	0.1～<0.3

2. 听力残疾分级

按平均听力损失，及听觉系统的结构、功能，活动和参与，环境和支持等因素分级（不佩戴助听放大装置）。3岁以内儿童，残疾程度一、二、三级的定为残疾人。

（1）听力残疾一级

听觉系统的结构和功能极重度损伤，较好耳平均听力损失大于90 dB HL，不能依靠听觉进行言语交流，在理解、交流等活动上极重度受限，在参与社会生活方面存在极严重障碍。

（2）听力残疾二级

听觉系统的结构和功能重度损伤，较好耳平均听力损失在81—90 dB HL之间，在理解和交流等活动上重度受限，在参与社会生活方面存在严重障碍。

（3）听力残疾三级

听觉系统的结构和功能中重度损伤，较好耳平均听力损失在61—80 dB HL之间，在理解和交流等活动上中度受限，在参与社会生活方面存在中度障碍。

（4）听力残疾四级

听觉系统的结构和功能中度损伤，较好耳平均听力损失在41—60 dB HL之间，在理解和交流等活动上轻度受限，在参与社会生活方面存在轻度障碍。

3. 言语残疾分级

按各种言语残疾不同类型的口语表现和程度，脑和发音器官的结构、功能，活动和参与，环境和支持等因素分级。

（1）言语残疾一级

脑和（或）发音器官的结构、功能极重度损伤，无任何言语功能或语音清晰度小于或等于10%，言语表达能力等级测试未达到一级测试水平，在参与社会生活方面存在极严重障碍。

(2) 言语残疾二级

脑和(或)发音器官的结构、功能重度损伤,具有一定的发声及言语能力。语音清晰度在 11%—25%之间,言语表达能力等级测试未达到二级测试水平,在参与社会生活方面存在严重障碍。

(3) 言语残疾三级

脑和(或)发音器官的结构、功能中度损伤,可以进行部分言语交流。语音清晰度在 26%—45%之间,言语表达能力等级测试未达到三级测试水平,在参与社会生活方面存在中度障碍。

(4) 言语残疾四级

脑和(或)发音器官的结构、功能轻度损伤,能进行简单会话,但用较长句表达困难。语音清晰度在 46%—65%之间,言语表达能力等级测试未达到四级测试水平,在参与社会生活方面存在轻度障碍。

4. 肢体残疾分级

按人体运动功能丧失、活动受限、参与局限的程度分级(不佩戴假肢、矫形器及其他辅助器具)。肢体部位说明如下:

a) 全上肢: 包括肩关节、肩胛骨;

b) 上臂: 肘关节和肩关节之间,不包括肩关节,含肘关节;

c) 前臂: 肘关节和腕关节之间,不包括肘关节,含腕关节;

d) 全下肢: 包括髋关节、半骨盆;

e) 大腿: 髋关节和膝关节之间,不包括髋关节,含膝关节;

f) 小腿: 膝关节和踝关节之间,不包括膝关节,含踝关节;

g) 手指全缺失: 掌指关节;

h) 足趾全缺失: 跖趾关节。

(1) 肢体残疾一级

不能独立实现日常生活活动,并具备下列状况之一:

① 四肢瘫: 四肢运动功能重度丧失;

② 截瘫: 双下肢运动功能完全丧失;

③ 偏瘫: 一侧肢体运动功能完全丧失;

④ 单全上肢和双小腿缺失;

⑤ 单全下肢和双前臂缺失;

⑥ 双上臂和单大腿(或单小腿)缺失;

⑦ 双全上肢或双全下肢缺失;

⑧ 四肢在手指掌指关节(含)和足跗跖关节(含)以上不同部位缺失;

⑨ 双上肢功能极重度障碍或三肢功能重度障碍。

(2) 肢体残疾二级

基本上不能独立实现日常生活活动,并具备下列状况之一:

① 偏瘫或截瘫:残肢保留少许功能(不能独立行走);

② 双上臂或双前臂缺失;

③ 双大腿缺失;

④ 单全上肢和单大腿缺失;

⑤ 单全下肢和单上臂缺失;

⑥ 三肢在手指掌指关节(含)和足跗跖关节(含)以上不同部位缺失(一级中的情况除外);

⑦ 二肢功能重度障碍或三肢功能中度障碍。

(3) 肢体残疾三级

能部分独立实现日常生活活动,并具备下列状况之一:

① 双小腿缺失;

② 单前臂及其以上缺失;

③ 单大腿及其以上缺失;

④ 双手拇指或双手拇指以外其他手指全缺失;

⑤ 二肢在手指掌指关节(含)和足跗跖关节(含)以上不同部位缺失(二级中的情况除外);

⑥ 一肢功能重度障碍或二肢功能中度障碍。

(4) 肢体残疾四级

基本上能独立实现日常生活活动,并具备下列状况之一:

① 单小腿缺失;

② 双下肢不等长,差距大于或等于 50 mm;

③ 脊柱强(僵)直;

④ 脊柱畸形,后凸大于 70°或侧凸大于 45°;

⑤ 单手拇指以外其他四指全缺失;

⑥ 单手拇指全缺失;

⑦ 单足跗跖关节以上缺失;

⑧ 双足趾完全缺失或失去功能;

⑨ 侏儒症(身高小于或等于 1 300 mm 的成年人);

⑩ 一肢功能中度障碍或两肢功能轻度障碍;

⑪ 类似上述的其他肢体功能障碍。

5. 智力残疾分级

按 0—6 岁和 7 岁及以上两个年龄段发育商、智商和适应行为分级。0—6 岁儿童发育商小于72的直接按发育商分级，发育商在72—75之间的按适应行为分级。7岁及以上按智商、适应行为分级；当两者的分值不在同一级时，按适应行为分级。WHO－DAS Ⅱ分值反映的是18岁及以上各级智力残疾的活动与参与情况。智力残疾分级见表1－2。

表1－2 智力残疾分级

级 别	智力发育水平		社会适应能力	
	发育商(DQ) 0—6岁	智商(IQ) 7岁及以上	适应行为 (AB)	WHO－DASⅡ 分值18岁及以上
一级	≤25	<20	极重度	≥116分
二级	26—39	20—34	重度	106—115分
三级	40—54	35—49	中度	96—105分
四级	55—75	50—69	轻度	52—95分

适应行为表现：

极重度——不能与人交流，不能自理不能参与任何活动、身体移动能力很差；需要环境提供全面的支持，全部生活由他人照料。

重度——与人交往能力差、生活方面很难达到自理、运动能力发展较差；需要环境提供广泛的支持，大部分生活由他人照料。

中度——能以简单的方式与人交流，生活能部分自理、能做简单的家务劳动、能参与一些简单的社会活动；需要环境提供有限的支持，部分生活由他人照料。

轻度——能生活自理、能承担一般的家务劳动或工作、对周围环境有较好的辨别能力、能与人交流和交往、能比较正常地参与社会活动；需要环境提供间歇的支持，一般情况下生活不需要由他人照料。

6. 精神残疾分级

18岁及以上的精神障碍患者依据WHO－DASⅡ分值和适应行为表现分级，18岁以下精神障碍患者依据适应行为的表现分级。

(1) 精神残疾一级

WHO－DASⅡ值大于或等于116分，适应行为极重度障碍；生活完全不能自理，忽视自己的生理、心理的基本要求。不与人交往，无法从事工作，不能学习新事物，需要环境提供全面、广泛的支持，生活长期、全部需他人监护。

(2) 精神残疾二级

WHO－DASⅡ值在106—115分之间适应行为重度障碍；生活大部分不能自理，基本不与人交往，只与照顾者简单交往，能理解照顾者的简单指令，有一定学习能力。监护下能从事简单劳动。能表达自己的基本需求，偶尔被动参与社交活动。需要环境提供广泛的支持，大部分生活仍需他人照料。

(3) 精神残疾三级

WHO－DASⅡ值在96—105分之间，适应行为中度障碍；生活上不能完全自理，可以与人进行简单交流，能表达自己的情感。能独立从事简单劳动，能学习新事物，但学习能力明显比一般人差。被动参与社交活动，偶尔能主动参与社交活动。需要环境提供部分的支持，即所需要的支持服务是经常性的、短时间的需求，部分生活需由他人照料。

(4) 精神残疾四级

WHO-DASⅡ值在52—95分之间，适应行为轻度障碍；生活上基本自理，但自理能力比一般人差，有时忽略个人卫生。能与人交往，能表达自己的情感，体会他人情感的能力较差，能从事一般的工作，学习新事物的能力比一般人稍差。偶尔需要环境提供支持，一般情况下生活不需要由他人照料。

7. 多重残疾分级

按所属残疾中残疾程度最重类别的分级确定其残疾等级。

第三节　残疾人的特征

残疾人可以分为听力残疾人、视力残疾人、言语残疾人、肢体残疾人、智力残疾人和精神残疾人等类别，此外还有一些身有多种残疾的多重残疾人。这些残疾人在生理和心理上具有独有的特征。了解不同类别残疾人的生理、心理特征，并对他们进行有针对性的介入服务，可以取得更好的效果。

一、残疾人的生理特征

当身体的某一器官产生病变或有缺陷时，另一些器官的功能会相应加强，以弥补其功能的不足称之为生理补偿。一般情况下，凡是成对的器官，若其中之一受到损伤，另一器官就有可能超常发展。如一叶肺或一个肾在另一相应器官损伤的情况下，都有进行超额工作的能力和倾向。不同器官也有相互补偿的作用。这是一种生理适应机制。人体固有的补偿功能使一切生理缺陷都可以在一定程度上得到补偿。残疾人生理功能的生理缺陷与代偿特点形成了不同类型残疾人的不同生理特征。

（一）视力残疾人的生理特征

视力残疾人分为盲人和低视力者，有先天和后天之分。全身运动协调能力差，但静力性力量较好，运动系统和心肺功能等方面都低于健全人。听觉和触觉等有代偿性发育。

（二）听力残疾人的生理特征

听力残疾人的运动系统和心肺功能与健全人基本一致，但运动的节奏感和运动技能的学习明显差于健全人。

（三）言语残疾人的生理特征

大多数言语残障的人同时也是听力残障，少数言语残障人是智力发育障碍或中枢神经损伤所致,极少数是单一性的发声器官发育异常或损伤。

（四）智力残疾人的生理特征

一般而言,智力水平越低,其运动系统发育越差,从而影响其他器官发育。

（五）肢体残疾人的生理特征

肢体残疾是指人的上下肢、躯干部分发生病变或残损,从而明显影响人的日常行为动作的身体残疾。肢体残疾,有的是因病使运动神经系统机能病变造成上肢或下肢麻痹;有的是因意外事故,如交通事故、地震等上、下肢残损;有的是先天性四肢发育不全。

肢体残疾有下肢残疾、上肢残疾、躯干残疾等不同种类。人体的下肢是支撑体重和行走的运动器官。下肢残疾或下肢麻痹的残疾人,用身体的其他器官来代偿支撑或行走功能是困难的,只能借助于轮椅车、拐杖等帮助行走。但是下肢残疾的人,上肢一般都比较灵巧,大脑发育也正常。他们以此可对下肢造成的生理缺陷做间接补偿,在一定的劳动岗位上这种补偿功能可发挥较佳效能。

（六）精神残疾人的生理特征

1. 思维破裂

精神残疾人在进行思考时往往没有重点,几个想法之间缺乏一切必要关联,叙述时语无伦次,首尾不应,逻辑混乱。

2. 情感障碍

某些精神疾病患者往往会冷漠对待自己的家人、亲人,甚至出现对抗情绪。对自己周边发生的一切事物不为所动,全天静坐,思维混乱。患有严重情感障碍的患者会基本丧失自我管理能力,对生活作息造成严重影响,严重造成自身的健康危害。

3. 幻觉妄想

患者产生的幻觉中往往以幻听比重最大,患者会感觉周围有人与其述说,或幻听到周围有人对其评头论足。患者的行为往往受制于幻觉,甚至出现遵照幻听的“命令”做出一系列高危举动。

二、残疾人的心理特征

（一）残疾人常见的心理特征

1. 自卑感

这是残疾人普遍存在的一个心理特征。生理上的缺陷,往往使他们在学习、生活、职业、婚姻等方面遇到诸多困难。如果他们不能及时得到家人、亲朋和社会的帮助和支持甚至还会遭到厌弃或歧视,就会产生自闭心理,久而久之便与他们生活的世界形成某种无形的状态,生活和工作的自信心减弱甚至丧失,他们的生活范围变窄,不能与其他人正常的交流,缺少朋友,久而久之就会产生孤独感,这种孤独感还会随年龄的增长而逐渐加剧。

2. 敏感多疑且自尊心强

身体的缺陷往往使残疾人的注意力比较集中，特别是他们会过多地注意别人对自己的态度，对别人的评价特别敏感，对别人的行为多疑，很计较别人对自己带贬义的不恰当的称呼。如果有人做出有损于他们自尊心的事，他们往往难以忍受，会采取自卫的手段加以报复。大多数残疾人不愿意别人用好奇的眼光去打量他。大多数残疾人希望自己也像健全人一样自己能做的事情自己做，不愿意别人过度热情地帮助自己，如推轮椅等，即使遇到残疾人吃力地摇着轮椅上坡时，你想帮助他推一把，也要先问下残疾人是否愿意。他们往往认为过度的帮助伤害了他的独立性，甚至觉得看不起他，是一种侮辱。

3. 具有一定的抱怨心理

许多残疾人常有抱怨心理，而且表现较常人明显得多。如抱怨父母，抱怨同事或亲朋，抱怨领导、抱怨命运。出现挫折不先从自身找原因，往往怪罪别人，怨天怨地。

4. 情绪不稳

这一特征在许多残疾人身上表现较突出，但也有一定的差异。如聋人，性格多外向，情绪反应强烈，且多表现于外，容易与别人发生冲突；肢残人情绪反应多隐藏于内心，虽然情感体验很激烈，但在外人面前情绪反应不十分明显。如果压抑的情绪持续下去不能有效释放出来，很可能由一件小事会爆发过激行为。

5. 固执己见

许多残疾人的思维方式往往表现出明显的片面性，不能形成完善的人格，经常表现出固执己见的性格特征。

6. 富有同情心

残疾人大多对与自己一样残疾的同伴有特别深厚的同情心，相互之间感情十分融洽；因为共同的缺陷，大家喜欢聚在一起并愿意倾吐心里话，交流生活、学习和工作的感受和经历并彼此从中受益。但是，残疾人与不同类别的残疾人往往很少交流，这并不是因为没有同情心，多是因为残疾的性质不同，类别不同，交流起来不方便。

7. 渴望得到社会的关注和尊重

残疾人虽然是一个特殊的群体，但他们的许多心理需求也和常人是一样的，如他们也希望和健全人一样受到尊重，他们更希望他们的一些困难受到社会的关注和帮助，等等。有时候，面对同样的问题，残疾人也许会产生跟健全人不一样的观点，当我们遇到这种情况时应当给予他们足够的理解与宽容。残疾人也和健全人一样，他们的能力是有限的，在许多方面对他们不能有过高的期望值，否则会使残疾人失去信心和勇气。残疾人更需要的是尊重，而不是同情和怜悯。

（二）不同类型残疾人的心理特征

1. 视力残疾人的心理特征

眼睛是人类获取知识、接收外界信息的一个重要器官，据统计，在人脑获得的全部信息中大约有95%以上来自视觉系统，因而人们常称眼睛是“心灵的窗户”。对于视力残疾人来说，心灵的这扇“窗户”关闭了，他们所面对的是一个黑暗的世界，这必然会对他们的整个心理活动产生重大影响。

一是与健全人相比，视力残疾人由视觉输入的刺激消失或大大减少，这样便会减少外界向大脑输入的总信息量。他们对外部世界的感知便会表现得狭窄、呆板、片面。

二是视力残疾人表现出明显的生理功能的互补效应。盲人视觉器官以外的感觉器官输入的信息量增多，一部分原来由视觉感知的事物或其性质将由别的感官代偿，这种代偿作用会加强别的感官的功能。这样，形成与正常人不同的、特有的对外界世界的感知方式。

三是不同感觉器官所具有的特异性功能，决定了对物体某些性质的感知并非完全可以通过感官的功能互补达到实现。如物体的颜色、亮度，物体的深度知觉是视力残疾人难以用他们留有的感觉器官直接感受的。我们还应该实事求是地承认视力残疾人由于失明所带来的许多难以补偿的不足。

四是视力残疾人由于对世界的感知范围和行为活动受到限制，他们的情绪反应和人格特征也会表现出明显的特征。一般视力残疾人的脸部表情单调，动作迟缓，性格内向等。①

2. 听力残疾人的心理特征

听力残疾人在个性(气质、性格等)上给人的印象要么是特别暴躁、激动，要么特别内向、安静。这是由于听力残疾人的生理缺陷使他们大脑内神经系统兴奋和抑制活动失常。听力残疾人的个性从其倾向上可分为外趋型、内趋型两种。

一是外趋型。这类听力残疾人暴躁、易怒、反复无常，情绪波动频繁，有反常的自尊心，性格很固执。在现实中我们似乎也有这样的印象，听力残疾人比视力残疾人更爱发脾气。

二是内趋型。这类听力残疾人性情孤僻，不合群，不善于接近别人，别人也很难与其接近，他们的抑制心理较强，常有一种自卑感，而且猜疑心较重，对别人的言语行为往往显得疑心重重。

现实中听力残疾人的性情表现不稳，很难机械地归入哪一类型。有些听力残疾人在某种场合、某种时刻表现为外趋型，在另一场合、另一种时刻又表现为内趋型。因而应在听力残疾人具体的行为举止中了解他们的个性，从而对症下药，以便和他们顺利地进行交往和相处。②

3. 肢体残疾人的心理特征

肢体残疾人在感知、注意、记忆、思维等认知过程方面与常人并无明显的区别，但由

① 王辅贤：《残疾人社会工作》，北京大学出版社，2008，第57页。
② 王辅贤：《残疾人社会工作》，北京大学出版社，2008，第64页。

于本身形体的损伤，某些能力的丧失和随之而来的社会角色、经济收入等的改变，以及社会上某些不正确的价值观所带来的不公正的态度，使得肢体残疾人在个性特征方面存在着不同于健全人的特点，这些特点主要通过一对对矛盾的过程呈现出来。

（1）独立性与依赖性

独立意识是指个体希望摆脱监督和管教的一种自我意识倾向。作为一个心智健全的人，肢体残疾人也有强烈的独立意识。他们喜欢独立地观察、认识、判断事物，独立地思考和行动；渴望独立地安排自己的学习和生活；喜欢与同龄人聚在一起探讨问题、交流思想、更新认识；不喜欢别人过多地指责、干扰和控制他们的言行。但是由于行动困难带来的学习、就业问题，以及由此而带来的经济上不能独立等问题，使他们需要依赖别人的帮助才能解决某些力不从心的实际问题，但又不愿让人们看到他们的依赖性，这就体现出独立性与依赖性之间的矛盾。

（2）孤独与交往

人际交往能力是在交往过程中不断提高的。肢体残疾人因自身行动不便或社会环境的制约，活动机会少，容易产生孤独的感觉。事实上，肢体残疾人渴望与人交往，他们希望参与各种活动，寻找、建立和谐的人际关系，希望获得友谊并满足自己精神上的需求。从心理学上讲，每个人都是天生的自我中心者，每个人都希望别人能承认自己的价值，支持和接纳自己，残疾人也不例外。

（3）自尊与自卑

自尊是个体健全心理的支柱，自尊既包括对成就或自我价值的个人感觉，也包括他人对自己的认可与尊重。肢体残疾人同样也有尊重的需求，希望别人按照他们的实际形象来接受他们，并认为他们是有能力的。当他们赢得了人们的尊重时，其内心也会因自己价值的体现而充满自信。但是，当他们的这种需求得不到满足时，就会比健全人更容易产生沮丧和自卑的情绪。

（4）情绪与理智

情绪是人对事物的态度的体验，快乐、愤怒、恐惧、悲哀是情绪最基本的四种表现，人的一切活动无不烙上情绪的印迹。肢体残疾人由于形体上的缺陷，容易过多地注意自己，对别人的态度和评论比较敏感，情绪反应强烈。另外，肢体残疾人因为行动不便，社会活动少，他们有更多的时间去思考问题，在很多事情的处理上更为理智和稳重，善于谋定而后动，思路也非常清晰。情绪与理智成为在肢体残疾人身上并存的矛盾特征。①

4. 智力残疾人的心理特征

（1）智力残疾人情感长期不能分化。他们所感觉的往往只是满意与不满意，在程度上没有多少细微的差别，情绪表现方式单调。同时，智力残疾人的情感经常与外界所

---

① 周沛，曲绍旭，张春娟等：《残疾人社会工作》，社会科学文献出版社，2012，第178—180页。

给予的刺激不太相符合。他们或者对生活中的重要工作体验极其肤浅和表面，心境转移快；或者会因极小的原因而引起过分强烈和过分持久的体验。智力残疾人情感上的另一个特点是情感调节功能减弱，在情感反应上有时会表现出许多病态特点，如情绪紊乱、情绪亢进、感情淡漠等。

（2）*智力残疾人往往意志比较薄弱*。在行为上有较强的依赖性，不主动，不善于管理自己的行动，不会抗拒任何引诱或影响，不会按照一些比较遥远的目的去安排自己的行动。他们往往易受暗示，不加分析地接受周围人的驱使和建议，容易被人唆使干出一些荒唐的事情。他们的许多行为活动不是由个人决定的活动动机支配，而是由外在的因素所支配，因而他们的行为带有很大盲目性，有时根本不考虑行为活动的意义等。

（3）*智力残疾人在个性上有明显的特点*。这些特点可以表现在智力残疾人个性的意志、情绪、理智、对现实的态度等各个方面，其中有些方面在前面已有论述。智力残疾人由于大脑某些部位受到损伤，其个性表现是很复杂的。如患过脑外伤而造成智力残疾人常常表现出病态的自尊、暴躁、易激动等特点，患过脑炎而留下后遗症的患者往往有易受暗示、轻浮、漠不关心、易激动等特点。因而对于智力残疾人的个性特点很难一概而论，在具体实践中，要结合每个患者在认知、情感、意志上表现出的不同特点进行观察与分析。①

由此可见，残疾人心理健康确实存在着很多问题，他们需要我们的体谅和关心。我们应该做到平等真诚地与他们相处和沟通，不歧视残疾人，更不要把他们视为另类。同时，要多给他们一些学习和就业机会，让他们能够生活得更好。

三、残疾人口结构

（一）第二次全国残疾人抽样调查②结果

经国务院批准，我国进行了第二次全国残疾人抽样调查。由国家统计局、民政部、卫计委和中国残联等 16 个部委、团体组成第二次全国残疾人抽样调查领导小组，负责统一部署。经过两年多的充分准备，全国 31 个省、自治区、直辖市于 2006 年 4 月 1 日开始全面调查，通过调查工作人员的艰苦努力，调查的各项任务已基本完成。2006 年 12 月 1 日，第二次全国残疾人抽样调查领导小组、国家统计局公布了初步汇总的主要数据。

1. 调查的基本情况

本次调查采取分层、多阶段、整群概率比例抽样方法，在 31 个省、自治区、直辖市抽取 734 个县（市、区），2 980 个乡（镇、街道），共5 964个调查小区，平均每个调查小区 420 人左右。本次调查标准时间为 2006 年 4 月 1 日 0 时，入户调查时间自 2006 年 4 月 1 日

---

① 王辅贤：《残疾人社会工作》，北京大学出版社，2008，第 69—70 页。

② 注：2006 年进行的全国第二次残疾人抽样调查显示的数据即为截至目前的最新数据。因该调查方式为抽样调查，因此总体数据是根据样本量按一定比例推算出的。

起至5月31日结束。在各级政府直接领导下，组织了738个调查队、2万余名调查员、近6千名各科医生、730余名统计员以及5万余名陪调员，逐户进行询问登记、筛查和残疾评定，现已全部完成入户调查、复查和调查质量的核查工作。

全国共调查了771 797户、2 526 145人，调查的抽样比为1.93‰。入户见面2 108 410人，占调查总人数的83.46%；按照《第二次全国残疾人抽样调查残疾筛查方法》，7岁以上疑似残疾人筛出率为15.66%，疑似残疾人检查率达到99.15%。

2. 残疾人数及其比例

根据调查初步汇总，被调查户中有残疾人的家庭共142 112户，确定视力、听力、言语、肢体、智力、精神和多重残疾共161 479人。其中，视力残疾23 840人，听力残疾38 370人，言语残疾2 510人，肢体残疾48 045人，智力残疾10 844人，精神残疾11 790人，多重残疾26 080人。

根据调查数据推算，全国各类残疾人的总数为8 296万人。按照国家统计局公布的2005年末全国人口数，推算出本次调查时点的我国总人口数为130 948万人，据此得到2006年4月1日我国残疾人占全国总人口的比例为6.34%。各类残疾人的人数及各占残疾人总人数的比重分别是：视力残疾1 233万人，占14.86%；听力残疾2 004万人，占24.16%；言语残疾127万人，占1.53%；肢体残疾2 412万人，占29.07%；智力残疾554万人，占6.68%；精神残疾614万人，占7.40%；多重残疾1 352万人，占16.30%。①

3. 有残疾人的家庭户人口

全国有残疾人的家庭户共7 050万户，占全国家庭户总户数的17.80%；其中有2个以上残疾人的家庭户876万户，占残疾人家庭户的12.43%。有残疾人的家庭户的总人口占全国总人口的19.98%。有残疾人的家庭平均规模为3.51人。

4. 残疾人口的性别构成

全国残疾人口中，男性为4 277万人，占51.55%，女性为4 019万人，占48.45%。性别比(以女性为100，男性对女性的比例)为106.42。

5. 残疾人口的受教育程度

全国残疾人口中，具有大学程度(指大专及以上)受教育水平的残疾人为94万人，高中程度(含中专)的406万人，初中程度的1 248万人，小学程度的2 642万人(以上各种受教育程度的人包括各类学校的毕业生、肄业生和在校生)。

15岁及以上残疾人文盲人口(不识字或识字很少的人)为3 591万人，文盲率为43.29%。

6. 残疾人口的就业与有关社会保障情况

全国城镇残疾人口中，在业的残疾人为297万人，不在业的残疾人为470万人。

---

① 中央政府门户网站，《2006年第二次全国残疾人抽样调查主要数据公报》，http://www.gov.cn。

城镇残疾人口中，有 275 万人享受到当地居民最低生活保障，占城镇残疾人口总数的 13.28%。9.75%的城镇残疾人领取过定期或不定期的救济。

农村残疾人口中，有 319 万人享受到当地居民最低生活保障，占农村残疾人口总数的 5.12%。11.68%的农村残疾人领取过定期或不定期的救济。①

（二）当前我国残疾人的基本状况

2006 年第二次全国残疾人抽样调查，是残疾人事业发展的科学基础。此次调查的结果分析，反映了当前我国残疾人的基本状况。

1. 残疾人在我国总人口中占有很大比例并呈上升趋势

2006 年第二次全国残疾人抽样调查，为残疾人事业发展的科学基础。调查结果显示：

与 1987 年相比，2006 年我国残疾人总数明显增多，从 5 146 万增加到 8 296 万，增加了 3 132 万；残疾人总数占全国人口比例有所上升，从 1987 年的 4.90%上升到 2006 年的 6.34%，提高了 1.44 个百分点。1987 年和 2006 年两次调查间的 19 年中，除智力残疾外，其他残疾的人口规模均呈现增长趋势，增长最明显的是肢体和精神残疾，这两类残疾的人口规模均增加了 2 倍以上。智力残疾的人口规模呈现下降趋势，降低了 45%左右。

2. 残疾人现患水平存在显著的年龄差异

总体来讲，残疾现患率随着年龄的提高明显提高，老年人口的残疾现患水平明显高于其他年龄段。由于残疾现患率随着年龄的提高明显提高及我国人口逐步老龄化，我国老年残疾人占残疾人总数的比例已从 1987 年的 32%增长到 2006 年的 53%。

综合考虑人口结构的变动及社会经济因素的影响，我国人口的残疾现患率将在未来 40 多年中持续增长，根据预测结果显示，至 2050 年我国人口的残疾现患率将达到 11.31%。估计到 2050 年全国残疾人总量将会达到 1.65 亿，将是目前的 2 倍。残疾总人口的规模虽然一直呈现上升的趋势，但是残疾人的年增量预计到 2035 年达到峰值，为 230 万左右，之后逐步开始呈现下降趋势。②

本 章 小 结

本章从残疾人基本知识出发，介绍了残疾与残疾人的概念界定与分类、残疾人分类分级的标准、残疾人的生理及心理特征和残疾人口结构。

1. 根据联合国大会第 61 届会议通过的《残疾人权利公约》，将残疾定义为：残疾是一个演变中的概念，残疾是伤残者和阻碍他们在与其他人平等的基础上充分和切实地参与社会的各种态度和环境障碍相互作用所产生的结果。

---

① 中央政府门户网站，《2006 年第二次全国残疾人抽样调查主要数据公报（第二号）》，http://www.gov.cn。

② 郑晓瑛：《中国残疾人口现状与未来发展趋势》，《北京大学校报》2008 年 1 月15 日。

2. 2008 年 4 月 24 日修订通过的《中华人民共和国残疾人保障法》第二条规定：残疾人是指在心理、生理、人体结构上，某种组织、功能丧失或者不正常，全部或者部分丧失以正常方式从事某种活动能力的人。

3. 2006 年中国第二次全国残疾人抽样调查，将残疾人分为 7 类，分别为视力残疾人、听力残疾人、言语残疾人、肢体残疾人、智力残疾人、精神残疾人、多重残疾人。

4. 我国现行的评定残疾人的标准是 2011 年 5 月 1 日颁布实施的《残疾人残疾分类和分级》国家标准（GB/T26341－2010）。

5. 根据《残疾人残疾分类和分级》国家标准（GB/T26341－2010），残疾分为视力残疾、听力残疾、言语残疾、肢体残疾、智力残疾、精神残疾和多重残疾 7 类。各类残疾按残疾程度分为四级，残疾一级、残疾二级、残疾三级和残疾四级，残疾一级为极重度，残疾二级为重度，残疾三级为中度，残疾四级为轻度。

6. 残疾人作为一个特殊的群体，有其独特的生理特征和心理表现。由于残疾类别和残疾程度不同，残疾人的生理和心理特征也有不同的表现形式。残疾人常见的心理特征主要包括自卑感、敏感多疑且自尊心强、具有一定的抱怨心理、情绪不稳、固执己见、富有同情心和渴望得到社会的关注及尊重等。

7. 2006 年我国进行的第二次全国残疾人抽样调查结果显示，与 1987 年全国第一次残疾人抽样调查相比，残疾人在我国总人口中占有很大比例并呈上升趋势、残疾人现患水平存在显著的年龄差异。

参考书目

1. 卓彩琴：《残疾人社会工作》，华南理工大学出版社，2008。

2. 奚从清，林清和：《残疾人社会工作》，浙江大学出版社，2013。

3. 解岩，蔡聪：《中国残障观察报告 2016》，社会科学文献出版社，2018。

4. 马洪路：《残障社会工作》，高等教育出版社，2007。

第二章
残疾人服务的发展历程

了解残疾人服务的发展历史，有助于我们更加深入地理解残疾人服务。本章共分为三小节，详细介绍了西方和中国残疾人服务的发展轨迹。西方残疾人服务的发展经历了萌芽、推进和转型三个阶段，中国的残疾人服务同样也是在发展中改进，在改进中发展，不断为残疾人群体谋取福利。把握残疾人服务的发展脉络，有利于总结经验，从而为残疾人提供更加优化的服务。

第一节　西方残疾人服务的发展历程

由于政治、经济、文化以及社会等多方面原因，世界范围内，无论是在发达地区或是落后地区，残疾人在社会中是无法享受应有的权益与福利①的。残疾人的服务工作在很长一段时间内陷于停滞或缓慢发展的境况。直到文艺复兴时期，人道主义的出现使得一些国家将残疾人应该受到特殊的关怀视为尊重人权的表现，才使得残疾人慢慢得到福利和救助。而工业革命后，世界经济、政治、文化、社会发生了巨变，社会上有了为需要帮助的人提供救助和社会服务的道德认同，民间残疾人服务项目的开展、服务机构的建立、专职服务者的相继出现，残疾人权利的立法也得到了推进和确立。② 这些共同推动了残疾人服务工作的发展，残疾人服务工作经历了一些发展阶段。

一、残疾人服务工作的萌芽

人类和残疾人相伴而生，残疾人残疾是一种特殊风险而不是普遍事件。“残疾人问题”主要是外在社会“人为的”外部障碍③。在人类历史上，生产力的落后导致了科学被

① 王辅贤：《残疾人社会工作》，北京大学出版社，2008，第 12 页。
② 卓彩琴：《残疾人社会工作》，华南理工大学出版社，2008，第 33 页。
③ 全国社会工作者职业水平考试教材编写组：《社会工作实务（中级）》，中国社会出版社，2019，第 191 页。

禁锢在上帝的神坛中，在这样崇尚上帝的风气盛行的社会，残疾人成为嘲笑和歧视的对象，甚至被视为社会发展的威胁。社会上看到的只是残疾人的拐杖和轮椅等，而不是残疾人作为人的独立人格与社会价值。[①] 因此，残疾人过着极其悲惨的生活，尊严受到损害，发展受到压抑。直到文艺复兴时期，人道主义"自由、平等、博爱"口号的出现，讴歌人性、人的价值和尊严，把残疾人得到特殊关怀视为尊重人权的表现，社会对残疾人的态度发生了改变，这对提升残疾人的社会地位起到积极的作用。

孟繁玲在《聋人与社会》一书中认为，真正的聋人教育实践起源于提倡人道主义哲学思想的文艺复兴时期。[②] 世界上第一位聋人教育家庞塞(Pedro Ponce de León)，通过采用自己设计的选择性刺激方法来训练聋童开口说话，证明了聋人具有学习更多知识的能力并能获得成功。聋人教育家包耐特在聋人教学方法中加入了手语的成分，还注重研究和总结聋人教育家的经验，并发表了第一篇关于聋人教育的论文，使得聋人教学向科学的方向迈进了一步。约翰·瓦利斯(John Wallis)在其著作《英语语法》中阐述了聋人学习语言的观点，并探讨了聋人学语中的诸多问题。这些思想和行动可视为残疾人服务工作思想的最早萌芽。

二、 残疾人服务工作的推进

有了文艺复兴时期"人道主义"以及聋人教育的思想奠基，工业革命促进了人们对残疾人的重要认识，人们开始关心残疾人的服务工作。

工业革命开始，残疾人服务工作初步创立，特别是第二次世界大战后，伤残人员强烈要求回归社会。因此，西方各国为此作了一系列的努力，推进了残疾人服务工作。一些国家相继成立了专门为残疾人服务的机构。1760 年，英国聋童教师托马斯·布雷德伍德(Thomas Braidwood)在爱丁堡建立了英国第一所聋童教育机构，1773 年移至伦敦，并创办了第一所聋童学校。1768 年，德国海尼克(Samuel Heinicke)在艾本道夫建立德国第一所聋人训练学校。1780 年，瑞士人奥比(Orbe)创立了第一家为残疾人服务的机构。1812 年，美国马里兰州巴尔的摩市开办了第一所盲校。1816 年，意大利的哈里斯特建立了专门的智障者学校。1817 年，在美国康涅狄格州的哈特福德建立第一个专为失聪人士开设的永久性学校——美国失聪人士学校。1820 年，第一个同时为残疾人提供服务和教育的残疾人之家在德国慕尼黑成立。之后，欧洲和美国各地纷纷建立起各种招收残疾儿童的公立和私立学校。这一时期的残疾人服务工作的规范性、系统性、全面性都不高，主要服务于残疾人健康或生活起居[③]，是福利性的。

20 世纪前期，"保障残疾人生活，帮助他们回归社会"的理念被社会认同。许多西方

---

① 李欣儒：《残疾人与社会发展矛盾问题的探究》，《北方经贸》2010 年第 12 期。
② 孟繁玲：《聋人与社会》，郑州大学出版社，2010，第 11 页。
③ 王思斌：《社会工作概论》，高等教育出版社，1999，第 250 页。

国家颁布、实施针对残疾人保障的法律法规,如美国 1935 年的《紧急救济法》,这些法律使得残疾人服务工作进入规范化、法制化发展阶段,残疾人的残障身份被社会认同。1919 年,被全世界公认的为残疾人提供服务的先驱者组织——美国复活节邮章社,在俄亥俄州的一个小镇上诞生。1922 年,第一个为残疾人服务的国际组织——"国际康复会"的成立,极大地促进了世界各国之间残疾人工作的合作交流①,极大地帮助了残疾人回归社会。1951 年,世界聋人联合会成立,它是一个与联合国经济及社会理事会、联合国教科文组织、国际劳工组织和世界卫生组织有正式关系的国际性非政府组织。其宗旨是造福于世界各国聋人,捍卫聋人的权利,帮助聋人康复。1957 年,世界聋人联合会根据欧洲各国聋人组织的倡议,决定 1958 年 9 月 28 日为第一个国际聋人节,并规定以后每年 9 月的第 4 个星期日为国际聋人节。其意义在于对社会进行宣传,引起社会对聋人工作的重视,提高聋人的社会地位。

三、 残疾人服务工作的转型

二战后,世界残疾人服务工作步入快速发展时期,主要表现为各国间在联合国及各大相关组织框架内加强合作,同时取得大量成果。② 残疾人服务工作从简单的物质救助和被动适应转入协助残疾人实现"充分、参与、平等"目标的新阶段。③

1948 年发布的《世界人权宣言》规定:"残疾人有接受社会保障的权利。"在此基础上,各国政府纷纷通过立法来保障残疾人的权益,联合国及有关国际会议其后也通过了一系列的纲领性文件。如 1970 年公布的《弱智权利宣言》,1975 年公布的《残疾人权利宣言》,该宣言规定"残疾人充分享有包括基本生活权利、政治权利、康复权利、劳动权利、人格尊严等在内的一系列权利,这被认为是继种族解放、妇女解放、民族解放运动之后人类的又一次解放运动"。

1981 年,残疾人的世界性组织——"残疾人国际"——成立并得到联合国的承认与支持,成立后参与制定和执行联合国残疾人十年规划,并分别在亚、非、拉地区举办专题座谈会和残疾人组织领导人培训班,使世界残疾人服务工作发展有了专业性的指导及联合组织。

1982 年,联合国发表《关于残疾人的世界行动纲领》(以下简称《纲领》),明确指出,"身体残疾是一种特殊形式的社会压迫的社会型残疾观",残疾人社会压迫的根源来自人们对残疾的无知以及由无知造成的偏见,进而由偏见造成了对残疾人的社会、经济、文化和政治的多方面排斥。④《纲领》强调,要推行有关残疾预防和康复的有效措施,促进实现以下目标: 使残疾人得以"充分参与"社会生活和发展,并享有"平等地位",也就是说具有与非残疾人公民同等的机会,平等分享因社会和经济发展而改善的生活条件。对所有国家来讲,

---

①② 周沛,曲绍旭,张春娟:《残疾人社会工作》,社会科学文献出版社,2012,第64 页。
③④ 卓彩琴:《残疾人社会工作》,华南理工大学出版社,2008,第 35 页。

无论其发展水平如何，这些概念所适用的范畴都是一样的，也都同样是刻不容缓的。

因此，在《纲领》的影响下，各国采取积极措施，保障残疾人的合法权益，鼓励残疾人积极参与社会生活。1993 年，联合国大会通过了《残疾人机会均等标准规则》再次强调《纲领》提出的基本观点并细化了措施，在实际中实践“平等、参与、共享”的残疾人服务工作新理念。从此，世界残疾人服务工作进入一个新的发展阶段。

第二节　中国残疾人服务的发展

追溯中国残疾人服务的发展历程并探究制度变迁的内在逻辑，有助于把握残疾人服务发展的轨迹，深入了解当前制度的选择，并对制度的未来发展趋势进行预测。本节将中国残疾人服务的发展历史大致分为三个阶段：奴隶社会到新中国成立前、新中国成立后到改革开放前、改革开放后到新时代前（新时代后至今将在第三节进行论述），各阶段再根据历史节点或者重大事件进行详细划分。

一、奴隶社会到新中国成立前

在奴隶社会到新中国成立前这几千年的历史中，历代统治者都有为保证残疾人的基本生活而制定的相关政策和措施，其救济理念对中国现代的残疾人服务的发展和完善产生了深远的影响。为了更好地展现中国残疾人救济服务的发展历史，又可以将本阶段残疾人服务发展历史分为奴隶社会阶段、封建社会阶段和半殖民地半封建社会阶段。

（一）奴隶社会阶段

中国的奴隶社会大致包括夏朝、商朝、西周和春秋时期。据史料记载，该时期对残疾人的服务和保障主要包括以下几个方面的内容。

第一，减免残疾人及其家庭的徭役赋税。《周礼》中记载，“以保息六养万民：一曰慈幼，二曰养老，三曰振穷，四曰恤贫，五曰宽疾，六曰安富”。其中宽疾就是指对体弱多病（包括残疾人）实行赋税的减免。

第二，鼓励残疾人自食其力，发挥自身的潜能。《礼记·王制》记载，“喑聋、跛躃、断者、侏儒、百工各以其器食之”。从“各以其器食之”可以看出，当时的统治者已然认识到残疾人同其他社会成员一样，都可以创造社会价值。同时，残疾人由于生理上的部分缺陷，会导致其他身体机能的代偿，以致其他身体机能异常发达，从而使许多残疾人具有某种独特的才华和潜能。因此，应注重挖掘残疾人的潜能，发挥其优势作用，扬长避短，使残疾人各尽其才。因而，周朝的宫廷乐师及其机构的负责官员主要都是盲人。[①]

---

① 赵萌萌：《从保障生活到促进发展：中国残疾人社会保障制度变迁与评价》，首都经济贸易大学博士论文，2013，第 40—41 页。

第三,开展对残疾人的教育。周代宫廷、官府已设有残疾人的教育机构,并规定由大师、小师具体负责①。当时的残疾人教育就已注意到,残疾人不同于身体健全者,因而残疾人教育也不同于身体健全者的教育,有其自身的特点和规律。要尊重残疾人生理和心理的特殊性,给予其适当援助以克服困难,顺利开展学习。②

第四,重视医疗工作,预防疾病和残疾的发生。据《周礼》记载,"医师掌医之政令,聚毒药以共医事。凡邦之有疾病者、有疕疡者造焉,则使医分而治之。"

(二)封建社会阶段

在中国两千多年的封建社会中,历朝历代为了保证社会的稳定、维护其统治地位,都施行了许多保障残疾人的政策和措施,主要涉及以下几方面的内容。

第一,减免赋税。承袭奴隶社会一些朝代的做法,为残疾人减免一定的赋税,以减轻其家庭的负担。据《新唐书・食货志一》记载:"若老及男废疾、笃疾、寡妻妾、部曲、客女、奴婢及视九品以上官,不课。"③

第二,对残疾人给予一定程度的赈赡和抚恤。具体形式包括:赐谷、施粥、赠药等。如《周书》中记载,北周建德六年二月癸丑,武帝宇文邕诏曰:"其有癃残孤老,饥馁绝食,不能自存者,仰刺史守令及亲民长司,躬自检校。无亲属者,所在给其衣食,务使存济。"据《元史・食货志四》载:"世祖中统元年,首诏天下,鳏寡孤独废疾不能自存之人,天民之无告者也,命所在官司,以粮赡之。至元元年,又诏病者给药,贫者给粮。"④

第三,建立孤老病残人员收养机构。宋元时期对残疾人实行收养,宋朝设置好了福田园、安济坊和漏泽园,元代还颁布了法律以救济鳏寡孤独残疾者,同时确保收养政策的有效实施。明清代设置养济院,在《大明律》《大明令》《大清律例》和《大清会》中对他们的生活救助做出规定。⑤

第四,积极医治残疾人,解除他们的病痛。据《宋史・食货志》载:"安济坊亦募僧主之,三年医逾千人,赐紫衣、祠部牒各一道。医者人给手历,以书所治痊失,岁终考其数为殿最。"元朝又设立了惠民药局,这在癃病残疾之人的医疗中发挥了极大的作用。⑥

(三)半殖民地半封建社会阶段

1840年鸦片战争是中国近代史的开端,中国开始进入半封建半殖民地社会,陷入无尽的战乱之中,人民灾难深重,经常处于饥寒交迫之中。为了救济残疾人,维护社会稳

---

① 陆德阳、[日]稻森信昭:《中国残疾人史》,学林出版社,1996,第325页。

② 赵萌萌:《从保障生活到促进发展:中国残疾人社会保障制度变迁与评价》,首都经济贸易大学博士论文,2013,第41页。

③ 赵萌萌:《从保障生活到促进发展:中国残疾人社会保障制度变迁与评价》,首都经济贸易大学博士论文,2013,第42页。

④ 赵萌萌:《从保障生活到促进发展:中国残疾人社会保障制度变迁与评价》,首都经济贸易大学博士论文,2013,第41页。

⑤ 奚从清,林清和:《残疾人社会工作》,浙江大学出版社,2013,第105页。

⑥ 赵萌萌:《从保障生活到促进发展:中国残疾人社会保障制度变迁与评价》,首都经济贸易大学博士论文,2013,第42页。

定，统治者制定了一些保障残疾人基本需求的政策和措施，主要包括两方面的内容。

晚清时期，英国人穆威廉在北京建立了第一所盲童学校，美国传教士查理·梅尔斯夫在山东登州(今蓬莱市)建立了第一所聋校。随着洋务的发展，传教士在通商口岸及内地兴办了育婴堂、孤儿院、盲童学校、聋哑学校、诊所、医院 慈善机构，对中国近代慈善事业产生了重要作用。①

民国时期，国民政府和其他社会慈善团体设立了众多的残疾人救济所，并规定在救济所或救济院中将残疾人作为单独的一类与其他救济对象区分开来，以更好地为残疾人提供服务。②

二、新中国成立后到改革开放前

新中国成立以后，残疾人在政治上获得了和其他人一样的地位，享受应有的公民权利和义务。中国政府公布实施《革命残废军人优待抚恤暂行条例》等法规，对伤残军人等伤残人员的休养、治疗、生活、学习、工作给予特殊保障；建立福利机构和精神病院，收养或安置无依无靠的重度残疾人、残疾孤儿、残疾老人、精神残疾人和残疾军人；兴办了盲童学校、聋哑学校等特殊教育学校，确立了特殊教育在国民教育体系中的地位。在农村，对符合条件的失去劳动能力的残疾人由集体经济组织给予“五保”待遇(即保吃、保穿、保住、保医、保葬或保教)；在城市，兴办福利工厂、福利生产单位安排残疾人就业。探索社会化管理方式，1953 年成立中国盲人福利会，1956 年成立中国聋哑人福利会，1960 年在此基础上成立中国盲人聋哑人协会。大部分省、自治区、直辖市也建立起地方协会和基层组织，残疾人开始参与自身事务的管理。全国城乡劳动就业的残疾人增多，文化体育活动有所开展，残疾人生活初步改善。③

总体来看，较之上一阶段，这一时期残疾人的保障较为制度化、系统化。这一时期残疾人保障的制度安排一方面是为了弥补长期战乱给民众带来的伤害，保证残疾人的基本生活，如制定伤残军人的抚恤措施和农村的“五保供养”制度；另一方面，残疾人组织的建立搭建了日后残疾人事业发展的平台。这一时期，残疾人特殊教育相关政策的制定为日后残疾人教育保障的完善和发展奠定了基础，更多地偏重于对残疾人基本生活的保障，而对于残疾人就业、康复等方面的问题并没有系统的制度安排，这是由当时的政治、经济、社会等环境因素决定的。④

---

① 奚从清，林清和：《残疾人社会工作》，浙江大学出版社，2013，第 107 页。

② 赵萌萌：《从保障生活到促进发展：中国残疾人社会保障制度变迁与评价》，首都经济贸易大学博士论文，2013，第 42 页。

③ 国务院新闻办公室门户网站，《平等、参与、共享：新中国残疾人权益保障 70 年》白皮书(全文)，http://www.scio.gov.cn/zfbps/ndhf/39911/Document/1660531/1660531.htm。

④ 赵萌萌：《从保障生活到促进发展：中国残疾人社会保障制度变迁与评价》，首都经济贸易大学博士论文，2013，第 45 页。

三、改革开放后到新时代前

改革开放后到新时代前的这40多年，根据重大历史事件又可以具体分为1978—1987年、1988—2007年和2008—2012年这三个阶段。

（一）1978—1987年

1978年12月召开的十一届三中全会，是党的历史上具有深远意义的伟大转折，作出了把党和国家的工作重心转移到社会主义现代化建设上来和实行改革开放的战略决策。中国进入改革开放新时期，残疾人事业得到迅速恢复和初步发展，标志中国残疾人事业发展走进新时期。

1978年，中国盲人聋哑人协会恢复工作，并恢复出版《盲人月刊》。1979年，民政部、教育部、中国文字改革委员会发出《关于进一步试行和推广聋人通用手语的通知》，为部分残疾人实现无障碍交流创造了条件。

在国际合作上，联合国分别于1981年和1982年实施“国际残疾人年”和“联合国残疾人十年”，中国残疾人事业也紧跟国际脚步，积极参与联合国行动，参加国际残疾人组织，开展多方面的残疾人交流与合作。

在法律上，1982年12月全国人大五届五次会议颁布新《宪法》，其中第四十五条规定：公民疾病或丧失劳动能力的，有从国家和社会获得物质帮助的权利。国家保障残疾军人的生活，抚恤烈士家属，优待军人家属，帮助安排残疾公民的劳动、生活和教育。①

在就业上，1980年，财政部、民政部发布《关于民政部门举办的福利生产单位交纳所得税问题的通知》，有利于福利企业增加招收残疾人职工的积极性。1983年，民政部、劳动人事部联合发出《关于进一步做好城镇待业的盲聋哑残青年就业安置工作的通知》，对于残疾人的就业起到了一定的促进作用。1987年，民政部、国家工商行政管理局联合发出《关于盲人聋哑人协会组织盲聋哑残人员举办经济实体有关政策问题的通知》，鼓励残疾人自主创业。

在教育上，1982年，中国教育学会特殊教育研究会在江西南昌成立，团结全国特教工作者，研究盲、聋、智力残疾人教育，促进特教科学的发展，提高特教质量。1985年，中国将特殊教育纳入九年制义务教育的轨道。同年，教育部、国家计划委员会（以下简称“国家计委”）、劳动人事部、民政部发出《关于做好高等学校招收残疾青年和毕业分配工作的通知》，关注残疾青年的教育和就业。

1983年成立中国伤残人体育协会，1984年成立中国残疾人福利基金会，1987年成立中国残疾人艺术团，中国残疾人的文体事业得到较快发展。

---

① 邱观建，于娣：《改革开放以来中国残疾人事业发展的三个阶段》，《理论月刊》，2014年第4期。

（二）1988—2007 年

1988 年，中国残疾人联合会、中国康复研究中心和北京师范大学特殊教育研究中心相继成立，《中国残疾人事业五年工作纲要（1988—1992 年）》《关于农村年老病残民办教师生活补助费的暂行规定》《方便残疾人使用的城市道路和建筑物设计规范》相继出台，我国残疾人事业获得突破进展，进入快速发展阶段。

在法律上，我国第一部专门保障残疾人权益的法律——《中华人民共和国残疾人保障法》于 1990 年诞生，它以法律的权威性保障了残疾人权利的实现。随后，残疾人教育、就业、扶贫等方面的法规条例相继出台，使残疾人各项工作走上了法律化、规范化和制度化的轨道。①

在就业上，1989 年，民政部、劳动部、卫生部、中国残疾人联合会发布《社会福利企业招用残疾职工的暂行规定》，规范了福利企业招用残疾职工的行为，保障了残疾人的就业权利。2007 年，国务院颁布《残疾人就业条例》，国家对残疾人就业实行集中就业与分散就业相结合的方针，有效保障残疾人的劳动权利。

在教育上，1989 年，国家教委、国家计委、民政部、财政部、人事部、卫生部、中国残联发布《关于发展特殊教育的若干意见》，对提高学龄前残疾儿童的入学率、残疾青少年的职业教育等方面作出了具体部署。1994 年，国务院通过我国第一部关于残疾人教育的专项法规《残疾人教育条例》。同年，国家教育委员会颁布《关于开展残疾儿童少年随班就读工作的试行办法》，有利于残疾儿童少年入学率的提高，有利于残疾儿童与普通儿童互相理解、互相帮助，促进特殊教育和普通教育有机结合。

在体育事业方面，2007 年 5 月国务院办公厅下发了《关于进一步加强残疾人体育工作的意见》（国办发〔2007〕31 号），这是国家重要法律法规里第一次提到关于残疾人体育的指导意见。②

2001 年，国务院批准了《中国残疾人事业“十五”计划纲要（2001—2005 年）》，在党和政府的重视、领导下，中国残疾人事业“十五”规划纲要执行情况良好，残疾人状况进一步改善，残疾人事业取得新的重大进展，其中残疾人接受教育的权利得到了更好的保障。③

2007 年，我国成为第一批签署《残疾人权利公约》的国家，《残疾人权利公约》的宗旨是“促进、保护和确保所有残疾人充分和平等地享有一切人权和基本自由，并促进对残疾人固有尊严的尊重”，特别是其规定的八项基本原则：尊重固有尊严和个人自主，不歧视，充分和切实地参与和融入社会，尊重差异，机会均等，无障碍，男女平等，尊重残疾儿童逐渐发展的能力并尊重残疾儿童保持其身份特性的权利。这些宗旨和原则，为我国探

---

① 赵萌萌：《从保障生活到促进发展：中国残疾人社会保障制度变迁与评价》，首都经济贸易大学博士论文，2013，第 151 页。

②③ 胡金萍，林丽君：《国内残疾人研究的热点主题和前沿演进——基于 CSSCI 期刊的可视化分析》，《山东社会科学》2019 年第 11 期。

索建设残疾人事业的道路既提出了相应要求,又提供并注入了新的思路与理念,使我国残疾人领域的研究开始快速发展。①

残疾人事业由改革开放初期以救济为主的社会福利工作,逐步发展成为包括康复、教育、就业、扶贫、社会保障、维权、文化、体育、无障碍环境建设、残疾预防等领域的综合性社会事业。残疾人参与社会生活的环境大为改善,残疾人的经济、政治、文化和社会权利得到尊重和保障;残疾人的面貌发生根本性变化,由被动的受助者变为积极参与的主体,成为经济社会发展的一支重要力量,在改革和发展中涌现出一大批像张海迪那样的体现民族精神和时代风貌的优秀代表。②

(三) 2008—2012 年

2008 年是中国残疾人事业发展的里程碑式的一年,中共中央、国务院发布《关于促进残疾人事业发展的意见》,全面总结了我国残疾人事业的历史经验,提出了促进残疾人事业发展的政策措施,为新时期中国残疾人事业发展提供了理论指导和行动指南;第十一届全国人民代表大会常务委员会第二次会议修订通过《中华人民共和国残疾人保障法》;中国残联等部门发布《关于加快推进残疾人社会保障体系和服务体系建设的指导意见》,明确要求健全残疾人社会保障制度,加强残疾人服务体系建设,缩小残疾人生活状况与社会平均水平的差距,实现残疾人事业与经济社会协调发展。至此,中国残疾人事业进入全面科学发展阶段。

为了进一步促进残疾人体育事业发展,在《关于促进残疾人事业发展的意见》中指出:"组织残疾人开展形式多样、健康有益的群众性文化、艺术、娱乐活动,丰富残疾人精神文化生活,激发残疾人参与社会主义先进文化建设的热情和潜能。落实全民健身计划,开展残疾人群众性体育健身活动,增强体质、康复身心。开展残疾人体育科研和体育教育。实行公共文化、体育设施对残疾人优惠开放。开展残奥、特奥、聋奥运动,举办和参加国内外重大残疾人体育赛事。办好 2008 年北京残奥会和 2010 年广州亚洲残运会"。③

2009 年,人力资源和社会保障部、中国残联等联合发出《关于进一步做好高等学校残疾人毕业生就业工作的通知》,要求各地、各相关部门要切实将高校残疾人毕业生纳入国家促进高校毕业生政策扶持范围;在提供就业服务、开发就业岗位时,要给予优先扶持,实施重点援助等。同年,中国残联、教育部等发布《关于进一步加快特殊教育事业发展的意见》,对于提高残疾少年儿童义务教育普及水平、提高特殊教育保障水平等提

---

① 胡金萍,林丽君:《国内残疾人研究的热点主题和前沿演进——基于 CSSCI 期刊的可视化分析》,《山东社会科学》2019 年第 11 期。

② 国务院新闻办公室门户网站,《平等、参与、共享:新中国残疾人权益保障 70 年》白皮书(全文),http://www.scio.gov.cn/zfbps/ndhf/39911/Document/1660531/1660531.htm。

③ 胡金萍,林丽君:《国内残疾人研究的热点主题和前沿演进——基于 CSSCI 期刊的可视化分析》,《山东社会科学》2019 年第 11 期。

出了意见；中国残联发布《关于在新型农村社会养老保险试点中做好残疾人参保工作的通知》，要求落实残疾人参加新农保的优惠政策和具体措施，保障了农村残疾人的权益。①

2010 年 3 月国务院办公厅发出两个体系建设的指导意见，将两个体系建设纳入“十二五”发展纲要，在三省三市开展两个体系建设试点。2012 年 6 月，国务院颁布《无障碍环境建设条例》，为残疾人平等参与社会生活提供无障碍环境保障，推进城乡无障碍、家庭无障碍、信息无障碍建设成效明显。②

自十八大以来，残疾人工作成为“五位一体”总体布局和“四个全面”战略布局的重要内容。在国家层面建立起覆盖数千万残疾人口，包含生活补贴、护理补贴、儿童康复补贴等内容的残疾人专项福利制度；在全国范围内将数百万农村贫困残疾人脱贫作为打赢脱贫攻坚战的重点，精准施策、特别扶助；在实施“健康中国”战略中高度重视和关注每个残疾人的健康问题，加快实现“人人享有健康服务”目标；将残疾人基本公共服务纳入国家基本公共服务体系，持续推进残疾人基本公共服务托底补短工作，不断提高残疾人基本公共服务供给水平；各行各业、社会各个方面都在努力消除障碍，越来越多的残疾人接受更好教育、实现就业创业、平等参与社会。残疾人“平等、参与、共享”的目标得到更好实现，关心帮助残疾人的社会氛围更加浓厚，残疾人事业发展进入了快车道，残疾人获得感、幸福感、安全感持续提升，残疾人事业整体发展水平迈上一个新台阶。③

第三节　新时代中国残疾人服务的发展

中国残疾人联合会发布的数据显示，根据第六次全国人口普查得出的我国总人口数，及第二次全国残疾人抽样调查得出的我国残疾人占全国总人口的比例和各类残疾人占残疾人总人数的比例，推算 2010 年末我国残疾人总数为 8 502 万，④是当今世界残疾人数最多的国家之一，残疾人事业面临一系列挑战。新中国成立 70 年来，在建设中国特色社会主义伟大事业的进程中，中国共产党和中国政府本着对人民负责的精神，坚持以人民为中心，关心特殊困难群体，尊重残疾人意愿，保障残疾人权利，注重残疾人的社会参与，推动残疾人真正成为权利主体，成为经济社会发展的参与者、贡献者、享有者，走出了具有一条中国特色的残疾人事业发展道路。在新的时代背景下，中国也将继续建设具

---

① 赵萌萌：《从保障生活到促进发展：中国残疾人社会保障制度变迁与评价》，首都经济贸易大学博士论文，2013，第 151 页。

② 邱观建，于娣：《改革开放以来中国残疾人事业发展的三个阶段》，《理论月刊》2014 年第 4 期。

③ 国务院新闻办公室门户网站，《平等、参与、共享：新中国残疾人权益保障 70 年》白皮书(全文)，http://www.scio.gov.cn/zfbps/ndhf/39911/Document/1660531/1660531.htm。

④ 中国残疾人联合会门户网站，《2010 年末全国残疾人总数及各类、不同残疾等级人数》，http://www.cdpf.org.cn/sjzx/cjrgk/201206/t20120626_387581.shtml。

有中国特色的残疾人服务体系，在每个五年规划中不忘发展残疾人事业，在建设小康社会的进程中不落下一个残疾人。

一、残疾人服务的时代背景

十八大以来，以习近平同志为核心的党中央对残疾人格外关心、格外关注。习近平总书记对残疾人事业作出一系列重要论述，要求“2020年全面建成小康社会，残疾人一个也不能少”，强调“中国将进一步发展残疾人事业，促进残疾人全面发展和共同富裕”。近年来，脱贫攻坚行动显著改善了很多残疾人的生活状况，中国残联推动国家建立了困难残疾人生活补贴、重度残疾人的护理补贴、残疾儿童康复补贴等专项福利制度，残疾人基本公共服务也纳入了国家基本公共服务体系，康复、教育、就业、文化体育、无障碍环境建设等公共服务为残疾人创造了更好的条件。

“十三五”期间，我国残疾人事业与经济社会协调发展，残疾人社会保障和基本公共服务水平明显提高，残疾人就业帮扶迈出坚实步伐。作为脱贫攻坚战中的“主战场”之一，中国贫困残疾人脱贫攻坚取得了历史性成就，8 500万残疾人正在共享全面建成小康社会的丰硕成果。截至2020年底，中国已稳定实现贫困残疾人及其家庭“不愁吃、不愁穿，义务教育、基本医疗、住房安全有保障”的目标。700多万建档立卡贫困残疾人如期脱贫，平均每年减少100万人以上，创造了人类减贫史上残疾人这个特殊困难群体消除绝对贫困的奇迹。

“十三五”以来，我国在残疾人就业服务、残疾人康复服务、残疾人教育服务等方面都取得了显著成就。例如，至2019年底，残疾人灵活就业(含社区、居家就业)已达228.2万人；全国接受康复救助的残疾儿童达39.2万人。新增20项医疗康复项目纳入基本医疗保险报销范围。残疾人基本康复服务覆盖率和辅助器具适配率均超过80%；全国在校残疾学生比“十二五”末增加79.7%、特殊教育学校增加6.8%；累计资助6.57万名家庭经济困难残疾儿童接受普惠性学前教育。①

显然，新时代残疾人事业取得了显著进步。当然我们也要看到，中国残疾人事业发展仍然不平衡、不充分，残疾人的生活状况与残疾人对美好生活的期待相比依然还存在较大差距。因而紧随而来的“十四五”时期不仅是我国开启全面建设社会主义现代化国家新征程的时期，这也是促进残疾人事业高质量发展的重要时期。就在2020年11月3日，《中共中央关于制定国民经济和社会发展第十四个五年规划和二〇三五年远景目标的建议》公布，其中涉及残疾人的包括筹办好北京冬残奥会、帮扶残疾人就业、完善特殊教育保障机制、健全残疾人关爱服务体系和设施、完善帮扶残疾人社会福利制度以及提

① 叶攀：《“十三五”期间700多万贫困残疾人脱贫，中国贫困残疾人脱贫攻坚取得历史性成就》，中国新闻网，http://www.chinanews.com/gn/2021/02-25/9419070.shtml。

升残疾康复服务质量等内容。①

可见，随着残疾人服务的深入发展规划，我国将进一步保障和改善残疾人生活，在巩固和拓展脱贫攻坚成果的基础上，进一步提升残疾人社会保障水平，建立健全全方位的残疾人服务体系。

二、残疾人服务的原则、任务

（一）残疾人服务的基本原则

1. 坚持普惠与特惠相结合

既要通过普惠性制度安排给予残疾人公平待遇，保障他们的基本生存发展需求，又要通过特惠性制度安排给予残疾人特别扶助和优先保障，解决好他们的特殊困难和特殊需求。

2. 坚持政府主导与社会参与、市场推动相结合

既要突出政府责任，确保残疾人公平享有基本民生保障和基本公共服务，依法维护好残疾人平等权益，又要充分发挥社会力量、残疾人组织和市场机制作用，满足残疾人多层次、多样化的需求，为残疾人就业增收和融合发展创造便利化条件和友好型环境。

3. 坚持增进残疾人福祉和促进残疾人自强自立相结合

既要解决好残疾人最关心、最直接、最现实的利益问题，不断增进残疾人福祉，又要充分发挥残疾人的积极性、主动性和创造性，提高残疾人自我发展能力，帮助残疾人通过自身努力创造更加幸福的生活。

4. 坚持统筹兼顾与分类指导相结合

既要加强对农村、老少边穷地区和贫困、重度残疾人的重点扶持，统筹推进城乡区域和不同类别残疾人小康进程，又要充分考虑城乡和地区差异，使残疾人小康进程与当地全面小康进程相协调、相适应。②

（二）残疾人服务（事业）发展的主要任务

1. 保障残疾人基本民生

（1）提高残疾人社会救助水平

将符合条件的残疾人家庭及时纳入最低生活保障范围。生活困难、靠家庭供养且无法单独立户的成年无业重度残疾人，经个人申请，可按照单人户纳入最低生活保障范围。对以老养残、一户多残等特殊困难家庭中因抚养（扶养、赡养）人生活困难、事实无力供养的残疾人，符合特困人员救助供养有关规定的，纳入救助供养范围。对纳入城乡医疗救助范围的残疾人，稳步提高救助水平。加强严重精神障碍患者救治救助工作，建立严重

---

① 新华社：《中共中央关于制定国民经济和社会发展第十四个五年规划和二〇三五年远景目标的建议》，中央人民政府门户网站，http://www.gov.cn/zhengce/2020-11/03/content_5556991.htm。

② 国务院：《国务院关于加快推进残疾人小康进程的意见》，中央人民政府门户网站，http://www.gov.cn/zhengce/content/2015-02/05/content_9461.htm。

精神障碍患者防治管理和康复服务机制。对精神障碍患者通过基本医疗保险支付医疗费用后仍有困难，或者不能通过基本医疗保险支付医疗费用的，应当优先给予医疗救助。对生活无着的流浪、乞讨残疾人给予及时救助，健全流浪、乞讨残疾人返乡保障制度，对因无法查明身份信息而长期滞留的流浪、乞讨残疾人员给予妥善照料安置。有条件的地方可将困难残疾人纳入惠民殡葬政策范围。

(2) 建立完善残疾人基本福利制度

全面实施困难残疾人生活补贴制度和重度残疾人护理补贴制度，适时调整补贴标准，有条件的地方可逐步扩大补贴范围。建立残疾儿童康复救助制度，逐步提高残疾儿童少年福利保障水平。有条件的地方可对残疾人基本型辅助器具适配和贫困残疾人家庭无障碍改造予以补贴。落实已出台的低收入残疾人家庭生活用水、电、气、暖等基本生活支出费用优惠和补贴政策，制定实施盲人、聋人特定信息消费支持政策。各地对残疾人搭乘市内公共交通工具给予便利和优惠。公园、旅游景点和公共文化体育设施对残疾人免费或者优惠开放。

(3) 确保城乡残疾人普遍享有基本养老保险和基本医疗保险

落实符合条件的贫困和重度残疾人参加城乡居民社会保险个人缴费资助政策，有条件的地方可扩大资助范围、提高资助标准，帮助残疾人按规定参加各项社会保险。完善重度残疾人医疗报销制度，逐步扩大基本医疗保险支付的医疗康复项目范围。支持商业保险机构对残疾人实施优惠保险费率，鼓励开发适合残疾人的补充养老、补充医疗等商业保险产品。鼓励残疾人个人参加相关商业保险。

(4) 优先保障残疾人基本住房

对符合住房保障条件的城镇残疾人家庭给予优先轮候、优先选房等政策。农村危房改造同等条件下优先安排经济困难的残疾人家庭。按照农村危房改造政策要求，采取制定实施分类补助标准等措施，对无力自筹资金的残疾人家庭给予倾斜照顾。到 2020 年完成农村贫困残疾人家庭存量危房改造任务。

(5) 加快发展残疾人托养照料服务

建立健全以家庭为基础、社区为依托、机构为支撑的残疾人托养服务体系，实现与儿童、老年人护理照料服务体系的衔接和资源共享。逐步提高残疾人托养服务能力，扩大受益面。继续实施“阳光家园计划”，提高托养机构规范化服务水平。为盲、聋、智障等残疾老人提供养老服务，提升专业化服务水平。对收养残疾儿童的家庭给予更多政策优惠支持，使更多的残疾儿童回归家庭生活。充分考虑少数民族残疾人的风俗习惯，健全惠及各族残疾人的托养照料服务体系。

2. 大力促进城乡残疾人及其家庭就业增收

(1) 确保农村贫困残疾人如期脱贫

制定实施《贫困残疾人脱贫攻坚行动计划(2016—2020 年)》。将农村贫困残疾人全部纳入精准扶贫建档立卡范围，强化分类施策和精准帮扶，政策、项目向贫困残疾人倾斜。加强实用技术培训、社会化生产服务和金融信贷支持，充分发挥农民专业合作社、龙头企业和残疾人扶贫基地的辐射带动作用，确保农村贫困残疾人家庭至少参与一项养殖、种植、设施农业等增收项目。有序组织农村残疾人转移就业。在资产收益扶贫工作中，财政专项资金形成的资产可折股量化优先配置给贫困残疾人家庭。积极引导贫困残疾人家庭采取土地托管或林权、农村土地承包经营权入股等方式，实现家庭资产增值增收。持续实施"农村基层党组织助残扶贫工程"，依托"光伏扶贫""农家书屋""农村电商"等项目搭建社会力量参与残疾人扶贫开发平台。

（2）依法大力推进残疾人按比例就业

研究建立用人单位按比例安排残疾人就业公示制度。各级党政机关、事业单位、国有企业应当带头招录（聘）和安置残疾人就业。各级党政机关在坚持具有正常履行职责的身体条件的前提下，对残疾人能够胜任的岗位，在同等条件下要鼓励优先录用残疾人。切实维护残疾人平等报考公务员的权利，为残疾人考生创造良好的考试环境。未安排残疾人就业的事业单位申请使用空编招聘时，应优先招聘符合条件的残疾人。加大对超比例安排残疾人就业用人单位的奖励力度。将安排残疾人就业情况纳入全国信用信息共享平台，列为企业履行社会责任内容。各类医疗机构要积极吸纳符合条件的盲人医疗按摩人员就业执业。积极做好残疾军人退役安置工作。培育残疾人就业辅导员队伍，发展支持性就业。加强残疾人就业保障金管理，建立征收使用情况公示制度。

（3）稳定发展残疾人集中就业

落实税收优惠政策，完善残疾人集中就业单位资格认定管理办法。福利企业、盲人按摩机构和残疾人辅助性就业机构等残疾人集中就业单位参照社会福利机构享受城市建设与公用事业收费优惠。搭建残疾人集中就业单位产品和服务展销平台，制定政府采购残疾人集中就业单位产品和服务的有关政策。培育残疾人集中就业产品和服务品牌，扶持带动残疾人就业能力强的龙头企业。继续开展"千企万人就业行动"。支持盲人按摩业发展，鼓励盲人按摩规模化、品牌化。扶持残疾人文化创意产业基地建设。

（4）多渠道扶持残疾人自主创业和灵活就业

完善对残疾人自主创业、灵活就业和为残疾人提供就业岗位的个体工商户的扶持政策。对符合条件的自主创业、灵活就业残疾人，按规定给予税费减免和社会保险补贴，帮助安排经营场所、提供启动资金支持。建立完善残疾人创业孵化机制，扶持残疾人创业致富带头人。对符合条件的残疾人全面做好创业担保贷款支持和配套金融服务。借助"互联网＋"行动，鼓励残疾人利用网络就业创业，给予设施设备和网络资费补助。扶持残疾人社区就业、居家就业。支持残疾人参与非物质文化遗产传承、振兴传统工艺、家庭手工业等项目。促进残疾妇女就业创业，拓宽盲人、聋人就业渠道。

（5）大力发展残疾人辅助性就业和多种形式就业

东部地区基本满足精神、智力和重度肢体残疾人等适宜人群的辅助性就业需求，中西部地区每个县（市、区）至少建有一所辅助性就业机构。为辅助性就业残疾人提供工资性补贴和社会保险补贴，对辅助性就业机构设施设备、无障碍改造等给予补助。政府开发的公益性岗位优先安排符合就业困难人员条件的残疾人。扶持残疾人亲属就业创业，实现0就业残疾人家庭至少有一人就业。

（6）加强残疾人就业服务和劳动权益保护

为有就业意愿和相应能力的残疾人普遍提供职业技能培训、岗位技能提升培训、创业培训和就业创业服务。为就业困难残疾人提供就业援助和就业补助。实现城镇新增50万残疾人就业。公共就业服务机构和基层网点将残疾人作为重点服务对象。各级残疾人就业服务机构加强绩效管理，提高服务的针对性和有效性，发挥服务示范作用。加强残疾人教育机构、就业服务机构和用人单位之间的转衔服务。完善残疾人就业创业网络服务平台，加快推进残疾人就业创业服务信息化，实现部门间和区域内残疾人就业信息互联互通。建立高校残疾人毕业生数据库，推进就业见习、实习，提供重点帮扶。继续举办全国残疾人职业技能竞赛暨全国残疾人展能节，组团参加国际残疾人职业技能竞赛。消除影响残疾人平等就业的制度障碍。加强劳动保障监察，依法查处违法行为。

3. 提升残疾人基本公共服务水平

（1）强化残疾预防

制定实施国家残疾预防行动计划。加强残疾预防工作组织领导，加大残疾预防人才培养、设施设备和工作经费投入力度。广泛开展以社区和家庭为基础、以一级预防为重点的三级预防工作。推动建立完善筛查、诊断、随报、评估一体化的残疾监测网络，形成统一的残疾报告制度。针对遗传、疾病、意外伤害等主要致残因素，实施重点干预工程。加强出生缺陷综合防治，建立覆盖城乡居民，涵盖孕前、孕期、新生儿各阶段的出生缺陷防治服务制度。加强残疾预防宣传，广泛开展残疾预防“进社区、进校园、进家庭”宣传教育活动，增强全社会残疾预防和康复的意识与能力。探索建立残疾风险识别和预防干预技术体系，制定完善相关技术规范和标准。

（2）保障残疾人基本康复服务需求

制定实施《残疾预防和残疾人康复条例》。以残疾儿童和持证残疾人为重点，采取多种形式，实施精准康复，为残疾人提供基本康复服务。继续实施残疾儿童抢救性康复、贫困残疾人辅助器具适配、防盲治盲、防聋治聋等重点康复项目。加强康复医疗机构建设，健全医疗卫生、特殊教育等机构的康复服务功能。加强残疾人专业康复机构建设，建立医疗机构与残疾人专业康复机构双向转诊制度。加强残疾人健康管理和社区康复，依托专业康复机构指导社区和家庭为残疾人实施康复训练，推动基层医疗卫生机构普遍开展残疾人医疗康复。建设康复大学，加快康复高等教育发展和专业人才培养。

(3) 加强辅助器具推广和适配服务

扶持便利、经济、实用、舒适、环保、智能辅助器具研发生产,推广个性化辅助器具适配服务,普及助听器、助视器、假肢、轮椅、拐杖等残疾人急需的辅助器具。充分发挥残联、民政、卫生等系统和社会力量的作用,构建多元化的辅助器具服务网络。发挥国家及区域残疾人辅助器具服务资源中心作用,提升残疾人辅助器具服务机构规范化水平。鼓励高等院校、科研机构、企业、社会组织等参与辅助器具研发、生产、流通、适配、租赁和转借服务。

(4) 提高残疾人受教育水平

贯彻实施《残疾人教育条例》,依法保障残疾人受教育权利。为家庭经济困难的残疾儿童、青少年提供包括义务教育、高中阶段教育在内的 12 年免费教育。鼓励特殊教育学校实施学前教育。鼓励残疾儿童康复机构取得办园许可,为残疾儿童提供学前教育。鼓励普通幼儿园接收残疾儿童。进一步落实残疾儿童接受普惠性学前教育资助政策。继续采取"一人一案"方式解决好未入学适龄残疾儿童少年义务教育问题。规范为不能到校学习的重度残疾儿童提供的送教上门服务。加快发展以职业教育为主的残疾人高中阶段教育。各地要加大残疾学生就学支持力度,对符合资助政策的残疾学生和残疾人子女优先予以资助;建立完善残疾学生特殊学习用品、教育训练、交通费等补助政策。大力推行融合教育,建立随班就读支持保障体系,在残疾学生较多的学校建立特殊教育资源教室,提高普通学校接收残疾学生的能力,不断扩大融合教育规模。完善中高等融合教育政策措施,中等职业学校、普通高校在招生录取、专业学习、就业等方面加强对残疾学生的支持保障服务。制定实施残疾青壮年文盲扫盲行动计划,全面开展残疾青壮年文盲扫盲工作。

(5) 巩固特殊教育发展基础

落实好特殊教育提升计划。继续改善特殊教育学校办学条件,依托现有具备条件的特殊教育学校,加强对普通学校实施融合教育的指导和支持。加强残疾人中高等特殊教育职业院校建设。各省(区、市)要在现有编制总量内,落实特殊教育学校开展正常教学和管理工作所需编制,配足配齐教职工。对适合社会力量提供的教学辅助和工勤等服务,鼓励探索采用政府购买服务等方式解决。改革特教教师培养模式,培养一批复合型特教教师。鼓励有条件的师范院校开设特殊教育必修课程,加强高等院校特殊教育专业建设,发挥南京特殊教育师范学院和北京师范大学、华东师范大学的特殊教育院系的骨干特教师资培养作用。完善特教教师收入分配激励机制。深化特殊教育课程改革,组织编写新课程标准教材,提高特殊教育教学质量和水平。提高特殊教育信息化水平,利用网络远程教育资源,为残疾人提供方便快捷的受教育机会。组织实施《国家手语和盲文规范化行动计划(2015—2020 年)》,推广国家通用手语和通用盲文,提高手语、盲文信息化水平。支持国家手语盲文研究中心和推广中心发挥作用。开展听力、视力残疾人普通话水平测试工作，加强手语主持研究和人才培养。建立手语翻译培训、认证、派遣服务制度。

(6) 丰富残疾人文化体育生活

将残疾人作为公共文化体育服务的重点人群之一，公共文化惠民工程、全民健身工程、全民阅读工程、公共文化体育服务机构和基层综合性文化服务中心要提供适合残疾人的服务内容和活动项目。有条件的市(地)、县(市、区)公共图书馆设立盲人阅览室，配置盲文图书、有声读物、大字读物及阅读辅助设备。开展残疾人文化周、残疾人阅读推广等群众性文化活动。扶持盲文读物、有声读物、残疾人题材图书和音像制品出版。继续建设中国残疾人数字图书馆和移动数字图书馆，通过建设中国盲人数字图书馆构建盲文数字出版和数字有声读物资源平台。开展残疾人特殊艺术项目发掘保护，加强特殊艺术人才培养，扶持特殊艺术团体建设和创作演出。支持创作、出版残疾人文学艺术精品，培育残疾人文化艺术品牌。

实施“残疾人体育健身计划”，推动残疾人康复体育和健身体育广泛开展。创编、推广残疾人康复体育和健身体育项目，研发适合不同类别和等级残疾人使用的小型体育器材，推动残疾人体育进社区、进家庭。加强特教学校体育教学和课外体育锻炼。促进残奥、特奥、聋奥运动均衡发展。加强残疾人运动员队伍培养、管理、教育和保障，提高残疾人体育竞技水平，力争在重大国际赛事中再创佳绩。实施“冬季残奥项目振兴计划”，推动残疾人冰雪运动发展，提高残疾人冬季残奥运动项目的参与率和竞技水平。

(7) 全面推进无障碍环境建设

贯彻落实《无障碍环境建设条例》，完善无障碍环境建设政策和标准，加强无障碍通用产品和技术的研发应用。确保新(改、扩)建道路、建筑物和居住区配套建设无障碍设施，加快推进政府机关、公共服务、公共交通、社区等场所设施的无障碍改造。公共交通工具逐步配备无障碍设备，公共停车区按规定设立无障碍停车位。加强无障碍设施日常维护管理和监督使用，改进方便残疾人交通出行的服务举措。制定推广家居无障碍通用设计。加大贫困重度残疾人家庭无障碍改造工作力度。开展无障碍环境市县村镇创建工作。

大力推进互联网和移动互联网信息服务无障碍，鼓励支持服务残疾人的电子产品、移动应用软件等开发应用。推进政府信息以无障碍方式发布，地市级以上政府新闻发布会逐步增加通用手语服务，公共服务机构、公共场所和公共交通工具为残疾人提供语音和文字提示、手语、盲文等信息交流无障碍服务。鼓励省(区、市)、市(地)电视台开设手语栏目，逐步推进影视剧和电视节目加配字幕。加快推进食品药品信息识别无障碍。扶持导盲犬业发展。特殊教育、托养等残疾人集中服务的机构和相关行业系统制定自然灾害和紧急状态下残疾人无障碍应急管理办法，加强残疾人无障碍应急救助服务。

(8) 建立残疾人基本公共服务标准体系

加快制定残疾人基本公共服务国家标准体系。制定实施残疾人康复、辅助器具、教育、就业服务、托养、盲人医疗按摩等服务机构设施建设、设备配置、人员配备、服务规范、服务质量评价等标准，加强绩效考评，提高服务制度化、均等化、专业化水平。培育建立残疾人服务品牌。

4. 依法保障残疾人平等权益

（1）完善残疾人权益保障法律法规体系

社会建设和民生等领域立法过程应听取残疾人和残疾人组织意见。加快《残疾人保障法》配套行政法规立法进程，研究修订《残疾人就业条例》，开展残疾人社会福利、教育、盲人按摩、反残疾歧视等立法研究。促进地方残疾人权益保障立法和优惠扶助政策制定。建立残疾人权益保障法律、法规、规章信息公开系统。

（2）加大残疾人权益保障法律法规的宣传执行力度

将残疾人保障法等相关法律法规宣传教育作为国家普法重要任务。积极开展议题设置，运用互联网和新媒体加大普法宣传力度。开展残疾人学法用法专项行动，提高残疾人对相关法律法规政策的知晓度和维权能力。政府部门要带头落实残疾人权益保障法律法规，依法开展残疾人工作，依法维护残疾人权益。企事业单位、社会组织和公众要认真履行扶残助残的法定义务。配合各级人大、政协开展执法检查、视察和调研，促进残疾人权益保障法律法规的有效实施。严厉打击侵犯残疾人合法权益的违法犯罪行为。

（3）创新残疾人权益保障机制

推动建立残疾人权益保障协商工作机制。拓宽残疾人和残疾人组织民主参与渠道，有效发挥残疾人、残疾人亲友和残疾人工作者人大代表、政协委员在国家政治生活中的重要作用。大力推进残疾人法律救助，帮助残疾人及时获得法律援助、法律服务和司法救助，扩大残疾人法律援助范围。办好“12385”残疾人服务热线和网络信访平台，实现“12110”短信报警平台的全覆盖和功能提升。建立完善残疾人权益保障应急处置机制。

5. 凝聚加快残疾人小康进程的合力

（1）大力发展残疾人慈善事业

倡导鼓励公众、企事业单位、社会组织和群团组织帮扶贫困残疾人、捐助残疾人事业，兴办医疗、康复、特殊教育、托养照料、社会工作等服务机构和设施。积极培育扶持助残社会组织健康发展，支持引导其开展助残活动。培育壮大“集善工程”等残疾人慈善事业品牌，建立调动社会力量帮扶残疾人的机制和平台。进一步鼓励和规范网络助残慈善活动。

（2）有效开展志愿助残服务

开展“志愿助残阳光行动”“邻里守望”等群众性助残活动，为残疾人提供扶贫解困、生活照料、支教助学、社区导医、文化体育、出行帮助等服务。完善助残志愿者招募注册、服务记录、组织管理、评价激励、权益维护和志愿服务供需对接等机制，推行结对接力等服务方式，促进志愿助残服务常态化、制度化、专业化和有效化。

(3) 加快发展残疾人服务业

完善落实残疾人服务业的市场准入、用地保障、投融资、人才引进等扶持政策。着力推动残疾人辅助器具、康复护理、托养照料、生活服务、无障碍产品服务等产业发展,使残疾人康复护理、托养照料和生活服务产业形成一定规模;辅助器具、无障碍产品研发制造水平有较大提升,具有自主知识产权产品、自主品牌的市场占有率大幅提高。针对残疾人面临的意外伤害、康复护理、托养等问题,鼓励信托、保险公司开发符合残疾人需求的金融产品。大力发展残疾人服务中小企业,扶持一批残疾人服务龙头企业。加强残疾人服务行业管理,健全行业管理制度,依法成立行业组织,营造公平有序的市场环境。支持有条件的地方探索建立残疾人服务业支持政策和服务标准。

(4) 加大政府购买助残服务力度

将残疾人基本公共服务作为政府购买服务的重点领域,以残疾人康复护理、托养照料、生活服务、扶贫解困、职业培训、就业创业服务、专业社会工作服务、家居无障碍环境改造等为重点,逐步完善政府购买助残服务指导性目录,扩大购买规模。强化事前、事中和事后监管,加强对政府购买助残服务的质量监控和绩效考评,实现政府购买服务促进专业服务组织发展、扩大服务供给、提高服务质量效益的综合效应。

(5) 营造良好的扶残助残社会环境

结合培育和践行社会主义核心价值观,进一步加强和改进残疾人事业宣传工作。充分利用报刊、广播、电视和互联网等媒体,鼓励支持残疾人组织借助微博、微信和移动客户端及有关移动新媒体,大力弘扬人道主义思想、扶残助残的中华民族传统美德和残疾人"平等、参与、共享、融合"的现代文明理念,营造理解、尊重、关心、帮助残疾人的社会环境。加强对残疾儿童家长的指导支持,为残疾儿童成长提供良好的家庭环境。

(6) 加强残疾人事务国际交流合作

广泛传播《残疾人权利公约》的理念,完善履约工作机制。主动参与落实联合国2030年可持续发展议程。支持"康复国际"等国际残疾人组织发展。充分发挥亚太经济合作组织(APEC)残疾人事务合作机制作用,继续在亚欧会议框架下推动残疾人事务合作,围绕"一带一路"发展战略加强南北合作、深化南南合作,促进残疾人事务的对外开放与交流合作,学习借鉴国际残疾人事务的有益经验,助力残疾人小康进程。①

三、残疾人事业发展的机遇及最新部署

随着"十三五"规划接近尾声,2020年11月3日,中共中央公布了《中共中央关于制定国民经济和社会发展第十四个五年规划和二〇三五年远景目标的建议》(以下简称《建

① 中央人民政府门户网站,《国务院关于加快推进残疾人小康进程的意见》,http://www.gov.cn/zhengce/content/2015-02/05/content_9461.htm。

议》)，其中有5条涉及残疾人的建议，相关内容如下：

1. 提升公共文化服务水平。筹办好北京冬奥会、冬残奥会。

2. 强化就业优先政策。扩大公益性岗位安置，帮扶残疾人、零就业家庭成员就业。

3. 建设高质量教育体系。坚持教育公益性原则，深化教育改革，促进教育公平，推动义务教育均衡发展和城乡一体化，完善普惠性学前教育和特殊教育、专门教育保障机制，鼓励高中阶段学校多样化发展。

4. 健全多层次社会保障体系。健全老年人、残疾人关爱服务体系和设施，完善帮扶残疾人、孤儿等社会福利制度。

5. 全面推进健康中国建设。提升健康教育、慢性病管理和残疾康复服务质量，重视精神卫生和心理健康。①

这些建议是对下一个五年计划中残疾人事业发展的建议，也是下一个五年计划的主要目标，是残疾人事业发展的最新部署。

"十四五"时期，是全面开启社会主义现代化建设新征程的关键时期，也是促进残疾人事业高质量发展的重要时期。"十四五"时期残疾人事业发展将出现一些新特征，随着人口老龄化的发展，数量增加的失能老人将成为实际上的残疾人；随着物质生活的不断发展，人们需求呈现多层次的特点；社会组织数量将迅速增加。同时，《建议》中提出"筹办好北京冬奥会、冬残奥会"，强调了体育精神对残疾人的重要意义。我国将有望迎来残疾人体育事业发展的重要时期，让残疾人有机会参与体育运动，参与荣誉的竞赛，通过参与体育运动认识到自己的潜能，激发自强精神，改变生活理念。

《建议》提出"社会公共服务高质量发展"，在新的指示下，残疾人公共服务将得到极大的改善和发展，为逐步实现残疾人公共服务专业化、均等化、便利化奠定了基础。《建议》中还提到残疾人就业问题，应重点关注"十三五"期间残疾人就业服务方面已经取得的成绩，在此基础上再次规划残疾人就业帮扶，"十四五"期间残疾人就业服务方面有望迎来更多支持政策，为残疾人就业服务提供有力的保障。《建议》还强调了残疾人关爱服务体系，结合目前各地政府探索推出的一些残疾人托养中心的服务模式，加上社会提倡居家养老，在未来的发展中"居家养残"也有机会实现。并且《建议》中处处强调人民为中心，讲到弱有所扶，这对于保障残疾人平等权利，为残疾人创造无障碍环境，以便其能够更充分地融入社会，提出了明确要求，创造了基础条件。②

另外，在残疾人康复建议方面的强调也将为残疾人服务专业人才队伍建设提供机遇，残疾人服务将逐步实现系统化、科学化和专业化，为残疾人提供更高水平的服务，使残疾人享有更加坚实的社会保障。

---

① 国家国际发展合作署门户网站，《中共中央关于制定国民经济和社会发展第十四个五年规划和二〇三五年远景目标的建议》，http://www.cidca.gov.cn/2020-11/05/c_1210874463.htm。

② 文梅：《残疾人事业的"十四五"：发展任务艰巨，未来可期》，《华夏时报》2020年11月6日。

本章小结

在西方，残疾人服务萌芽于文艺复兴时期，在工业革命后得到了较快发展，《关于残疾人的世界行动纲领》则促进了残疾人服务的转型。近代以前，中国的历代统治者为了维护统治地位、维护社会稳定，也制定了相应的福利政策以保障残疾人的基本生活。新中国成立后，随着经济、政治和文化等方面的发展，对残疾人的保障范围不断扩大，保障内容不断丰富，尤其是新时代以来，残疾人事业更是得到了快速发展。可以预见，随着国家的不断发展，对残疾人的保障和福利也会不断完善。

参考书目

1. 王辅贤：《残疾人社会工作》，北京大学出版社，2008。
2. 卓彩琴：《残疾人社会工作》，华南理工大学出版社，2008。
3. 奚从清，林清和：《残疾人社会工作》，浙江大学出版社，2013。
4. 陆德阳，[日] 稻森信昭：《中国残疾人史》，学林出版社，1996。

第三章
残疾人服务的基本理论

理论是实践的基础,实践是检验和完善理论的最佳方式。因此,残疾人服务必须重视理论与实践的相互作用,尤其是如何将两者有效衔接,争取做到最大程度上的相互促进。本章围绕着残疾人服务的主要理论,对其进行理论内容及实践应用的介绍。

第一节 正常化理论

正常化原则起源于北欧,是斯堪的纳维亚国家和世界其他一些国家,在智障人士实践工作中实行的一系列理念、方法。正常化理论强调残疾人的个体性和公民权,认为在残疾人自身看来他们并不存在问题,他们是正常的,异常是社会强加于残疾人身上的一个标签,残疾人应该尽可能跟普通人一样生活,拥有良好的教育和生活环境,享有自由的权利和公平的机会。该理论将残疾人置于常人的角度,了解和评估他们的需求,有利于实现残疾人服务的精准性、专业化。

一、 理论的基本内容

(一)正常化理论的起源

第二次世界大战后,北欧掀起了一场有关残疾人权利与福利的政策改良运动,倡导残疾人不仅应当享有与其他社会成员同等的生存权利,还应拥有尽可能接近一般社会成员生活条件与生活方式的权利。

1959 年,丹麦颁布了一项内容广泛的新社会福利法案。在这个法案中,智力残疾人的社会辅助原则被提高到一个新的基础之上,法案中提到了"正常化"一词,认为正常化的意义就是允许智力残疾人尽可能地正常生活。随着这部法案的出世,"正常化原则"的雏形也逐渐进入公众的视野。

1969 年,瑞典的本特 · 尼耶(Bengt Nirje)在专业文献中第一次对"正常化原则"进行了理论描述。之后,他发展出权衡正常化原则是否实现的八个方面：正常的每日生活节奏变化、工作—消遣—居住地分离、年度生活节奏的正常化、正常的生命进程、正常的需求得到尊重、正常的性别交往、正常的经济条件、正常的设施水平。①

1972 年,美国的沃尔夫·斯伯格(Wolfe Berger)将正常化原则从领域和影响方面进行体系化。他认为正常化不只是涉及智力障碍人士的外部环境,同时也涉及他们本身;智力障碍人士必须无条件地达到正常人群体对他们的期待,同时又强调智力障碍者也一定要注意避免引起社会的误解。为达到残疾人与其他社会大众之间关系的“正常化”,双方都需要付出不懈的努力,需要相互调整配合,正常化必须结合家庭、专业人员、医疗、政策等各方面的努力才有可能实现。②

（二）正常化理论的主要观点

“正常化”是帮助某些特殊的社会群体(尤其是残疾人,包括精神病患者及其他伤残人士)的理论。但在学术界的不同领域,却有着不同的内涵与指向。综合分析这些领域对“正常化”的理解,可以总结出正常化理论的两个要点：

(1) **批评以往给弱势群体贴标签的做法**。这种观点是反对将残疾视为社会的另类、异常,更反对采用所谓主流社会中的“正常”的方法去治疗他们,认为这实际上都是有失偏颇。“正常”只不过是一些人用来显示自己的权威,忽视少数群体的一种行径。换而言之,所谓社会问题并非出在被服务者身上,而是出在将服务强加于服务对象身上的那些助人者。助人者对服务对象进行任意标定,将服务对象的表现视为不正常的行为,其实在服务对象看来,他们的生活也许就是再也正常不过的事情。因而残疾人服务领域中的“正常化”就是要和服务对象一起撕掉这些标签,证明他们不是所谓的“特殊群体”“非常人群体”,向社会证明他们与常人无恙,有自己的工作和生活,能够同社会中的其他人一样处于这个社会之中,为社会做贡献,获得这个社会提供的各种福利服务;同时也致力于让这些标签逐渐淡出社会,彻底改变社会对服务对象的刻板印象。

(2) **主张为服务对象提供与平常人相似的生活环境**。这种观点认为,所谓正常化就是为服务对象提供与常人相似的生活环境,包括让他们回到自己熟悉的平常社会,过平常人的生活。例如英国所倡导和推行的社区照顾就有这种意义。美国全国智力迟钝公民协会曾将正常化界定为：正常化就是帮助残疾人获得一种尽量接近正常人的生活方式,使他们的日常生活模式及条件尽量与社会中大多数人一样,而不是有意将他们区隔开来。在残疾人服务的实践中之所以特别强调这一点,也正源于残疾人服务者所具备的专业价值理念,承认所有人(毫无疑问包括残疾人士)都具有价值和尊严。③

---

① 高颖:《正常化理论视角下残疾人庇护工场就业服务问题及策略探讨》,华中科技大学硕士论文,2016,第14页。

② 高颖:《正常化理论视角下残疾人庇护工场就业服务问题及策略探讨》,华中科技大学硕士论文,2016,第16页。

③ 卓彩琴主编:《残疾人社会工作》,华南理工大学出版社,2008,第140—141页。

二、实践应用

在正常化理论的实践应用方面，大多数研究是将其作为一种残疾人服务领域中不可缺少的服务理念之一，把这种理念贯彻于残疾人服务工作的整个过程，使得为服务对象提供的各种服务能够在最大限度上满足他们的“平常需求”。

在实际服务中，服务提供者以及服务质量监控者可以将瑞典的本特·尼耶提出的衡量正常化是否实现的八个方面作为评估指标来评估残疾人服务的效果。

（一）正常的每日生活节奏变化

每个人的生活需要有正常的节奏，这是使人的生活更有规律和存在感的重要体现。残疾人也有感知外界的能力，不能因为他们在身体上或智力上存在一定的缺陷就剥夺他们正常的生活节奏，用刻板的观点认为他们无法从事这些活动，认为这些活动对他们不利，导致他们沦为被动的观察者和服务的接受者，在别人的帮助下起床、喂饭、长时间待在封闭的空间，时间的变化对他们来说没有实质性的意义，他们只需要接受别人的帮助和服务就可以了。长此以往，残疾人每天的生活一成不变，其对外界的感知和适应能力就会更加退化。因此，正常化理论就是要打破这种社会状态，不但要让大众知道残疾人有享受日常生活节奏变换的权利，也有享受日常生活节奏变换的能力，要打破旧有的社会观念，同时倡导社会为残疾人能享有这些权利提供应有的辅助服务。

（二）工作—消遣—居住地的分离

工作—消遣—居住地的分离是指普通人的居住地、上班场所、学校都是不同的，有时还会参加各式各样的娱乐活动。犹如普通人，不能让残疾人在同一个场所中进行所有活动。但是在机构教养式服务里，残疾人往往被当成需要保护和协助的服务对象，所以健康与安全是主要的照顾重点。为了保护残疾人的安全，机构将残疾人隔离在特定的场所里，在这个特定环境中接受结构化的训练或者为他们开展一些“安全”的娱乐活动，而接触的人群也只限于工作人员和同性个体。残疾人被当作病人安置在隔离的机构里，康复训练和娱乐活动也都局限在这个圈子，就像被圈养的动物一样。活动场所的固定和服务的结构化使得残疾人感受不到环境的变化，体验不到各式各样的情境，就更谈不上体验和适应各种环境了。要充分利用正常社会的设施，使这些活动尽可能地接近正常的现实生活，在自然的状态下自由地进行日常活动，到不同的场所进行相关的社会活动。

（三）年度生活节奏的正常化

年度生活节奏的正常化是指生日、节假日、亲友往来，季节变化等，所有这些无障碍人群在一年中要经历的事情，残疾人在生活中也应该有机会去经历。例如，大部分人会至少一年一次通过度假来改变自己的生活状态和放松身心。斯堪的纳维亚的社会实践已经证明，旅行，包括国外旅行，对智障人士是非常有意义和价值的，对于某些智障人士来说，这种旅行在一定程度上对他们的精神具有“治愈”的作用。

（四）正常的生命进程

正常的生命进程是指在与残疾人交往时，应尊重他们的年龄阶段，也就是按照他们的年龄特点为他们提供合适的社会交往机会。残疾人也需要家庭的温暖和学校的教育，同时也会经历成长的过程和老年的经历。从孩童时期开始就需要温暖的家庭氛围和适当的社会参与机会。像其他人一样，残疾人也需要经历成人的过程，在这个过程中需要感受周围环境和事物的变化。因此，残疾人从儿童到青少年到成年都生活在同样的环境中是非常不正确的，这不断地在提醒残疾人他们跟其他人是不一样的，即使他们已经是成年人了，但是他们还是像孩子一样依赖别人。

残疾人训练项目应该帮助他们具备足够的能力和独立性来实现以后独立的生活，帮助他们培养社交能力，以便让他们在以后的生活中尽可能多的参与社会活动。在老年时期，残疾人也应该被安排到他们认可的居住环境，同其他人一样安享晚年，而不是将他们聚集起来进行所谓的院舍化管理服务。

（五）需求得到尊重正常化

在正常化理论中，需求得到尊重是指残疾人的愿望和决定不仅应该被认识到，而且要尽可能地得到尊重并有机会尝试满足。残疾人不应该被看作是有缺陷的、不正常的或者是低于人类的，而应该视为在某些方面(不是全部)需要帮助的人。要尽可能地考虑和尊重智障人士自身选择和想法。

社会文化普遍认为让残疾人负责任是不切实际的，他们也不具备选择权更不具有决策权。在这种环境和氛围下，家长和工作人员很难放手把选择权交给残疾人自己。从正常化理论的角度来看，作为社会中同样的独立个体，残疾人对自己负有责任，应当被视为自己生活中的主导者，而非他人的提线木偶，他们也有和其他人一样的需求，他们的外形或是内部构造的不同并不影响他们需求的产生，同时他们的需求也同其他人一样需要得到尊重和满足。

（六）正常的性别交往

正常的性别交往意指正常的两性交往。残疾人也有过正常性生活的权利。将他们在日常生活中严格地与异性分开是不能被允许的。1967 年斯德哥尔摩“精神发育迟滞的立法问题”研讨会提出，智障人士男女之间保持关系是非常必要的，过去智障男女交往的危险被严重夸大了，带来的后果就是男女之间被外界生硬地隔离开来，这严重阻碍了他们正常的发展。智障人士男女之间保持关系是非常必要的。因此，研讨会成员支持适当约束下的男女智障人士的接触和交往，不仅是在日间中心或者是工作坊，还有各种休闲活动。性别交往是男女的混合，这在一定程度上能够推动更好的行为表现和氛围，是正常化的重要体现。

（七）正常的经济条件

正常的经济条件是指与社会中的其他人一样，残疾人的生活需要一定的经济支撑，经济水平也需要获得法律的保障。经济正常化是正常化的重要途径之一，也是其他方面正常化的基础和保障。这里的正常的经济条件包括通过社会立法或者其他的经济措施给予残疾人基本的经济保障，使残疾人获得一定的经济支持。包括儿童津贴，个人补贴和老年人津贴或者是最低生活收入津贴等。这些津贴大部分是用来保障基本的衣食住行或者康复活动等，满足私人花费的只有一小部分甚至没有，因此也需要从其他方面来补充残疾人的经济收入，为实现各方面的正常化打下基础。

事实上，对正常的经济条件深入分解在一定程度上可以描述为保障残疾人具有正常的经济收入的条件。这个条件可以是立法，也可以是相关的行政性辅助措施，即该条件是残疾人获得经济条件的保障。例如，为残疾人提供就业机会，让被动收入化为主动收入，同时促进他们的就业权得以实现。

（八）基础设施水平正常化

基础设施水平正常化是指为残疾人提供相应的基础设施，使残疾人的愿望和需求也同社会中的其他人一样有实现的可能。正常的基础设施包括医院、学校、居住地等，社会要为残疾人提供这些常人所享有的基础设施，同时这些基础设施的水平也要跟正常人的一样，不能因为是残疾人用的而与正常人的隔离开来，或者在设施的型号等方面夸张地设计"残疾人标准"，这些都是正常化所不能接受的。①

总之，应该给予残疾人合适的设施和资源来帮助他们获得相应的发展，让他们可以用自己方式来做事，真正成为自己生活的主导者，这是使他们生活尽可能正常化的最基本需要。

第二节　全人发展理论

全人发展这个词语是由英文"holistic approach"翻译而来，是世界卫生组织对有关健康、残疾领域新的指导理论。全人发展理论源于对人的全面发展的提倡，一般用于教育领域。随着研究和实践的发展，理论的内容及应用逐渐延伸至残疾人服务领域，成为残疾人服务的重要服务价值观，是残疾人观的重要内容，也是残疾人社会参与、回归社会的重要指导理论。

一、理论的基本内容

（一）全人发展理论的起源

全人发展理论可以追溯到马克思对于人的全面发展的论述，这有助于更好地理解残

---

① 王慧：《正常化视角下成年智障人士社区化服务模式研究——以Z机构为例》，山东大学硕士论文，2014，第28页。

疾人服务过程中的全面发展理论。马克思对"人的全面发展"这一理论的界定,先是明确了作为"全面发展的人"的"人"的属性,是客观存在的个体,然后将这个个体置于社会之中,界定了"全面发展的人"的"全面发展"的内涵——在社会中的全面发展,脱离了社会的全面发展是毫无意义的,也是不存在的。残疾人全人发展理论的论述和应用也必须从社会的角度出发。① 全人发展理论最初被应用于教育领域,强调对个体各方面的全面培育发展,不局限于智力发展,同时强调要提高身体、心理等各方面的素质,成为一个"健全"的人。

全人发展逐渐发展为残疾人服务领域的服务理论是在 2001 年经世界卫生组织批准的"国际功能、残疾与健康分类"(ICF),修正自 1980 年发展的"国际机能损伤、身心功能障碍与残障分类"与 1997 年发展的"国际机能损伤、活动与参与分类",是世界卫生组织对有关健康、残疾领域新的理论和工作导向。

ICF 通过提出并分析失能概念模型明确指出,残疾人服务工作不仅着眼于残疾人的损伤,为他们提供照护性的服务,更要发展其能力。传统医学模式认为残疾是个人问题,并将它视为由疾病、创伤或健康状态所导致,从而以个人治疗的形式提供医疗保健。而 ICF 则基于"生物—心理—社会"(Biopsychosocial Model)理论模式,从残疾人融入社会的角度出发,将残疾人视为社会的一部分,将残疾作为社会性问题,不仅仅是个人特性,而且认为残疾是由社会环境形成的一种复合状态,从而指出社会行动对改善残疾问题的重要性。强调社会集体行动,要求改造社会中各方面的环境以使残疾人有条件充分参与社会生活。因此,残疾问题也是一种态度或意识形态的问题,要求社会进行改变。

ICF 将人类功能(human functioning)分为三个层次:身体或身体部分(body or body part)、整体人(whole person)以及在社会环境中的整体人。这种分类不仅看到残疾人个体损伤带来的障碍,也关注环境因素(如消极的社会态度、有限的社会支持、有限的社会参与机会以及缺位的公共基础设施等)导致的障碍。由此引出的全面发展理论要求关注个体、家庭与社区环境,同时要关注三者之间的关系,是处于医疗模式和社会模式之间一种具有操作性的折中模式。也就是说,全人发展理论是双重主体的服务理论,在残疾人服务领域,全人发展理论需要处理好个体和社会之间的关系,更好地发挥个体提供全面的服务,促进个体能力的发展,从而个体也能在一定程度上回馈社会,促进社会的发展。②

(二)全人发展理论的内涵

不同的学者对于全人发展理论的概念性界定是不同的,但大体不离它字面上的"全"字。全人发展理论强调多学科成员(医生、康复治疗师、心理专家)和家庭一起为残疾人

---

① 龚潇:《关于残疾人全面发展问题研究》,江南大学硕士论文,2014,第 16—17 页。

② Gerold Stucki,郑瑜,张霞,励建安:《国际功能、残疾和健康分类在中国的康复临床应用》,《中国康复医学杂志》2014 年第 11 期。

提供个性化的训练方案，包括多学科合作、团队合作、专业化服务、注重可持续性（如理疗师不宜更换）、注重“康复—教育—社会生涯”彼此平衡等原则。最后一项尤为重要，随着残疾人年龄的增长，应从早期重视身体康复转向重视教育，继而转向重视社会融入。①

在全人发展理论指引下的残疾人服务中，身体康复的地位会有所下降，不过身体康复仍然是极为重要的内容，只是将原本康复治疗范围内，处于边缘位置的残疾人士心理建设以及社会融入纳入治疗，以实现残疾人士“身、心、社”一起发展，其他两项的发展并不影响身体的康复，而是三者并重，这才是真正的“康复”。②

对“全人发展”理论进行深度审视，可以发现其具有以下内涵：

1. 摒弃以物为本，秉持人本发展观

全人发展要求教育不能以满足生产和消费为轴心的物本形态，而应该以人为本，为人的和谐、平静、诚实等方面而教。同时还要看到主体的多样性，关注个体的差异性，提供切合个体发展的教育方案。

2. 以整合观为切入点，重视联结和转化

“整体观念思维”（holistic thinking）是全人发展理论的核心，整合观（holism）主张每一样东西都是以关系网络互相联结的，任何一样变动都会导致连锁反应。这就意味着人的发展是联结和转化的，人的许多隐性特征与人的发展有着密切的联系，在教育过程中应该从“整体”上去追求个人的发展。

3. 承认经验的关键角色，强调学习的主动性

学习的过程就是个体体会经验的过程，只是体会经验并不是借由有限的、割裂的、预先调节好的“课程”来汲取知识和智慧的，而是应该强调个体的主动学习，个体的主动吸收，让个体经由经验自然而健康地成长，教授者起到的只是辅助、引导的角色，个体才是发展过程中的主角。③

总之，全人发展理论指导下的残疾人服务是指通过社会各界以及残疾人自身的努力和奋斗，通过残疾人参与社会实践，在活动中结成各种社会关系，使他们的需求、个性呈多样化发展的趋势，使他们的基本生活得到保障，摆脱物质的束缚，同时发展个人的兴趣，获得各种社会参与的机会，实现自己的人生价值。

结合当前国家和社会的实际发展状况，现阶段残疾人的全面发展就是残疾人能够拥有平等的发展机会，能够走出“小家”，融入“大家”，实现其自我价值和社会价值，使残疾人的发展水平和社会整体发展水平相协调。

---

① 瓷娃娃罕见病关爱中心：《让“全人康复”理念落地中国——“全人发展观下的儿童康复”论坛圆满举办》，中国发展简报，http://www.chinadevelopmentbrief.org.cn/news-18039.html。

② 徐本明：《第三十一讲：全人发展观下残疾人康复的理念和服务模式是什么?》，脑瘫微创治疗与康复公众号，https://mp.weixin.qq.com/s/CKNHOcNWSKvjVdaFmTg30w。

③ 舒川：《全人发展视野下学龄前残疾儿童运动康复课程理论与实践》，《体育科学》2018年第2期。

二、 实践应用

（一） 全人发展理论下的康复服务模式

传统的医疗康复模式通常可为残疾人士提供紧急医疗救助、医疗诊断以及一些身体机能方面的康复方案。而在 WHO 最新出版的《世界残疾报告》及 ICF 中，都共同指出一种新型模式：残疾人的康复服务与社会融合要由不同性质、不同级别的机构分工合作来完成，强调了残疾人社会融合及社会参与的重要性，并指出了实现该目标需要一个多学科、专业化的中坚力量来提供专业、科学的指导及有效解决方案。国际方案一经提出，各国纷纷根据本国情况探索相关的服务模式。

在刚刚过去的"十三五"时期，四川省成都市青白江区深化推动中国残联"全国社区康复示范项目"，创新探索全人发展理论下残疾儿童社区康复模式。3 年来，在中国残联和四川省、成都市残联及意大利国际志愿合作组织"我们的家园"（简称 OVCI）专家督导下，在做实保障、做强师资、做优模式、做深融合、做大格局等方面积极创新实践，量体裁衣、赋能助行，为残疾儿童提供国际化、专业化、个性化康复服务，使全区残疾人工作理论和模式不断优化，残疾人及其家庭的获得感、幸福感、安全感大大提升，也使得残疾人服务取得了良好成效。① 可见探索全人发展理论指引下的残疾人康复服务模式的重要意义。

通过探索全人发展理论新的实践内涵以及中国一些地区的实践经验，我们可以总结出全人发展理论下康复服务模式的几个方面。

初访咨询后服务，主要包括认知与入学预备教育，例如服务对象各方面情况的评估、对相关基础知识的培训等；物理治疗，主要是身体方面的康复性保障；语言与沟通治疗，即评估服务对象的沟通的水平，对于有交流障碍的服务对象进行针对性地治疗培训；作业治疗，例如生活自理评估与训练、手功能评估与训练、信息与沟通辅助技术等。

1. 全人发展理论下康复服务模式的服务内容

全人发展理论下康复服务模式的服务内容主要包括：提供以功能和能力为导向的个性化评估并制定有效实施方案，推动并实施融合教育，推动并实施融合式就业，提供辅具适配，为康复教育领域专业人员提供专业培训，为家长、护理人员、志愿者及残障领域工作者提供相关培训。

2. 全人发展理论下康复服务模式其特色服务的表现

全人发展理论下康复服务模式其特色服务主要体现在：（1）配有专业化的团队工作，即以专业化的方式有效定位服务对象的需求并与之共同实践；（2）提供个别化服务，充分考虑到每个个体都具有的独特性，在对残疾人士进行服务时，不应只盯着损伤，着眼

① 成都市青白江区残联：《践行"全人发展观"提升残疾儿童"量服"康复水平——成都市青白江区创新试点"全国社区康复示范项目"》，http://www.scdpf.org.cn/xwdt/szxx/201902/t20190222_28394.html。

于生理上的康复,而更要看到服务对象的个性、家庭和社区环境,要用“整体观念思维”,同服务对象一起改善与服务对象康复有关的各方状态;(3) 强调早期干预,早期干预是有效教育和社会融合的基础,尤其是对发育年龄段的儿童来说,这个需要重要他人的配合、指导、培训与支持;(4) 重视与专业力量、志愿团队及家庭开展广泛合作;(5) 大力推动社会各界力量关注残疾人服务领域,注重服务模式的探索,促进社会包容式发展。①

(二) 全人发展理论下的残疾人康复课程的实践内涵

全人发展虽缘起于教育领域,但教育和康复的目的都是为了“人的发展”,全人发展理论给现代教育带来“人本、全面、主动、发展、联结、转化”的启示,可以帮助我们探究现代残疾人康复课程的实践内涵,主要包括以下几个方面:

1. 残疾人康复课程目标的终身性

全人发展的目标在于充分发挥个人的潜能,倡导“内在学习”,即依靠个人的内在驱动,充分开发潜能,最终达到自我实现。因此,全人发展视野下的康复课程要打破传统医疗康复的束缚,强调障碍者的自我康复。使残疾人通过对康复经验的内在学习,不仅能掌握一些基本的康复技术,还能够学会自我接纳、情绪管理、人际交往,并最终形成积极的人生观和价值观。在这类课程之下,障碍者的康复变得更为自主、积极而富有效果,对于障碍者而言,康复已不仅仅是接受短暂的医疗帮助,而是激励他们终身参与的行为活动。

2. 残疾人康复课程内容的全面性

全人发展理论下的康复课程注重使残疾人成为完整的人,包括以下几个方面:德性的发展,即帮助残疾人建立良好的世界观、人生观、价值观,这对于塑造残疾人完整的人格是至关重要的;智能的发展,即让残疾人有机会学习康复的知识和技巧,形成自我康复的习惯,这样才能终身受益。同时,要培育他们的兴趣爱好,拓宽他们的视野,发展个人能力,为社会参与打下一定的知识基础;身体的发展,包括身体缺陷的补偿与保持良好的健康状态,帮助残疾人打好与人交往并最终融入社会的基础;社群的发展,通过残疾人士群体内部之间、与健全人群之间的交往,发展人际交往的效能和礼仪,并引申到个人所属社群的归属感;情绪的发展,也是心理健康管理,即残疾人需要了解如何认识和妥善管理自己的情绪,如何感受他人的情绪,这对于保持精神上的健康是非常重要的;事业的发展,即康复内容要满足残疾人未来有可能从事职业的需要,康复使残疾人士具备一定的就业能力,这才是帮助他们真正融入社会的途径。

3. 残疾人康复课程实施的主动性

全人发展理论下的康复课程提倡残疾人士在康复过程中的主动性:

(1) 在“终身康复”目标的引领下,康复课程不能只发生在学校,在家庭、社区等环境

---

① 徐本明:《第三十一讲:全人发展观下残疾人康复的理念和服务模式是什么?》,脑瘫微创治疗与康复公众号,https://mp.weixin.qq.com/s/CKNHOcNWSKvjVdaFmTg30w。

中也需要进行康复，这就要求残疾人士能主动地进行康复。

(2) 全人发展更关注人的差异性，将人看作是独特的、有价值的个体，认为每个人都具有无限的创造性和潜力，因此，康复课程不能只采用模式化的治疗方式，而更应该关注残疾人士的特点和需要，强调残疾人士主动的康复过程。

4. 残疾人康复课程评价的发展性

全人发展理论下的康复课程评价旨在帮助个体更好地认识自我和改进自我的不足，这种康复评价方式不仅关注终结性评价，还重视过程性评价，这凸显了评价的发展性功能。事实上，全人发展理念下的康复课程注重个性化的评价方式，在康复实施之前都会为每位残疾人士设计详细的、包含短期康复目标的个人康复计划。通过定期的评价，障碍者收获的并不是对自己障碍所贴的“标签”，而是在每一阶段的评价中都能看到自己的进步和未来发展的方向。①

第三节 增权理论

增权理论强调权力与能力在社会关系结构中的重要性，承认服务对象是积极的主体。从一定意义上来说，增权取向构成了残疾人服务理论与实践的一个新视角，它聚焦的不仅仅是残疾人服务对象的资源和优势，更是服务对象潜能激发、优势和资源利用能力提升的一个过程，是对以往社会工作理论的整合与超越，对于我们反思和改进以往的残疾人服务（包括社会政策立场）具有相当的启发意义。

一、理论的基本内容

（一）增权理论的起源

1. 理论萌芽

增权的概念以及增权理论兴起于西方国家。这种思想在 19 世纪就已经存在了，除了一定的福利救助实践基础，还受到了宗教改革、资本主义冲击以及政治改良等背景的影响。

(1) 新教革命的影响

16、17 世纪的新教革命使西方认识到自己有责任决定自己世俗状态的进程，任何人都可以通过努力工作极大地改善自己；新教革命把民主观念引入了基督教的思想之中；17 世纪的贵格会教义（Quakerism）宣扬一种把尊严、价值和救赎的可能性扩展到所有人，甚至是被打上耻辱烙印的贫民和堕落的罪犯身上的思想，为增权的思想形成增添了另一个民主化前提。

---

① 舒川：《全人发展视野下学龄前残疾儿童运动康复课程理论与实践》，《体育科学》2018 年第 2 期。

(2) 商业和工业资本主义的冲击

资本主义造成的城市化、工业化、殖民化和移民，使 14—18 世纪的欧洲大部分人口和 19 世纪 30 年代美国白人迁移者中贫困的人数成几何级数增长，社会现实迫使人们去探究其苦难的原因，加速他们对纠正、解放和增权的追求。

(3) 杰弗逊式民主思想的突破

思想家杰弗逊把人类的平等、独立、清白、理性、自律等观点写进自己的哲学中，并坚定不移地宣扬广大人民的普遍主权，积极倡导建立以面对面关系为特征的地方社区以及去集中化和地区化的政府，以便公民有更多机会参与政府工作，同时相信公民通过教育就能拥有一定的决策能力。杰弗逊的这种"由下至上"的民主的思想宣扬是增权传统的核心基础之一。

(4) 先验论的熏陶

先验论是 19 世纪 30—40 年代出现在美国年轻知识分子中的运动，这场运动强调了人的善良品质、创造力以及自我发展的潜力。先验论对人性的普遍信念、对每个人理性力量的平等主义信仰，以及通过社会变革和实验投身于对其理想的直接确认，这种思想指导下的活动事实上是增权活动的。

(5) 乌托邦理想社区的滋养

1830—1850 年，傅立叶和欧文试图建立新生的社会主义社区。虽然最终的理想没能实现，但他们的倡导与实践"对妇女解放的理论和实践上的承诺"作出了良好的示范，为马克思社会主义社区实践检验和积累了相关理念，这些理念后来成为关于人际和社区贡献具有可转换性质，以及互助关系在日常生活中具有重要性的增权传统的核心。

(6) 无政府主义理念间接的推动

无政府主义在西欧和美国使五个重要理念普及化：小型的、去集中化的志愿联合的社会组织和功能；在自主的自愿联合中建立联盟的重要性；建立没有等级权威的功能组织目标；强调努力实现改变的方向和最后的结果及努力的价值不可分离的主张。

(7) 理想公民权概念的倡导

公民权的概念由 19 世纪法国启蒙哲学家们锻造出来，它包括三个构成部分：民权、政治权和社会权。公民权社会契约的充分参与，对于社会权的缔造者和以增权为本的社会工作者来说，会以市民自由、政治权和社会经济授权这种有着内在联系的"三位一体"为转移。①

2. 增权理论的几种观点

(1) 所罗门(Soloman)的赋权理论

1976 年，所罗门在其出版的《黑人的增强权能：被压迫社区里的社会工作》一书中明

① 范明林主编：《社会工作理论与实务》，上海大学出版社，2007，第 106—108 页。

确使用“增权”一词来描述美国社会中黑人少数民族因长期遭受同辈团体、优势团体与宏观环境的负面评价所感受到的深切、全面的无权。因而建议社会工作的介入应致力于增强黑人民族的权力，以解除社会带来的压迫与疏离，以增进服务对象的自我效能与社会改革的力量。①

(2) 弗雷勒(Frere)的被压迫者的教育学理论

弗莱雷认为，教育应该具有对话性。增权是一种教育性活动，能够经由对话与合作，获得主动的实践体验从而反思。

(3) 巴伯(Barber)的习得性无助理论与增权

习得性无助理论认为，如果获得无力体验，那么人可能会更加沮丧，终生无权势的人背负着沉重的习得性无助感，巴伯认为应该给予积极的体验和增权。②

(4) 李(Lee)的增权理论

李在其出版的《社会工作的增权去向》一书中进一步丰富增权理论的内容，认为增权应该融汇多种视角，例如女性视角、批判视角、文化视角等。

(5) 安德(Anderson)的增权理论

安德提出促进非洲社区发展的增权模式应包括五个层面，即个人、社会、教育、政治、经济，并且，这五个层面是相互关联的，除了满足个人需求外，还会影响更广泛的权力分配过程的能力。③

(二) 增权理论的内涵

增权也被称为充权、赋权、增能、激发权能等。在残疾人服务领域中，增权理论的核心假设是相信每个人即使处于困境之中也是有潜能的，个体的无权地位和无权感、无力感可以通过自身努力和外部帮助加以改变。增权基本上被描述为一个目标、一个过程、一种介入方式。增权的内涵是极为丰富的。

第一，增权是一种理论和实践。增权理论指引下的服务实践致力于分析和处理权力、无权和去权等议题，以及它们如何造成个人、家庭或社区问题。

第二，增权的目标是增加个人、人际、政治权力。个人层面，强调提高自我形象，重获对自己生命控制的信念；人际的层面，强调人与人之间的平等，建立起与别人团结共处的能力；政治层面，强调学习去争取社会资源的平均分配，以及强调社会行动和社会改变的目标。作为一种目标，增权旨在增加处于弱势地位的个体或群体的权能，以便个人、家庭或社区可以采取行动改善他们的处境。④

第三，增权是个过程。增权可以发生在个人、人际和社区等介入层面，其针对的改变

---

① 全国社会工作者职业水平考试教材编写组：《社会工作综合能力(中级)》，中国社会出版社，2019，第106页。

② 焦金波：《社会工作理论和方法》，中国矿业大学出版社，2008，第136页。

③ 何雪松：《社会工作理论》，上海人民出版社，2007，第144—147页。

④ 范明林：《社会工作理论与实务》，上海大学出版社，2007，第106页。

也包括多个层面。

第四，增权是一种介入方法。增权通过诸如建立信任关系、提升意识、构筑支持网络、传授技巧、社会倡导等多种介入方法最终实现助人自助。

第五，增权是一种心理行为，反映的是人们的精神状态。增权的有效实践并不仅仅是适应，还包括服务对象或社区在思想观念上改变，即相信自己的能力，以及实际权力的增长，以便他们可以采取行动防止问题的发生或改变其所面临的困境。①

残疾人服务领域的增权理念和视角不同于其他指导理论，它将关注点聚焦在服务对象上，突出残疾人本身的主体性、能动性，主张尽可能挖掘、激发残疾人等弱势群体的潜能、优势，利用这些优势来促进他们获得自我完善和发展。在残疾人服务的实践过程中，这种理论视角有利于改变社会对残疾人的负面观念和态度，通过去标签化，营造一个公平、公正的生存环境；树立残疾人对自身前景的乐观预期和展望，从而激发他们在困境中奋斗的信心。这是残疾人服务科学化、人性化的重要表现。增权视角也有助于人们深入分析残疾人的去权、无权状况，找到残疾人问题的根源，并以此探寻残疾人增权的策略与途径，实现残疾人服务的专业化发展。

二、实践应用

增权在残疾人服务领域的应用是一个主动恢复而非被动接受的过程。在实践过程中需要注意的是，对服务提供者来说，权力或能力存在于服务对象之中，而不是服务对象之外。残疾人的增权，其核心是强调残疾人的主体性和自身潜能，认为通过资源的提供、知识和能力的培养以及外部环境的优化，残疾人能够从生活中被动的、无权的社会边缘者，变成主动的、有权的社会参与者。要实现残疾人的增权，必须坚持特定的信念，并选择有效的增权策略与途径。

（一）秉持残疾人的增权信念

在残疾人的增权实践中，无论是作为增权主体的残疾人，还是外部的各种助力者、推动者，都应秉承如下信念：残疾人是社会中的成员，和其他人一样具有自己的价值、尊严和责任；在合作、信任、权力分享的基础上，建立残疾人与社会中其他人的伙伴关系；承认残疾人是积极的主体，具有相互关联的权利、责任和需求；强调残疾人的能力，相信残疾人即使身处艰难环境，依然具有自我调整，甚至具有超越逆境的自我发展能力；促使残疾人取得实质性的、有帮助的、效果显著的结果，如更积极的自我决定、组织及社会参与、新的知识和技能的发展等。这些理念与公民权观念不谋而合，是极富人性、以人为本的，也是现代社会福利和残疾人服务秉承的思想，更是残疾人服务工作人性化、专业化和科学化的要求。②

---

① 范明林：《社会工作理论与实务》，上海大学出版社，2007，第103—105页。
② 庞文：《论残疾人的增权及其实现》，《武汉科技大学学报(社会科学版)》2011年第6期。

（二）残疾人的增权策略

增权的理论内容十分丰富，残疾人服务中的增权策略是多种多样的。

1. 动力源增权策略

从增权动力源的角度而论主要有个体主动增权和外部推动增权两大增权策略。个体主动策略强调残疾人自身在增权过程中的决定作用，注重个体的主体性和主动性；如果个体没有增权意识，不想改变现状，任何人的帮助都是无用的。外部推动策略则强调增权过程中外部力量的推动和促进作用，主张通过外力去激励残疾人主体，并通过客体与主体互动的不断循环和建构以达到持续增权的目的。

从我国现实来看，残疾人的主动增权策略存在极大困难，容易受到多方面因素的制约。例如，在个人层面，由于自身生理或精神的缺陷、经济贫困以及可资利用的社会资源缺乏等因素的影响，残疾人一般没有能力和信心去改变自己的困境；从人际关系层面而论，残疾人的人际支持网络扁平而同质，很难通过人际关系的网络去争取与创造就业机会和其他竞争机会；从社会参与层面来看，残疾人很难参与到关乎其自身利益的政策制定过程中去，也缺乏利益表达组织的建设等。因此，在现实情况中，残疾人的"无权"状态使得他们中的绝大多数人不具备主动增权的能力。所以外部力量的推动是残疾人增权的必要环节。

这里所提到的外部力量推动，既包括协助残疾人实现自助和自我发展的专业残疾人服务的工作过程及其他社会帮助过程，也指营造有利于残疾人增权的外部制度环境、法律与政策环境、舆论氛围等。因此，专业的残疾人服务不仅要提供直接的服务，更要关注各个层面与残疾人的相互作用，要与各方力量相互协作，组成强大的推力，为主力充实后备力量，为主力的增强和发力奠定良好的幕后基础。可以说，这种策略的实质在于，在主次分明的情况下，通过外力的推动、协助或帮助，而实现残疾人的自助，是一种内外力相结合的实践方式。

2. 介入层次增权策略

从增权的介入层次而论，可以采取个体层面增权、人际层面增权和社会层面增权三种策略。

（1）个体层面的增权

使残疾人个体得以控制自身的生活能力以及对所处环境的融合和影响能力，能够影响或解决问题，具体包括对残疾人生活技能的训练、增强获取和控制资源的能力、发展自我效能感、形成积极的自我意识等。

（2）人际层面的增权

帮助残疾人通过与他人积极的互动，获得解决问题的经验，同时拥有更多的影响他人的能力和技术，并能通过人际网络获取所需资源与信息。

（3）社会层面的增权

首先强调残疾人要正确认识和适应社会环境，然后重视残疾人参与社会行动和社会决策的意义，包括能表达自己的利益诉求与社会资源再分配，从而改善自己的艰难处境，以及能争取到同健康社会和进步文化相匹配的社会公正与平等待遇。

3. 残疾人的增权途径

（1）康复增权

康复是指综合应用和协调医学、社会和教育等资源对残疾人进行手术矫治与训练，改善和恢复残疾人的各项身体功能，同时也可以通过康复服务，提高残疾人对自身的把控能力以及对周围事物的影响能力，增强残疾人的自信心。有效的康复工作能使残疾人重新获得生存与发展的各种能力，重新参与社会生活，是增权的重要途径。例如，对未完全丧失行走能力的残疾人进行辅助性行走训练，使他们依靠辅助性设备依然能够实现个人的自由行走，而不是到任何地方都要依靠他人，能让他们重新获得对自己的信心和对生活的希望，同时有助于提高其社会参与的机会，增强社会适应力；又如对麻风病患者进行生理、心理及社会进行康复服务，小儿麻痹后遗症患者的矫治等，都能在很大程度上促进残疾人的生理康复并进而提升其自我效能感和控制感。因此，各级各类医疗机构、残疾人服务机构、残疾人康复组织、社区卫生服务中心应更多地承担并做好残疾人的康复工作，促进残疾人的社会适应和增权。

（2）教育增权

教育是充实和提高残疾人综合能力的最有效措施，是增权的根本途径。针对残疾人的特殊教育被看作开启残疾人潜能宝库的钥匙，因为教育直接与资源、信息、机会等相关。残疾人教育是一种补偿性教育，能在一定程度上弥补丧失的那部分感官功能；同时又是一种发展性教育，可以使他们掌握知识、获得生活与发展的能力和资本。残疾人的无权状况与其享有的教育机会缺乏、接受的教育质量低下有直接关系。研究显示，我国目前仍有近一半的适龄残疾儿童没有入学，他们连最基本的义务教育都没有完成，连基本的读书识字能力都未掌握。所以，无论残疾人自身，还是其家庭，或是学校、社会和政府，都应重视并发展残疾人的教育。加大针对残疾人的特殊教育经费的投入力度，充实、完善特殊教育师资，对不同类型的残疾人施予差异化的、有效的教育方式，以全面提高残疾人的知识、能力、技术水平和文化素质，实现他们的增权。

（3）就业增权

就业是残疾人证明与展现自身能力、改善生活状况、提高自身地位并使之适应和融入社会的有效方式。因此，应帮助有劳动能力的残疾人从事适合他们特点的工作，使其自食其力，残而不废。残疾人要树立自助和自我发展、参与社会劳动的信心.要有克服困难进行职业训练的勇气；企业、社会和政府应从多方面采取措施方便和鼓励残疾人就业，如开发适当岗位、提供就业信息，对安置残疾人就业工作做得好的企事业单位给予表彰、奖励和税收优惠，从法律、制度等环节创造有利于残疾人就业的环境。

(4) 组织增权

在现代科层制社会中,个人的力量是微不足道的,残疾人要想实现权力提升和利益保护,需要依赖甚至建立自己的组织或社团,走组织增权的途径。残疾人建立自身的组织并活动于其中,能增加相互信任、促进互惠规范的形成、扩展他们的参与网络、壮大其社会资本。另外,以组织为载体,能更便利而合法地吸引各种资源和力量的帮助,也能更有力、有效地参与政府相关政策的制定,表达残疾人自己的利益诉求和心声。因此,应加强残疾人的各类组织建设。对各级残疾人联合会、各类残疾人专门协会来说,应完善组织规范、理顺工作机制、增加经费投入、重视人才招募与培训,以此推进残疾人服务的专业化。此外,还应重视各个社区残疾人互助小组、民间非政府组织等的建设。

(5) 制度增权

制度增权主要指与残疾人的生活、工作、保障等各方面息息相关的法律和政策的制定与完善。法律和政策是残疾人工作的凭据,它们是否完善、是否有效、是否被坚定地执行,直接关系到残疾人的增权效果。因此,在相关政策和法律的制定过程中,要改变以往消极被动的救助取向,代之以积极主动的开发理念,因为前者只会使残疾人被建构成有问题或不济事的社会负累,不可避免地被标签化和去权,而后者重视残疾人的主体性和发展潜能,能促使他们形成乐观、积极的心态,有利于增权。再者,应健全相关法律和政策并保证其执行与落实,应避免出现政策执行打折扣、不到位等“执行亏空”的问题。另外,积极开展残疾人各类政策研究,在研究中应确保开放性和科学性,吸收学者、残疾人代表等进入政策研究领域,力促法律和政策的完善、真实。通过这些方式,使关乎残疾人的法律和社会政策由弱势变为强势,更加公正、合理,成为残疾人增权的有力制度保障。

(6) 文化增权

文化增权的含义是指通过创建、营造一种有利于残疾人成长、改变的社会价值观念和环境氛围来实现其增权,包括:全社会提倡和实现人道主义精神,消除对残疾人的歧视和偏见,激励残疾人自强自立,建立和谐的社会生活环境;实现残疾人与其他社会成员的无障碍交往,营造理解、尊重、关心和帮助残疾人的良好风尚;通过电视、广播、报刊和网络等宣传媒体,努力创建有利于残疾人增权的舆论环境。①

第四节 优势视角理论

在助人过程中应善于挖掘和发挥服务对象自身的优势,源于对传统的问题视角、习惯性病理学观点的反思,对人性价值的深入挖掘,以及对过往社会福利性服务经验的总

① 庞文:《论残疾人的增权及其实现》,《武汉科技大学学报(社会科学版)》2011 年第 6 期。

结。总结优势视角的理论观点与实践,将优势视角应用于残疾人服务的各个环节是一种有效的服务经验。

一、理论的基本内容

(一)优势视角理论的起源

视角是一种视野角度,是人们看待事物的态度和思维方式。优势视角是一种着眼于个人优势与潜能,以开发和利用服务对象自身的潜在资源能力为着力点,协助其通过自身资源摆脱挫折,走出逆境,最终达成自身理想的一种思维方式和工作方法。

优势视角用于社会工作的服务过程,是对以往问题视角的重要突破。看待事物的角度不但是二维上的改变,更是超越了二维的视角,延伸了并转换了角度,站在更高的层面,用更广阔、全面的三维视角看待事物,从个人的问题跨越到个人、组织和社会层面的优势。

20 世纪 50 至 60 年代,西方学者在社会心理个案模型中引入人在情境中的概念,并提出在服务过程中应同时专注于个人和环境问题,不仅关注个人的问题和缺陷,还关注个人的优势。20 世纪 80 年代,一些西方学者调查研究发现在目前对人类情绪的研究中,大约 95%的研究是对抑郁、焦虑和偏见等负面情绪的研究,针对这种现象对社会服务工作在理论与实践中的"问题取向"进行了批判。他们认为传统理论流派对人性的理解存在一定的负面偏差,即认为人心理与行为的基本属性是被动、消极的,在服务过程中倾向于对服务对象进行问题诊断。这种对问题的诊断或者专业标签在一定程度上将注意力更多的集中于问题本身而非解决问题的途径,从而掩盖了服务对象的潜在优势和个人经验当中的资源。①

1982 年,堪萨斯大学社会工作福利学院教授查尔斯(Charles)与其博士生的一项针对慢性精神病人的干预方案引起了优势视角的迅速崛起和学术界对于优势视角的广泛而深入的探讨。他们的实验过程放弃了既有的实务模式,重新思考与寻找可行且有效的策略和方法,采取了一个以服务对象为中心的视角,重新审视了服务对象在服务过程中的角色地位。它关注服务对象的优势,认为即使身处困境,具有疾病、部分功能丧失或人格欠缺的人仍然具有优势与资源,只是这些优势常常被服务对象及他人忽视,缺少发现于挖掘。由此,优势视角作为一个全新的、正向积极的社会工作角度而得到不断发展。

1989 年,美国堪萨斯大学社会工作学院的韦克(Weick)、拉普(Rapp)、沙利文(Sullivan)和基萨特(Kisthardt)发表了《社会工作实践的优势视角》一文,宣告优势视角的诞生。

1992 年,美国堪萨斯大学社会福利学院的教授塞利贝(Dennis Saleebey)编写出版

① 王亮:《优势视角国内研究综述》,《社科纵横》2018 年第 12 期。

的《优势视角：社会工作实践的新模式》一书，成为优势视角的主要文本。此后，优势视角便逐渐被发展与完善，目前已成为社会工作中一种重要的理论，是对传统社会福利服务理论与实践的一次飞跃，也逐渐成为残疾人服务领域的重要指导理论。①

（二）优势视角理论的主要观点

1. 优势视角理论的基本内涵

优势视角又称能力视角，以优势为核心，秉承以优势为本的价值理念，相信每个个人、团体、家庭和社区都有优势，都有自身的资源、智慧和知识。优势视角认为残疾人服务提供者在提供服务的过程中应该摒弃传统关注问题和病理的做法，而是将关注点聚焦在服务对象身上，尽可能地帮助服务对象去挖掘和发挥存在于他们身上的潜力和优势，并利用服务对象的这些优势来进行自我的帮助和发展。塞利贝认为"能力"对应的是"希望"，认为人最大的能力是希望，在达到希望过程中阻拦的部分就是问题。无论发生什么问题，只要有希望，就有能力改变。此外，该视角强调每个人都是独特的，都有自己的潜能，主张从一个完全不同的角度来看待案主、案主周边的环境以及他们的生活现状，与服务对象一同探寻促成案主改变的所有有利因素。②

优势视角就其本质来说是一种道德和责任。它的出发点是看待事物的一种视角和态度，它同时亦是一种实践策略。与其他治疗模式的不同之处在于，它强调要把注意力聚焦在服务对象如何生活，即如何与自己互动，与社会互动，以及从他们的经验里找出意义。优势视角相信人们拥有接受和应对生活中的困难和挑战的能力及资源，这意味着服务提供者不再将服务对象的问题作为干预的焦点，而是关注服务对象的内在优势和资源，把个人及其所处环境中的优势和资源作为服务介入的焦点。③

2. 优势视角理论的主要概念

（1）增强权能

增强权能是指挖掘并激发服务对象在知识、能力以及人际关系等各方面所拥有的资源，肯定并增强自己的优势，来掌控自己的生活及生命中的重要决定。优势观点认为，为了发挥人们和社区的内在力量，我们必须消除歧视性标签，为个人、家庭、机构和社区连接资源提供机会，让服务对象远离这种思维定式，同时要抛弃父爱主义，相信人们自身的潜能，相信服务对象的能力和权力存在于服务对象自身的内部，而不是服务提供者所赋予的，需要肯定服务对象在服务过程中的关键作用及其自身所固有的能力和资源。增强权能的目标需要服务提供者与服务对象对民主充满信心，去解决紧张和冲突，去挑战压制服务对象的群体和文化，协助服务对象从压迫中解放自己。同时，从优势视角可获得另一种态度和策略：个人和社区的优势是可再生的、可延展的，具有可更新性和扩大性，

① 简春安：《社会工作理论》，华东理工大学出版社，2018，第194—195页。
② 侯娟：《优势视角下社会工作介入社区志愿者培育过程的研究》，厦门大学硕士论文，2014，第13页。
③ 赵明思：《优势视角：社会工作理论与实践新模式》，《社会福利(理论版)》2013年第8期。

即服务对象本身的能力和资源越被使用,就越能引发服务对象更多其他的资源与机会。

(2) 成员资格

优势视角承认我们服务的所有人同我们自己一样,是一个种类的成员,并享有随成员身份而来的自尊、尊严和责任。成员资格是一种身份、一种权利、一种社会参与的机会与社会责任。一个人若不具有成员身份,那么他就会处于永无止境的危险中。因为,他会被疏远和隔离,会成为社会中的边缘者,而缺乏社会网络的支持,从而更加容易受到迫害。社区是个人赖以生存的社会环境,通过接受培养与积极参与,个人能够发展出"社区中分子"的感觉,并且有机会探索社会资源与社区建立较为紧密的联结。因此,服务提供者要协助服务对象成为社区中的一分子,对社区有归属感,从而享有应有的保障同时承担应有的义务。成员资格的另外一个意义在于必须让服务对象从压迫的环境中走出,让他们的声音被听到,需求获得满足,不公平得到重视,从而实现他们的梦想。

(3) 抗逆力

抗逆力作为人格特质是指个体在逆境后"反弹"并从创伤中恢复的能力,也是创伤之后积极适应的结果或过程,同时还可以作为一种社会生态资源,是人们在逆境中寻找并有效利用这些资源的能力。压力事件并不一定导致伤害,抗逆力也不是对伤痛的忽视,而是一种面对磨难的勇气和抗争能力,这种力量对他们来说具有促进成长的指导性意义。

(4) 对话与合作

人类在社会中生存有赖于与他人有意和无意的对话。在对话中,我们确认别人的意义,同时弥合个人、他人和制度之间的裂缝。通过对话来认识和确定他人存在的重要意义,对话需要有同理心,需要平等、包容和接纳,避免家长式的交流,建立有效的信任的基础,从而有利于保持对话的持续性。持续的对话是服务提供者和服务对象合作过程顺利进展的重要催化工具,能够促使彼此对一些议题的重新讨论和确认。合作既包括服务提供者与服务对象的合作,也包括服务对象与其他人的合作,要肯定合作的优势,才能获得更多的资源和信息。合作是指服务提供者在与服务对象一起工作时,扮演的是代理、顾问和支持的角色,以开阔的胸怀欣赏和善用服务对象的优点、才能和观点,来完成服务对象所设定的目标,满足服务对象的需求。因此,服务对象不再是一个被动的参与者,而是一个积极投入的合作者,服务提供者也应该调整在助人关系中主导者的角色,成为一个合作伙伴。

(5) 治愈和整合

治愈意味着整合和调动身体与心灵的机制,去面对障碍、疾病和断裂。优势观念认为,服务对象在经历不幸和痛苦的事件之后,还能够复原。该观点认为人是有复原力的,即压力和痛苦的经验,会使人软弱、不堪一击、适应不良或产生心理疾病,但是人本身所具有的"复原力"能跨越这艰难痛苦的生命历程,并在这个过程中学习,扩展知识和能力来修复被伤痛损害的身心。其实人本身具有某种程度的自愈能力,能够起到自我矫正的作用。因此,优势观点认为要使服务对象走出困境,就需要发现和运用服务对象的内在能量。

(6)悬置怀疑

停止对服务对象的不信任,换言之即是相信服务对象的陈述,相信服务对象的能力和优势。其意义是鼓励服务对象说明和解释自己的处境和需要,同时强调服务对象才是指引和控制自己生活的人,而不是服务提供者。在权威的教唆下,服务提供者容易不自觉地将自己的理论、价值观强加给服务对象,以一种专家的态度,通过所谓的专业诊断判断服务对象需要什么,为服务对象提供帮助。这种怀疑还包括服务提供者认为服务对象因为能力、处境等原因难以判断自身需求,从而以一种父母的姿态关怀服务对象。这些都是服务提供者对服务对象的怀疑。优势视角理论要求服务提供者悬置这样的怀疑,真正遵循服务对象自决原则,从信任服务对象的角度出发构建专业关系。停止对服务对象的不信任,也包括了能够真正地遵守服务对象自决的原则,也就是相信服务使用者能为他自己做出最好的决定。①

二、实践应用

(一)优势视角的实践原则

优势观点的最终精神是发现与善用服务对象的才能、知识、技巧、资源以协助服务对象达到所设定的目标。该观点中包括几个重要信念。第一,相信每个人身上都有优点、才能和资源,以及在未来得到发展的各种可能性。第二,认为人能够持续地成长与发展,需要有平等的机会去获取所需要的资源。第三,认为对自己能力积极的看法是个人成长的重要推力。这些信念与残疾人服务重视残疾人的自我价值和尊严的价值理念是一致的,而且能够平衡过去残疾人服务实践中过于强调服务使用者弱势、无能力之情形。

根据所要传达的信念及所要达到的目标,优势视角提出了五个重要的实践原则。

第一,每个个体、团体、家庭和社区都具有优势。在实践过程中,服务提供者要不断提醒自己,在我们面前的服务对象本身是拥有能力、智慧和资源的。服务提供者要能察觉服务对象的优势,以及他们能对抗疾病、消除痛苦、改变不幸和达到目标的潜力。

第二,创伤、虐待、疾病与抗争可能具有伤害性,但也可能是挑战和机遇。在一个人的成长中,战胜困难,走出伤痛给他带来的是成长和他人的尊重。个人、团体和社区克服困难发展能力之后,是更有可能获得真正成长的。

第三,与服务对象合作,可以最好地为服务对象提供服务。在特定的情景下,只有服务对象自己才最了解自己的需求,自己的优势资源和能力,同时与服务对象合作有助于

---

① 全国社会工作者职业水平考试教材编写组:《社会工作综合能力(中级)》,中国社会出版社,2019,第113—114页。

服务提供者避免服务过程中的若干社会因素，例如父爱主义观念、专家视角等。因此服务提供者应该扮演合作者或咨询者的角色，以开放的态度与服务对象沟通交流，而不只是将服务对象置于狭隘的诊断类别或干预计划之中。

第四，每个环境都充满资源。无论环境如何困难，都可以理解为是亟待发掘的潜能。在一个环境中，个人、团体和社区都有一些东西是可以付出的，而这些东西从某种角度上看都是具有效用的，关键是要有方法，要用资源的视角去挖掘并且进行整合与使用。

第五，专业关系。在优势视角理论指导下的残疾人服务工作实践中，专业关系必须是真正平等合作的伙伴关系。①

（二）优势为本的实践策略

1. 基于优势视角的评估

如何评估服务对象的优势，即如何更加全面去发现服务对象的优势，是优势为本的实践策略中最关键的一个环节，它可以促使服务提供者和服务对象将注意力从缺陷转移至优势。

优势视角下的评估为检视可行的替代性选择、动员可创造差异的能力以及建立可以激发希望的自信赋予结构和内容。评估作为一个过程，可以帮助服务对象更清楚地理解和认识他们的处境，协助他们对影响其处境的因素做出评估并找到意义。我们对服务对象所拥有的独特性、天才、技能、成就、欲望和知识了解得越多，我们在制定真正个人化的、对他们来说具有特殊意义的助人计划之时就会越有创造性。在一定程度上，评估就是干预，就是发现和确认优势。

优势评估的主要原则包括：对服务对象所理解的事实予以优先考虑；信任服务对象；探求服务对象需要什么；对服务对象和环境优势进行评估；多维度评估优势；利用评估发现独特之处；使用服务对象的语言；把评估当成服务提供者与服务对象之间的共同活动；对评估达成一致意见；避免指责；避免因果思维；评估而非诊断。

2. 以优势为本的残疾人服务实践

（1）承认痛苦

残疾人由于生理上存在的缺陷，以及来自社会的刻板印象的影响，或多或少是有过伤痛，存在伤痛的，在实践过程中要承认伤痛的存在，要付出一定的时间了解服务对象的关注点，让服务对象将内心的烦恼和痛苦宣泄出来，这既帮助服务对象甩掉过去、展望未来的重要步骤，又帮助服务提供者更好地与服务对象建立关系的重要方式。更重要的是，可以通过这样的方式去尝试挖掘一个家庭、社区或者一种文化的痛苦根源，有利于从侧面挖掘出潜藏在服务对象身上或者周围的能力和资源，探寻服务对象抗逆和反弹的源动力，从逆境中吸取教训，找到优势。

---

① 全国社会工作者职业水平考试教材编写组：《社会工作综合能力(中级)》，中国社会出版社，2019，第114页。

(2) 激发抗逆力和优势的话语

帮助服务对象发掘自身的优势,可能是一个非常艰难的过程。很多时候服务对象可能会因为自身存在的缺陷,而对自己或者事件带有负面的描述,这种消极的语言态度在面对障碍时很可能成为又一个绊脚石,导致残疾人更加关注问题和缺陷。因此,以优势视角来为服务对象提供服务的关键之一就是重构语言,从一个全新的,正向积极的角度去定义自己,去讲述事件,从中发现服务对象的优势,不断激发服务对象的自信心,增强其面对困难的勇气,激励服务对象提升自身的能力,从而提高其对抗逆境的能力——也就是激发服务对象的抗逆力,帮助服务对象通过自己的方式改善现状。

(3) 情境中的行动

通过上面的步骤,服务对象可能对自己的生活有了新的认知,并且发掘出了属于个人的优势。此时,服务提供者要鼓励服务对象采取新的行动去实践并拓展自己的认知方式和优点。因此,服务提供者要寻找机会,调动残疾人参与不同社会领域的积极性,使残疾人在行动中建立社会归属感,增强其面对未来的勇气。当然,在情境行动过程中,服务提供者也需要帮助残疾人服务对象去评估环境中有哪些可以获得的资源并去利用它们,包括正式的和非正式的资源。

(4) 优势迈向正常化和资本化

经过一段时间,服务提供者和服务对象便需要强化和巩固这些新发现的长处和优势,并且使它们整合到服务对象的行为、自我形象和人际关系之中,培养服务对象挖掘其自身和所处环境中的资源的能力。这样做的目的在于尽可能将服务对象的所有优势整合起来,确保这些优势不断凸显并相互促进、持续发展,最终为服务对象找到适当的解决问题的方法。对于通过优势视角而获得改变和帮助的服务对象来说,一种很好的巩固方法便是将自己学习的这套方式传授给别人。最后,当服务对象能够真正发现和利用自身和环境中的优势之后,服务对象就可以逐渐脱离服务提供者的服务了。①

第五节 社会排斥理论

起源于对贫困研究领域的社会排斥,已经成为解释各种社会问题的一个核心概念,不仅对社会问题根源的解释更为深入,而且为社会问题的解决提供了新思路。

将社会排斥理论应用于残疾人服务领域,能够为残疾人服务提供更为深入的理论分析和新的更有针对性的改变。社会排斥不仅仅是社会中其他群体对残疾人在观念上的排斥,更是整个社会中的制度、经济、文化等方方面面对残疾人的排斥,这些都是将残疾

① 赵明思:《优势视角:社会工作理论与实践新模式》,《社会福利(理论版)》2013 年第 8 期。

人逐渐推离社会的重要原因。因此，要使残疾人服务科学化、专业化、系统化，就需要不断完善有关残疾人与常人之所以会不同的分析框架，为残疾人服务提供针对性的切入点。

一、理论的基本内容

（一）社会排斥理论的起源

社会排斥的研究源自 20 世纪初至 50、60 年代的贫困研究，当时“社会剥夺”是从事贫困问题研究的学者们所钟爱的词汇之一。在早期的文献中，“社会剥夺”是指在越南战场上的美国士兵，他们尽管生活很舒适但仍然感到不足的一种心理状态。英国学者汤森(Townsend)等人首次将“社会剥夺”一词用于定义与度量贫困。他们认为，社会剥夺是指“社会上大多数人认为或风俗习惯认为应该享有的食物、基本设施、服务与活动的缺乏与不足”。之后，理论界引发了对贫困以及剥夺和劣势概念与理论的深入探讨，社会剥夺的概念内涵由物质层面向社会文化层面逐渐演进。这种探讨使贫困研究的关注点由重视物质匮乏的贫困转变到更加注重社会关系的贫困；由关注贫困个人和家庭转变为关注在从更为广阔的社会经济、政治环境和制度性结构中考察贫困的成因。这样，取代注重贫困状况和贫困程度的实证测量和指标体系，贫困的社会成因和起源问题，贫困现象的持久性、遗传性和贫困周期等问题成为贫困研究中的重要议题。总体来说，贫困、剥夺和劣势概念演进的基本脉络是由侧重物质方面的缺失转变为侧重社会状况的不利；由注重贫困和家庭生活的物质层面转变为注重个人、社会、政治和文化层面；造成贫困的主要原因从过去归结为个人和家庭因素为主，转变成以社会环境制度性与结构性因素和个人以及家庭因素的互动关系为主。①

第二次世界大战后至 20 世纪 70 年代中期，被西方经济学家誉为“辉煌的 30 年”。在此期间，西方国家不仅经济上取得了飞速发展，而且各国对社会福利制度的探索也取得了极大的进展，起到了有效缓解社会冲突、维持社会稳定、促进社会繁荣的作用。进入 20 世纪 70 年代后，西欧经济结构发生了急剧的改变，西方经济的黄金时代逐渐过去，开始了一个重大的经济重建过程，这次的经济巨变使得社会面貌也发生了巨大的改变。在经济重建过程中，显露了以前人们认为是将要消失的问题——贫困。这种新出现的贫困主要不是由个人原因引起的，而是由工业重建，即大规模的经济、社会变迁引起的。因此，这种现象最初被称为西欧“新贫穷”的现象，需要寻找一种新的概念概括并探讨其成因与症状。正是在这个时候，社会排斥概念作为一种方法浮现出来，最初的简单阐述是由社会基本变迁所引起的一些新问题。虽然许多概念可以用来表述这些问题，但欧洲委员会认为社会排斥概念尤其适宜，因为它描述的不仅是一种情境，而且把注意力放到了

① 周林刚：《社会排斥理论与残疾人问题研究》，《青年研究》2003 年第 5 期。

排斥的过程。所以，社会排斥概念的出现是在重大的经济和社会转型背景之下，对社会弱势群体重新进行概念化的一种尝试。西方学者在对这种“新贫穷”的研究过程中，逐渐形成了社会排斥这一概念。①

明确提出“社会排斥”一词的是法国经济学家勒内·勒努瓦(Rene Lenoir)。1974年，在他发表的题为《被排斥群体：法国的十分之一人口》的论著中，使用了这个概念，指在当时法国十分之一的被传统社会保障体系、国家的经济和社会发展排斥在外的人。这些人不仅包括穷人，也包括残疾人、老人、受虐待的儿童、老年病患者、叛逆者、物质滥用者等，这些人因不能受到福利国家的保护，而被认为是社会适应不良的人。因此，勒努瓦所使用的社会排斥基本上是指那些没有享有国家的社会保障，同时又被贴上“社会问题”标签的人。但勒内·勒努瓦并没有对社会排斥的含义进行明确的界定。社会排斥最初指大民族完全或部分排斥少数民族的种族歧视和偏见，这种歧视和偏见建立在一个社会有意达成的制度基础上——“主导群体已经握有社会权力，不愿意别人分享之”。伴随欧洲经济的衰退和福利国家面临的严重危机，社会排斥概念发展成为解释现代福利国家出现的新贫穷问题、长期性失业问题以及贫困家庭结构的变化、福利国家的收缩以及移民等问题的理论概念。②

20世纪80年代，社会排斥概念逐渐被欧盟所采纳，成为欧盟社会政策的焦点。欧盟在其反贫困计划中使用了社会排斥这样一个概念替代贫困，成为该计划的关注焦点，试图通过社会政策，改变社会资源的分配，提高社会成员的社会参与，解决福利国家危机。社会排斥概念此后逐渐为世界所接受并在学术界和各国政府制度中被广泛应用。国际社会也为社会排斥理论研究作出了很大贡献，主要在如何消除社会排斥方面做了努力。在消除贫困的过程中，人们发现许多社会制度实施结果并不怎么乐观，他们已经提出的种种建议总是会遇到各种各样的障碍，贫困不但没有被消灭，而且更加严重。于是，在贫困问题研究中出现了消除“社会排斥”的观念。国际社会制度研究界将社会制度目标从“克服贫困”转变到了“消除社会排斥”上，这一转变将贫困问题的解决从表象转向了根本。③

1995年，联合国在哥本哈根召开“社会发展及进一步行动”世界峰会，发表了“社会发展世界峰会社会发展和行动计划宣言”，在宣言中指出：贫困、失业和社会排斥影响着每一个国家，是社会发展的障碍。同时，世界峰会“对消除贫困做出世界性的承诺”，表示“哥本哈根峰会推进社会整合的承诺”，“要求我们反对社会排斥，致力于清除种种障碍以获得稳定、安全而公正的社会。”

1997年，在英国工党重新执政后，社会排斥研究在英国进展较快，英国政府专门成

① 景晓芬：《“社会排斥”理论研究综述》，《甘肃理论学刊》2004年第3期。
② 丁开杰：《西方社会排斥理论：四个基本问题》，《国外理论动态》2009年第10期。
③ 杨淑芳：“西方社会排斥理论视角下中国弱势群体问题研究”，山东大学硕士论文，2012，第9页。

立了“社会排斥办公室”。社会排斥概念也在北美发展中国家以及中国引起了广泛关注。如今社会排斥理论已经越来越为贫困问题研究、社会制度研究以及弱势群体研究等方面所重视，并成为这些研究领域的核心理论。①

（二）社会排斥理论的主要内容

1. 社会排斥的内涵

如同残疾人服务领域的许多概念一样，对于“社会排斥”还尚未有一个明确的完全统一的定义。学者们从各自不同的角度对社会排斥加以界定，其中许多并不完整，而只是对社会排斥的一种解释，或只是从某个角度出发的阐述。综合来说有以下八个方面：

(1) 将社会排斥视为一个过程，认为虽然社会排斥有各种定义，但它意味着一个过程：个人或群体被全部或部分地排除在充分的社会参与之外。

(2) 倾向于物质方面、实用性定义，强调收入低、就业机会少、居住条件恶劣、家庭压力和社会疏离等。

(3) 倾向于更为宽泛的定义，认为社会中的各个方面都存在对一定人群的排斥，包括被拒绝获得使人们得以充分参与经济和社会的服务等。

(4) 在西尔弗(Sliver)和德汉(Dehaan)看来，这种模糊多义的状态为丰富理论的内容，深入阐释理论提供了机会。他们认为社会排斥可以分为三种不同范式，即“团结型”“特殊型”和“垄断型”。“团结型”范式深受法国社会学年鉴学派的影响，认为社会排斥是指个人与社会之间诸纽带的松弛与断裂过程；“特殊型”范式流行于美国，深受自由主义传统的影响，认为排斥是一种歧视的表现，是群体性差异的体现。这种差异否定了个人充分进入或参与社会交换或互动的权利，同时认为市场失效以及未意识的权利都可能导致排斥；“垄断型”范式是指不同的而且彼此竞争的群体将其成员的利益最大化，认为群体差异和不平等是重叠的，它将社会排斥定义为集团垄断所形成的后果之一，权力集团通过社会关闭限制外来者的进入。

(5) 英国“社会排斥办公室”认为，社会排斥指的是某些群体或地区遭受的诸如失业、技能缺乏、收入低下、住房困难、罪案高发的环境、丧失健康以及家庭破裂等等交织在一起的综合性问题时所发生的现象。

(6) 唐钧借助作家毕淑敏介绍的一个游戏，生动地描述了社会排斥的形成过程。认为社会排斥是游戏规则造成的，而社会政策研究的目标就是要修订游戏规则，使之尽可能地惠及每一个社会成员，从而变得更合理、更公平。所有的游戏规则都是双刃剑，它使一部分人成为“赢者”时，另一部人成为“输者”。

(7) 石彤认为，社会排斥是指某些个人、家庭或社群缺乏机会参与一些社会普遍认同的社会活动，被边缘化或隔离的系统性过程。这个过程具有多维的特点，并表现为被

---

① 冯倩：《社会排斥理论研究综述》，《中共桂林市党校学报》2010 年第 1 期。

排斥者在经济、政治、社会、文化及心理诸方面的长期匮乏。

(8) 李斌提出,社会排斥主要是指社会弱势群体如何在劳动力市场以及社会保障体系中受到主流社会的排挤,而日益成为孤独、无援的群体。

以上的种种概念,既有从社会排斥的表象上来进行的界定,也有从发生原因方面进行的界定。①

这些概念是互相补充而非相互对立的,各自从不同的侧面对社会排斥进行了界定。在上述社会排斥相关阐释的基础上,从社会学的独特视野出发,可以尝试将社会排斥界定为:社会脆弱群体由于自身生理心理因素、社会政策及制度安排等原因而被推至社会结构的边缘地位的机制和过程。社会排斥既是一种既定的社会机制,又是一个排斥与被排斥的动态过程。它是造成脆弱群体社会支持丧失的根源。在这种社会机制中,社会脆弱群体是客体、是被排挤的对象,而各种正式的和非正式的制度(包括政治、经济、文化、社会心理等层面)则是社会排斥的主体,是排斥这一社会行为的支配者。社会排斥就是其主体与客体相互作用的过程。②

2. 社会排斥的类型

中西方学者一般将社会排斥现象的内容和类型的划分归纳为“四分法”,即政治排斥、经济排斥、文化排斥和社会关系排斥四种类型。这种划分的逻辑与人们将“社会”概念分为“政治、经济、文化、社会”四个部分是相对应的。有的学者还提出教育排斥、心理排斥、福利排斥、就业排斥等类型,这些类型最终都可以归入“四分法”之中,例如可以将教育排斥归入社会关系排斥,心理排斥归入文化排斥,福利排斥归入政治排斥,就业排斥归入经济排斥。

(1) 经济排斥

经济排斥是指个人和家庭未能平等并有效参与生产、交换和消费等经济活动。简单理解就是,一个群体的成员被排斥于工作机会之外,从而导致贫困和经济上的边缘化。人们受到社会排斥的表现主要是缺乏进入劳动力市场的途径;失业者无法获得其他社会成员能容易获取的资源和参与的活动,尤其是消费、活动和储蓄。虽然社会排斥不可以完全归结为经济要素,但是经济排斥确是社会排斥中最重要的一个方面。经济排斥首先表现为劳动力市场排斥,劳动力市场排斥又分为排斥出劳动力市场和劳动力市场排斥。排斥出劳动力市场又有几种具体的表现形式:无期限的长时间失业;暂时的或危险的就业;来自劳动力市场内部的排斥,即虽然有工作可以从事,但所从事的不是“好”的工作,而是“差”的工作,并且这些工作的收入往往较低。经济排斥也会表现为消费市场排斥。主要表现为两种情况:个人或家庭购买不起,或经济拮据而限制使用生活必需的商品和服务;消费方式受到极大限制,消费排斥并不仅仅是购买不起的问题,有些个人或家庭虽

① 景晓芬:《“社会排斥”理论研究综述》,《甘肃理论学刊》2004年第2期。
② 周林刚:《社会排斥理论与残疾人问题研究》,《青年研究》2003年第5期。

然能够购买一些必需品，但只能从诸如亲戚朋友、私人广告、街头摊贩和二手货市场等非正规消费市场上购买，相对于在商店等正规消费品市场购买商品和服务的消费者而言，他们成为所谓的“被排斥的消费者”，被排斥在主流的消费方式之外。此外，经济排斥还表现为被排斥出土地，即受到经济排斥的个人或家庭的资产往往难以得到保障。

(2) 政治排斥

政治排斥是指个人和团体被排斥出政治决策过程，这些个人和团体缺乏权力与权利，缺乏或者没有选举权和充分的政治表达权利，没有代表他们利益的声音。政治排斥可以从两个方面来理解。第一，这个层面的主要议题是个人参与影响其生活的决策或者对这种决策施加影响的能力，也就是说，社会排斥的政治层面涉及个人被排斥出参与决策或者对决策施加影响。第二，社会排斥的政治层面意味着排斥出公民权或人权，也就是难以享受社会福利制度，被国家的福利政策所排斥。

(3) 文化排斥

文化排斥是指群体成员被排除在社会主导性的价值和行为模式之外，也是群体的成员在拥有一个主导文化的符号、意义和仪式等资源方面被边缘化的现象。

(4) 社会关系排斥

社会关系排斥是指群体因缺乏社会权利或者社会关系纽带断裂而无法参与到正常的生活中。社会排斥事实上是一个“关系”概念，意味着个人和群体在社会地位上被排斥出其他个人、群体乃至于整个社会。曾有学者用“由疏离造成的排斥”来表述社会关系排斥，认为这个层面的排斥包括人们由于受到社会接触、社会关系和群体身份的限定和限制而成为边缘性的和被打上耻辱烙印。事实上，社会关系排斥亦会导致其他层面的剥夺，由此会进一步限制人们的生活机会，变现为缺乏公民权，缺乏获取住房、教育和医疗以及其他服务的权利，缺乏来自家庭、朋友、团体和社区的支持等。①

二、实践应用

社会排斥的视角使得人们在研究社会问题时不仅关注问题的起因及问题本身，更关注社会问题与社会发展之间的内在联系，从而找到应对社会问题的最新方法。在残疾人服务实务过程中，服务模式一般会从“个体—人际—社区”这三个维度进行介入，从促进残疾人的自我认知、人际交往及社会参与三方面去提供服务。

（一）改变认知、重构自信以消除自我排斥

残疾人自身的行动和态度一定程度上影响着反社会排斥的效果，他们积极参与到社会生活当中则会极大地降低社会排斥的水平。

服务提供者通过与残疾人的对话交流，解构残疾人负面的自我认知，让他们明白，

---

① 丁开杰：《西方社会排斥理论：四个基本问题》，《国外理论动态》2009 年第 10 期。

“残障”是社会强加给残疾人的，是社会建构出来的。对于自我认知较低的残疾人，服务提供者第一步通常是打破其非理性的想法，指出其对自己不适当行为或想法的解释是错误的，并让其明白对事件的评价与对自我的评价并不能等同，存在问题的可能是事件或环境本身，与自己无关。在打破残疾人的非理性想法之后，需为其注入新的正确的理性认知，让他们获得对自我的全面评价，增强自我信念。认知能改变一个人的行为，而行为也能反过来改变其认知。因此在自我认知这方面，除了赋予残疾人正确的自我认知之外，还要在行为方面对此进行巩固。服务提供者不仅要在表达上和观念中帮助残疾人重塑自我认知，也要为他们提供巩固和实践的机会，为他们创造一个良好的沟通环境，让残疾人体验到自尊与自信，从而消除自我排斥。

（二）构建多元主体合作的社会支持网络以消除人际排斥

服务提供者可以通过设计不同的互动方案引导残疾人与各类人群互动交往，通过这些互动让他们学到如何遵从社会行为规范，培养他们的社会参与感及责任心，更重要的是让健全人士看到残疾人也与正常人一样，让他们有更多的机会接触并了解残疾人，从而拓宽包容度。此外，也可以邀请社区居民当义工，让残疾人与义工一起出行，通过在出行过程中的互动体验，使社区居民慢慢对残疾人改观。

残疾人的现实困境并非其家庭或个人所造成的，社会排斥对残疾人的影响直接而深远。环境的制约导致残疾人无法出行，直接影响了他们的社会参与及社会生活，而这种剥夺又导致了残疾人在出行方面的行为及意识退缩，导致其个人的能力退化，最终使残疾人蜗居家中，不愿出门，丧失更多的发展机会。这种恶性循环将使其越来越脱离社会，与健全人士的距离也会越来越大，最终造成更大的社会排斥。残疾人的困境不能单靠个人的力量解决。国家无障碍的相关政策不断出台，但由于目前社会环境的局限，很多残疾人并不能真正做到出行无障碍。社区无障碍设施的不完善、公共交通的不发达、他人的歧视目光、残疾人自我的自卑心理，这些都阻碍着残疾人的出行，限制其身心发展。仅靠其中一方的力量，并不能真正解决残疾人的难题。

残疾人要走出家门到商场购物，需要商场的配合及支持；要去公园需要公园管理方的支持及配合；在社区中开展活动，也需要各个不同部门的协调。因此，为了能更好地消除针对残疾人的社会排斥现状，应调动包括从国家、地方政府到各类社会组织等不同多元主体的资源共同为残疾人打造社会支持网络，发挥各个部门的资源优势，形成合力，从而更好地消除残疾人的社会排斥情况。

（三）争取参与权以消除参与排斥

排斥是从人际交往中来的，是社会中来的，服务提供者要通过促进残疾人增加对社区公共服务的参与，使他们获得更多的话语权及参与权，并最终引导残疾人主动进行增权，加强自身的能力促进。残疾人的社会参与很大程度上取决于其所居住社区的无障碍环境是否完善，服务提供者在拓展残疾人的社会参与空间时，可引导残疾人为自己社区的无障碍环境进行倡导、发声。社会参与空间的拓展需要残疾人身体力行地争取，服务提供者相信越多的残障人士参与社会服务，就会有更多的人将目光关注到他们身上。因此，创造机会让残疾人参与社会服务，是拓展社会参与空间的其中一个途径。

与此同时，服务提供者还要大力推动社区助残氛围的营造，开展各种社区宣传活动及推广活动，如国际助残日的社区宣传、残健共融运动会等，促使社区居民更好地包容接纳残疾人，为残疾人提供更多的社会参与空间及机会。

残疾人由于体能问题，无法适应所有的社会生活，残疾人被称为失能人士，在某种程度上来说，是源于发展机会的缺失。例如因无障碍环境的缺失而导致残疾人失去社会参与的能力；因就业机会的缺失而导致残疾人面临贫困处境，无法自助等。因此，为残疾人创造更多的发展和参与机会，包括教育机会、就业机会、出行机会等，是反社会排斥的重要手段。

（四）充分动员社区资源以消除资源排斥

社区是残疾人赖以生存的环境，社区资源是残疾人服务领域的重要资源，服务提供者通过社区资源动员，关注社区中的资源，包括社区企业、社区居民、环境等，让其成为残疾人服务提供的重要力量。

在实践过程中可以采用项目化的运作方式，通过一定的社区项目化运作试点的实践，探索残疾人融合的途径，可对项目进行准确定位，抓住项目的独特之处进行社区宣传和动员，提高社区及社会的关注度，一方面可以推动项目的扩展、推广，提高社区及社会对残疾人以及项目的认知度，在一定程度上改变社会对残疾人的刻板印象，促进社区对残疾人的关注，为残疾人提供更加丰富的社区资源；另一方面可以用这种方式吸纳更多意见和资源，不断改善项目，达到最终目的，消除社会排斥，促进残疾人更好地融入社会。①

第六节　社会融合理论

融合是一种与隔离、排斥和社会边缘化相对立的价值理念。随着社会排斥理论的深入研究以及反社会排斥行动实践的不断积累，社会融合概念逐渐被学者和政府广泛使用，并逐渐引入残疾人服务领域，为认识残疾人和残疾人问题提供了新的视野，成为国际残疾人权利运动的发展潮流，促使残疾观从医学模式转变为社会模式，是现代残疾人观的核心理念，也是残疾人平等参与社会生活、共享社会发展、服务实践更为人性化的重要途径。

---

①　陈慧燕：《消除社会排斥的助残社会工作行动策略研究——基于复康巴士出行项目分析》，华南农业大学硕士论文，2017，第34—36页。

一、理论的基本内容

（一）社会融合理论的起源

18 世纪到 19 世纪中期,西方社会的工业化和城市化进程加快,社会矛盾日益凸显,自杀率一直居高不下。在西方社会转型的大背景下,自杀成了工业文明所带来的社会问题的表现之一,引起了社会学家的重视。法国社会学家涂尔干(Durkheim)在其著作《自杀论：社会现象的研究》中,首次提出了社会融合概念,认为社会融合问题是导致自杀的重要原因,良好的社会融合水平,可以有效地控制自杀率,但他并没有给社会融合下一个明确的定义。此后,许多学者沿着实证研究路线对"社会融合"持续关注并不断发展该概念。

20 世纪 90 年代以来,随着经济全球化的深入发展,无论是发达国家和地区,还是发展中国家和地区,新的社会问题持续涌现,都面临着构建和维护可持续发展社会的挑战。当那些仅仅针对贫困、失业和发展失衡等单个社会问题制定的政策未能发挥如预期中的作用之时,政策制定者和分析家们强烈地感觉到,有必要整合一个概念来应对更大范围的挑战。在这种背景下,社会融合这一概念便逐渐受到他们的青睐,逐渐成为应对上述社会问题的政策诉求,成为社会健康发展的手段或目标,使得基于社会融合的公共政策研究和应用成为当代西方社会政策研究的关注焦点之一。①

（二）社会融合理论与现代残疾人观

1. 社会融合理论的内涵

社会融合是一种结果和目的,也是一种过程和手段。这一概念不仅仅是对社会排斥的反应,还具有自身的内涵和意义。2003 年欧盟在其发布的《关于社会融合的联合报告》中将社会融合定义为一个过程。这个过程是为遭受风险及社会排斥的人群提供获取资源和机会的途径,使其能够凭借这些资源和机会享受本应享受的社会福利,并可以全面参与到经济社会和文化生活之中。社会融合为这一群体能够拥有更多参与生活和决策的机会提供了保证。

社会融合是所有人的权利。无论是残疾人还是健全人,都拥有作为社区中有价值的成员而受到尊重和欣赏、参与社区的娱乐活动、在社区工作并获得有竞争力的工资,拥有一份能够充分发挥自己能力的职业、参加普通教育课程,从学前教育到大学再到继续教育的这些权利。

社会融合是一个动态的过程,即全体社会成员能够在共同的空间中全面地参与各项社会事务,有情感上的共鸣,有社会上的互动,拥有主动参与社会生活并对自身基本权利做出决策的机会等。② 社会融合涉及社会群体的凝聚力,包括社会心理融合和结构融

---

① 何玲:《流动儿童社会融合研究》,中国社会出版社,2017,第 9 页。
② 王鑫:《残疾人社会融合：现况及分析》,山东大学硕士论文,2011,第 9—10 页。

合。社会心理融合是个人主动参与社会联系,包括自我反省社会参与的经历和领会社会交往的程度。结构融合则指个人在社会中参与的具体情况,可能包括个人在社会参与过程中的类型以及关系的数目。

社会融合是一个积极的过程,最终要实现融合社会的理想结果。融合不仅局限于改正缺点和减少风险,强调需要通过社会政策调整以加强能力建设,保证所有人有被融合的能力和机会。阿马蒂亚·森(Amartya Sen)对社会融合达成的理想结果——融合社会作出定义,提出融合社会是一个全体社会成员积极主动并有意义地参与,平等、共享并能得到基本社会福利的社会。在融合社会中,人人享有广泛的平等,人人广泛共享社会经验,人人积极参与社会生活。①

2. 社会融合与现代残疾人观

残疾人社会融合,既可以指残疾人不断融入社会的过程,也可以指残疾人本身就在社会环境之中,与生活在一起的人们相互接纳、融为一体的状态,有三个层面的意义。一是社会的融合,是指残疾人以一般社会成员的身份参与到政治、经济、社会和文化生活中,参加到普通的社会组织、机构和活动中,融入主流社会的人际关系和社会交往中。二是文化的融合,也就是思想认识和价值观念的融合。社会如果保持一种正面的价值认知,就会将残疾现象以及残疾人的参与和创造,视为对人的多样性、文化的多元性和社会的丰富性做出的独特贡献。三是心理的融合,也就是残疾人与社会之间相互认同和接纳的心理建构过程。残疾人心理越健康,越能够产生对自我和社会的正面评价,与身边的人和环境的关系就越融洽,因此越能得到社会接纳。社会用平等的眼光看待残疾人,残疾人也用平和的态度面对社会,相互认同和接纳,逐步达到感情上的融洽、心灵上的融合。

社会融合理论为认识残疾人和残疾人问题提供了新的视野:第一,残疾是残疾人与环境相互作用的结果,也可以理解为残疾人社会融合过程中存在的障碍。第二,残疾人的社会价值只有在社会融合中才能得到体现,所以必须消除各种障碍,使他们能够充当正常的社会角色,充分地参与社会生活。第三,残疾人问题主要是社会融合问题,这些问题既可能与环境的设计和结构有关,也与人们的态度密切相关,所以解决残疾人问题就要关注整个社会系统的无障碍。第四,残疾人的发展水平,与他们社会融合的程度和方式直接相关,残疾人服务的根本任务是促进残疾人与社会的融合。②

二、实践应用

(一)社会融合是引领残疾人社会政策的内核理念。

残疾人社会政策的发展与进步离不开社会融合思想的影响。主要有以下表现。

---

① 嘎日达,黄匡时:《西方社会融合概念探析及其启发》,《国外社会科学》2009年第2期。
② 吴文彦,厉才茂:《社会融合:残疾人实现平等权利和共享发展的唯一途径》,《残疾人研究》2012年第3期。

（1）社会融合是残疾人为自身权利而斗争的最终目的和主要纲领

1982年联合国颁布《关于残疾人的世界行动纲领》第一次将残疾人遇到的障碍与环境相联系，约五十个国家在社会融合的理念上制定出台了反歧视法或者残疾人社会融合法，北欧一些福利国家设立了平等机会委员会，各国帮助残疾人社会融入的社会组织也大批涌现。2006年，联合国颁布《残疾人权利公约》，“充分和切实地参与和融入社会”以及“机会均等”均为公约的原则内容，序言中第十三条对残疾人的人权、自由与参与进行了肯定。该公约的颁布是残疾人主流化运动的新契机，为各国促进残疾人社会融合的活动提供了行动原则和合理依据。

2014年在北京召开的亚太经合组织第二十二次领导人非正式会议上，中国残疾人联合会提出《促进残疾人平等参与社会融合发展的联合倡议》，重申了联合国《残疾人权利公约》所确立的尊重差异，认可多样性以及非歧视和融合发展的核心观点，肯定了残疾人作为社会发展的推动和受益者，为全社会作出了重要贡献，强调了残疾人的人权、自由与社会平等，以及社会参与的权利和包容性发展战略的重要性，对以融合为主流的残疾人事业发展的国际趋势明确给予了支持性回应。

（2）社会融合是社会模式的现代残疾人观的核心理念

在社会模式下，残疾不再被视为个人的不幸遭遇，对残疾人的帮扶也不仅局限于医疗救助，而是将残疾看作一种社会现象，残疾群体所面临的不便、障碍和不公平对待是社会的歧视、发展缺陷和不平等造成的。残疾的社会模式把残疾当作应由全社会共同应对的问题，为残疾人能和健全人在同样的教育、就业、文化领域内参与社会活动提供支持，以实现残疾群体在社会生活层面、文化娱乐层面以及各个方面与健全群体的融合。

（3）社会融合是实现残疾群体平等参与社会生活与共享发展的主要途径

西方发达国家正是在此观念指导下，构建起更为平等、更加开放的残疾人社会服务体系。人人生而平等，残疾人由于身体的不便在社会参与方面已经无法享受起点公平，但其有权利通过社会资源，参与社会生活从而实现过程公平和结果公平。社会融合的具体措施，如康复服务、融合教育和融合就业等，为残疾群体提供了途径和机会。欧盟反社会排斥实践的核心就是促进就业和加强人力资本投资。社会融合通过歧视残疾观念的消除，环境无障碍的改造，培养残障者自身能力的投入、残障者自我意识的提升等措施，使残疾人同健全人一样成为社会发展的参与者和获益者。

（二）残疾人社会融合在关键领域的实践①

1. 融合教育

融合教育是指在平等和不受歧视的前提下，尽可能将残疾儿童安排在所在社区的普通学校就读，并提供最适合其需要的支持和帮助，使不同学习风格、不同能力和背景的残

① 吴文彦，厉才茂：《社会融合：残疾人实现平等权利和共享发展的唯一途径》，《残疾人研究》2012年第3期。

疾儿童能够得到尽可能好的公共教育。广义的融合教育指所有残疾人都能够完全融入普通的教育系统,包括接受高等教育、职业教育、成人教育乃至实现终身学习。融合教育倡导学校提供适合每个人需要的教育,让残疾人获得平等受教育的机会。对于残疾人而言,公平教育最大的意义是他们可以自主选择受教育的方式,完全融入社会的普通教育系统,而不是被封闭起来孤立对待。残疾学生到普通学校学习,在一个开放的环境里与健全学生交往互动,和同伴一起学习掌握社会的规范、知识和技能,这种教育过程本身就是融入主流社会的实践过程,有利于提高残疾儿童社会适应能力,为其日后完全融入社会,实现终身可持续发展奠定坚实的基础。

推进融合教育工作,要抓好三个重点。

(1)"进得去",解决好残疾学生进入普通学校的问题

第一,要消除认知偏见,即认为残疾人没有必要接受教育,残疾学生适合在特教学校就读,或者残疾学生在普通学校读书成本高,难以得到保护等错误成见。学校教育管理者要为他们提供一个开放的、多元的学习环境,帮助他们实现社会融合,获得可持续的发展。第二,无障碍环境配套建设;普通学校难以接纳残疾人的一个原因是缺乏无障碍设施,不能为残疾学生适应普通学校学习提供便利。第三,破除入学环节的制度障碍;制订规范的、可操作的入学鉴定评估标准和程序,清理入学体检和考试招录环节的不合理规定,最大限度地减少普通学校在招生入学上对残疾儿童的排斥。第四,提供必要的社会支持;包括为视力残疾学生升学考试提供盲文卷、大字卷,听力残疾学生英语口语免试等,让残疾人顺利入学。第五,探索残疾儿童融合教育的就学安置新模式,针对不同学习能力和发展需要的残疾儿童,采取随班就读、特教班、走读班等多种形式的教学安排,让残疾学生能自主选择教育安置的方式。

(2)"学得好",保障残疾学生获得适宜的学习资源

第一,针对残疾学生要有一个好的教育评估标准。由于受传统教育模式影响,当前我国的基础教育以完成教育年限(九年义务教育)和培养精英人才("层层择优录取的升学考试")为目标,而不是帮助学生获得学习、人际交往和社会适应的能力,满足每个人身心发展的需要。在这一教育大环境下,融合教育必然就会面临许多问题,例如,应不应建立一个单独的残疾学生教育评估体系,要不要将进入普通学校的残疾学生计入学校升学率和学期测评分值等。这样的问题既关乎学校招收残疾学生的积极性,也关乎已入学残疾学生融合教育的质量。第二,加大对融合教育的全方位支持力度。要关注残疾人的特殊教育需要,营造良好的教育氛围和环境,采取合适的融合教育方式,辅以良好的教育支持手段,如采用信息技术等现代科学技术,为残疾学生特别是听力、视力残疾学生提供便利服务,减少学习过程中的信息交流障碍;要增加投入,配备好资源教室和康复设备,做好相关教师和专业人员的选聘、培养和培训,完善融合教育环境支持体系。

(3)"出得来",解决好走出校门、融入社会的问题

现在,有一些残疾学生从学校毕业后难以走进社会,适应社会;还有一些残疾学生即使有岗位也不愿意就业。所以,融合教育必须以学生的职业生涯发展和充分参与社会各领域为最终目标,最大限度地利用融合教育与社区、社会生活的天然对接关系,强化残疾学生的独立生活、劳动技能、社会规范等社会适应能力的培养,使融合教育真正成为残疾人可持续发展的基础。

2. 融合就业

融合就业是指有劳动能力、有愿望就业的残疾人在平等的基础上充分参加社会就业,在开放、包容、无障碍的环境中与健全人一起工作,获得与健全人同等的收入和保障条件。广义的融合就业,还应当包括那些暂时无能力参加社会就业的残疾人,通过庇护性就业等形式,获得融入式的创收。残疾人与健全人一同工作,真正实现了与社会的融合。残疾人融合就业不仅是他们谋生的手段,还是赢得他人尊重,体现社会价值,确立平等地位的重要途径。对于招用残疾人的单位而言,安排残疾人就业,不仅可以为单位创造劳动价值,残疾人的自立和创造,也是激励其他员工上进的动力;残疾人与健全人朝夕相处所形成的合作关系和文化氛围,更是一笔宝贵的精神财富。一旦残疾人人力资源的特殊优势被社会所认可,他们就有可能获得更多的平等就业机会。

当前残疾人就业依然存在诸多问题。国家虽然建立了按比例安排残疾人就业制度,但许多用人单位不愿意安置残疾人就业;福利企业面对市场经济和现代社会难以进行有效转型,一些新建的庇护性就业机构单纯追求规模和效益,许多残疾人依然在集中、封闭的环境下工作,加剧了残疾人与社会的隔离;已就业的残疾人,大多从事技术要求低、劳动强度大、工资待遇差的低端职业;残疾人职工与健全人职工同工不同酬现象普遍,不少残疾人的实际工资收入徘徊在政府规定的最低工资标准附近;残疾人在工作中所获得的权益维护、劳动保障、安全环境、技能培养相对不足。因此必须加快推进融合就业的工作步伐。

(1)有岗位:使更多残疾人获得融合就业岗位,实现职业融合

我国法律规定的分散按比例安排残疾人就业制度,是实施融合就业工作的重要依据,也是进一步加强融合就业工作的突破口,其中的关键是开发和巩固融合就业的岗位。一是政府机关、公营单位预留岗位,带头安置。北京市规定本市国家机关、事业单位和国有企业安排残疾人就业未达到规定比例的,在招录工作人员时,应当预留一定数量的岗位,定向招录符合条件的残疾人。二是实施岗位补助、税收减免和岗位复合计算,降低用人成本,增加残疾人融合就业岗位。一些建立残疾人按比例就业制度的国家,都规定了对残疾人就业岗位给予政府补助,支持雇主对面向社会的用工岗位在环境、设施、设备等方面进行合理的调整或改造,以便将这些岗位预留给符合要求的残疾人,使残疾人能够最大限度保留在普通的工作系统中。三是鼓励采取弹性工时、灵活就业的方式,增加残

疾人融合就业岗位。四是探索支持性就业新模式，增加残疾人融合就业岗位。支持性就业把传统认为难以实现竞争性就业的残疾人，包括福利机构、职业康复机构和庇护性机构中的智力残疾人、精神残疾人和其他重度残疾人，通过专门的就业辅导员的支持（包括个人安置、小组安置、工作组安置和小型企业等），使他们有机会获得一份工作，参与到社会生产中。

（2）有收入：使更多残疾人融入式创收

首先，要保证已经就业的残疾人，只要他们与健全职工职位相同，工作内容相似，就应当获得与健全职工相同的收入。目前我国残疾人同工不同酬的情况，很难寻求以反对就业歧视的路径予以解决，应当积极争取通过劳动监察和就业援助等方式给予支持。其次，从发展支持性就业入手，将融合就业岗位开发和融入性创收结合起来，通过成立工作小组或建立工作站，让一些重度残疾人在就业辅导员的支持和帮助下，到主流环境工作，使重度残疾人也能身处融合的环境，从事和健全人一样的职业，获得和健全人一样的工作报酬，这是融入式创收的最大增长点。最后，对于确实无能力实现社会就业的残疾人，也要为其创造一种开放的状态或环境，通过庇护就业和职业康复劳动的形式，组织智力、精神残疾人从事劳动，帮助他们充分融入社区，将他们的劳动产品转化为商品，进入市场流通，实现融入式创收。同时，通过职业康复训练，为其未来实现支持性就业或竞争性就业以获得更高收入做好准备。

（3）有保障：残疾人在就业过程中能够得到公平合理的对待以及安全保护

一是法律保障，通过立法完善残疾人融合就业的政策制度，从根本上改变对残疾人就业的态度，在招聘、收入、工作安排、安全保护等方面和环节消除对残疾人的歧视，切实保障残疾人平等就业的机会。二是劳动保障，实现融合就业的残疾人，无论是竞争性就业、支持性就业，还是通过职业康复劳动和庇护性就业获得融入式创收，都应当创造条件确保他们参加养老、医疗、工伤、失业等保险，让残疾人老有所养，病有所医，在失业、工伤等状况下，生活有保障。三是安全和环境保障，在职的残疾人应当获得必要的安全保障，在工作环境和条件上做一些合理的调整，适应残疾人融合就业的需要，确保残疾人不受任何形式的强迫或强制劳动。所以，要特别强调发挥工会组织保障残疾人劳动权益作用的重要性。四是能力保障，强化对残疾人的技能培训，提升残疾人融合就业的内涵与层次，让残疾人在更高水平、更广范围参与社会生活。

3. 融合文化

狭义的融合文化是指残疾人在平等的基础上参与社会文化活动，享受公共文化服务，进行文化创造，并由此形成的新的社会文化形式和精神文化产品。广义的融合文化还包括社会创作有关残疾人主题的文化作品或者举办有关残疾人主题的文化活动。融合文化包括文艺、体育等诸多领域，是社会文化的组成部分。基于残疾人特殊的文化需要和精神体验，融合文化也相应有一些特殊形态的文化产品，如伤残文学、特殊艺术、无障碍文化以及适合残疾人特点的休闲健身项目。融合文化奠定了残疾人社会融合的价值基础。

残疾人与健全人一样有权利参加文化、体育、休闲等活动，获得精神上的满足，实现心灵上的沟通，有利于他们树立融入社会的自尊心和自信心，确立作为平等社会成员的主体地位。由于长期以来人们对残疾人融入文化活动、体育活动和其他娱乐活动缺乏理解和认识，或者由于现有的文化活动费用昂贵、服务和项目设计不公平或者包容性较差，残疾人往往被排斥在社会文化活动之外。另一方面，残疾人文化需求已由传统的看书、读报、听广播、看电视等个人休闲娱乐，逐步丰富到外出参观旅游、观看演出、休闲健身等社会文化活动。由此可见残疾人精神文化需求和服务之间的巨大差距、残疾人对融合文化的期待和现实隔离状况之间的突出矛盾。大力推进融合文化，应当注重以下方面。

（1）共享

即共同享有公共文化服务。公共文化服务设施应向残疾人开放，并积极推进无障碍建设，提供辅助服务，切实保障残疾人利用公共文化资源、享受公共文化服务的权利。如在图书馆、博物馆、文化馆、纪念馆等公共文化活动场所的醒目位置悬挂张贴国际通用的无障碍标志和指示牌；在公共图书馆中建设盲文及盲人有声读物图书室，配置方便肢体残疾人读者的升降书架等。加强信息和交流无障碍建设，建立残疾人公益电视频道和广播频道，开办电视手语节目，推进非直播节目加配字幕，开办满足残疾人文化需求的电视和广播节目，公共机构提供语音、文字提示、盲文、手语等无障碍交流服务，为各类残疾人享受优质文化服务创造有利条件，使残疾人平等、方便、无障碍地获取公共信息，共享社会文化成果。

（2）共融

即共同融入社会文化活动。残疾人参与文化、体育、休闲、娱乐活动是综合性的，他们应当与所有人一样享有法律规定的公共文化设施和参加公共文化活动。北京市在引导残疾人参与社会文化活动方面取得了显著成果，残疾人特殊艺术已由过去的“自编自演自看”转变为“我演你看”“共演同看”。人民大会堂、国家大剧院、梅兰芳大剧院、中国儿童艺术剧院等一批文化单位牵手残疾人走进高雅艺术殿堂，让残疾人享受高水平艺术表演，并创造条件让残疾人与艺术家同台献艺，在残健共融中提高演艺水平，在残健共融中产生了独特的融合文化形态。

（3）共创

即共同创造文化作品和产品。北京市在整理提升残疾人职业康复劳动产品的基础上，创立“爱立方”品牌，30 多种产品成功入选“北京礼物”，通过开辟商业渠道，建立残疾人、作品、社会的良性互动机制，让更多的残疾人作品和产品走向市场，走向社会。

4. 社区康复

社区康复是社区建设和社区发展计划的一部分。2004 年，国际劳工组织、联合国教科文组织、世界卫生组织共同制定《社区康复联合意见书》，提出“社区康复是在社区内促进所有残疾人康复，享有平等机会和融入社会的一项整体发展战略。社区康复的实施要依靠残疾人、残疾人亲友、残疾人所在的社区以及卫生、教育、劳动就业与社会服务等部门共同努力”。2010 年，以上三大国际组织和国际残疾发展联盟共同出版了《社区康复指南》，进一步明确了社区康复涵盖健康、教育、生计、社会融入、赋权等五大领域的 25 个方面的具体内容。“先康复、后参与”的理念逐步被“在参与中实现康复”的指导思想所取代，残疾人站到了社区康复的中心地位，全社会共同承担起了残疾人回归社会的责任，促进残疾人在身心功能、教育、职业、社会上都得到康复。由此可以得出残疾人社区康复的三个要点。

（1）康复立足社区

残疾人社区康复，要从融入其所在社区开始。

第一，增强社区意识和社区归属感。社区对残疾人的态度越正面、社区组织（包括残疾人组织）越绵密、社区的一体化程度越高、社区服务网络对残疾人需求的满足越充分，残疾人对社区的归属感和参与积极性就越高。残疾人的认同和参与，同样促进了社区的包容性和多样化发展。

第二，以满足残疾人康复需求为重点。除了上述提及的教育、就业和文化生活，重点应当解决残疾人的健康和技能训练需求，着力加强残疾人能力建设，促进其实现融合发展。

第三，做到资源共享，保持社区康复的开放性、包容性和实效性。将残疾人社区康复，尤其是健康和生计部分，与社区卫生服务、社区福利服务相结合，使社区的医疗资源、公共卫生服务资源、福利服务资源全面向残疾人开放，在提高残疾人康复可及率的同时，促进社区公共卫生和公共福利的可持续发展。除了共享社区资源，社区康复还有必要利用现代信息网络技术，建立残疾人康复服务的综合转介系统，使社区内外的康复服务资源，包括各类专业机构、志愿者组织、相邻社区以及残疾人家庭的服务资源与残疾人康复需求形成有效对接，放大社区康复的功能，保持社区服务的活力。

第四，充分发挥社区康复所有参与方面的积极性。在社区层面培育和发展残疾人康复服务的社会组织，以其专业、灵活的服务内容和方式，及时有效满足残疾人多样化、个性化的康复需求。北京市在社区建立了 362 个残疾人温馨家园，综合利用社区资源，开展残疾人职业康复、教育康复、社会康复，搭建起了为残疾人提供综合服务和残疾人参与社区活动的有效平台，极大地促进残疾人的社区康复。

（2）生活回归社区

受工业化的影响，西方国家残疾人生活的传统安置主要集中在机构。随着“去机构化”和独立生活运动的兴起，各种形式的回归社区生活模式不断涌现。考虑到家庭照料的传统优势以及家庭照料功能弱化的现实困难，北京市将社区居家养老助残服务作为重点方向，通过发放养老助残券、“小帮手”电子服务器，建立社区小饭桌、社区托老(托残)所以及研究建立生活不能自理残疾人护理补贴制度等多种形式，为残疾人提供居家服务和社会支持，让他们有机会走出家庭、回归社区生活。

(3) 发展面向社会

社区康复的发展和残疾人融入社会，需要营造平等、包容、无障碍的社区环境。要有一个平等的思想观念环境，将残疾人视为社区建设的一支力量，支持他们全面参与社区发展，形成残健互助、和谐融洽的社区人际关系；要有一个包容的公共政策环境，鼓励支持残疾人、残疾人亲友及残疾人组织参与社区康复的决策，将他们的需求充分纳入社区服务；要有一个全面无障碍的社区环境，要按照系统化、标准化、科学化的要求，建设和完善社区无障碍系统，让残疾人在社区和家庭生活中更感温馨便利。①

第七节 社会支持理论

社会支持是指意识到的或实际的由社区、社会网络和亲密伙伴提供的工具性或表达性的资源。② 社会支持理论的运用和经验研究是残疾人服务领域的一个重要主题与内容。人与人之间的相互支持和关系维护，对保持正常的社会生活必不可少，而人们在生活中遇到的许多难题和困境，多是由于缺乏必要的社会支持造成的。社会支持理论被广泛运用到弱势群体的服务之中，包括残疾人服务领域，是残疾人服务的有效指导理论和服务介入工具。增强残疾人的社会支持网络对残疾人适应社会，提高在社会中生活的质量也是必不可少的。

一、 理论的基本内容

(一) 社会支持理论的起源

社会支持实践自人类社会产生就开始被视为理所当然地存在了。目前有据可查的最早的经验研究来源于 20 世纪 60 年代美国社会网络干预运动，源于罗斯 · 斯佩克(Ross V. Speck)在家族治疗中所采取的一种方法。1964 年斯佩克在处理一个个案时，将治疗的地点转移到案主家，并且邀请案主家 40 多个亲朋好友共同探讨案主的问题，这样的聚会持续了 9 个多月。只要给予鼓励，每个人都有极大的互助潜能。在治疗者的鼓励下，家庭成员中自然会有人承担起治疗者的角色。实践使斯佩克看到人类互助有很大的潜能，而治疗者只是扮演着中介或者媒介作用，团体中自然会产生问题的处理者与行动者，随后她发表了一系列文章，写成了《家庭网络》一书。斯佩克以社会网络治疗的方

---

① 吴文彦，厉才茂：《社会融合：残疾人实现平等权利和共享发展的唯一途径》，《残疾人研究》2012 年第 3 期。
② 范明林主编：《社会工作理论与实务》，上海大学出版社，2007，第 120 页。

法训练治疗者，推广社会网络治疗理论。

20 世纪 70 年代，社会支持作为社会工作专业术语正式出现在精神医学领域。英国心理学家约翰·鲍比(John Bowlby)为阐述其“依附理论”引入社会支持概念，强调早期社会关系(尤其是与父母的关系)的重要性。柯伯和卡塞尔通过研究提出两个重要概念：工具性支持与情绪性支持。1987 年美国的国家心理卫生组织认为，有必要针对精神病患者进行完整的支持网络干预，强调对患者的服务应该在自然的环境中进行，采用最少的限制方式，并且运用自然网络中的人协助患者自然地融入社区、回归社区。在这种背景下，社会支持理论被逐渐纳入理论研究范围并发展起来。①

(二) 社会支持理论的内涵

1. 社会支持理论的基本概念界定

社会支持一般是来自个人之外的各种支持的总称。萨拉森(Sarson)等认为，社会支持是个体对想得到或可以得到的外界支持的感知。还有学者提出，社会支持是来自他人的一般性或特定的支持性行为，这种行为可以提高个体的社会适应性。林南(Lin, N)认为社会支持是由社区、社会网络和亲密伙伴所提供的感知的和实际的工具性或表达性支持。社会网络只是个人可以直接接触的一些人，包括亲戚、同事、朋友。这些人对于个人来说显得十分重要。亲密伙伴是个人生活中的一种紧密关系，关系中的人认同和期待彼此负有责任。社会支持提供的作用类型可以分为工具性支持和表达性支持。工具性支持包括引导、协助、有形支持与解决问题的行动等，表达性支持包括心理支持、情绪支持、自尊支持、情感支持、认可等。② 社会支持一般是来自个体之外的，与个体已存在或将会存在某种关系的个人、群体或组织等的帮助，既包括非正式群体的支持，如家人、朋友、邻居、同事等，也包括正式群体的支持，如残疾人协会，志愿者协会等。在社会支持理论中，“社会支持”自开始产生就与“网络”概念紧密地联系在一起。所谓网络是指将三个或更多的人有目的地连接起来，并在他们之间建立关系及连锁反应。③ 社会支持系统中包含正式支持系统和非正式支持系统，强调正式支持系统作用的发挥。其中，正式支持系统包括政府、机构等，非正式支持系统包括家庭、亲属、邻里、社区、非营利组织、志愿者等。

社会支持是与弱势群体的存在相伴随的社会力量，一个人所拥有的社会支持网络越强大，就能够越好地应对各种来自环境的挑战。临床流行病学家科布(Cobb)认为社会支持是一种信息，它包含三个层次：导致个体相信他/她被关心和爱的信息；导致个体相信他/她有尊严和价值的信息；导致个体相信他/她属于团体成员的信息。韦伯斯特(Webster)在《新大学字典》中将社会支持看作是一种能够促进扶持、帮助或支撑事物的

---

① 全国社会工作者职业水平考试教材编写组：《社会工作综合能力(中级)》，中国社会出版社，2019，第 109—110 页。

② 全国社会工作者职业水平考试教材编写组：《社会工作综合能力(中级)》，中国社会出版社，2019，第 110 页。

③ 范明林主编：《社会工作理论与实务》，上海大学出版社，2007，第 119 页。

行为或过程。康恩(Conn)等认为社会支持属于人与人之间的帮助、关心和肯定。卡伦(Cullen)认为社会支持是个体从社区、社会网络或从亲戚朋友获得的物质或精神帮助。还有学者指出,社会支持是指保护人们免受压力事件不良影响的有益人际交往,它作为个体对其人际关系密切程度及质量的一种认知评价,是人们适应各种人际环境的重要影响因素。总之,就社会支持的功能而论,社会支持是个体经历被爱、有价值感和他人所需要的一种信息,是一种在社会环境中促进人类发展的力量或因素。

社会支持为弱势群体提供精神和物质资源,是帮助其摆脱生存和发展困境的社会行为。从支持的效度来看,可以分为客观支持、主观体验到的支持和对支持的利用度。客观支持也称实际社会支持,包括物质上的直接援助和社会网络、团体关系的直接存在和参与,是客观存在的现实,这是人们赖以满足社会、生理和心理需求的重要资源;主观体验到的支持也称领悟社会支持,即个体所体验到的情感上的支持,也就是个体在社会中受尊重、被支持、被理解因而产生的情感体验和满意程度,与个体的主观感受密切相关;对支持的利用度是个体对社会支持的利用情况,有些人虽然可以获得支持,却拒绝别人的帮助。然而,人与人之间的支持是相互的,支持别人的同时,也为别人提供帮助打下了基础。从社会支持来源角度看,社会支持分为正式支持和非正式支持。正式支持主要来自国家的制度性支持,非正式支持主要来自家庭、亲属、朋友、邻居等的支持。从社会支持维度为看,社会支持可以分为认知支持、情感支持、行为支持。认知支持指提供各种信息、意见与知识等;情感支持指安慰、倾听、理解及交流等;行为支持指实际的帮助行动。①

2. 社会支持理论的基本假设

社会支持理论的基本假设主要包括以下几个方面:

(1) 人类的生存需要与他人共同合作,以及仰赖他人协助;

(2) 人类生命发展历程都会遭遇一些可预期和不可预期的生活事件;

(3) 人类在遭遇生活事件时,需要资源因应问题,其中包括个人的内在资源与外在资源;

(4) 社会支持网络是属于外在资源的一类,可分为正式支持与非正式支持两类;

(5) 人类通过与他人的联结可以构建社会整合感;

(6) 在压力事件下,社会支持网络可缓冲压力所带来的负面影响;

(7) 社会支持网络中的人可以提供个人压力因应的方法,或直接参与压力因应过程;

(8) 社会中的一些弱势群体的社会支持网络较为薄弱,需要专业人员协助其增强网络范围与支持功能。②

---

① 株洲弘益社工:《社会支持理论》,https://mp.weixin.qq.com/s/EjDNmt GHen7aDbKwifBauQ。

② 焦金波:《社会工作理论和方法》,中国矿业大学出版社,2008,第123页。

3. 影响社会支持程度的因素

一般而言,影响个人社会支持程度的因素主要有三个,即发展因素、个人因素和环境因素。

(1) 发展因素

从发展的观点来看,个人关系的观感是个人的内在特质和外在资源环境交互作用的结果,不同的关系观感对个人以后关系的建立有直接的影响,即过去的经验对个人今后行为会产生一定的影响。社会支持要考虑如何改变个人过去生活中的负面经验或弥补个人社会经验的不足,以改变个人生活中出现的问题。

(2) 个人因素

主要是指个人的人格特质,包括自尊程度、社会性和控制场域(内控与外控)对个人发展和使用社会支持能力的影响。一般而言,低自尊被视为是一个不利的因素,高自尊较有可能获得社会支持,高自尊的人相较于低自尊的人而言在人际交往方面更自信,相对容易与人交流,因而社会支持网络也相对宽泛。

(3) 环境因素

环境因素在个人的社会支持网络的形成过程中的作用,体现在不同类型的生活环境。开放的环境相对于封闭的环境而言更容易建立人际关系,更容易增强和维持社会支持网络。在封闭的社会生活环境中,个人对社会支持网络的利用就会相对减少。

总体而言,发展因素、个人因素以及环境因素对个人社会支持网络的形成都有重要影响,而且这三个因素对个人社会支持网络形成的影响往往呈现出不同的组合方式,这也就决定了每一个人的社会支持网络都是不同的,因而每一个人对社会支持网络的运用也是不同的。①

二、实践应用

目前针对残疾人社会支持系统的运用和构建主要是通过对遭遇问题的残疾人的各方面的信息进行评估和整理,通过改善与该残疾人相关的支持网络或者强化该残疾人运用支持网络解决问题的能力以解决残疾人及其家庭的问题来开展的。

(一) 社会支持网络取向的干预评估

社会支持网络理论的干预模式可以分为两个部分:(1) 对残疾人的社会支持网络进行评估;(2) 拟订具体的帮助计划,实施帮助。

对残疾人的社会支持网络评估包括结构和内容两个方面。对残疾人社会支持网络的结构的评估是指,对残疾人服务网络的组成,包括人数、网络所包括的人员的类型(职

① 全国社会工作者职业水平考试教材编写组:《社会工作综合能力(中级)》,中国社会出版社,2019,第110—111页。

业和领域)、网络中人们之间的距离等的评估。内容的评估则是指对网络所发挥的功能的评估,内容大致可以分为工具性支持和表达性支持。评估又可以在残疾人个人和社区两个层面进行。残疾人个人层面的评估首先要确定网络所包括的人员的生活领域以及彼此之间的关系,确认这些人员对于服务对象的重要性。社区层面的评估可以是针对残疾人所生活的社区,也可以是一般性地对社区内的社会支持网络进行评估。无论是按照哪种层面划分评估,主要都是评估社区中有哪些正式与非正式的社会支持网络资源以及两者之间的关系、现有资源能够发挥什么作用。①

(二)残疾人服务的社会支持系统构建

社会支持网络理论在残疾人服务中的实践应用主要集中于帮助残疾人构建社会支持系统。需要发挥残疾人服务机构综合管理、服务主导的作用,以社会支持网络为基础,从不同维度出发建构与残疾人发展息息相关的各层次社会支持系统,包括核心层次的残疾人及其家庭、第二层次的专业服务系统、第三层次的保障服务系统、第四层次的社会环境系统。② 由于残疾人是生活在社会这个大系统中的,因此社会层次的构建亦也可以分为微观系统构建(残疾人及其家庭),中观系统构建(专业服务组织及社区)和宏观系统构建(社会环境、国家政策)。

1. 构建社会支持网络的核心——残疾人及其家庭

残疾人由于其自身生理、心理等方面的缺陷,对于外界环境的依赖较高,而残疾人家庭是残疾人需求满足的主要支持来源,并且残疾人问题往往对于其家属会产生多方面的影响,因此,在针对残疾人开展服务时,一般的服务对象包括残疾人及其家庭成员。

这里的服务主要是针对残疾人自我支持能力以及家庭支持能力的提升,通过提高其家庭的支持能力,减轻残疾人家庭的负担。提供培训机会,帮助家庭照顾者进行康复技巧的培训,在家帮助残疾人进行简单的身体上康复,这不但可以增进残疾人和家庭成员的交流,缓解残疾人的不良情绪,还能减轻家庭的经济负担。同时,服务提供者需要对有能力工作的残疾人做社区登记并进行统一的就业指导培训,帮助残疾人获得经济上的来源,提升残疾人自我价值和幸福感。而对于残疾较为严重、不能工作的人,要培养或挖掘自身的兴趣爱好,如书法、绘画、唱歌、下棋等,使得残疾人情绪上获得快乐和满足。③

2. 培育专业服务系统——残疾人服务机构以及志愿者队伍

专业服务系统是运用专业的残疾人服务的理念、方法、技巧等根据残疾人及其家庭的实际情况为残疾人及其家庭提供专业服务——以适当的方式介入问题、以灵活的方法解决问题、以妥善的方式结束服务的服务系统,这里指残疾人服务机构及其培养的专业

---

① 全国社会工作者职业水平考试教材编写组:《社会工作综合能力(中级)》,中国社会出版社,2019,第111页。

② 王立:《社会支持视角下社会工作机构残疾人服务优化研究——以广州市Z机构为例》,广州大学硕士论文,2018,第39—42页。

③ 韩雨:《社会工作介入残疾人社会支持网络的研究》,北京工业大学硕士论文,2019,第40页。

服务队伍。其中,残疾人服务机构包括各种类型的残疾人服务机构(残疾人托养机构、残疾人康复机构等)以及社会工作机构。一方面,残疾人服务机构需要培育和吸纳更多专业人才;另一方面,残疾人服务提供者需要提升自己的专业能力,要不断地在实践中进行反思和总结;加强自我的监督和管理,不断深入学习,提升自身的专业水平;作为一个资源链接者,掌握扎实的资源链接及整合技能,更好地为残疾人链接及整合外界资源。

专业服务系统还包括接受过一定专业培训的志愿者队伍。通过提供志愿者培训、团队建设等服务,来拓展残疾人服务机构服务的宽度和广度,从而有效补充残疾人服务领域人力不足的问题。①

3. 完善保障服务系统——社区及社会组织

服务提供者要积极地发挥资源链接的作用,帮助社区建立专业平台,辅助社区成立志愿服务队,使得社区能够真正地发挥出支持的力量和网络。社区的基层工作人员虽然缺乏专业的知识、技巧和服务残疾人的理念,但社区作为非正式支持中强有力的一环,社区存在大量的社会资源,可以帮助残疾人群体更好地生活。残疾人服务机构需要帮助社区的工作人员进行培训,转变他们的观念,培养其专业和服务的意识,使其能够更好地帮助残疾人提供支持。并且,残疾人康复也有赖于一定的医疗基础设施,社区需要配备一定医疗基础的康复治疗中心,为残疾人康复提供便利。同时,由于残疾人就业岗位的供不应求,很多残疾人不能正常地工作,残疾人服务提供者可以通过资源的链接整合,鼓励在社区中增设残疾人社区工作岗位,增加残疾人的就业机会。②

残疾人相关的社会组织包括社会工作事务所、非营利组织、基金会、残疾人组织等。目前,我国最重要的残疾人社会组织是残联。自成立以来,残联为我国的残疾人事业的发展作出了巨大的贡献。今后在推动残联组织发展的同时,也要大力推动其他残疾人社会组织的发展,健全各种残疾人组织,使残疾人社会组织呈现多样化的良性发展格局。③

4. 改善社会环境系统——政府和市场

服务提供者在一定程度上需要及时进行政策倡导。残疾人服务提供者的能力是有限的,在残疾人事业发展的进程中还存在着很多的问题,所以还是需要政府发挥主导的作用。政府要根据残疾人服务个性化和多样化,需求采用购买社会服务的方法,大力推进残疾人服务职业化和专业化方向的发展,加大残疾人服务机构和社会发展组织的竞争力,成为服务残疾人的重要主体。

在市场层面,随着社会主义市场经济的发展,市场组织支持成为残疾人支持系统中的关键一环。市场组织具有现代组织的优点,即可以采取市场化运作实现资本的增值和

---

① 王立:《社会支持视角下社会工作机构残疾人服务优化研究——以广州市 Z 机构为例》,广州大学硕士论文,2018,第 40 页。

② 韩雨:《社会工作介入残疾人社会支持网络的研究》,北京工业大学硕士论文,2019,第 40 页。

③ 邱观建,安治民:《我国残疾人社会支持网络的运作逻辑与建构》,武汉理工大学学报(社会科学版)2014 年第 4 期。

普遍福利的增加,为残疾人事业提供市场化的人力、物力等方面的支持。例如,建立残疾人的福利工厂,可以借助现代企业制度和政府的政策支持拓展残疾人的就业门路,从而实现助人自助的残疾人发展目标;同时,残疾人市场组织可以借助慈善、捐助等市场化行为,以提高残疾人的最低生活保障和福利水平。① 残疾人通过参与市场化运作组织,积极参与组织互动,可以从中汲取营养,提升自我能力,达到自我发展、自我实现的目的。因此,市场在残疾人服务方面也发挥着重要作用,从社会支持网络的角度来看,残疾人服务机构以及服务提供者需要尽可能地挖掘市场资源,帮助服务对象学会链接市场资源,从实质上扩充服务对象的社会支持网络范围,提高服务对象的市场竞争力,从而不断完善社会支持网络并提高支持网络的水平。②

本章小结

本章介绍了残疾人服务的主要理论,对这些残疾人服务理论的基本内容及实践应用进行了一一介绍,包括正常化理论、全人发展理论、增权理论、优势视角理论、社会排斥理论、社会融合理论以及社会支持理论。残疾人服务理论对残疾人服务的实践具有较大的指导意义,理论为实践提供了较为准确的方向,因此必须重视残疾人服务理论的建设及完善。

参考书目

1. 奚从清、林清和等:《残疾人社会学》,华夏出版社,1993。
2. 周沛:《残疾人社会工作》,社会科学文献出版社,2012。
3. 金博、李金玉等:《残疾人保障立法研究》,中国政法大学出版社,2017。
4. 简春安:《社会工作理论》,华东理工大学出版社,2018。
5. 范明林:《社会工作理论与实务》,上海大学出版社,2007。
6. 中国残联残疾人事业发展研究中心、道略残疾人事业研究院:《中国残疾人发展与社会进步年度纵览 2020》,求真出版社,2020。
7. 马洪路,曹丽敏:《残疾的社会康复》,华夏出版社,2005。

① 邱观建,安治民:《我国残疾人社会支持网络的运作逻辑与建构》,武汉理工大学学报(社会科学版)2014 年第 4 期。

② 王立:《社会支持视角下社会工作机构残疾人服务优化研究——以广州市 Z 机构为例》,广州大学硕士论文,2018,第 41 页。

第四章
残疾人服务的内容

第一节　残疾人证

《中华人民共和国残疾人证》(简称"残疾人证"),是认定残疾人及其残疾类别、残疾等级的合法凭证,是残疾人依法享有国家和地方政府优惠政策的重要依据。凡符合《中国残疾人实用评定标准》的残疾人均应发给《中华人民共和国残疾人证》。

一、 残疾人证的基本概述

(一) 残疾人证的种类

根据《中国残疾人实用评定标准》,我国的残疾类别共分为七类,包括视力残疾、听力残疾、言语残疾、肢体残疾、智力残疾、精神残疾和多重残疾。各类残疾依据残疾程度划分为四个级别,残疾一级为极重度,残疾二级为重度,残疾三级为中度,残疾四级为轻度。

残疾人证由中国残疾人联合会统一印制,套印中国残疾人联合会印章。地方残联负责发放和管理。视力残疾人证采用红色外皮,其他类别残疾人证采用绿色外皮。有视力残疾的多重残疾人可采用红色外皮的视力残疾人证。

(二) 残疾人证的代码

残疾人证有一定的编号规则,证件号为全国统一编码,以居民身份证号码和残疾类别代码、残疾等级代码为基础。证件的首次办理采用了 20 位的编码格式,前 18 位数字为居民身份证号码,第 19 位数字为残疾类别代码,最后 1 位数字为残疾等级代码。

1. 残疾类别代码

视力残疾：1

听力残疾：2

言语残疾：3

肢体残疾：4

智力残疾：5

精神残疾：6

多重残疾：7

2. 残疾等级代码

一级：1

二级：2

三级：3

四级：4

（三）残疾人证的版本

《中华人民共和国残疾人证》共历经了三个版本。在此期间，为适应实际的发展情况，国家推出了新版残疾人证，并允许各省因地制宜发放残疾人专用卡、电子化残疾人证等。

1. 第一代残疾人证

第一代残疾人证自 1995 年统一制发，内容为手写，所有资料都是以书面文档的形式存档管理，对保障残疾人合法权益发挥了积极的作用。

2. 第二代残疾人证

随着广大残疾人维权意识的不断提高和覆盖城乡社会保障制度的逐步建立、完善与落实，残疾人证的功能与作用日益突出，第一代残疾人证已不能完全适应现实需要。尚未办理残疾人证的申请人，一律申领第二代残疾人证；已经领取第一代残疾人证的残疾人，将申请换领第二代残疾人证。

然而，第二代残疾人证与第一代相比，在分类分级、评定标准、证件编码、操作方法等方面有明显不同。

（1）分类分级

第二代残疾人证的核定残疾种类，由六类变为视力残疾、听力残疾、言语残疾、肢体残疾、智力残疾、精神残疾和多重残疾七类，新标准将听力语言残疾分为听力残疾与言语残疾两大类，严重的口吃并且影响到正常的语言表达，将被评为言语残疾。盲人使用红色残疾证，其他都使用绿色残疾证。

（2）评定标准

第二代残疾人证的评定标准更细化。第二代残疾评定标准按国务院批准的《第二次全国残疾人抽样调查残疾标准》为准，第二代残疾人证中六大类残疾分级都为一至四级，多重残疾分级按所属残疾中最重类别分级标准进行分级。一些新型疾病也被列入残疾——按照新标准，孤独症被列入精神残疾。残疾评定必须由两个鉴定医生完成，明确残疾类别、残疾等级并由 2 人签字；

（3）证件编码

第二代残疾人证采用全国统一编码，由 18 位身份证号加 1 位残疾类别代码和 1 位残疾人等级代码组成，并采用防伪水印，由中国残疾人联合会统一制作，持证者的相关信息将被录入残疾人人口基础数据库，并实现全国联网。

（4）操作方法

第一代残疾人证的所有资料都是以书面文档的形式存档管理；而第二代残疾人证程序复杂，管理规范，办理的表格都要统一录入电脑，残疾人证一律用计算机打印，坚决杜绝各地私自印制采购。

根据中国残疾人联合会发布的《中华人民共和国残疾人证管理办法》(2008)规定：残疾人证有效期为十年。2008—2010 年制发的第二代残疾人证已到期，2009 年 12 月 31 日前第一代残疾人证换发第二代残疾人证完毕。

3. 新版残疾人证

2018 年，第一批第二代残疾卡即将到期。2018 年 1 月，实施了新版《中华人民共和国残疾人证件管理办法》，调整了残疾人证书的内容。为了配合新的行政措施，已开始使用新的残疾人认证制度和残疾人证书。因此，有了新版残疾人证。

新版残疾人证，将过去的纸质封皮，换成了更好保存的人造革。内部的纸张也做了加厚处理，不容易因为潮湿而变形或者扯烂等，整体的质量得到了很大提升，防护措施良好，不易磨损。并且要求具体残疾类别和残疾等级在残疾人证备注栏中逐一注明。

4. 第三代残疾人证

简单地说，第三代残疾人证是一张通用卡，既可以作为残疾人的证书，可以用作身份证，也可以用作银行卡，真正实现了“一卡三用”。使用身份证时，由于第三代伤残证与第二代身份证具有相同的法律地位，所以可以轻松识别残疾人士的身份；银行卡使用时，是因为第三代残疾人卡具有财务管理功能，今后补贴将直接送达银行卡，无须到银行排队领取；使用残疾人卡时，为了避免尴尬，不再需要每次都拿出证书给验证者。

2014 年 11 月 27 日，北京市残联开始发放第三代残疾人证，该证为智能卡。北京户籍的残疾人士可通过居住地街道办、居委会免费申请。卡片功能包括身份识别、业务管理、金融应用等，遵循中国残联、“北京通”、北京市政交通“一卡通”和金融行业标准。第一批领到卡的人可持自己有效身份证件前往北京银行开通卡片的金融功能，就可凭此卡办理金融业务，如存取款等。此卡还具备养老助残卡的功能。今后残疾人仍可持卡免费乘公交、进公园，不同的是，刷卡时机器可自动识别，不扣费。目前可用此卡的公园范围为北京市公园年票范围里的市属公园。市残联正在和其他园区协商，今后范围将逐渐扩大。和先前的残疾人证不同，此卡具有的身份识别功能，可有效防止伪造，将更有利于管理统计。

2017 年 3 月，中国残联出台了《关于开展第三代残疾人证（智能化）试点的通知》，表示决定全面启动第三代残疾人证（智能化）试点工作。2018 年 8 月 14 日，中国残联正式发布《关于加快推进第三代残疾人证（智能化）换发工作的通知》，决定加快推进第三代残疾人证(智能化)换发工作。2019 年,智能化残疾人证试点成功,开始全面换发,进入残疾人证巨变阶段。①

5. 残疾人专用卡、电子化残疾人证

青海、宁夏等地发放残疾人专用卡,专用卡除具备人社、医疗、金融等基本应用功能外,增加了"残疾人证"的功能,残疾人凭卡享受各类优惠政策、领取残疾人各项补贴,真正实现"一卡在手,万事无忧"。

2020 年 1 月 1 日,宁夏回族自治区启动电子化残疾人证发放工作。电子化残疾人证实现"证卡合一",既有社会保障卡功能,也有第三代残疾人证功能;实现了各项惠残政策"一卡通用",很是方便。电子化残疾人证又是对第三代残疾人证进行了升级,实现了"手机在手,服务全有",以后出门连残疾人证也不用带! 简单来说,电子残疾人证和电子身份证基本原理相同,都是基于电子证照技术。通过残联专用 App 及认证器可验证电子化残疾人证的有效性,验证通过,就可以享受残疾人证相关服务。当然,由于第三代残疾人证大部分地区尚未发放,电子化残疾人证技术又基于第三代残疾人证,真正投入使用还需要一个过程。

(四) 残疾人证的效用

《中华人民共和国残疾人证》是经国家批准的由中国残联统一制发的残疾人专用证件,其效用主要体现在:

(1) 证明残疾及其残疾类别、等级;

(2) 享受国家和地方政府优惠政策及扶助规定,维护合法权益的依据;

(3) 制定工作计划,发展残疾人事业的基础。

二、 残疾人证的申办

根据 2017 年 7 月中国残联、国家卫生和计划生育委员会(以下简称"国家卫计委")联合印发的《中华人民共和国残疾人证管理办法》规定,凡符合《中国残疾人实用评定标准》的视力、听力、言语、肢体、智力、精神及多重残疾人均可申领残疾人证。身有残疾尚未达到规定标准者,不能发给残疾人证。

(一) 残疾人证的申办程序

《中华人民共和国残疾人证管理办法》(2018)规定,残疾人证的申办坚持申领自愿、属地管理原则。中国残联、国家卫计委按照职责分工共同指导省、市、县级残联、卫生计生委做好残疾评定、残疾人证核发管理等工作。省级残联、地市级残联做好残疾人证核发、使用、管理等工作的指导和监督检查。县级残联负责残疾人证的申办受理、核发管理等工作,并按照省级卫计委和残联指定的医院或专业机构(以下简称指定机构)作出的残

① 残之家:《第三代残疾人证的最新消息》,搜狐网,https:// www.sohu.com/ na/ 428809478_120882614。

疾类别和残疾等级评定结论，核发残疾人证，并负责办证原始档案管理。

《中华人民共和国残疾人证管理办法》(2018)规定残疾人证的具体核发程序如下。

1. 申请

第一次申办残疾人证的申请人，需持申请人居民身份证、户口本和3张两寸近期免冠白底彩照，向户口所在地县级残联提出办证申请，如实填写全国统一的《中华人民共和国残疾人证申请表》和《中华人民共和国残疾评定表》。申请智力、精神类残疾人证和未成年人申请残疾人证须同时提供法定监护人的证明材料。有条件的地方可开展网上办理申请。

2. 受理

县级残联接到办证申请人提交的申请材料后，由受理人对申请人、法定监护人、照片、身份证、户口本进行确认，对于填写虚假信息者不予受理。

3. 评定

指定机构对于申办残疾人证的申请人进行残疾评定，按照残疾标准作出明确的残疾类别和等级评定结论，填写评定表并加盖公章。评定结论符合残疾标准的，应在申请人所在的村(社区)予以公示，公示时间为五个工作日；申请人是未成年人的，原则上不予公示。

4. 审核、批准

县级残联对办证申请材料、受理程序、残疾评定结论和公示结果进行审核，并在十个工作日内审核完毕。经审核符合规定的，予以批准，填写打印残疾人证相关信息，并在批准残联栏内加盖公章、在持证人像上加盖钢印，同时将残疾评定表等相关信息录入残疾人人口基础数据库。评定结论不符合残疾标准者，不予办理。北京、天津、上海、重庆四个直辖市残疾人证的审核、批准由(区)县残联负责。

5. 发放、存档

县级残联将残疾人证发放给申请人，并将《中华人民共和国残疾人证申请表》和《中华人民共和国残疾评定表》、公示结果等相关材料存档，长期保存。

（二）网上申请办理

不少地区开展网上申请办理残疾人证，如北京市、上海市、浙江省、福建省等地简化残疾人证办证流程，实现“三简单”。①

1. “残疾人证申办简单”

(1) 一网通办。北京市、上海市、浙江省等地开展了残疾人证网上办理服务。

(2) 异地办理。黑龙江省、山西省、河北省、辽宁省沈阳市、山东省德州市等地区户籍所在地与经常居住地不一致的申请人，可以向其户籍所在地残联提出书面申请，异地

① 中国残疾人事业发展研究中心：《中国残疾人发展与社会进步年度纵览(2020)》，求真出版社，2020，第12页。

办理残疾人证。

2. “残疾评定流程简单”

(1) 上门评定。北京市东城区残联和区卫生健康委开展专家上门鉴定评残工作,对因病瘫痪在床不能到医院评定的申请人,组织专家上门检查,当场为申请人鉴定评定。

(2) 集中评定。福建省泉州市鲤城区残联联合区卫生健康局组织专业医疗队伍到街道卫生服务中心,为辖区内的视力、听力、言语类残疾人开展集中评定服务。

3. “残疾人证领取简单”

(1) 残疾人证立等可取。浙江省温州市瓯海区实行残疾人证“一站式”办理,申请人只需带上身份证到评残机构(瓯海区第三人民医院),可以完成申请、评残、发证并领取“一站式”服务。

(2) 送证上门。浙江省温州市鹿城区对评定结果为重度的残疾人,直接送证上门;河南省焦作市通过邮寄方式,实现残疾人证“一次办妥”。

(三)“助残服务专区”

李克强总理说:“要让残疾人的生活更加殷实、更有尊严。”

2019 年《政府工作报告》明确提出,残疾人“两项补贴”要惠及所有符合条件人员。申领补贴首先要有残疾人证,以前,办理残疾人证和申请补贴只能提交书面申请,来回跑腿交材料十分麻烦。国务院客户端小程序“助残服务专区”上线后,申请证件、领取补贴都可以“掌上办”,残疾人办事更方便。

“助残服务专区”残疾人证申请流程: 选择业务,在“便民服务”中选择“残疾人证”;点击“残疾人证申请”;在线填写个人申请;上传证件照片;提交申请成功后完成申请。同时,“助残服务专区”同样可以办理残疾人证挂失、变更、迁出、注销等业务。

三、 残疾人证的使用

《中华人民共和国残疾人证管理办法》(2018)是为推动残疾人事业发展,维护残疾人的合法权益,保证残疾人享受国家和地方政府的优惠政策,依据有关法律、法规而制定的,对我国残疾人证的使用作了严格、严谨的管理使用规定,包括对残疾人证的查询、补办、注销、更换、迁移等。持证人要妥善保管残疾人证,只限本人使用,不得转借他人。

(一) 残疾人证的查询、补办、注销

残疾人证的使用发展紧随科技发展的步伐。目前残疾人证可以通过国家政务服务平台进行实名认证后方可查询。

残疾人证遗失,应及时报告批准残联,声明作废后可申请补发。第一次补发残疾人证的编号在原 20 位编号后加“B1”,第二次补发加“B2”,以此类推。同时,遗失的残疾人证在残疾人人口基础数据库中会被注销。

另外,残疾人残疾状况变化不再符合残疾标准或死亡的,发证残联应及时将残疾人

证注销;残疾人本人或智力、精神残疾人及未成年残疾人的监护人要求注销残疾人证的，提交相应身份证明材料和书面申请，发证残联可收回残疾人证，并在残疾人人口基础数据库中注销相关信息。残疾人证注销后，一年内不得重新申请。残疾人残疾状况变化的认定，以指定机构作出的残疾评定结论为准。

（二）残疾人证的更换

残疾人证的更换包括了期满、污损、残疾类别或等级发生变化等情况。

残疾人证有效期十年，期满后需要进行更换。更换可到批准残联免费换领，并交回原残疾人证。发证残联在新换领残疾人证的备注栏中会注明换发信息，将回收的旧证统一销毁。

残疾人证污损、影响正常使用的，可交回批准残联免费换领残疾人证，换领残疾人证登记信息与原残疾人证一致。

残疾类别或残疾等级发生变化的，本人提出申请，经批准残联同意后，可到指定机构重新进行残疾评定。批准残联根据评定结果重新审核发放残疾人证，并将残疾人人口基础数据库中的相关信息进行变更。

（三）残疾人证的迁移

残疾人证随残疾人户口迁移;残疾人户口迁移的，须同时办理残疾人证迁移手续。持证人需凭公安机关出具的户口迁移证明，到户口迁出地县级残联开具残疾人证迁移证明，持证人在迁出地的相关基础数据库中的相应信息被标注为迁出状态。

残疾人凭户口迁出地县级残联转出的残疾人证申请表、评定表等档案材料和出具的残疾人证迁移证明，到户口迁入地县级残联登记入档。户口迁入地县级残联依据迁移证明，在残疾人证备注栏中注明残疾人证迁移日期并加盖公章，同时在残疾人人口基础数据库中完成迁入工作。户口迁入地县级残联留存转来的材料档案，并将复印件上报市级残联归档。

若残疾人的户口在迁移超过半年后仍未办理残疾人证迁移手续的，其间残疾人证将被原发证残联在残疾人人口数据库中标注为冻结状态，办理迁移手续后残疾人证改为迁出状态。

（四）残疾人证的作用

残疾人证，是认定残疾人及残疾类别、等级的合法证件，也是残疾人的重要身份保障。2021 年 1 月后，持有残疾人证的残疾人享受着国家的 21 项优惠、补贴政策。①

1. 两项补贴

2017 年 9 月，民政部、中国残联联合下发《民政部办公厅中国残联办公厅关于贯彻落实困难残疾人生活补贴和重度残疾人护理补贴制度有关情况的通报》，在全国范围建

---

① 残疾人综合服务平台:《2021 年 1 月后，残疾人 20 项补贴政策》，https:// www.sohu.com/ a/ 448442086_120065118。

立两项补贴制度。属于低保家庭中的残疾人可以享受困难残疾人生活补贴;残疾等级为一级、二级且需要长期照护持续时间达6个月以上的重度残疾人可以享受重度残疾人护理补贴。

2. 重度残疾人低保

2020年,民政部、国务院扶贫办印发《社会救助兜底脱贫行动方案》,要求落实兜底保障政策。对未脱贫建档立卡贫困户中的重度残疾人、重病患者参照“单人户”纳入低保,对其家庭可不再进行经济状况核对,打赢脱贫攻坚战后按低保政策动态管理。

3. 残疾人免费参观

(1) 残疾人免费参观、进入博物馆、纪念馆、科技馆、美术馆、展览馆、体育场馆、文化馆(室)、公共图书馆等公共文化体育设施以及公园、动物园、风景名胜区等场所。但举办体育比赛、大型商业性活动时除外。

(2) 场所内实行政府定价、政府指导价管理的缆车、游园车等交通工具,对残疾人减半收取费用。

4. 残疾人出行

(1) 盲人、一级肢体残疾人免费乘坐市内公共汽车、地铁、轻轨、渡船等公共交通工具。但各地方政府出台的政策不同各有差异。

(2) 残疾人搭乘汽车、火车、轮船、飞机,优先购票,并免费携带随身必备的辅助器具。

(3) 公共停车场所免收残疾人车辆停放费。有关部门和行人应当为残疾人车辆通行提供方便。

5. 驾照补贴

各地方市财政局和市残联为领到汽车驾驶证的残疾人发放一次性驾驶技能补贴,因政策不同,各地经济发展水平不同,各地方补贴金额也是不一样的,多在500—2000元之间,也有个别地方没有驾驶技能补贴政策,具体情况可咨询当地残联。

6. 燃油补贴

残疾人燃油补贴标准,残疾人机动轮椅车燃油补贴是国家燃油税改革后,针对肢体残疾人这一特殊群体出台的一项优惠政策,是完善残疾人社会保障,改善残疾人生活、维护残疾人权益的一项重要举措。

7. 生活保障和服务

(1) 城乡贫困残疾人家庭优先纳入最低生活保障,在原享受最低生活保障金的基础上,提高20%的保障金比例。

(2) 对无劳动能力、无法定抚养(赡养或扶养)人、无生活来源的残疾人,智力及精神残疾的予以收养。“三无”残疾人属城镇户口的,由社会福利院收养或当地劳动和社会保障部门、民政部门发给最低生活保障金和救济金;属农村户口的,由所在农村基层组织,按“五保”户供养的办法，保障基本生活。

(3)《“十三五”加快残疾人小康进程规划纲要》关于残疾人民生兜底保障重点政策指出，“对盲人、聋人有线(数字)电视费用、宽带和手机上网流量费用等给予优惠。比如，有的地区给予残疾人家庭有线数字电视收视维护费优惠，残疾人家庭安装电话、自来水、煤(天然)气等，只收取工料费。”

(4) 鼓励网络经营单位对残疾人使用网络给予优惠。

8. 减免规费的优惠

(1) 凡残疾人本人从事手工业、商业、服务业、修理业等，规模较小的，登记费、个协会费、管理费减半收取；规模较大(雇用帮手)的，管理费按核定标准的90%收取，个协会费适当收取。

(2) 经核实，确属家庭特别困难的残疾人从事经营活动的，各所报请局里同意后，可免收登记费、会费和管理费。

(3) 独资企业、合资企业中的残疾人就业人员占总员工数达30%以上的，按福利企业对待，管理费按核定标准的70%收取。

(4) 残疾人领办独资企业、合资企业的，登记费减半收取。

(5) 凡残疾人本人从事图书、电子游戏、歌舞厅(卡拉OK)、台球、录像、影碟出租等经营，规模较小的，管理费免收；规模较大(雇用帮手)的，残疾就业人员占比达30%以上(含30%)的，管理费按核定标准50%收取。

9. 残疾人申请法律帮助或法律援助

(1) 残疾人遇到侵害或民事纠纷，需向人民法院提起诉讼，需要法律援助或法律帮助，可以直接向当地法律援助中心申请法律援助，也可向指定的残疾人法律维权机构申请法律援助或法律帮助，还可委托律师事务所或法律服务所办理有关事项。

(2) 如果当事人对法院一审判决不服，需要提起上诉，还可以向二审法院同级的法律援助机构、残疾人法律维权机构申请援助帮助，具体程序相同。

10. 残疾人劳动者权益

中国残联、劳动和社会保障部发布的《关于做好下岗残疾职工基本生活保障和再就业工作的通知》(中国残联教就〔1999〕87号)规定：除宣布停产和破产的企业外，有生产任务的企业，因生产经营出现困难，进行经济性裁员的企业，进行改组、改制的企业，一般不安排残疾职工下岗、裁员。

残疾人所在的单位应当鼓励、帮助残疾人参加有关部门组织的文化、艺术、体育和其他有益活动，其在集训、比赛、表演期间，视为出勤。

11. 辅助器具优惠政策

为贫困残疾人(肢体、视力、听力)免费适配辅助器具。残联会不定期地赠送一些康复辅助器具，这也需要具备残疾证才能领取。北京、上海、广东等地有残疾人辅助器具补贴政策，对残疾人购买相应的辅助器具给予一定的补贴和优惠。

2020 年，《残疾人基本辅助器具指导目录(2020 版)》正式发布，关于辅助器具的福利政策在日后可能会有新的变化。

12. 医疗康复

(1) 特困残疾人参加农村新型合作医疗个人缴费部分由财政补贴。城镇残疾人参加居民医疗保险的，个人每年缴纳 60 元，持第二代残疾人证的学生儿童，每人每年缴纳 10 元。

(2) 丧失劳动能力的重度残疾人个人缴费由财政补助。

(3) 残疾人在医疗机构就医挂号免交普通挂号费。

13. 教育

各地有从学前教育到高中教育不同年限的残疾人免费教育政策。各地在残疾人学前教育、义务教育、高中教育、职业教育、高等教育有不同的教育补贴政策。

(1) 对接受义务教育的城乡贫困残疾学生、贫困残疾人子女，免收教材费，并给予适当的生活补贴。在特殊教育学校或普通义务教育学校就读的走读、寄宿贫困残疾学生，可分别享受每年 500 元、800 元的国家彩票公益助学金(每年 200 个名额)。

(2) 残疾人和残疾人子女，应届考入二本以上院校的，享受政府一次性 5 000 元助学金。残疾人考入本科、大专、中专的，市残联发给 3 000、2 000、1 000 元一次性助学金。

14. 税收及就业优惠政策

(1) 地税局对残疾人实行税收优惠政策：符合认证条件的企业，安置每位残疾人员每年可退还增值税或减征营业税 3.5 万元。残疾人员可减征所得的项目为：工资、薪金所得，个体工商户生产经营所得，对企事业单位的承包、承租经营所得，稿酬所得，特许权使用费所得。

(2) 残疾人员个人提供的劳务，免征营业税。残疾人员的所得，由纳税人提出申请，报市地方税务局审核批准，减免征收个人所得税。

(3) 对民政部门举办的福利工厂和街道办的非中途转办的社会福利生产单位，凡安置“四残”人员占生产人员总数 35%(含 35%)以上的，暂免征收所得税；占生产人员总数的比例超过 10%未达到 35%的，减半征收所得税。

(4) 对民政部门举办的福利工厂用地，凡安置残疾人员占生产人员总数 35%(含 35%)以上的，暂免征收土地使用税。

(5) 卫生局要在食品生产经营、公共场所服务等方面提供技术支持，在其卫生条件达到标准要求的情况下，办理卫生许可证、健康证。盲人申办按摩所时，经市残疾人就业办批准后，有关部门应履行并简化相应审批手续。

(6) 国税局对残疾人个人从事加工和修理修配劳务的，免征增值税，但批发零售等商业经营的，不享受此优惠政策。对安置残疾人的福利企业，增值税由税务机关按企业实际安置残疾人人数定额退还，实行即征即退的方式，每位残疾人每年可退还增值税或减免征营业税 3.5 万元。

（7）人社局在指标分配、人员调整等方面给予支持和照顾。

15. 养老保险

持有重度残疾人证参加城乡居民社会养老保险，按最低缴费标准由财政全额补贴。持残疾人证的残疾人参加养老保险，各地市区都有不同的优惠措施，各地的残联也有一本有关优惠政策的小册子。《2019 年残疾人事业发展统计公报》显示：截至 2019 年底，残疾居民参加城乡社会养老保险人数 2 630.7 万；636.2 万 60 岁以下参保重度残疾人中，618.2 万得到政府的参保扶助，享受代缴比例达到 97.2%。299.1 万非重度残疾人享受了个人缴费资助政策。1 070.8 万人领取养老金。

16. 残疾儿童康复救助

2018 年 6 月，《关于建立残疾儿童康复救助制度的意见》出台，全面实施残疾儿童康复救助制度，救助对象为符合条件的 0—6 岁视力、听力、言语、肢体、智力等残疾儿童和孤独症儿童。

县级以上地方人民政府根据本地实际确定残疾儿童康复救助基本服务项目和内容，包括以减轻功能障碍、改善功能状况、增强生活自理和社会参与能力为主要目的的手术、辅助器具配置和康复训练等。接受康复救助的残疾儿童按有关规定可以同时享受困难残疾人生活补贴和重度残疾人护理补贴。

17. 廉租房保障

（1）申请人或者家庭成员有残疾人证的，可以免摇号优先安排在低楼层，方便残疾人居住。

（2）残疾人申请廉租房符合条件的，有关部门应当予以优先安排。

（3）部分省市对困难残疾人的租金有一定优惠减免，具体可以咨询当地的房管部门，比如房管局。

18. 公租房保障

2014 年起，公租房、廉租房并轨运行，统称公租房保障。《公共租赁住房管理办法》（住房和城乡建设部令第 11 号）规定，符合条件的残疾人员可以优先安排公租房。符合条件的残疾人家庭纳入住房救助范围并及时给予住房救助，对配租实物公租房的在楼层、户型选择等方面给予照顾，并根据其家庭经济条件适当给予租金减免。

19. 租赁补贴

廉租住房实行货币补贴和实物配租相结合，通过发放租赁补贴，增强城市低收入住房困难家庭承租住房能力。各地在实际工作中，根据残疾人家庭的住房意愿，符合条件的残疾人家庭可以选择租赁补贴的保障方式，通过市场自主租房，政府发放租赁补贴，满足其特殊的住房需求。

20. 贫困残疾人家庭无障碍改造

2020 年 3 月 24 日，中国残联办公厅下发《关于切实做好建档立卡重度残疾人家庭无障碍改造工作助力残疾人脱贫攻坚的通知》。为进一步做好建档立卡重度残疾人家庭无障碍改造工作，实现 2020 年现行标准下建档立卡重度残疾人家庭无障碍改造全覆盖目标，全力助推残疾人脱贫奔小康作出工作部署。

残疾人家庭无障碍改造的基本内容为：安装扶手、改造室外坡道和室内坡化、改造卫生间、浴室、厨房，配发坐便器、闪光门铃、手写板、盲杖等无障碍用品

21. 农村残疾人危房改造

农村危房是指依据住房和城乡建设部《农村危险房屋鉴定技术导则（试行）》鉴定属于整栋危房（D 级）或局部危险（C 级）的房屋。属整栋危房（D 级）的应拆除重建，属局部危险（C 级）的应修缮加固。

补助标准：（注：不同地区补偿标准有所不同，以下数据仅供参考）

“五保”户一级危房，户均补助 2 万元；二级危房，户均补助 0.5 万元；三级危房，户均补助 0.3 万元。低保户一级危房，户均补助 2 万元；困难户一级危房，户均补助 1 万元；一般户一级危房，户均补助0.5万元。低保户、困难户、一般户二级危房，户均补助 0.3 万元；低保户、困难户、一般户三级危房，户均补助 0.2 万元。

第二节　残疾人福利政策

我国《宪法》规定“国家尊重和保障人权”，还规定中华人民共和国公民在年老、疾病或者丧失劳动能力的情况下，有从国家和社会获得物质帮助的权利。国家发展为公民享受这些权利需要的社会保险、社会救济和医疗卫生事业。国家和社会保障残疾军人的生活、抚恤烈士家属、优待军人家属。国家和社会帮助安排盲、聋、哑和其他有残疾的公民的劳动、生活和教育。[①]《宪法》这一规定是制定保障残疾人权益、法律、法规的主要依据，残疾人福利政策得以确立和实施。

一、 残疾人享有福利权

2008 年 4 月 24 日第十一届全国人民代表大会常务委员会第二次会议修订通过的《中华人民共和国残疾人保障法》（以下简称《残保法》）就将其立法宗旨明确表述为“为了维护残疾人的合法权益，发展残疾人事业，保障残疾人平等地充分参与社会生活，共享社会物质文化成果，根据宪法，制定本法”。《残保法》规定，残疾人在政治、经济、文化、社会

① 奚从清，林清和：《残疾人社会工作》，浙江大学出版社，2013，第 281 页。

和家庭生活等方面享有同其他公民平等的权利。

残疾人福利是指国家和社会在保障残疾人基本物质生活需要的基础上，为残疾人在生活、工作、教育、医疗和康复等各方面所提供的设施、条件和服务。残疾人是平等的社会成员，但是由于残疾致使他们成为社会的弱势群体，通过立法手段保护残疾人的合法权益，并给予尽可能多的福利和照顾，使他们享有福利权，使他们能够在事实上成为社会的平等一员，全面参与社会生活，共享由于劳动和社会发展所带来的物质文化成果，这是现代社会的普遍做法。

二、残疾人福利政策的内容

传统观念认为，残疾人福利就是国家和社会对残疾人给予各种物质帮助，其实，在今天看来，这种观点是不全面的。残疾人福利除了给予基本的物质帮助之外，还要根据社会经济文化发展状况，在残疾人的康复、医疗、教育、就业、文化娱乐等方面给予相应的权益保障，努力实现"平等、参与、共享"的残疾人保障目标。根据《残保法》规定，残疾人在康复、教育、劳动就业、文化生活、社会保障、无障碍、权益保障等方面上享有相应的权利保障。

（一）康复权益

国际社会认为，只要向残疾人传授康复知识和方法，相当数量的残疾人可以在家庭和社区范围内进行功能、自理能力和劳动技能的训练。康复一般包括以下几种服务：① 及早发现病情；② 诊断和处理；③ 医疗护理；④ 社会、心理和其他方面的咨询和协助；⑤ 进行自理训练；⑥ 职业技能训练、职业培训、公开招聘的和保护性的就业安置；⑦ 提供辅助器械、行动工具及其他设备；⑧ 专门教育服务等。在残疾人的康复保障中，要强调残疾人所具备的能力，尊重他们的人格和尊严。康复工作应该在自然的环境中进行，辅之以社会康复服务和专门的康复机构。

我国《残保法》规定：国家保障残疾人享有康复服务的权利。国家和社会采取康复措施，帮助残疾人恢复或者补偿其功能，增强其参与社会生活的能力。康复技术应当从实际出发，将现代康复技术与我国传统的康复技术相结合。以康复机构为骨干，社区康复为基础，残疾人家庭为依托，以实用、易行、收益广的康复内容为重点，并开展康复新技术的研究、开发和应用，为残疾人提供有效的康复服务。

1. 残疾人儿童康复补贴

残疾儿童少年接受康复服务的，有一定的补贴。

2. 残疾儿童康复救助制度

国务院《关于建立残疾儿童康复救助制度的意见》提出，2018 年开始，对 0—6 岁视力、听力、言语、肢体、智力等残疾儿童和孤独症儿童实行残疾儿童康复救助制度。对象包括城乡最低生活保障家庭、建档立卡贫困户家庭的残疾儿童和儿童福利机构收留抚养的残疾儿童；残疾孤儿、纳入特困人员供养范围的残疾儿童；其他经济困难家庭的残疾儿童。救助项目包括以减轻功能障碍、改善功能状况、增强生活自理和社会参与能力为主要目的的手术、辅助器具配置和康复训练等。

3. 辅助器具补贴

对贫困残疾人(肢体、视力、听力)免费适配辅助器具,对于其他残疾人各地也有残疾人辅具补贴。有条件的地方对残疾人适配基本型辅助器具给予补贴。

(二)教育权益

《关于残疾人的世界行动纲领》指出,会员国应保证残疾人有平等接受教育的机会。包括使最严重残疾的儿童享受义务教育,并容许在入学年龄、教学内容、考试程序方面增加灵活性。《残疾人机会均等标准规则》指出,在实施义务教育的国家,应向各种类别和不同程度的男女儿童,其中包括重残儿童,提供义务教育。

《残保法》规定,国家保障残疾人享有平等接受教育的权利,各级政府应当将残疾人教育作为国家教育事业的组成部分,统一规划,加强领导。根据残疾人的特性,采取两种教育方式:一是普通教育方式,对具有接受普通教育能力的残疾人实施;二是特殊教育方式,对不具备接受普通教育能力的残疾人实施。此外,还根据残疾人的身心特性和特殊需要实施教育。国家设立残疾人教育机构,鼓励社会力量办学、捐资助学。国家组织和扶持盲文、手语的研究与应用,特殊教材的编写和出版,特殊教学用具及辅助用品的研制、生产和供应。

我国残疾人从学前教育到高等教育,有不同形式、金额的残疾人教育补助。2017 年教育部和中国残联发布《残疾人参加普通高等学校招生全国统一考试管理规定》,要求各级教育考试机构应遵循《残疾人教育条例》和高考组织规则,为残疾人参加高考提供必要支持条件和合理便利。

(三)劳动就业权益

国家和社会采取必要措施保障残疾人在劳动力市场上享有就业的同等机会。残疾人参加社会劳动和就业的权利得到各国政府的高度重视,许多国家法律规定,所有单位必须按比例雇用残疾人,同时实行税收减免和其他优惠扶持政策。采取多种形式安排残疾人就业。

《残保法》规定:各级人民政府应当对残疾人劳动就业统筹规划,为残疾人创造劳动就业条件。残疾人劳动就业,实行集中与分散相结合的方针,采取优惠政策和扶持保护措施,通过多渠道、多层次、多形式,使残疾人劳动就业逐步普及、稳定、合理。我国的残疾人就业主要有两种方式——社会吸收和福利企业。

在残疾人创业方面,中国残疾人联合会颁布了《关于扶持残疾人自主创业就业的意见》(残联发〔2018〕6 号),为残疾人创业者提供支持和保障。

(四)文化生活权益

《关于残疾人的世界行动纲领》提出,会员国确保残疾人有机会充分发展他们创造性的、艺术的和社会方面的潜力，这既是为了他们自身的利益，也是为了造福社会。为此，应确保他们参与文化活动。必要时，应提供特别帮助，如聋人助听器、盲人点字印刷书籍等。为了活跃残疾人的文化生活，国际上定期举办残疾人奥林匹克运动会、特殊奥运会、世界聋人运动会、国际特殊艺术节、国际残疾人智能竞赛。

我国残疾人文化生活保障的指导原则是：残疾人文化、体育、娱乐活动应当面向基层，融于社会公共文化生活，适应各类残疾人的不同特点和需要，使残疾人广泛参与。国家和社会采取各类措施，丰富残疾人的精神文化生活，主要包括：① 通过广播、电影、电视、报刊、图书、网络等形式，及时宣传报道残疾人的工作、生活等情况，为残疾人服务；② 组织和扶持盲文读物、盲人有声读物及其他残疾人读物的编写和出版，根据盲人的实际需要，在公共图书馆设立盲文读物、盲人有声读物图书室；③ 开办电视手语节目，开办残疾人专题广播栏目，推进电视栏目、影视作品加配字幕、解说；④ 组织和扶持残疾人开展群众性文化、体育、娱乐活动，举办特殊艺术演出和残疾人体育运动会，参加国际性比赛和交流；⑤ 文化、体育、娱乐和其他公共活动场所，为残疾人提供方便和照顾。有计划地兴办残疾人活动场所。

（五）社会保障权益

《残保法》规定：国家保障残疾人享有各项社会保障的权利。政府和社会采取措施，完善对残疾人的社会保障，保障和改善残疾人的生活。残疾人及其所在单位应当按照国家有关规定参加社会保险。残疾人所在城乡基层群众性自治组织、残疾人家庭，应当鼓励、帮助残疾人参加社会保险。同时，对生活确有困难的残疾人，按照国家有关规定给予社会保险补贴。重度残疾人参加城乡居民社会养老保险，按最低缴费标准由财政全额补贴。特困残疾人参加农村新型合作医疗个人缴费部分由财政补贴。

残疾人依法享有“两项补贴”。政府对生活确有困难的残疾人，通过多种渠道给予生活、教育、住房和其他社会救助。为低保家庭中的残疾人提供生活补贴，有条件的地方可逐步扩大到低收入残疾人及其他困难残疾人。为一级、二级且需要长期照护的各类重度残疾人提供护理补贴，有条件的地方可扩大到非重度智力、精神残疾人或其他残疾人。一二级重度残疾人可以享受生活补贴，也可以享受护理补贴，有低保的残疾人都可以享受生活补贴，只有个别地区可以扩大范围到困难家庭。

城乡贫困残疾人家庭优先纳入最低生活保障，在原享受最低生活保障金的基础上，提高20%的保障金比例。对“三无”（无劳动能力、无生活来源又无法定赡养、抚养、扶养义务人）残疾人，实行“五保”供养，智力及精神残疾的予以收养。

此外，国家鼓励和扶持社会力量举办残疾人供养、托养机构。公共服务机构应当为残疾人提供照顾和优待，内容包括：① 残疾人在搭乘国内公共交通工具时应给予一定的照顾和方便，甚至享受减费或免费服务；② 盲人读物邮件可以免费寄递；③ 残疾人申请在公共场所开设零售店或申请解困住宅、停车位，应保留其名额并优先核准；④ 残疾人或其抚养义务人应缴纳的捐税，政府应按残疾人的残疾等级、家庭经济状况，依法给予适当地减免。

（六）无障碍环境权益

《残疾人机会均等标准规则》指出，各国应确认无障碍环境在社会各个领域机会均等过程中的重要性。对任何类别的残疾人，各国应做到：采取行动方案，使物质环境实现无障碍；采取措施，在提供信息和交流方面实现无障碍。

20 世纪初，建筑学界产生了一种新的建筑方案——无障碍设计。它运用现代技术改善环境，为广大残疾人提供行动方便和安全空间，创造了一个"平等参与"的环境。目前，许多国家都采用了国际上通用的无障碍设计标准。

《残保法》规定：国家和社会逐步创造良好的环境，改善残疾人参与社会生活的条件；逐步实行方便残疾人的城市道路和建筑物设计规范，采取无障碍措施等。有条件的公共停车场应当为残疾人设置专用停车位；有条件的地方对贫困残疾人家庭无障碍改造给予补贴。

公共交通工具应当逐步达到无障碍设施的要求；盲人、一级肢体残疾人免费乘坐市内公共汽车、地铁、轻轨、渡船等公共交通工具。但各地方政府出台的政策不同各有差异。残疾人搭乘汽车、火车、轮船、飞机，优先购票，并免费携带随身必备的辅助器具。公共停车场所免收残疾人车辆停放费。

2001 年，建设部、民政部、中国残联联合发布了《城市道路和建筑物无障碍设计规范》，其中有 24 条纳入工程建设标准强制性条文。

2012 年 6 月颁布的《无障碍环境建设条例》进一步以法律的形式强化和规范了无障碍环境建设的各项要求。

（七）权益保障

《残保法》规定，残疾人的合法权益受到侵害的，可以向残疾人组织投诉，残疾人组织应当维护残疾人的合法权益，有权要求有关部门或者单位查处。有关部门或者单位应当依法查处，并予以答复。残疾人组织对残疾人通过诉讼维护其合法权益需要帮助的，应当给予支持；对侵害特定残疾人群体利益的行为，有权要求有关部门依法查处。

三、 中国残疾人福利政策的制度发展

关心关爱残疾人，是弘扬人道主义思想，讴歌自强精神、励志文化的需要，是倡导平等友爱、包容互助和谐文化的需要，是践行社会主义荣辱观道德文化的需要，更是建设社会主义精神文明人文文化的需要。残疾人服务工作是一项社会工程，维护残疾人的尊严和权利，离不开党和政府的重视和关心，离不开社会各界的理解和支持，更离不开制度的有力维护。

新中国成立以来，国家政策的顶层设计一直致力于残疾人福利事业的发展。在对残

疾概念不断深入解读过程中，残疾人社会福利制度经历了从无到有、从有到优、逐步完善的过程，依据政策发展的导向将其划分为四个阶段：初创期、发展期、转型期、改革期。①

（一）残疾人社会福利制度的初创期

1949—1978年是残疾人社会福利制度的初创期，国家在以社会主义意识形态为福利制度建设的指导思想背景下，主导残疾人社会福利的总体运作，有较明显的政治取向。② 政府在此阶段主要通过兴建各种福利厂、荣军疗养院、福利院、精神病院、特殊教育学校等机构来满足残疾人的就业、医疗、康复、教育等需要，对残疾人采取收养救济、社会规制等方式确保该群体的基本生活权利。中国残疾人社会福利制度基本确立了以居养机构为主的保障方式，形成了对残疾老人以"养"为主，残疾儿童"养""治""教"相结合，精神病人"养""治"结合的残疾人社会福利工作格局。

该阶段的残疾人社会福利制度作为应急性和补救性的社会规制体系进行运作，在整个社会福利体系建设中处于边缘位置，未形成相对独立的发展路径，具有非系统性、非规范化和可持续性差的特征，③忽视了经济性和服务性社会福利，是一种补缺型保障，社会保障水平低，福利保障效果不明显。特别是1966—1976年"文化大革命"期间，残疾人社会保障与福利供给几乎完全停滞。④

（二）残疾人社会福利制度的发展期

1979—2002年是残疾人社会福利制度的发展期。改革开放后中国经济进入全新时期，残疾人社会福利也进入发展转折期。这个时期国家对基础性、经济性和服务性的福利均给予关注，残疾人作为平等的个体受到一定程度的尊重，社会权益得到较好保障，社会保障水平有了大幅度提升。

在社会主义人道主义理念的引导下，残疾人社会福利兴起，社会上出现了一些残疾人福利组织和相关法律。例如，1984年中国残疾人福利基金会成立；1988年中国残疾人联合会成立；1990年《社会福利企业管理暂行办法》出台、《中华人民共和国残疾人保障法》颁布；1994年《残疾人教育条例》颁布；1995年《残疾人就业保障金管理暂行规定》出台；1999年国务院批转的《关于进一步做好残疾人劳动就业工作的若干意见》；2001年国务院批转的中国残疾人事业"十五"计划纲要，以及配套的残疾人教育、康复、就业、保障等建设实施方案，并出台了《残疾人社会福利机构基本规范》。

这个时期残疾人福利体系的关注点由原先的生存性需要转向教育、就业和康复等权利性需要。残疾人社会福利格局呈现出由收养救济型到劳动福利型、由基本生存保障到

---

① 姚进忠，陈蓉蓉：《中国残疾人社会福利70年：历史演进和逻辑理路》，《人文杂志》2019年第11期。

② 刘婧娇：《从国家本位到需要本位：中国残疾人社会保障的目标定位转向》，《社会科学战线》2018年第7期。

③ 吴军民：《中国残疾人社会政策演进：经验、问题及下一步行动》，《理论与改革》2012年第3期。

④ 刘婧娇：《从国家本位到需要本位：中国残疾人社会保障的目标定位转向》，《社会科学战线》2018年第7期。

社会参与融合的转向。①

(三)残疾人社会福利制度的转型期

2003—2012年是残疾人社会福利制度的转型期。2003年中国开启了落实科学发展观之路,以人为本的价值理念深刻影响了社会发展路径,国家重视社会政策的转型,更加强调政策的公正、公平和民生权利,残疾人社会福利持续向强调民生权利、个体发展、社会融合的服务性福利升级,自此残疾人社会福利进入了历史性转型建设期。

2006—2007年第二次全国残疾人抽样调查展开,为国家制定残疾人相关法律法规、社会政策等提供决策依据;2007年中国签署了《残疾人权利公约》,通过了《残疾人就业条例》,制定了《福利企业资格认定办法》;2008年国务院发布了《中共中央国务院关于促进残疾人事业发展的意见》,第十一届全国人民代表大会常务委员会第二次会议修订通过了《中华人民共和国残疾人保障法》;2010年国务院办公厅转发了《关于加快推进残疾人社会保障体系与服务体系建设指导意见的通知》;2011年国家实施贫困残疾儿童抢救性康复项目、残疾人事业专项彩票公益金康复项目等;2012年国务院通过了《无障碍环境建设条例》,中残联制定了《全国防盲治盲规划(2012—2015年)》,发布了《关于加强残疾人文化建设的意见》。

这个阶段中国残疾人福利事业的伦理道德、价值观念与理论基础正在发生重大结构转型,由以往明显的人道主义色彩与伦理道德型福利向国家责任、公民权利型福利体系转型。②

(四)残疾人社会福利制度的深化改革期

2013年,党召开十八届三中全会,研究了全面深化改革重大问题,开启了中国改革发展的崭新阶段,社会发展注重系统性和协同性。习近平总书记强调"让一切创造社会财富的源泉充分涌流,让发展成果更多更公平惠及全体人民"。③

在新的历史时期,中国残疾人社会福利事业也进入了深化改革期,国家重视残疾人收入水平、生活质量、融合发展。2014年国务院政府工作报告提出"做好残疾人基本公共服务和残疾预防",启动《国家残疾预防行动计划》制定工作,同年中残联发布《关于特殊教育提升计划(2014—2016年)》,下发《关于推动建立困难残疾人生活补贴和重度残疾人护理补贴制度的指导意见》;2015年国务院发布《国务院关于加快推进残疾人小康进程的意见》;2016年国务院印发《"十三五"加快残疾人小康进程规划纲要》。2017年十九大报告明确指出:"中国特色社会主义进入新时代,中国主要矛盾已经转化为人民日益增长的美好生活需要和不平衡不充分的发展之间的矛盾。"

---

① 张延辉:《我国残疾人社会保障制度绩效评价研究》,吉林大学博士论文,2008,第43页。

② 刘继同,左芙蓉:《"和谐社会"处境下和谐家庭建设与中国特色家庭福利政策框架》,《南京社会科学》2011年第6期。

③ 《中共中央关于全面深化改革若干重大问题的决定》,人民出版社,2013,第2页。

该阶段的残疾人福利制度设计呈现出发展性福利的政策转向，超越了传统福利政策单纯关注社会开支的产出效应和补救功能的导向；彰显出“包容性”“积极性”与“投资性”的福利理念。①

第三节　残疾人生活保障的服务

残疾人群体是社会的困难群体，这一群体的生活状况影响着国家和整个社会，潜移默化地影响着国家政治、经济和社会安定的大局。到目前，残疾人问题仍然是当今一个无法回避的社会问题②。

一、 残疾人最低生活保障

人道主义思想深入人心，扶残助残的社会氛围更加浓厚，残疾人社会参与日益广泛，各行各业涌现出一大批残疾人自强自立典型，越来越多的残疾人实现了人生和事业的梦想。多年来，我国针对残疾人事业开展了一系列的服务工作，最基本的就是开展残疾人生活保障的服务工作。

（一） 最低生活保障

最低生活保障是指一种社会保障制度类型，是指国家对家庭人均收入低于当地政府公告的最低生活标准的人口给予一定现金资助，以保证该家庭成员基本生活所需的社会保障制度。主要特点如下。

(1) 是保证基本生活的生活费用补贴。

(2) 是为贫困人口提供的一种救济。

(3) 具有临时性。原先享受最低生活保障的人口或家庭，如果收入有所增加，超过了规定的救济标准，则不再享受最低生活保障救济。

最低生活保障是我国的一种传统做法，但今日的含义与过去大有不同。在过去，救济对象被分成不同类型，实行差别待遇。20 世纪 80 年代以来，不少地方纷纷探索救济方式的改革。1993 年，上海市在全国率先建立最低生活保障制度，至 1996 年在全国范围内铺开。1999 年 9 月，《城市居民生活最低保障条例》经国务院审定并于同年 10 月 1 日在全国施行，意味着城市居民最低生活保障制度在全国范围内全面推行，也是我国社会救助工作发展的一个重要标志。

2002 年党的十六大提出“有条件的地区探索建立农村低保制度”后，特别是党的十六届五中全会提出建设社会主义新农村以后，农村最低生活保障制度迅速在全国各地推

---

① 方巍：《中国发展性福利实践及其思想的历史与发展》，《浙江工商大学学报》2018 年第 6 期。
② 卓彩琴：《残疾人社会工作》，华南理工大学出版社，2008，第 1 页。

广开来。2007 年中央一号文件(即《中共中央国务院关于积极发展现代农业扎实推进社会主义新农村建设的若干意见》)又明确提出,要在全国范围建立农村最低生活保障制度,并强调指出,鼓励已建立制度的地区完善制度,支持未建立制度的地区建立制度,中央财政对财政困难地区给予适当补助。从而给这项制度在全国的普及提供了强大推动力,到 2007 年底,全国 31 个省区市的所有涉农县(市、区)都出台了农村低保政策,普遍建立和实施了农村最低生活保障制度,农村享受低保人数已达3 400多万,给广大农民群众特别是生活困难群众带来了实实在在的好处。

最低生活保障事关困难群众衣食冷暖,事关社会和谐稳定和公平正义,是贯彻落实科学发展观的重要举措,是维护困难群众基本生活权益的基础性制度安排。随着各项相关配套政策的陆续出台,最低生活保障制度在惠民生、解民忧、保稳定、促和谐等方面作出了突出贡献,有效保障了困难群众的基本生活。

2012 年 9 月 27 日,国务院召开全国加强和改进最低生活保障工作电视电话会议。时任中共中央政治局委员、国务院副总理回良玉在会上强调,最低生活保障是党和政府为保障困难群众基本生活而做出的一项基础性制度安排。各地区、各有关部门要进一步提高思想认识,以保障和改善民生为主题,以强化责任为主线,坚持保基本、可持续、重公正、求实效的方针,完善法规政策,严格规范管理,切实将所有符合低保条件的群众纳入保障范围,提高工作透明程度,增强制度执行力度,扩大群众参与深度,努力构建标准科学、对象准确、待遇公正、进出有序的低保工作格局。[①] 2020 年 7 月 29 日,民政部社会救助司在民政部 2020 年第三季度例行新闻发布会上介绍,民政部和财政部近日联合印发《关于进一步做好困难群众基本生活保障工作的通知》,提出将适度扩大最低生活保障覆盖范围。

(二)残疾人最低生活保障

最低生活保障是我国社会救助的一大措施,《残保法》规定,国家和社会对确有困难的残疾人,通过多种渠道给予救济、补助。2008 年,我国就已形成以城市低保、农村低保、"五保"供养为基础,以医疗救助、灾害救助、临时救济、专项救助为补充,并与教育、住房、司法等方面的救助相衔接的残疾人社会救助体系,有效地保障了残疾人的基本生活。[②]

我国最低生活保障工作已经进入规范化、法制化的轨道,作为一项普遍的、有效的社会政策,最低生活保障制度对保护残疾人群体和构建和谐社会发挥了巨大的作用。残疾人最低生活保障是指将符合条件的残疾人纳入最低生活保障范围。

2016 年,国务院发布《"十三五"加快残疾人小康进程规划纲要》(以下简称《纲要》),

---

① 回良玉:《切实把符合低保条件的群众纳入保障范围》,中华人民共和国中央人民政府官网,http://www.gov.cn/ldhd/2012-09/27/content_2234531.htm。

② 王辅贤:《残疾人社会工作》,北京大学出版社,2008,第 144 页。

明确指出：党中央、国务院高度重视残疾人民生改善，推动残疾人事业与经济社会协调发展。“十二五”时期特别是党的十八大以来，残疾人权益保障制度不断完善，基本公共服务体系初步建立，残疾人生存发展状况显著改善。“十三五”时期是全面建成小康社会的决胜阶段，残疾人是一个特殊困难群体，需要格外关心、格外关注。残疾人既是全面小康社会的受益者，也是重要的参与者和建设者。没有残疾人的小康，就不是真正意义上的全面小康。“十三五”时期，必须补上残疾人事业的短板，加快推进残疾人小康进程，尽快缩小残疾人状况与社会平均水平的差距，让残疾人和全国人民共同迈入全面小康社会。

《纲要》指出，将符合条件的残疾人家庭及时纳入最低生活保障范围。生活困难、靠家庭供养且无法单独立户的成年无业重度残疾人，经个人申请，可按照单人户纳入最低生活保障范围。2020 年，城乡贫困残疾人家庭优先纳入最低生活保障，在原享受最低生活保障金的基础上，提高 20%的保障金比例。对无劳动能力、无法定抚养(赡养或扶养)人、无生活来源的残疾人，智力及精神残疾的予以收养。“三无”残疾人属城镇户口的，由社会福利院收养或当地劳动和社会保障部门、民政部门发给最低生活保障金和救济金；属农村户口的，由所在农村基层组织，按“五保户”供养的办法，保障基本生活。

2020 年，民政部、国务院扶贫办印发《社会救助兜底脱贫行动方案》，要求落实兜底保障政策。对未脱贫建档立卡贫困户中的重度残疾人、重病患者参照“单人户”纳入低保，对其家庭可不再进行经济状况核对，打赢脱贫攻坚战后按低保政策动态管理。

二、残疾人社会保障服务

残疾人作为社会的弱势群体，国家一直都很关心残疾人的生活状况，针对残疾人本身也出台了相关保障政策。《残保法》明确规定“国家保障残疾人享有各项社会保障的权利”。2019 年 7 月 25 日，国务院发布《平等、参与、共享：新中国残疾人权益保障 70 年》白皮书，指出中国残疾人社会保障体系不断完善。残疾人按规定享受社会救助、社会福利和社会保险待遇，生活质量提升，获得感显著增强。

（一）社会保障的定义

社会保障是以国家或政府为主体，依据法律，通过国民收入的再分配，对公民在暂时或永久丧失劳动能力以及由于各种原因而导致生活困难时给予物质帮助，以保障其基本生活的制度。① 其本质是追求公平，责任主体是国家或政府，目标是满足公民基本生活水平的需要，同时必须以立法或法律为依据。中国社会保障制度主要包括社会保险、社会救助、社会优抚和社会福利等内容。

（二）残疾人社会保障的定义

残疾人社会保障是中国社会保障体系的一个组成部分，但比普通意义上的社会保障

---

① 陆雄文：《管理学大辞典》，上海辞书出版社，2013，第 422 页。

的范围更广，不仅包括了养老、医疗、失业、救济等方面，还包括了残疾人的康复、教育、劳动就业、文化生活、无障碍环境、法律责任等方面。对残疾人实现这样更加全面的、系统的保障，在于残疾人也是社会成员，同样拥有个人价值，也需要在社会中体现人生价值，国家和社会应该给予残疾人特殊的帮助。因此，残疾人作为社会保障的特殊对象，除了在年老、患病、缺乏劳动能力及失业、失学等情况下获得普通公民所享有一般性社会保障外，在正常情况下，国家和社会也有实施专门针对残疾人群体而制定的特殊社会保障，特殊社会保障主要包含补缺性的社会救助与社会保险，指向性的康复救助、教育与保障以及福利性的社会优待与无障碍设施。

残疾人社会保障工作是指国家保证有残疾的公民在年老疾病、缺乏劳动能力及退休、失业、失学等情况下获得基本的物质帮助，并根据社会的经济、文化发展水平，给予残疾人相应的康复、医疗、教育、劳动就业、文化生活、环境等方面的权益保障，以使残疾人"平等、参与、共享"的新残疾人事业为目标的一项社会保障工作。①

（三）残疾人社会保障的原则

国家和社会为残疾人创造良好的物质条件和精神条件，使其能够享有社会经济发展所带来的物质文化成果，使其能够感受到自己是社会中平等的一员。残疾人社会保障应遵循以下原则：②

1. 机会均等原则

联合国大会第四十八届会议 1993 年 12 月 20 日第 48/96 号决议通过的《残疾人机会均等标准规则》把"机会均等"定义为"使社会各系统和环境诸如服务、活动、信息和文件得以为所有人特别是残疾人享受利用的过程，要保证残疾人获得与其他公民平等的机会"。机会均等原则应从以下几个方面实现。

（1）立法平等

在制定法律法规各项政策时，避免对残疾人行使公民各项权利和自由产生不利影响，全面消除歧视，确保其获得与其他公民平等的机会。《残疾人权利宣言》中提出，残疾人应享有本宣言所列举的一切权利，不得基于种族、肤色、性别、宗教、政治或其他见解、国籍或社会出身、财产、家世或其他任何情况，而对残疾者本人或其家属有所区别或歧视。《残保法》规定：残疾人在政治、经济、文化、社会和家庭生活等方面享有同其他公民平等的权利。残疾人的公民权利和人格尊严受法律保护，禁止歧视、侮辱、侵害残疾人。

（2）就业机会平等

大多数残疾人具有劳动能力，尤其肢体残疾人，加以帮助可按现行的工作标准从事工作，保证其平等地参与就业，可增强其自主能力，而经济独立是获得与健全人平等机会

---

① 王辅贤：《残疾人社会工作》，北京大学出版社，2008，第 134 页。
② 王辅贤：《残疾人社会工作》，北京大学出版社，2008，第 134—135 页。

的基础，同样实行“按劳分配，同工同酬”。《残保法》规定：残疾人劳动就业，实行集中与分散相结合的方针，采取优惠政策和扶持保护措施，通过多渠道、多层次、多种形式，使残疾人劳动就业逐步普及、稳定、合理。

（3）平等地享有环境

对一个人日常生活影响的最主要因素是环境，残疾人应与其他公民一样享有物质环境。国家应当制定政策，确保残疾人能够进出和享有所有的公共建筑和设施、公共住房和公共交通工具。在实现物质环境无障碍的同时，还要实现信息和交流的无障碍。《残保法》规定：公共服务机构和公共场所应当创造条件，为残疾人提供语音和文字提示、手语、盲文等信息交流服务，并提供优先服务和辅助性服务。

（4）教育和培训机会平等

残疾人有权与其他公民一样接受教育和培训，应建立专门的教育机构，保证他们平等地接受教育和培训。《残保法》规定：政府有关部门应当组织和扶持盲文、手语的研究和应用，特殊教育教材的编写和出版，特殊教育教学用具及其他辅助用品的研制、生产和供应。

（5）平等地履行义务

享有同等的权利，应承担同等的义务，国家社会为其创造条件，使其能够承担作为社会成员的责任。

2. 特别扶助原则

残疾人是社会中的特殊困难弱势群体，他们处于社会生活中的不利地位，不能与健全人一样在平等的基础上充分和切实地参与社会，他们需要国家和社会的帮扶。

为了改变残疾人在社会生活中的不利地位，国外法律在重申残疾人享有与其他公民平等的权利和同等机会的同时，普遍规定通过辅助方法、优惠政策和保护措施，给残疾人以特别扶助，以弥补其残疾带来的不利影响，保证其平等权利的实现。

联合国一系列决议要求会员国通过各种措施扶持残疾人，必须制定特别方针，保障残疾人权利的实现。《国际劳工大会公约》中特别指出：为残疾人制定积极的特别措施，不应认为是对其他人的歧视。（全国人大 1987 年批准加入的 159 号国际劳工公约《残疾人职业康复和就业公约》明确指出，“为残疾工人与其他工人有效平等机会和待遇而制定的积极的特别措施，不应认为是对其他工人的歧视”。《残疾人就业条例》反映出来的就业保护和就业促进，正是我国社会主义市场经济趋于成熟的标志之一。）日本的相关法律规定，给予残疾人特别关照，推进医疗、养老、救助等福利政策的兑现。美国规定给残疾人以优先权和资助。《中华人民共和国残疾人保障法》第四条规定：国家采取辅助方法和扶助措施，对残疾人给予特别扶助，减轻或者消除残疾影响和外界障碍，保障残疾人权利的实现。①

---

① 王辅贤：《残疾人社会工作》，北京师范大学出版社，2008，第 135 页。

（四）中国残疾人社会保障的实践

残疾人作为社会上“弱者中的弱者”，面临着障碍与贫困的双重打击，理应得到国家社会保障系统的重点照顾。我国通过了《残疾人权利公约》和《中华人民共和国残疾人保障法》两份专门文件保障残疾人合法权益。①

我国的残疾人社会保障制度构建起步较晚，但改革开放40多年来，我国经济实力的迅速增长为健全我国社会保障制度奠定了丰富的物质基础。进入21世纪以来，在国家和社会各界的支持下，我国残疾人社会福利、社会保险、社会救助、社会优抚和安置等各项不同性质、作用和形式的社会保障制度的快速发展，残疾人社会保障方面所做的努力已初具规模。②

社会救助方面，提出了“8+1”的社会救助体系框架，包括最低生活保障、特困人员供养、受灾人员救助、医疗救助、教育救助、住房救助、就业救助、临时救助等8项制度。对符合城乡低保条件的残疾人应保尽保，在助学、住房、医疗、就业等专项救助领域发挥为残疾人“兜底线、救急难”的作用。

社会保险方面，残疾人养老保险、失业保险、医疗保险、工伤保险和生育保险五个主要险种的规定与普通人基本相同。政府对符合条件的贫困残疾人参加社会保险按规定给予补贴，部分地方政府对残疾人个体就业参保养老、医疗、失业等社会保险给予补贴等特别支持。城镇的各类社会保险制度建立比较早，且体系相对完善、覆盖面较广；而农村近几年新型农村养老保险和新型农村合作医疗制度发展迅速。

社会福利方面，逐步建立对残疾人的康复、教育、就业、托养以及社会服务等较高层次需求的制度性保障。比如，逐步提高对低收入残疾人生活救助水平实施生活补贴、护理补贴；有条件的地方对重度残疾人适配基本型辅助器具、残疾人家居环境无障碍建设和改造、日间照料、护理、居家服务给予政府补贴。实施养育、康复、教育、就业、住房相配套的孤残儿童综合性福利政策；支持对0—6岁残疾儿童免费实施抢救性康复。改善精神病人福利机构基础设施条件；落实残疾人个人所得税减免政策；对无民事行为能力或者限制民事行为能力的残疾人实行财产信托等保护措施；对伤病残军人等进行优抚安置工作等。

三、残疾人康复服务工作

2016年，我国已有各类残疾人8 500多万，其中持证残疾人近3 000万。“十二五”期间，通过完善残疾人康复法规政策，实施重点康复项目，残疾人康复服务状况显著改善，康复服务体系进一步完善。1 300万残疾人得到基本康复服务，残疾人专门康复机构发展到7 111家，开展残疾人社区康复服务的县(市、区)达2 956个，残疾人康复专业技术

① 徐杰，叶子鹏：《我国残疾人社会保障研究——基于平等权的权利维度》，《残疾人研究》2016年第1期。
② 张蕾：《以需为本的残疾人社会保障：国际经验与中国实践》，《残疾人研究》2016年第1期。

人员达 19.2 万人。

我国残疾人康复服务工作起步晚，工作基础薄弱，康复保障制度不完善，服务体系不健全，服务能力不强的问题依然突出，残疾人的基本康复服务需求仍未普遍满足。全国残疾人基本服务状况和需求专项调查（2015 年）显示，我国有 1 104 万有康复需求的持证残疾人、残疾儿童未得到康复服务。

为进一步做好残疾人康复工作，中国残疾人联合会根据《“十三五”加快残疾人小康进程规划纲要》，制定了《残疾人康复服务“十三五”实施方案》，构建与经济社会发展相协调、与残疾人康复需求相适应的多元化康复服务体系、多层次康复保障制度，普遍满足城乡残疾人的基本康复服务需求。到 2020 年，有需求的残疾儿童和持证残疾人接受基本康复服务的比例达 80%以上。

（一）残疾人康复

1. 残疾人康复的定义

残疾人康复是指在专业人员的指导和服务下，在社会和国家的支持下，通过采用医学的、工程的、心理的、教育的和社会的等一系列行之有效的服务和过程，引导残疾人积极参与，使残疾人在身体、精神、教育就业、社会活动等方面的功能得到恢复，进而改善其生活，增强其生存和自我发展的能力，从而最大限度地回归社会①。

2. 残疾人康复的类型

残疾人康复主要包括四个基本类型：医疗康复、社会康复、教育康复、职业康复。这些基本类型与残疾人的多种需要和康复的目标相对应，是现代康复医学多学科协同工作模式的表现形式。而残疾人康复的具体类型以残疾人类别为基础，一般有以下几个方面：

（1）视力残疾康复

视力残疾是指由于各种原因使视觉器官或大脑视中枢的构造或功能发生部分或完全病变，导致双眼不同程度的视力损失或视野缩小，视功能难以像一般人一样在从事工作、学习或进行其他活动时应用自如，甚至丧失。视力残疾一般分盲和低视力两类，具体可表现为白内障和低视力等形式。

① 白内障。凡是各种原因如老化，遗传、局部营养障碍、免疫与代谢异常，外伤、中毒、辐射等，都能引起晶状体代谢紊乱，导致晶状体蛋白质变性而发生混浊，称为白内障，此时光线被混浊晶状体阻挠无法投射在视网膜上，导致视物模糊。临床上白内障可分为老年性白内障、先天性白内障、外伤性白内障、并发性白内障及全身性疾病引起的白内障等几种类型。早期白内障可口服维生素 C、维生素 B_2、维生素 E 等，也可用一些药物延缓病情发展。通常一些中期白内障患者，用药后视力和晶状体混浊程度也可得到一定改

---

① 中国残疾人联合会编：《残疾人工作基本知识读本》，华夏出版社，2009，第58 页。

善。但成熟期的白内障,药物治疗则无实际意义。目前,手术是治疗白内障的最有效方式。手术的基本方式是摘除混浊的晶状体,植入透明的人工晶体,其主要目的是提高视力。

② 低视力。低视力指好眼的最佳矫正视力低于 0.3,且用手术、药物或一般验光镜无法改善的视功能障碍,主要包括视力下降和视野缩小。低视力康复的主要方法包括配用适合的助视器,同时进行相应的训练。低视力康复训练主要是针对低视力患者的具体情况进行助视器使用训练和佩戴助视器后的功能性视力训练,后者的对象指学龄及学龄前的儿童。低视力者可以去当地医院的眼科低视力门诊或定点眼镜店进行助视器的验光、配镜和训练。

(2) 听力残疾康复

听力残疾是由于各种原因导致双耳听力丧失或听觉障碍,听不到或听不清周围环境的声音及言语声音,从而难同一般人进行正常的语言交往活动的疾病。

对于有一定残余听力的患者,可以通过验配助听器来帮助其改善和增强听力。对于重度或极重度听力残疾患者,如符合适应症的可以通过接受人工耳蜗手术来重建听力。

对于验配助听器或接受人工耳蜗手术的聋儿,可以采取语言康复训练或术后康复训练的方法来促使其恢复。聋儿语言康复训练的关键是"三早","三早"在聋儿康复中具有重要的作用。"三早"即"早诊断、早干预、早训练",及时地发现耳聋,明确诊断,尽早地佩戴合适的助听器,使聋儿在父母的怀抱中就接受各种声音、语言刺激,得到科学的康复训练,聋儿的各方面发展就会接近正常儿童,康复的质量会显著提高。因此,尽早地发现耳聋、尽快地佩戴合适的助听器、尽早地开展康复训练成为聋儿康复中提高康复效果的一条重要原则,即早期干预原则。通过有效的康复手段,可使聋儿掌握一定语言技能,改善生活能力和社会交往能力。

(3) 言语残疾康复

言语残疾指由于各种原因导致的言语障碍(经治疗一年以上不愈者),而不能进行正常的言语交往活动。言语残疾包括失语、运动性构音障碍、器官结构异常所致的构音障碍、发声障碍(嗓音障碍)、儿童言语发育迟滞、听力障碍所致的语言障碍、口吃等。

言语残疾的康复方法:① 通过医学手术有时可以治愈,但很多患者会留下后遗症,需要通过康复训练来改善功能;② 训练、指导是康复治疗的中心,包括听觉的活用,促进语言的理解,口语表达,恢复或改善构音机能,提高语音清晰度等语言治疗;③ 为了补偿受限的机能,有时需要装配辅助器具;④ 当患者很难达到正常的交流水平时,就要考虑使用替代交流方式,如手语、交流板等。

(4) 肢体残疾康复

肢体残疾是指人体运动系统的结构、功能损伤造成四肢残缺或四肢、躯干麻痹(瘫痪)、畸形等而致人体运动功能不同程度地丧失以及活动受限或参与的局限。包括:①

上肢或下肢因外伤、病变而截除或先天性残缺；② 上肢或下肢因外伤或病变或发育异常所导致的畸形或功能障碍；③ 脊椎因外伤、病变或发育异常所导致的畸形或功能障碍；④ 中枢神经、周围神经因外伤、病变或发育异常所导致躯干或四肢的功能障碍。

小儿脑瘫是由于出生前、出生后或婴儿期，控制运动的部分脑组织受到损害，导致肌肉控制失调引起的身体运动困难和体位困难，主要表现为中枢性运动障碍和姿势异常，还可伴有智力低下、癫痫、感知觉障碍、语言障碍及精神行为异常等。小儿脑瘫一经医疗机构诊断确定以后，就应及早开展康复训练。主要治疗方法有手术治疗、矫形器的应用和功能性的躯体、机能、语言训练。

偏瘫又叫半身不遂，是指同一侧上下肢、面肌和舌肌下部的运动障碍，是急性脑血管病的常见症状。轻度偏瘫病人虽然尚能活动，但走起路来，往往上肢屈曲，下肢伸直，瘫痪的下肢走一步划半个圈，这种特殊的走路姿势，叫作偏瘫步态。严重者常年卧床不起，丧失生活能力。

偏瘫的治疗除了必要的药物介入外，主要的康复训练方法包括运动疗法、作业疗法、语言治疗、心理治疗、文体治疗、传统的物理疗法、祖国传统医学等。

运动疗法是通过主动运动、被动运动来改善运动障碍的治疗方法的总称。主要内容包括关节活动度训练、增强肌力训练、姿势矫正训练和神经生理学疗法等。

作业疗法是运用有目的的、经过选择的作业活动为治疗手段来改善和补助患者功能的方法。其目的是最大限度地提高患者自理、工作、休闲等日常生活能力，提高生活质量，是有利于患者回归家庭和社会的理想方法。

语言治疗必不可少。语言训练人员应先根据患者的语言情况和病变部位诊断出障碍类型，然后运用不同的方法，通过听觉、视觉、触觉等多途径的刺激引发并强化患者的正确语言反应。

心理治疗。身体的残疾和功能的障碍常引发患者产生焦虑、抑郁等心理障碍，并且疾病本身也会造成记忆力、注意力及定向能力等方面的认知障碍。有效的心理治疗能增强患者的学习能力和主动参与精神，主要方法为支持性心理治疗、理性情绪疗法和行为疗法等。

文体疗法是采用体育运动项目及娱乐项目对患者进行训练，使患者的身体机能得到改善、提高，并且可以改善其不良心理状态的一种方法。这对于提高身体运动素质，增强体质和创造良好的心理状态有着不可低估的作用。轮椅技巧、偏瘫体操和各种球类是主要内容。

传统的物理疗法对偏瘫的康复也有特殊的作用。尤其水中运动疗法是通过水的浮力等作用使患者的肢体在水中更容易完成正确的运动。

(5) **智力残疾康复**

我国对智力残疾的定义是：智力明显低于一般人的水平，并显示适应行为障碍。智力残疾包括：在智力发育期间，由于各种原因导致的智力低下；智力发育成熟以后，由于各种原因引起的智力损伤和老年期的智力明显衰退导致的痴呆。

智力残疾的康复，主要包括两方面：一是智力残疾儿童在运动、感知、认知、语言、生活自理、社会适应等六大领域的康复训练，康复训练可以在社区、机构、学校或家庭进行；二是为成年智残者提供生活自理、简单劳动技能、适应社会生活的训练以及有偿托管、生活护理等服务。

（6）精神残疾康复

精神残疾是指各类精神障碍持续一年以上未痊愈，存在认知、情感和行为障碍，影响日常生活和活动参与的状况。精神残疾康复的主要任务是帮助精神残疾者恢复或重塑良好的行为能力并使其重返社会；帮助病人在参与日常生活、社会活动和就业等方面做好准备，积极进行有关技能的特殊训练，以便在社区生活中发挥适当的作用。另外还要逐步训练和提高病人的独立自主性，减少他们对医护人员的依赖，提高他们社会交往能力。

精神残疾康复训练通常需要综合采用各种方法，以期达到相互补充、共同提高的目的。除了可以使用药物外，还需采用其他措施，如心理治疗、工作和文娱治疗、物理治疗、职业康复等。

（二）残疾人社区康复

1. 社区康复的定义

1976年世界卫生组织倡导社区康复，得到了许多国家和地区的响应和支持。1979年，世界卫生组织发行了《在社区中训练残疾人》一书以指导各国专业人员，在专业技术上加强了对社区康复的管理。80年代中期，随着“联合国残疾人十年”活动的展开，社区康复在世界范围内迅速发展。由于社区康复是以社区为基础的综合性康复模式。需要各方面合作共同批准，于是不同组织、机构之间的合作成为必然。①

因此，1994年，世界卫生组织联合国教科文组织、国际劳工组织联合发布的《关于残疾人社区康复的联合意见书》对社区康复工作了以下的解释：“社区康复是属于社区发展范畴内的一项战略性计划，它的目的是促进所有残疾人得到康复，享受均等的机会，成为社会的平等一员。社区康复的实施，要依靠残疾人自己和他们的家属、所在社区，以及相应的卫生部门、教育部门、劳动就业部门和社会服务部门等的共同努力。”

社区康复以社区为基地开展残疾人康复工作。它是一种创新的康复方式和制度，与过去一向实行的“医院康复”完全不同，它是残疾人自身和家庭、社区及相关的卫生、教育、职业和社会服务部门共同努力的结果②。因此，我们认为，社区康复是社区建设的重要组成部分，是指在政府领导下，相关部门密切配合，社会力量广泛支持，残疾人及其亲

① 王思斌：《社会工作概论》，高等教育出版社，1999，第257页。
② 卓彩琴：《残疾人社会工作》，华南理工大学出版社，2008，第145页。

友积极参与,采取社会化方式,使广大残疾人得到全面康复服务,以实现机会均等、充分参与社会生活的目标。社区卫生服务中心或乡镇卫生院作为基层医疗卫生机构,通过康复服务帮助残疾人恢复或补偿功能、提高生存质量,增强社会参与能力的重要途径。由于具有就近就地、经济适用、简便易行等特点,社区康复成为残疾人康复最为有效的形式①。

2. 社区康复的理念

历史上,社区康复的理念可以追溯到英国的福利发展。20 世纪 50 年代,英国出现了社区照顾,是针对“住院式照顾”提出来的。至 20 世纪 70 年代,社区照顾在英国各地已相当普及。1987 年,英国政府发布《公众照顾》白皮书,提出“社区照顾是指为那些年长的、有精神疾病的、智力残障的人们提供服务与支持,使他们尽可能独立地生活在他们的家庭或家庭所在的社区”。

可见,英国的社区照顾实际上是社区康复的实践。在发达国家,由于院舍照顾的康复模式带来许多意想不到的弊端,所以它们转向更富人道主义、更能使残疾人融入社会的社区康复。社区康复显然与关于残疾人的全面康复和发展的观念有关。但是在发展中国家,社区康复却与这些国家用于残疾人福利经费的短缺有直接关系。发展中国家经济落后但社区资源丰富,而且发展中国家的社区尚未受到西方工业国家那么严重的冲击。因此,这些国家的社区康复有较强的社会支持条件。社区康复的基本点是社区支持、社区参与,其结果也是社区受益。进行社区康复,关键是要形成尊重残疾人、帮助残疾人的社会风气,并在物质上和精神上对残疾人给予支持。在社区资源的组织、动员方面,重要的是将有利于残疾人生存和发展的自然网络提供的资源、社会机构提供的资源和正式组织(政府)提供的资源结合起来,共同支持残疾人的康复。在这方面,社会工作者应该发挥重要的作用,即要通过社区宣传、社区教育、社区组织等工作形式支持残疾人的社会环境。②

3. 社区康复的内容

社区康复采取全面康复的模式,也就是说,社区康复是从残疾的预防、残疾普查,到残疾人的医疗康复(康复训练)、教育康复、职业康复、社会康复、独立生活指导的一项综合性系统工程。③

(1) 残疾预防

依靠社区的力量,落实各项有关残疾预防的措施,如给儿童服食预防小儿麻痹症的糖丸,进行其他预防接种,搞好优生优育和妇幼卫生工作,开展环境卫生、营养卫生、精神卫生、保健咨询、安全防护、卫生宣传教育等工作。以上工作一般都要与卫生院、社区医

① 王辅贤:《残疾人社会工作》,北京大学出版社,2008,第 119 页。
② 王思斌:《残疾人社会工作》,高等教育出版社,1999,第 257 页。
③ 蔡海鸥:《卒中后的社区康复》,《中国康复医学杂志》2001 年第 1 期。

院的初级卫生保健工作结合进行。

1981年《里兹堡宣言》指出：大多数残疾的损害是可以预防的。残疾预防工作需要全社会共同参与，国家与社会组织提供预防保障，卫生部门提供预防服务，团体、家庭配合实施，积极采取各种有效措施、途径、控制或延缓残疾的发生。通常把残疾预防划分三个层面，成为三级预防系统。

一级预防是预防致残性损害和疾病的发生，目的是增进人群的健康，保护人群不受伤害，不要罹患疾病，避免常见、重大出生缺陷。这是三级预防中的最高目标，也是人类的理想境界，需要采取特殊措施并且落到实处。

二级预防是发生伤病之后防止出现残疾，通常被称为"五早"——早发现、早诊断、早治疗，以及专门针对传染病的早报告、早隔离。这是一级预防失败后的补救措施，分四步进行。

三级预防是残疾出现后采取措施预防残障，是指在残疾后防止功能障碍或合并新的残疾，促使残疾者恢复生活自理能力与劳动能力。也就是说，残疾出现后采取措施，预防残障，这是在上两级预防失败之后的最后一道预防措施，对于残疾个体来说，重点是功能训练与辅助用具的使用，有的人还需要进行手术，家庭和公共场所还需要一定的环境改造。

(2) 残疾普查

依靠社区的力量，在本社区范围内挨家挨户进行调查，查出本社区的残疾人员和他们的分布，做好登记，进行残疾总数、分类、残疾原因等的统计分析，为制订残疾预防和康复计划提供资料。

(3) 医疗康复

医疗康复又叫康复训练，这是社区康复工作最基本的内容。依靠社区的力量，在家庭和社区康复站，对需要进行功能训练的残疾人，开展必要的、可行的功能训练。对疑难的、复杂的病例则需要转诊上送到区、县、市以上的医院、康复中心等有关专科进行康复诊断和治疗。例如，生活自理训练、步行训练、家务活动训练、儿童游戏活动训练、简单的语言沟通训练、心理辅导等。

(4) 教育康复

依靠社区的力量，在康复医学的指导下，对康复对象进行道德教育、文化教育、职业技术教育和普通教育，对智力、视力、听力及语言障碍者进行特殊教育，为康复对象参与社会生活、适应社会需求创造条件。如帮助残疾儿童解决上学问题，或组织社区内残疾儿童的特殊教育学习班。

(5) 职业康复

依靠社区的力量，对社区内还有一定劳动能力、有就业潜力的青壮年残疾人，提供就业咨询和辅导，或介绍到区、县、市的职业辅导和培训中心，进行就业前的评估和训练，对个别残疾人,指导自谋生计的本领和方法。社区内残疾人的就业,如有可能,尽量安排在社区开办的工厂、车间、商店、公司等单位,就地解决。

(6) 社会康复

依靠社区的力量,组织残疾人与非残疾人在一起的文娱体育和社会活动,以及组织残疾人自己的文体活动;帮助残疾人解决医疗、住房、交通、参加社会生活等方面的困难和问题;对社区的群众、残疾人及其家属进行宣传教育,使之正确地对待残疾和残疾人,为残疾人重返社会创造条件。

(7) 独立生活指导

依靠社区的力量,协助社区内残疾人组织起"独立生活互助中心",提供有关残疾人独立生活的咨询和服务,如有关残疾人经济、法律、权益的咨询和维护、有关残疾人用品用具的购置和维修服务、独立生活技能咨询和指导等。

4. 社区康复的目标及原则

社区康复的目标是使所有的康复对象享受康复服务,使残疾人与健全人机会均等,充分参与社会生活。残疾人社区康复的长期发展,其发展目标始终与遵循着的基本原则一致。

(1) 残疾人社区康复的基本原则

2000 年,民政部、中国残联等 14 个部门联合发布的《关于加强社区残疾人工作的意见》明确了我国社区残疾人工作的基本原则:坚持以政府为主导,社区为依托,有关部门密切配合,社会各界共同参与的社会化工作方式;将社区残疾人工作纳入社区建设总体规划,融为一体、同步发展、共建共享;建立以社区居民委员会为核心、社区残疾人组织为纽带、社区服务机构为基础的工作机制,促进残疾人平等参与社会生活。

在实际工作中,各类专业人员还要坚持以下原则:一是社会化的工作原则;二是低成本、广覆盖的原则;三是因地制宜的原则;四是因陋就简的原则;五是因势利导的原则;六是康复对象及其家庭积极参与的原则。[①] 在上述各项原则中,因地制宜、因陋就简和因势利导是最基本的原则,简称为"三因原则",成为社区康复的根本指导原则。

① 社会化的工作原则

康复对象通过社区康复服务不仅要实现功能康复、整体康复,而且还要实现重返社会的最终目标,这就需要在政府统一领导下,多部门、多组织、多种人员和力量的共同参与,充分利用康复机构资源中心的力量和各种社区资源,营造全社会都来关心残疾人及其他康复对象的社会氛围,共同推进社区康复工作。社区康复服务只有坚持社会化的工作原则,才能使这项社会系统工程顺利实施。

② 低成本、广覆盖的原则

低成本、广覆盖是我国卫生工作改革的一个原则,也是社区康复服务应遵循的原则,

① 全国社会工作者职业水平考试教材编写组:《社会工作实务(中级)》,中国社会出版社,2019,第 191 页。

是指以较少的人力物力、财力投入使大多数人能够享有服务。社区康复应针对病、伤、残者对康复需求和资源状况，采用低投入、高回报、高效益、广覆盖的方法，就近就地，大力开展家庭康复，服务于社区所有伤、病、残者。

③ 因地制宜原则

即根据社区的社会背景、经济水平、文化习俗、康复技术、资源状况和康复对象需求等实际情况，以社区残疾人康复需求为导向，以社区建设为依托，立足于社区内部资源和力量，采取适合本地区的社区康复服务模式。比如，在经济发达地区，兼顾经济效益和社会保障政策，为康复对象提供各项有偿服务；在经济欠发达地区，以“低成本、广覆盖”为主，即以成本核算、收支相抵的低偿或无偿方式提供服务。

④ 因陋就简的原则

社区的资源是有限的，尤其是广大农村，缺医少药，交通不便，康复条件较差，设备远比城市的简陋。要使社区大多数康复对象享有康复服务，必须在尽可能动员社区力量的基础上因陋就简，使康复人员、康复对象及其亲友自制康复训练器械，充分利用传统的医学知识、采用易懂、易学、易会的实用技术，使康复成为普遍理解、便于推广应用的服务措施。

⑤ 因势利导的原则

所谓“因势利导”，重点在于如何把握“势”的变化。这个“势”，包括整个社会环境的“大势”，也包括社区范围内的政治、经济、医疗卫生、文化教育等的形势，具体指社区领导者对残疾人康复的认识和重视程度、社区内的有关机构和社会团体对残疾人事业的支持态度和力度、社区居民对残疾人的看法等。此外，还包括如何利用“全国助残日”“国际残疾人日”及节假日、双休日为残疾人服务，如何利用社区资源以及志愿者开展社区康复服务工作等。通过动员社会的慈善组织和扶贫基金会等社会力量，经常举办各种类型的公益活动，帮助残疾人提高生活质量、改变生活状态和参与社会生活。

⑥ 康复对象及其家庭积极参与的原则

社区康复服务应使康复对象及其家庭成员主动参与，树立自我意识，参与康复计划的制订，配合康复训练及回归社会等全部康复活动。

(2) 不同国家和地区的共同原则

在世界范围内，社区康复有多种不同的定义，在不同的国家和地区也有着不同的模式，但社区康复还是有一些共同的原则：①

① 以社区和客户为中心。

② 以预防和早期干预为主。

③ 协同公共慈善设施。

---

① 卓彩琴：《残疾人社会工作》，华南理工大学出版社，2008，第146页。

④ 享受服务的消费者是参与和控制的推行者。

⑤ 一贯性和伸缩性。

⑥ 跨学科的、跨部门的。

⑦ 增加接触人群的知识和机构。

⑧ 提供相关的知识给社区居民。

⑨ 选择符合社区需要的恰当的技术机构。

⑩ 提供满足需要的全职或业余专业人士或非专业团体。

5. 社区康复的方法

社区康复采取全面康复的模式，也就是说，从残疾的预防，到残疾人的医疗康复、教育康复、职业康复、社会康复，都是社区康复要完成的任务。社区康复的方法和步骤包括以下几个方面。①

（1）**建立社会化康复服务的网络**。我国社区是按照行政区域划分的，这就决定了政府对社区康复的主导地位，故应由政府统筹安排，各有关部门协调配合，建立社会化康复服务体系，利用初级卫生保健网络、民政基层社会保障网络，建立社会康复转诊和支持系统。

（2）**开展社区康复调查**。这是制定社区康复服务方针的先决条件，主要调查内容有：社区概况的调查，包括社区地理环境、社区人口情况、社区人工环境、可利用的社区机构和网络、社区人群对残疾人所持态度和残疾人住户分布等；社区康复对象的调查，包括康复对象的一般资料、残疾类别和数量、对康复的需求及其社会状况。

（3）**确定康复服务人员并开展培训**。包括挑选合格的社区康复服务人员、确定数量、开展有计划的培训。

（4）**提供社区康复服务**。包括对康复对象需求的诊断，初次康复评定，选择适宜的训练项目，指导进行康复训练，定期康复评定，选用及制作康复器材，康复用品信息的提供、供应和维修等。

（5）**提供全方位的转介服务**。随着社区康复广泛深入发展，社区康复也会由仅依靠社区内资源发展到需要社区以外各层次资源支持。因此，应建立转介支持系统，包括确定社区康复转介中心，对康复对象的需求提供针对性转介服务，掌握转介服务的资源和信息。要求转介人员具备疾病、残疾及康复的基本知识，及时进行转介登记和随访转介效果，以改善转介服务。

（6）**普及健康知识并传授康复技术**。应将康复知识纳入经常性社区健康教育内容，以增强社区公众自我保健和防病防残的意识。社区有关部门应结合自身工作特点开展宣传教育，编写健康教育和康复训练的科普读物，使基层康复人员、康复对象及其亲友

---

① 马洪路：《残疾人社会工作》，中国社会出版社，2010，第 111 页。

能正常应用康复知识和训练方法，开展自我训练为主的康复训练。

第四节 残疾人托养服务

简单来说，残疾人托养服务是为就业年龄段有需求的智力、精神和重度残疾人在康复、教育、就业、社会保障等方面提供服务，目的是改善、促进残疾人的生活。“阳关家园计划”是我国发展残疾人服务事业的一大举措。

一、残疾人托养服务的定义及背景

我国残疾人托养服务工作起步较晚，智力、精神和重度残疾人亲属及社会基层组织认为残疾人托养服务这项工作必须开展起来，在他们的呼吁下，托养服务才开展起来。

（一）残疾人托养服务的定义

残疾人托养服务是为就业年龄段有需求的智力、精神和重度残疾人提供生活照料护理、生活自理和社会适应能力训练、运动功能训练、职业康复与劳动技能训练的服务，目的是帮助这些“学校已离开、医院收不了、企业进不去、家庭供不起，其他公共服务长期不能覆盖”的困难成年残疾人群体克服社会认知、参与能力和自理能力方面的障碍，平等参与社会生活，从而减轻残疾人家庭负担，促进社会和谐稳定。推动残疾人托养服务标准化，是全面提高托养服务质量、提升托养服务整体水平的必由之路。①

（二）残疾人托养服务的背景

党和政府历来十分关心残疾人，高度重视发展残疾人事业，采取了一系列重大举措，推动残疾人事业不断发展壮大，残疾人参与社会生活的环境和条件明显改善，生活水平和质量不断提高。

然而，对于智力、精神和重度残疾人这些残疾程度重、残疾类别特殊的残疾人而言，其生活自理能力和独立行为方面较差，托养和护理的需求也是他们基本的生活需求。他们人数众多、接受有针对性的康复服务少；有时会发生危害自身和他人的极端情况；家庭在抚养或赡养、长期看护、治疗与康复、精神力等各方面的付出，已大大超出一般家庭所应承担的义务。因此，智力、精神和重度残疾人长期以来没有得到应有的重视和关注，在康复、教育、就业、社会保障等方面更是面临着比其他残疾人更为突出的问题。这成为残疾人民生改善方面的“短板”，残疾人托养服务这项工作必须开展起来。

近年来，智力、精神和重度残疾人亲属通过多种渠道向各级政府、残联反映，强烈希望通过政府和社会解决其生活照料和养护托管的问题；社会方方面面，特别是基层组织，

---

① 中国标准在线服务网，《〈就业年龄段智力、精神及重度肢体残疾人托养服务规范〉国家标准解读》，https://www.spc.org.cn/news/content?id=475。

也纷纷呼吁帮助解决托养问题，认为这是政府应当为他们提供的特殊保障、是对残疾人家庭的解放、是促进社会稳定的一项有效措施。

2007 年 7 月，中国残疾人联合会经过多番调研和研讨，全国智力和精神残疾人托养服务工作会议在广州市召开，对全国开展智力、精神和重度残疾人托养服务工作进行了全面部署。各省、自治区、直辖市残联理事长，计划单列市、省会城市的政府领导同志，以及全国智力残疾人及亲友协会和精神残疾人及亲友协会的主要负责人等计 170 余人参加了此次会议。① 会议正式将残疾人托养服务工作提上各级政府和残联的工作日程，先在一些条件较好的城市进行试点。广州是托养服务工作起步较早的城市。

残疾人托养服务工作在起步之初遭遇了一定的困难，但党中央和国务院及时对这项工作给予了大力支持和关注。2007 年 10 月，时任中共中央总书记胡锦涛同志视察了上海市残疾人“阳光之家”并表示：“让关爱的阳光照亮每一个残疾人的心灵”②。2008 年 8 月，胡锦涛同志视察北京市残疾人“温馨家园”，了解残疾人进行生活技能学习和康复训练的情况。2008 年新修订的《残保法》中规定“对生活不能自理的残疾人，地方各级人民政府应当根据情况给予护理补贴。地方各级人民政府对无劳动能力、无扶养人或者扶养人不具有扶养能力、无生活来源的残疾人，按照规定予以供养。国家鼓励和扶持社会力量举办残疾人供养、托养机构”。同年，中央 7 号文件《中共中央国务院关于促进残疾人事业发展的意见》(以下简称“意见”)，规定要“依托社区开展为重度残疾人、智力残疾人、精神残疾人、老年残疾人等提供生活照料、康复养护、技能培养、文化娱乐、体育健身等公益性、综合性服务项目，推广‘阳光之家’经验。鼓励发展残疾人居家服务，有条件的地方建立残疾人居家服务补贴制度”。2011 年，为全面贯彻落实《意见》，加快推进残疾人社会保障体系和服务体系建设，进一步改善残疾人状况，促进残疾人平等参与社会生活、共享改革发展成果，制定《中国残疾人事业“十二五”发展纲要》，明确将托养服务作为一部分写入纲要，这是托养服务工作首次写入五年纲要，同年民政部、财政部和中国残疾人联合会共同并发布了《残疾人托养服务工作“十二五”实施方案》，托养服务正式成为残联组织的一项业务。

二、 残疾人托养服务的内容及意义

2013 年 12 月 31 日，加强残疾人托养机构服务规范化管理，提升残疾人托养服务水平，中国残疾人联合会发布了《残疾人托养服务基本规范(试行)》(以下简称《规范》)，本规范提到了残疾人托养服务的七项内容。

(一) 残疾人托养服务的内容

《中国残疾人事业“十二五”发展纲要》指出，“初步建立残疾人托养服务体系。继续

① 杜宇，周琴：《全国智力和精神残疾人托养服务工作会议在广州召开 拓展残疾人工作新领域》，《中国残疾人》2007 年第 8 期。

② 叶飙：《“生命阳光馆”里重度残疾人吹气即可翻书》，《南方都市报》2010 年 5 月8 日。

实施‘阳光家园计划’,为残疾人托养服务提供200万人次补助”。大力发展居家托养服务。通过政策和资金扶持,动员社会服务组织、志愿服务人员、家庭邻里等力量,依托社区和家庭,为更多居住在家并符合托养条件的残疾人提供生活照料、康复护理、生活和职业能力培训、精神慰藉、安全保护等方面的服务。

1. 生活照料和护理

为服务对象提供日常生活照顾和护理以及健康生活所需的基本服务。

2. 生活自理能力训练

在服务对象的能力范围为其提供衣食住行等日常生活的基本能力训练服务。

3. 社会适应能力训练

为服务对象提供有针对性的社会适应能力训练服务、基本的文化体育娱乐等休闲活动服务和一般性心理咨询引导服务,通过特定场景模拟重现等方式帮助服务对象了解、熟悉社会场景,克服或缓解心理和行为上的障碍,改善不良意识、行为和消极倾向,逐渐掌握社会交往的基本技能。为适宜的服务对象提供参与真实社会活动的机会。

4. 职业康复和劳动技能训练

根据服务对象的情况有针对性地提供合适其身体和心理条件状况的技能培训课程和训练服务,为服务对象提供自愿参与简单生产劳动的机会,对有一定劳动能力并有就业意愿的服务对象进行就业指导和职业介绍服务。

5. 辅助性就业

是指针对精神、智力和重度残疾人因劳动就业能力不足,无法进入竞争性就业市场的实际状况,通过集中组织残疾人参加适当生产劳动,帮助他们提高劳动技能、改善身体生活状况。辅助性就业机构包括工疗机构、农疗机构、托养机构中的劳动车间、庇护工场等。

6. 支持性就业

是指由专业就业辅导员专职辅助服务对象,使服务对象能够在普通企事业单位(非庇护工场等专门雇佣特殊群体的工作场所)获得稳定、有收入的工作机会。直至服务对象顺利过渡、融入工作环境,工作能力得到提升,就业辅导员再逐步减少介入。

7. 运动功能训练

为已接受过医疗康复服务之后的服务对象开展以运动功能和日常生活活动为主的运动康复训练,增强其生活自理能力和参与社会生活的能力,同时为服务对象提供必要的医疗卫生保健服务。

(二)残疾人托养服务的意义

我国残疾人人数众多,建立完善残疾人托养服务体系,解决广大智力、精神和重度残疾人需求,需要全社会共同努力。中国残联呼吁各级各类社会组织和个人,通过兴办残疾人托养服务机构、提供资金物质帮助、开展志愿服务等多种形式,共同为智力、精神和重度残疾人状况的改善做出贡献。

三、残疾人托养服务的主要形式

残疾人托养服务工作是残联系统中相对较新的业务，不同于残疾人就业、康复等已经形成一系列政策法规政策体系和相对统一的工作模式，在很多方面都有待进一步探索和规范。2007 年全国智力和精神残疾人托养服务工作会议以来，各级残联因地制宜，不断学习探索，开展了各种形式的残疾人托养服务，大大充实了托养服务工作内涵。从各地的实践情况来看，残疾人托养服务工作已经形成了两种主要的服务形式，即机构托养和居家托养，而机构托养又分为寄宿制托养服务机构和日间照料机构。

从 2007 年开始，残疾人托养服务在全国启动，经过 10 余年的发展，逐步建立了以居家服务为基础，日间照料机构为主体，寄宿制机构托养为依托的残疾人托养服务体系。①

（一）寄宿制托养服务

寄宿制托养服务可以为一些愿意寄宿的残疾人或者没有亲属和家庭的残疾人提供寄宿制服务，服务内容包括对智力、精神和重度残疾人提供基本生活照料服务，也涵盖日常生活技能训练、劳动功能康复训练、就业前适应性训练等。广州市残疾人安养院、江西省综合服务中心、福建省福乐家园、哈尔滨残疾人托养服务中心等都是比较有代表性的机构。

2013 年，我国起草的《规范》指出残疾人托养服务规范、机构建设标准等都在依托这些托养中心，由他们提供一些实际有益的经验和意见。这些大型的寄宿制托养服务机构运营成本比较高，对人员编制、资金等都有较高要求，虽然残疾人托养服务工作需要这样的机构，但不可能每个市县都有条件进行建设，也解决不了更多没有生活在中心城市的残疾人的托养服务需求。因此，寄宿制托养服务机构是起示范作用的，大量的需求还必须依靠日间照料和居家托养解决。

（二）日间照料托养服务

在乡镇和社区一级，涌现出了大量的日间照料托养服务机构，对残疾人进行日间照顾。有的机构不仅仅对残疾人进行生活照料，还做到了根据劳动力市场需求，通过与企业合作、兴办农疗基地等途径，组织残疾人通过简单生产劳动，从事与残疾状况和职业能力相适应的工作，达到辅助性就业的目的。比如，北京市西城区残联举办的“希联圆梦”工艺品销售中心，浙江省宁波市的“喜憨儿”阳光工坊等，都成为有影响的全国性品牌。

（三）居家托养服务

与机构托养相比，居家托养因其灵活和易操作，为更多的残疾人提供了托养服务。

---

① 冯善伟，任占斌：《我国残疾人托养服务的现状及标准体系建设》，《残疾人研究》2017 年第 3 期。

各地加大投入，以政府补贴或政府购买服务的方式，为残疾人上门提供生活照料、医疗康复、心理抚慰等服务。在提供服务的过程中，残联系统尤其是基层残联的社会化工作方式和工作智慧得到充分体现，各种以残疾人为本的服务手段和方式应运而生：如江苏省苏州市沧浪区依托电信平台自主研发了“残疾人托养服务信息化管理系统”，对全区托养服务实行信息化管理，实行动态实时监控，确保为残疾人提供高效率、高质量的居家服务；浙江宁波市鄞州区推行“家院互融”服务模式试点，尝试依托专业机构为残疾人上门提供各种专业服务。

四、“阳光家园计划”

2008 年 11 月 22 日，中国残疾人联合会和财政部在京正式启动实施“阳光家园计划”——智力、精神和重度残疾人托养服务项目。符合规定条件的智力、精神和重度残疾人托养服务机构，居家照料智力、精神和重度残疾人的家庭，履行相应的申请审批程序后可获得资助。为确保达到预期效果，“阳光家园计划”对资助范围和标准、申请资助的条件和程序等均作出了明确规定。①

（一）“阳光家园计划”的基本情况

2008 年开始，党和国家对残疾人服务工作予以大力的支持。2009 年 8 月，中国残疾人联合会积极协调财政部对残疾人托养服务工作予以补贴，中国残联办公厅和财政部办公厅共同下发了《关于印发〈阳光家园计划〉的通知》，明确从 2009 年至 2011 年，中央财政每年安排 2 亿元，共 6 亿元专项资金，支持各地开展智力、精神和重度残疾人托养服务。“阳光家园计划”是支持日间照料机构和专业托养服务机构为 100 万人次就业年龄段智力、精神、重度肢体残疾人提供护理照料、生活自理能力和社会适应能力训练、职业康复、劳动技能培训、辅助性就业等服务。

“阳光家园计划”是残疾人托养服务工作发展至今最浓墨重彩的一笔。作为公共财政投入的民生项目，中国残联和财政部都十分重视，2009 年 8 月“阳光家园计划”文件正式下发之后，9 月全国残联系统实施“阳光家园计划”部署会议就在陕西西安召开，11 月中国残联和财政部在北京共同举行“阳光家园计划”启动仪式。为确保中央财政资金管好、用好，使广大残疾人直接受益，树立公共财政用于最困难残疾人的“阳光”品牌，中国残联专门开发了“阳光家园计划”数据库管理系统，统一设计制作了项目标识。为了树立典型、推荐经验，2010 年 4 月中国残联开始在全国范围内开展“阳光家园”示范创建活动，确定了 10 个地区和 24 个机构作为首批示范地区和机构。“十二五”期间，中央财政投资 10 亿元，继续支持“阳光家园计划”第二期的实施，资助 200 万人次残疾人接受托养服务。

---

① 中华人民共和国中央人民政府门户网站，《两部门明确“阳光家园计划”资助范围、标准和条件》，http://www.gov.cn/jrzg/2009-11/22/content_1470394.htm。

（二）“阳光家园计划”的主要范围

“阳光家园计划”的主要范围包括以下几个方面：

地方各级政府有关部门及残联兴办的公益性智力、精神和重度残疾人托养服务机构；其他社会组织和个人兴办的不以营利为目的的智力、精神和重度残疾人托养服务机构；享受低保且无业的智力、精神和重度残疾人居家托养服务家庭。

据中国残疾人联合会相关负责人介绍，“阳光家园计划”具体资助标准由省级残联会同同级财政部门，参考中央财政专项资金分配因素，结合本地残疾人托养服务工作进展、年度任务分解、资金匹配等情况研究确定。为提高资金使用效益，使居家托养残疾人家庭得到切实帮助，居家托养的资助标准应不低于每人每年 500 元，资助居家托养残疾人家庭的资金支出比例不得低于资金总额的 40%。

（三）申请资助的条件

“阳光家园计划”明确了申请资助的残疾人托养服务机构和居家托养残疾人家庭所需的条件。

1. 申请资助的残疾人托养服务机构应符合的条件

申请资助的机构，只有在机构性质、设施设备、人员队伍、规章制度、托养对象、服务协议、无障碍设施等方面符合规定的条件，才能获得资助。具体条件：

(1) 依法建立、手续完备、经县级以上残疾人联合会确认开展残疾人托养服务；

(2) 具备基本的托养设施设备，配备满足基本服务的工作人员，规章制度健全，且正常运营三个月以上；

(3) 与托养服务对象或其家属(监护人)签订了一年以上托养服务协议；

(4) 符合《方便残疾人使用的城市道路和建筑物设计规范》的建设要求；

(5) 托养服务对象持有第二代《中华人民共和国残疾人证》。

2. 申请资助的居家托养残疾人家庭应符合的条件

居家托养家庭主要指生活困难，智力、精神和重度残疾人无业且需要专人照料的家庭。具体条件：

(1) 属于城乡最低生活保障对象，或符合当地政府规定标准的困难残疾人家庭；

(2) 家庭成员中的智力、精神和重度残疾人处于就业年龄且无业，长期需要专人照料；

(3) 家庭成员中的智力、精神和重度残疾人持有第二代《中华人民共和国残疾人证》。

（四）“阳光家园计划”的评述

本计划要求各地制定具体实施方案、细化配套措施、严格履行申请审批手续、受理申请不得收取费用、认真落实专款专用规定、及时足额拨付资金、切实加强监督检查、严格执行责任追究制度、建立健全专门档案和专项数据库。并且，本计划实施过程中，中国残疾人联合会和财政部将对各地进行年度绩效考核，在中期和末期会进行评估验收。

事实上，残疾人托养服务工作是各地方政府管辖区域的地区性问题，“阳光家园计划”只是中央财政支持的一个有期限的项目，各地区若要从根本上解决当地人民最基本的生活困难的问题，应该建立残疾人护理补贴制度，把托养服务工作的经费补贴通过文件固定下来。例如，南京市浦口区人民政府高度重视，颁布了文件《关于印发〈浦口区残疾人托养服务资金补贴办法(暂行)〉的通知》，把这项工作当作当前及今后一段时间的重点工作来抓。

（五）广东社区康园①

“社区康园”是广东残疾人日间照料托养服务的统一品牌，注重“全人”发展的公办机构日间照料服务。万江康就中心是万江街道办事处残疾人联合会根据《东莞市推进镇(街)康复就业工作实施方案》文件要求而设立的事业单位，并在 2018 年为了配合广东省全面实施“社区康园网络”品牌连锁化战略的具体要求，同时挂牌“东莞市万江街道社区康园中心”。

万江康就中心主要服务理念是以社区为依托，利用自主研发的综合性残障康复就业服务模式，通过三名社会工作者、一名康复治疗师、一名职业训导师的跨专业团队合作介入，为学员提供社会融入能力、活动能力以及职业能力三个方向的系统项目。“三师一体”的服务架构模式，专业化、个性化、持续化的服务特色，保障了中心可持续的专业品牌发展。

1. 服务对象

万江康就中心在实际招收服务对象过程中，服务对象除了满足文件规范要求，还必须通过中心团队对服务对象的入园评估方可进入中心接受服务，顺利通过 1 个月的试用期才能成为中心真正学员。中心共有稳定学员 30 名，成功推出就业学员 4 名。其中智力残障学员 16 名(重度智力残障学员 11 名)、精神残障学员 10 名(重度精神障碍学员 8 名)、其他残疾类别满足要求的学员 4 名(其他类重度学员 1 名)。

2. 服务内容

万江康就中心服务分为 4 个模块，分别为常规性服务、针对性服务、基础性服务和系统性服务。4 个模块服务根据中心年度、月度计划制定每日服务流程，通过早课、小组、活动、个案或个案管理、个训、组训等专业服务手法，按照流程规定为服务对象系统性地提供服务。

3. 人员配置

《东莞市残疾人日间托养服务基本规范(试行)》中针对镇(街)康就中心人员配置提

---

① 刘战旗，冯元等：《重度残疾人托养照料服务实践案例与政策制度研究》，“十四五”中国残疾人事业规划前期研究重点课题，2020。

出明确要求。万江康就中心服务团队由东莞展能招聘派驻,3 名社会工作者、1 名康复治疗师和 1 名职业训导师。

东莞展能共提供了 3 名督导为中心团队提高恒常督导,分别是中心督导、康复治疗师督导和职业训导师督导,并按不同层次、不同专业,为中心团队提供不同纬度的系列培训,并对优秀人员给予专项培训基金补贴,为团队的自我成长和职业发展提供足够的支持和关注。

4. 经费来源

万江康就中心运作所涉及的经费主要分为建设经费、运作经费、学员补贴经费、创投资助经费、捐赠经费、辅助性就业服务收入经费。运作经费由市财政按服务对象人数对东莞市镇街(园区)康复就业服务中心给予补贴。对服务对象人数 30 人以上的,按每人每年 1 万元的标准补贴,服务人数不足 30 人的,不予补贴。街道残联每年根据项目需要也会和街道财政额外申请相应的补助。运作经费会通过招投标的形式拨付给第三方(即东莞展能),用于年度中心运作。学员补贴是市财政对中心接受服务训练的学员提供的激励性补贴,每人每月补贴 300 元。由市残联直接通过银行转账的形式发放给中心学员,其中万江街道残联也会给予中心学员适当的餐费、路费及慰问补贴等。创投资金是中心通过参加项目创投活动获得的资助资金。比赛奖金由活动举办方与东莞展能签订协议,万江街道残联不对该类费用进行干预和监测。

5. 服务成效

中心目前的成效测评分为内部测评和外部评估两方面。内部评测主要是依据服务程序逻辑模式对年度中心服务的需求定位、服务规划、服务实施、服务总结、影响规划五个步骤,用专项对应的工具进行科学、合理的测评。外部评估一般指第三方评估,是指业务主管部门(市残联)聘请的第三方专业评估团队进行的服务成效测评。目前主要服务成果汇总如下。

(1) 在学员服务层面,主要体现在学员的个人卫生习惯及仪容仪表、基本生活自理能力、社区资源使用能力、安全出行能力和就业能力五大方面取得明显成效。

(2) 在家属服务层面,中心主要通过及时微信和电话、季度家庭联系手册、半年度家长会、年度个案管理服务计划和服务协议等几个方面和家属取得联系和沟通。经过六年的服务积累,家属配合及参与中心服务的热情越来越高,年度服务满意度接近 100%。

(3) 在对于残障人士的认识层面,社会大众往往存在偏见,一是由于大众与残障人士接触较少,二是来自部分媒体的选择性以及夸大性报道。所以在社会影响层面,中心通过搭建了学员与社会大众人士直接接触和交流的渠道,让大众客观、真实了解了这个群体,并接纳他们,也推动社会大众由公益爱心支持到互助合作,共同助力实现残障福利发展的目标。

第五节 残疾人教育服务

残疾人教育是对视力、听力、言语、智力、肢体有残疾的人实施的教育，它包括学前教育、基础教育、高等教育、职业技术教育和成人教育。20 世纪 90 年代，国家制定的一系列教育法规都对残疾人教育做了明确规定，并将残疾人教育纳入国家教育改革和发展的总体规划。残疾人教育已成为我国教育事业的一个重要组成部分。

一、残疾人教育的定义

学术界对残疾人教育的定义主要有以下几种。

方俊明认为，特殊教育是根据特殊儿童的身心特点和教育需要，采用一般或特殊的教学方法和手段，最大限度地发挥受教育者的潜能，使他们增长知识，获得技能，拥有良好品德，提高适应能力的一种教育。①

朴永馨认为，特殊教育是使用一般的或经过特别设计的框架、教材、教法和教学组织及教学设备，对有特殊需要的儿童进行旨在达到一般和特殊培养目标的教育。②

王辅贤认为，残疾人教育又叫特殊教育，有特殊教育需求的并不仅仅只是特殊儿童，不同年龄阶段的各类残疾人都有一定残疾教育的需求，所以残疾人教育的范围更为广泛，包括残疾人的早期教育、义务教育和义务后教育（即对残疾青年的职业教育、高等教育和对残疾人的成人教育）。③

中国残疾人联合会的定义具有代表性，残疾人教育是根据残疾人的残疾类别和接受能力，采取普通教育方式对视力、听力、言语、智力、精神、肢体等残疾的人进行的教育，这包括学前教育、基础教育、高等教育、职业教育和成人教育。残疾人教育有普通教育和特殊教育两种方式。我国的特殊教育学者，从受教育对象的角度划分特殊教育，界定广义的特殊教育包括对各类身心发展异常者的教育，也包括身心发展超常者的教育，还可能包含上述两个特征者的教育；狭义的特殊教育指对生理和心理发展有缺陷者进行的教育（又称“缺陷教育”或“残障教育”）。残疾人教育可以看作狭义的特殊教育。④

二、残疾人教育的意义

经过几十年的发展，我国残疾人教育模式逐渐综合化，取得的成效对国家和社会产

---

① 方俊明：《特殊教育学》，人民教育出版社，2005，第 3 页。
② 朴永馨：《特殊教育辞典》，华夏出版社，2014，第 43 页。
③ 王辅贤：《残疾人社会工作》，北京大学出版社，2008，第 198 页。
④ 卓彩琴：《残疾人社会工作》，华南理工大学出版社，2008，第 148 页。

生了可观的影响。残疾人教育的意义如下：

（一）社会公平的体现

胡锦涛在2007年世界特殊奥林匹克运动会上表示：中国有8 300万残疾人，其中940万是智障人士。中国政府坚持以人为本的理念，一贯重视包括智障人士在内的残疾人事业发展，致力于维护残疾人的各项权益，促进残疾人平等参与社会生活。①

我国通过制定出台一系列的法律法规来确保残疾人所享有的教育权利。②

《中华人民共和国宪法》中第45条宣布："国家和社会帮助安排盲、聋、哑和其他有残疾的公民的劳动、生活和教育。"在国家的根本大法中写入残疾人教育问题，在我国是空前的，在世界上也属少有。

《中华人民共和国义务教育法》（以下简称《义务教育法》）第十九条规定"县级以上地方人民政府根据需要设置相应的实施特殊教育的学校（班），对视力残疾、听力语言残疾和智力残疾的适龄儿童、少年实施义务教育。特殊教育学校（班）应当具备适应残疾儿童、少年学习、康复、生活特点的场所和设施"，"普通学校应当接收具有接受普通教育能力的残疾适龄儿童、少年随班就读，并为其学习、康复提供帮助"。《义务教育法》的颁布实施，不但明确了特殊儿童、少年的教育是义务教育的一部分，而且使特殊教育的发展与整个教育事业的发展相协调。

《中华人民共和国教育法》明确提出"国家扶持和发展残疾人教育事业""国家、社会、学校及其他教育机构应当根据残疾人身心特性和需要实施教育，并为其提供帮助和便利"。

《中华人民共和国残疾人保障法》明确了国家、政府对残疾人教育的职责为"国家保障残疾人享有平等接受教育的权利""各级人民政府应当将残疾人教育作为国家教育事业的组成部分，统一规划，加强领导""政府、社会、学校应当采取有效措施，解决残疾儿童、少年就学存在的实际困难，帮助其完成义务教育"。除此之外，此法对残疾人教育的发展方针、依特性施教、办学渠道、教育方式、成人教育师资培养、辅助手段等都有明确规定。

《中华人民共和国残疾人教育条例》提出："残疾人教育是国家教育事业的组成部分"，明确了国家、政府、机构、社会、家庭等对残疾人教育各自的职责作用，从残疾人的学前教育、义务教育、职业教育、高等教育与成人教育、师资教育与培养、物质条件保障、奖励与处罚等方面作出了详细的规定。

（二）社会进步的体现

因世界各国经济、政治、文化和社会以及地理区位、历史背景等因素的差异，各个不

---

① 陈静：《胡锦涛：让关爱的阳光照亮每一个残疾人心灵》，搜狐网，http://news.sohu.com/20071002/n252471756.shtml。

② 奚从清，林清和：《残疾人社会工作》，浙江大学出版社，2013，第168—169页。

同地区、不同时期的残疾人教育发展状况各具特性。我国的残疾人教育有着悠久的历史，经历了古代的萌芽阶段、近代的兴起阶段和当代的发展阶段；新中国成立尤其是改革开放后，取得了十分显著的成就。① 从历史了解到，残疾儿童从被歧视虐待、受到人们的同情保护、提供与社会隔离的孤儿院式的教养，到今天的被社会接纳与普通儿童一样接受免费的义务教育，特殊教育的存在和发展是社会进步和人类先进思想发展的结果，是一部人类社会文明进步的历史。

（三）产生经济效益

残疾人教育把残疾人培养成为有一技之长、能自食其力的劳动者，发展和提高他们的社会生存能力，提高他们的生存质量，使他们不再仅仅是家庭、社会的负担。这也是残疾人受教育后的所产生的个人经济效益，他们具备了社会生存能力、适应能力。另一种是社会效益，受教育的残疾人在生产工作中对社会作出回报，产生良好的社会经济效益。

三、残疾人教育服务的类型及内容

我国已确立了残疾人教育体系。按照类型学的分类方法，从残疾人教育的内涵来看，残疾人教育可以按照三种属性来进行划分②：① 按照残疾类别划分，残疾人教育分为视力残疾人教育、听力残疾人教育、言语残疾人教育等；② 按照教育途径来划分，残疾人教育分为普通教育机构教育、特殊教育机构教育；③ 按照教育阶段来划分，残疾人教育分为学前教育、义务教育、高中教育、高等教育、职业教育。本章节只介绍依据教育阶段划分的类型及其内容。

1994 年国务院颁发的《残疾人教育条例》规定：发展残疾人教育“实行普及与提高相结合，以普及为重点的方针，着重发展义务教育和职业教育，积极开展学前教育，逐步发展高级中等以上教育”。

普及，就是要普及残疾儿童少年义务教育，及早让所有的适龄残疾儿童少年都能入学，都能接受完整的九年义务教育，从根本上提高残疾人的文化素质。同时要大力发展残疾人职业教育和培训，最大限度地满足广大残疾青少年学习职业技术的需求，为他们走向社会，求职就业创造条件。这是绝大多数残疾人的渴望和迫切要求。普及九年义务教育，大力开展职业教育和培训，是残疾人教育工作的重点，这个重点在今后一个相当长的时期，都不会改变。提高，就是要逐步发展残疾人的高中阶段和高等的特殊教育。20 世纪 90 年代，我国特殊教育基本上处于小学阶段和初中阶段，高中阶段的普通教育是空白，职业技术教育刚刚起步，高等教育正在试点。根据残疾人接受教育的需求和国家经济社会发展的实际水平，残疾人的中等及以上教育必须采取逐步发展的方针。

---

① 赖德胜，赵筱媛：《中国残疾人就业与教育现状及发展研究》，华夏出版社，2008，第 73 页。
② 奚从清，林清和：《残疾人社会工作》，浙江大学出版社，2013，第 170 页。

（一）残疾人义务教育

义务教育是我国统一实施的所有适龄儿童、少年必须接受的教育，是必须予以保障的公益性事业。义务教育质量事关亿万少年儿童健康成长，事关我国发展，事关民族未来，是依照法律的规定对适龄儿童和青少年实施的一定年限的强制教育的制度。我国残疾人儿童接受义务教育的形式主要有[①]：在普通学校随班就读，在普通学校、儿童福利机构或者其他机构附设的残疾儿童、少年特殊教育班就读，在残疾儿童、少年特殊教育学校就读。

残疾儿童、少年特殊教育学校(班)的教育工作，应当坚持思想教育、文化教育、劳动技能教育与身心补偿相结合；并根据学生残疾状况和补偿程度，实施分类教学，有条件的学校实施个别教学。残疾儿童、少年特殊教育学校(班)的课程计划和教学大纲由国务院教育行政部门制定；教材由省级以上人民政府教育行政部门审定。普通学校应该按照国家有关规定招收能适应普通班学习的适龄残疾儿童、少年就读，并根据其学习、康复的特殊需要提供帮助。随班就读残疾学生的义务教育，可以使用普通义务教育的课程计划、教学大纲和教材，但是对其学习要求可以有适度弹性。

《中国残疾人事业"十二五"发展纲要》指出"将残疾人义务教育纳入基本公共服务体系。继续完善以特殊教育学校为骨干、以随班就读和特教班为主体的残疾儿童少年义务教育体系，加快普及并提高适龄残疾儿童少年义务教育水平。采取社区教育、送教上门、跨区域招生、建立专门学校等形式对适龄重度肢体残疾、重度智力残疾、孤独症、脑瘫和多重残疾儿童少年实施义务教育。动员和组织农牧区适龄残疾儿童少年接受义务教育，推进区域内残疾儿童少年义务教育均衡发展。建立完善残疾儿童少年随班就读支持保障体系，依托有条件的教育机构设立特殊教育资源中心，辐射带动特殊教育学校和普通学校，提高随班就读质量。支持儿童福利机构特教班建设"。"全面实施残疾学生免费义务教育。对义务教育阶段残疾学生在'两免一补'基础上，针对残疾学生的特殊需要，进一步提高补助水平。逐步实施残疾学生高中阶段免费教育。普通高校全日制本专科在校生中家庭经济困难的残疾学生及残疾人家庭子女优先享受国家助学金。动员社会力量广泛开展各种形式的扶残助学活动"。

（二）残疾人职业教育

残疾人职业教育通常指对有劳动能力而未就业，需转换职业和已就业需要提高技能水平的残疾人进行的职业技能训练，它包含了就业前培训、岗前训练、转岗训练和在职训练等。也就是说，残疾人职业教育是向各类残疾人传授从事某种生产或工作所需的职业、技术知识和技能的教育。

残疾人职业教育体系由普通职业教育机构和残疾人职业教育机构组成，以普通职业

---

① 奚从清，林清和：《残疾人社会工作》，浙江大学出版社，2013，第170页。

教育机构为主体,形成残疾人职业教育网络。残疾人职业教育与培训机构,应当根据社会的需要和残疾人的身体条件、文化条件合理设置专业,适合当地求职需要和职业技术更新情况,并根据教学需要和条件,发展校办企业,办好实习基地。①

《中国残疾人事业"十二五"发展纲要》指出"普通高中、中等职业学校要创造条件招收残疾学生。鼓励和扶持特教学校开设高中部(班),支持特教高中、残疾人中等职业学校建设,改善办学条件。扩大残疾人中等职业学校招生规模,拓宽专业设置,改革培养模式,加快残疾人技能型人才培养。帮助农村残疾人和残疾人家庭子女接受职业教育。残疾人教育机构、职业培训机构、托养机构、残疾人扶贫基地等要承担扫除残疾人青壮年文盲的任务和职责,探索残疾人青壮年文盲扫盲工作机制和模式"。

(三)残疾人高等教育

我国法律规定:普通高级中等学校、高等院校、成人教育机构必须招收符合国家规定的录取标准的残疾考生入学,不得因其残疾而拒绝招收;拒绝招收的,当事人或者其亲属、监护人可以要求有关部门处理,有关部门应当责令该学校招收。

目前,我国残疾人高等教育与发达国家相比还存在着一定差距。我国目前针对残疾人高等教育的相应法律法规较为零散,约束能力较弱,在一定程度上存在着漏洞,不能为残疾人高等教育事业提供相应保障。因此,我国应出台与残疾人高等教育相关的法律法规,要为残疾人高等教育提供基本的法律保障,使残疾人高等教育事业能够得到大众的重视和认可。同时,还要对残疾人高等教育提供相应的物质保证,各高校的教育经费一般是由政府统一发放的,政府在发放教育基金的过程中,要对具备残疾人高等教育水平的高校加大投入力度,并适时跟进,确保经费能全部应用到残疾人高等教育事业上。②

《中国残疾人事业"十二五"发展纲要》指出:"普通高中、中等职业学校要创造条件招收残疾学生。鼓励和扶持特教学校开设高中部(班),支持特教高中、残疾人中等职业学校建设,改善办学条件。……普通高校要创造条件扩大招收残疾学生规模,为残疾学生学习、生活提供便利。要尊重少数民族的风俗习惯,为少数民族残疾学生创造良好学习生活环境。继续办好南京特殊教育职业技术学院、长春大学特殊教育学院、北京联合大学特殊教育学院、天津理工大学聋人工学院、滨州医学院特殊教育学院等高等特殊教育学院(专业),适当扩大招生规模,拓宽专业设置,完善办学机制,提高办学层次和质量。通过自学考试、远程教育等方式帮助更多的残疾人接受高等教育。完善盲、聋、重度肢体残疾等特殊考生招生、考试办法。聋人参加各类外语考试免试听力。"

四、 残疾人教育的理论基础及应用

残疾人教育能够得到很好的发展,离不开社会对残疾人的态度改变。残疾人教育的

---

① 王辅贤:《残疾人社会工作》,北京大学出版,2008,第 201 页。
② 蔡立鹏,杨伟明,赵艳:《新背景下残疾人高等教育存在的问题及解决对策》,《黑龙江科学》2019 年第 10 期。

理论基础主要有：社会对残疾儿童观念的改变；对特殊教育观念的改变①。

（一）对残疾儿童观念的改变

一般来说，特殊教育的对象是残疾人，主要是残疾儿童。人们对残疾儿童的认识的深化促进了特殊教育的发展，可以说，特殊教育是随着人们对于残疾儿童的观念的发展而发展的。

（二）对特殊教育观念的改变

随着人类历史的进步和现代化的发展，特殊教育也从人道主义向现代化发展。人道主义是特殊教育的思想基础，任何残疾人事业都是人道主义事业。人们对于残疾儿童的认识也从妖魔化、神秘化，过渡到生物(医学)的探索。

以人为本的特殊教育向现代化发展。特殊教育现代化进程通过人们的特殊教育理念不断更新、不断符合教育规律，不断使人性得到尊崇来促使特殊教育形态发生了巨变，从而使特殊教育获得了新生，具备了越来越浓厚的现代气息，并且这种现代化趋势必将随着时代的发展呈不断上升的趋势。

第六节　残疾人就业服务

一个人的独立必然包含着经济的独立，一个没有实质性经济来源的人，是很难被视为独立的个体的。从工作权利和支持的精神来讲，只有有障碍的工作，没有不适合工作的个人，包括残疾人在内的每个人只要有恰到好处的支持协助，通过就业前、就业中和就业后的支持服务，都可以找到并维持一份适合的或喜欢的工作。

相对而言，智力残疾人和精神残疾人就业，比肢体残疾人、听力残疾人和视力残疾人所需要的支持更多。我们要摒弃传统的做法，不能刻板地认为某种类型的残疾人只是适合从事某种类型的工作。残疾人不应该也不需要被限定在特定的行业或模式中，他们事实上也是社会大众中普通的一员，只是在某些特定的事情上需要不同程度的帮助，他们应该也能够像我们一样尝试和从事不同类型的工作，如电子商务、行政、会计、编辑、写作、活动策划、社交媒体经理、教学、手语翻译、网页设计、播音、电话接线、速记、电子零件组装、餐饮服务、清洁服务、理货、种植、养殖等。

一、我国残疾人的就业支持服务

（一）我国残疾人就业模式

相对于国际社会的竞争性就业，我国残疾人就业模式主要有“集中就业”“分散就业”

---

① 卓彩琴：《残疾人社会工作》，华南理工大学出版社，2008，第164页。

“自主就业”“灵活就业”和“辅助性就业”。

集中就业就是在福利企业、工疗机构、庇护工厂等集中安置就业。这类就业方式主要由政府部门主导，在以前是残疾人就业的主要形式。从20世纪50年代开始，福利企业经历了从无到有，从小到大，从弱到强的发展历程，尤其是改革开放以后，福利企业得到进一步发展。但随着市场经济体制改革的深入，福利企业的自身局限暴露出来。近两年随着社会的发展、节奏加快，其主导地位逐渐被按比例安置残疾人就业所取代。

分散就业就是所谓的按比例就业的另一种称谓，这种就业形式相对应的政策背景就是各省市颁布的《残疾人按比例就业办法》。各类用人单位（包括机关、企业、事业单位、社会团体、民办非企业，不含集中就业、公益性岗位就业、自主创业个体就业、其他形式就业）应该按照一定的比例来安排残疾人就业。暂时未达到比例的，应按财政部发布的《残疾人就业保障金管理暂行规定》缴纳残疾人就业保障金。对于安排残疾人就业超过规定比例或成绩突出的单位，要给予精神和物质奖励；对于拒不执行按比例安排残疾人就业规定的，要予以批评、教育，责令改正。① 在市场经济的激烈竞争下，分散按比例安排残疾人就业有效保障了在竞争中处于不利地位的残疾人，是我国社会保障体系的必要措施。按比例安排残疾人就业也是目前我国残疾人主要的就业形式。

自主就业是指残疾人自主创业，在政府或社会支持下自己办企业。一些成功的残疾人自主创业，还积极接纳残疾人就业。例如，一些视力残疾人自己开办的按摩服务店，安置了其他的盲人按摩师就业。2007年《残疾人就业条例》明确规定：“国家鼓励扶持残疾人自主择业、自主创业。对残疾人从事个体经营的，应当依法给予税收优惠，有关部门应当在经营场地等方面给予照顾，并按照规定免收管理类、登记类和证照类的行政事业性收费。”“国家对自主择业、自主创业的残疾人在一定期限内给予小额信贷等扶持。”

灵活就业是一种稳定性不高的就业，常见的是个体或家庭小微企业。灵活就业是指在劳动时间、收入报酬、工作场所、保险福利、劳动关系等方面不同于建立在工业化和现代工厂制度基础上的传统主流就业形式的各种就业形式的总称。

网络经济的发展提供大量灵活就业的机会。肢体残疾人因身体障碍，行动不便，坐车不便，难以实现上下班的工作要求。社区就业、居家就业等灵活的就业方式，成为推进残疾人就业的重要方向和渠道。近年来，网络经济蓬勃发展，共享经济、平台经济等新经济、新业态和新商业模式大量涌现，不少职业的就业门槛降低，这为灵活就业创造了条件。随着共享经济模式愈加成熟，大批诸如自由职业者、兼职、临时工等以灵活形式就业的残疾人开始活跃在就业市场。

辅助性就业具有集中就业和灵活就业的双重特点。辅助性就业是指组织就业年龄段内有就业意愿但难以进入竞争性劳动力市场的智力、精神和重度肢体残疾人从事生产

---

① 卓彩琴：《残疾人社会工作》，华南理工大学出版社，2008，第178—179页。

劳动的一种集中就业形式，在劳动时间、劳动强度、劳动报酬和劳动协议签订等方面相对普通劳动者较为灵活。辅助性就业机构具有庇护性、非营利性、社会福利性等特点。辅助性就业机构可以是独立法人的附设机构；其他取得独立法人资格开展辅助性就业的公益性或非营利性的事业单位和社会组织；各类企业、残疾人托养服务机构、社会福利服务机构、职业康复机构等单位中附设的开展辅助性就业的工厂或车间。辅助性就业机构资格认定办法另行规定。

（二）我国残疾人就业支持服务分类

1. 竞争性就业

竞争性就业是指残疾人和普通人一样在开放的劳动力市场实现一般工作岗位上的就业。残疾人不需要额外的支持协助，而是像大多数普通人一样，通过熟人推荐或自荐寻找并获得社区融合环境里的工作机会，工资福利待遇和相同工作岗位的员工一样。

目前我国常见的残疾人竞争性就业有一般性就业和按比例就业两种形式。一般性就业是指残疾人自主寻找并获得社区的工作机会，日常工作中完全按照一般化的工作标准和要求完成工作任务，工作速率和工作品质达到工作的要求，工资福利待遇和相同工作岗位的员工一样，并有职务晋升的机会。

按比例就业是残疾人在按比例就业法规政策的保护下寻找并获得适合的工作机会，工作期间按一般化的工作标准和要求完成工作任务，而获得相应的报酬和社会保障以及职务晋升的机会等。

2. 庇护性就业

庇护性就业是指有相应法规政策保护、相对集中安置残疾人，并在有较多保护的环境中工作的就业方式。常见的有福利工厂（工场）、福利商店、庇护农场和洗车场，或者是过渡性的工作训练中心、成人日间活动中心等。

相较于竞争性就业、支持性就业，庇护性就业提供残疾人充分保护的工作环境，残疾人的生涯潜能获得一定程度的开发。但是庇护性就业的经营成本高，必须面对减少生产花费与减少训练花费等双重考量冲突的困难，还需要面对硬件设备与经常性的开销。残疾人获得的工资不高，大多低于最低工资。除了经营庇护工场等的工作人员与管理人员为普通员工之外，大多数员工都是残疾人。通常情况下，残疾人和普通人一起工作的机会和接触社会的机会都比较少。提供庇护性就业服务的单位和工人也比较难以按工作标准来要求残疾人，进而不利于残疾人良好的职业素养和工作人格的养成，残疾人也比较难以过渡到社区开放的劳动力市场工作。

我国在计划经济时代开办过许多福利工厂，残疾人相对集中在福利工厂就业，尽管福利工厂竞争力不足，但有国家保护政策，在计划经济时代也无后顾之忧。只是在市场经济条件下庇护性就业面临“难以适应市场经济”“隔离”“生产效率偏低”“就业者收入偏低”等主要问题。许多庇护性的企业在市场经济条件下因缺乏竞争力而逐渐倒闭，留下为数不多的福利工厂也难以满足广大残疾人的就业需求。

在国际上，从 1980 年开始，重度残疾人的就业潜能开发受到越来越多的重视，许多专家学者和社会大众都相信只要有恰到好处的支持协助，重度残疾人也能像普通人一样在开放的劳动力市场支持性就业。因此庇护性就业的重点从以定点安置为主的庇护工场转变为以社区为本位的支持性就业，庇护工场越来越呈现正常化、社区化、小型化和多功能化的趋势。

目前国内有家长、服务机构或爱心人士在融合的社区环境经营咖啡店、面包店、洗车店、奶茶店、花店和餐厅等，安置残疾人就业，这是残疾人多元性就业支持服务的一种体现。这种就业模式相比传统的庇护性就业有了很大的改变，更利于提高残疾人的生产能力，开发他们的职业潜能，增加了残疾人与普通人互动的机会，有利于残疾人未来有一天可以在开放的劳动力市场和大多数普通人一起工作。

3. 支持性就业

支持性就业，也称融合就业，是指支持残疾人在开放劳动力市场与普通人一起从事竞争性工作，所获工资不得低于最低工资标准，享有与一般同事一样的福利待遇和发展机会。简言之，支持性就业是基于社区的竞争性就业，残疾人在社区的一般工作场所参与竞争性就业。

许多残疾人平时参与的都是没有薪资的日间活动，或者是在工资通常远远低于最低工资的庇护工场工作。支持性就业致力于支持、推动和实现残疾人在社区的一般工作场所和普通人一起工作，有相同的薪资和福利待遇，获得相同的职业发展机会。

支持性就业是当前支持残疾人就业的国际潮流，是目前国际社会解决残疾人就业的一种重要就业形式，这种就业形式逐渐成为在市场经济条件下解决残疾人就业的主要途径。我国在“十三五”期间从国家层面规定开展残疾人支持性就业工作。因此，我们应重点了解支持性就业。

二、 支持性就业的价值观、服务准则、服务内容、关键要素

支持性就业是帮助残疾人在开放劳动力市场就业的行之有效的一种方法，与传统就业方法“先培训再安置”有显著的区别。传统就业方法认为只有把残疾人先培训好了，有了一技之长了，才可以在社区找到一份工作。支持性就业则采用“安置—培训—支持”的基本模式，先把残疾人安置在一般的用人单位，然后在用人单位提供的岗位环境里对残疾人进行工作现场的职业培训和辅导，支持残疾人在工作现场独立工作，当残疾人可以独立胜任工作后，就业助理/ 工作教练从工作现场退出。只是在就业前、就业中和稳定就业后，就业助理/ 工作教练根据需要提供残疾人必要的支持协助。

（一）支持性就业的价值观

支持性就业就是残疾人需要就业助理或工作教练的支持协助，进而在开放的劳动力

市场工作，薪酬福利和从事相同工作或类似工作的员工一样。支持性就业秉持如下价值观。

（1）就业假设：任何人都有权利工作，都有能力工作，无关障碍类型与障碍程度。

（2）竞争性就业：个人应该在开放劳动力市场的普通社区商业机构中就业。

（3）个人决定与掌控：只有个人选择与决定就业支持服务时，工作满意度才会高。

（4）同工同酬：个人的工资福利待遇，应与从事相同或类似工作的人一样。

（5）重视潜能与能力：聚焦个人的所需、所想、所求、所好、所长和所能，而不是障碍本身。

（6）人际关系的重要性：重视上班期间和下班后的人际关系，促进彼此的尊重和接纳。

（7）加强支持的力量：需要支持性教育、支持性住房、心理康复、无障碍服务相结合。

（8）社区的重要性：个人与社区保持正式与非正式的关系，以促进社区融合。

支持性就业的基本模式"安置—培训—维持"，又包括团体模式和个别模式两种主要的服务模式。

团体模式可分为群组模式和机动工作队。其中团体模式具有这样的特点：① 通常5—8 名残疾人在一个社区内的企业一起工作；② 所有工作都是在企业营业场所内完成；③ 由 1 名全职的就业辅导员在工作现场支持；④ 更适合那些较重度及较具行为挑战者；⑤ 有聚集和分散两种形式的群组模式；⑥ 给薪方式有两种，一种是支持性就业服务机构给薪与相关福利；一种是企业雇主给薪。

而机动工作队的特点为：① 工作队轮流在不同企业执行签约性的服务，② 每一个工作队由一名就业助理提供所需的训练与持续的支持性服务，③ 常常持续取得另外的工作合同。

个别模式是我们熟知的经典的支持性就业模式，也是目前国内主推的支持性就业模式。个别模式采取"一对一"支持的方式，支持残疾人在开放的劳动力市场获得并保有工作。个别模式的核心要素包括融合性的工作环境、同工同酬和持续性支持。有关个别模式的支持性就业我们会在后面进行重点介绍。

（二）支持性就业的服务准则

1. 权利

每个人都有能力在一般的劳动力市场工作，这是作为人的需要和权利，与个人的障碍类型、障碍程度无关。

2. 自决

残疾人自己做主决定在哪里就业、从事什么样的工作，自主选择、决定和管理自己的就业支持服务。

3. 能力

残疾人能够做赢得尊重的事,第一时间看见他们作为人的需求、兴趣、优势、经验、潜能和能力等,而不是以他们的障碍来看待他们。

4. 支持

残疾人需要根据个人的所需、所想、所求、所好、所长、所能,结合职业环境等的条件、要求等,确定自己的个人目标,并获得到位的支持协助,促进并实现个人的职业目标。

5. 竞争性工作

残疾人在当地开放劳动力市场的一般社区企业中和普通工作者一起工作。

6. 同工同酬

残疾人与从事相同工作或类似工作的一般同事获得相同的工资、福利和职业发展机会。

7. 职场融合

残疾人在一般社区企业工作,实现职场物理环境和人文环境的融合。

8. 社会网络

残疾人与社区的正式和非正式网络联结与互动,建立个人所需资源与支持、服务的联系,促成并实现个人持续的成长和发展。

(三)服务内容

1. 就业前服务内容

服务残疾人:提供就业前的转衔服务,包括个人与工作的探索、确定目标工作和行动计划、求职技巧培训、面试演练、自主生活技能提升、自我决定与倡议、提供社区工作招聘信息等。

服务家长:提供家长支持性就业服务咨询、家庭访谈、探索家长的期待、分享政策信息、分享成功就业案例、交流社区工作机会信息、工作权益保障与安全事宜的探讨等。

服务雇主:提供雇佣残疾人的政策信息、了解雇主的期待与要求、分享成功雇佣残疾人的案例、推荐适合的求职者等。

2. 就业中服务内容

服务残疾人:交通支持、求职与面试、工作现场支持、发展和维持工作的技能、发展和维持就业中的社会技能、发展和建立并维持自然支持等。

服务家长:交流残疾人的工作与生活情况、探讨并提供支持策略(如支持残疾人管理工资、下班后的生活规划与自主管理、上下班的交通支持、偶发事件的处理等)、建立并维持社区自然支持网络的策略等。

服务雇主:建立支持性的融合工作场所、交流和提供促进心智障碍员工实现个人职业发展和成长的策略、协助与家长沟通等。

3. 就业后服务内容

服务残疾人:协助处理突发事件、持续发展维持工作的技能、持续发展建立并维持工作与生活所需的自然支持者、持续发展人际关系并建立友谊、工作之余的生活规划与管理、持续支持自我倡导与权益维护等。

服务家长：根据需要协助处理突发事件、提供持续咨询服务和持续地支持残疾人自主生活的策略等。

服务雇主：根据需要协助处理突发事件、协助沟通家长和推荐新的求职者等。

（四）关键要素

1. 残疾人的个人决定

个人决定是以个人各种技能、知识和信仰的综合，能使个人从事目标明确的、自我调节的以及有自主权的行为。包含了个人掌控、个人的目标与目的、做决定与选择三大层面，具体包含九大要素：做选择、确定目标、做决定、解决问题、自我倡导、自我激励、内在动机和正向态度。

促进残疾人做关于就业的个人决策：(1) 用评估来了解残疾人的个人决定；(2) 尊重残疾人的意见，即使它们与您的意见不同；(3) 用易于理解的术语阐明期望和后果；(4) 允许残疾人作出决定、甚至那些似乎适得其反的决定；(5) 始终要求有关如何改进流程的建议；(6) 做一个帮手，而不是忙着做事的人等策略。

2. 环境的有效支持

支持就是一种行之有效的提升个人生活质量的方法与策略，支持的功能在于日常照顾、居家协助、社区使用、财务规划、工作协助、行为支持和健康协助。

在提供残疾人支持服务时，我们还应注重支持系统的建立，包括社会支持、自然支持、通用支持和专业支持。社会支持指政策、法律法规、文化、观念等方面的支持；自然支持指来自残疾人及其家人、亲友、同事、公交车司乘人员等不用付费就可以获取的帮助；通用支持指在残疾人服务领域经常使用的社会工作和特殊教育的支持；专业支持则是来自于医疗、康复、心理治疗、法律援助等方面的支持。在使用支持时，以社会支持做主导，以自然支持优先，以通用支持和专业支持做后盾支撑。

总的来讲，环境的有效支持，包括：(1) 政策层面的主导作用，如按比例就业政策、支持性就业政策、辅助性就业政策等；(2) 残疾人家庭的支持，家人在日常生活作息、交通、社交、金钱管理、情绪心理支持等方面提供残疾人必要的帮助；(3) 用人单位的支持，用人单位在创设性工作岗位，在岗培训、提供合理便利等；(4) 就业服务机构的支持，开发工作机会、工作现场培训与辅导等；(5) 专业支持，来自物理治疗、作业治疗、医疗、法律等相关专业的支持。

三、 支持性就业的实施环节

支持性就业包括评估、就业支持两大环节。其中评估包括工作评估、个人评估、人岗匹配评估；就业支持包括找工作、获得工作、工作现场培训与辅导以及持续性支持。

（一）评估环节

评估是支持性就业服务非常核心的工作，评估具有持续性和动态性的特点，贯穿支持性就业服务的全程。我们通常采用生态评估的方法，注重在真实的生活环境与工作环境中进行个人与环境互动的评估，强调个人与环境之间的相互影响。

评估的内容包括工作评估、个人评估、人岗匹配评估。

1. 工作评估

（1）工作评估的目的

找出符合障碍者个性化需求的社区工作机会；

找出与该工作直接有关的和非直接有关的工作职责；

找出该工作所需具备的知识能力和其他有关的能力；

找出工作环境对障碍者可能的影响；

找出现有或有发展可能的支持。

（2）工作评估的方法

工作评估主要采用工作分析法，对社区中可能的就业机会、工作岗位等进行分析，包括分析必备的核心工作技能与生活技能，需要从事的工作活动，工作的标准和要求，完成工作所需的步骤、方法和工具，工作期间所需用到的材料和设备设施、对工作者在行为习惯和工作态度方面的要求、和工作适应与生活适应有关的重要条件与需求。

（3）工作评估的内容

社区中的就业机会。了解用人单位基本资料，包括用人单位的名称、地址、主责人及其职务、联系人及其职务、联系方式、空缺职务名称、拟招聘人数、以前是否聘用过残疾人、对支持性就业的态度和其他事项（如工作稳定性，即员工流动率，员工辞职或辞退的原因）。

初步工作分析。包括用人单位的招聘岗位、工作要求、工作内容、工作环境等。

招聘岗位分析，包括工作时间、工作地点、工作内容、交通、福利待遇、物理环境、社会环境、工作姿势、体力、上肢活动、下肢活动、协调能力、实用工具、时间观念、安全观念、收拾与整理、仪容卫生、功能性阅读、功能性书写、功能性算术、感官辨别力、判断力、顺序工作、工作速度、专注力、谨慎、适应改变、忍受挫折、与顾客互动、与同事互动、与主管互动、独立作业、小组合作、求助与助人等。

总之，工作评估就是找出与招聘岗位直接相关和间接相关的工作职责、工作标准与要求，找出岗位对工作者在工作技能和工作态度方面需具备的素养。此外，还要考虑工作环境的光线、温度、行动路线、安全性、人际互动情形，有必要了解用人单位的招工喜好和组织生态文化。

2. 个人评估

个人评估是以残疾人本人为中心开展的，优先探索残疾人的所需、所想、所求、所好、所长和所能(经验与潜能),找出现有的和未来可能有的支持。个人评估的重点在于探索和规划残疾人在就业这件事情上的行动方向,而不是评估残疾人是否具备就业的先备技能,是否做好就业准备,是否符合就业的资格。

(1) **评估目的**

支持性就业评估旨在协助残疾人对自己和工作有清楚的认识,了解个人的职业准备、职业能力、支持需求,进而发现自己可能从事的工作。

(2) **评估方法**

通过访谈残疾人本人与家长或重要他人,收集与查阅个人现有的全部记录资料和观察个人在真实情景中的表现等,对残疾人进行评估。涉及个人工作能力与工作态度的评量,适宜在真实工作情境中观察残疾人的表现,运用职业样本观察个人的工作动机、态度、能力表现等。

(3) **评估内容**

残疾人的自我认识;包括:探索个人的工作期待与喜好,个人的工作意愿、工作动机与目标,个人的优势与个人的限制,个人掌握的工作知识与技能及相关工作经验,以及个人的支持需求与已有的支持。

残疾人对工作的认识;包括:对工作情况与要求,工作所需具备的人际关系与技巧,适宜的工作行为与习惯,工作所需的沟通能力和求职与应聘的技巧的探索。

需要注意,评估的重点在于找出残疾人的支持需求。虽然我们会找出个人在工作或生活面上存在的阻力,这个阻力之一有可能来自残疾人本人,但是我们不是重在找出残疾人的弱势和缺点。

另外,通过评估残疾人的就业意愿和家长就业意愿的一致性,残疾人个人意愿和所需支持的强度,我们可以第一时间快速筛选出有真实就业需求的残疾人。通过评估残疾人的职业兴趣和支持的强度,我们可以第一时间支持残疾人做职业选择和决定。

简而言之,个人评估就是在访谈、观察等方法的基础上,探索残疾人的所需、所想、所求、所好、所长和所能,确认残疾人的教育经历、职业学习的经验、生活的经验、工作的经验,个人的生活技能与工作技能、个人在生活与工作上的助力与阻力等,以找出个人的支持需求。

3. 人岗匹配评估

经过工作评估与个人评估后,须整合评估结果,进一步分析个人与环境间的符合程度,以及个人需要支持的程度,或环境本身可调整的程度。

包括下面 5 个步骤:

(1) 确认个人与环境的匹配度;

(2) 依据个人需求进行该活动(含生活、工作等)之工作分析;

(3) 确定该活动的要求;

(4) 分析该活动要求与个人能力及兴趣间的差异;

(5) 制定并发展解决该差异的支持策略。

通常个人达不到岗位要求的项目不超过5个,就意味着个人适合进入支持性就业的下一阶段,获得工作现场培训与辅导等进一步的支持服务。

(二) 就业支持环节

就业支持包括找工作、获得工作和维持工作三大环节。找工作就是通过各种渠道寻找社区中的工作机会;获得工作就是通过工作现场培训与辅导支持残疾人适应职业生活,达到用人单位的要求,表现符合工作所需的工作水准;维持工作就是提供持续支持服务协助残疾人持续稳定就业。

1. 找工作

(1) 找工作的渠道

与企业对接:包括直接联系有雇佣残疾人经验的用人单位、对企业进行拜访、找连锁企业、找跨国公司和合资企业、找小公司。

残联部门:从省市残联或区县残联主办的专场招聘会或其他时间的工作推荐获取工作机会。

支持性就业服务机构工作人员及其熟人或亲友:支持性就业服务机构全体工作人员都可以扮演工作机会开发员的角色,也可从自己的熟人或亲友处获取相关工作信息。

残疾人本人、家属及亲友:发动残疾人本人、家属及亲友寻找社区中的工作机会,另外服务过的已就业的残疾人也可以推荐相关工作机会。

一般人才市场的招聘会:支持残疾人参加一般人才市场的招聘会,寻找潜在的工作机会。

其他渠道:通过"Boss直聘"等网络求职平台、新媒体、报纸杂志等寻找相关工作机会。

(2) 支持残疾人做工作选择

在找社区的工作机会的同时,我们宜和残疾人进行沟通讨论,支持残疾人确定自己的需求和喜好,判断什么样的工作机会适合自己。可从以下方面,支持残疾人做判断和决定。

① 工作与工作条件的性质:残疾人可比较自己的兴趣、能力与工作特质;残疾人可决定障碍所造成的限制与可能的调整。

② 就业:一些常见的职业种类拥有较多的工作机会;没有体力完成全职工作者可采用兼职工作来帮助;想要自雇者,可比较此工作自雇者在该职业中所占的比例。

③ 训练、其他条件要求、升迁:训练类型可协助残疾人比较工作性向的要求与某地区训练的可及性,与该职业的关系或职业内部的迁移性可协助残疾人拟定短期与长期的计划。

④ 工作展望：可判断影响工作机会的原因；若某领域内只有少数的工作机会，残疾人可将此资讯与其他重要的因素相互权衡考量

⑤ 薪资：各职业内部薪资的变动性主要受教育、经验、流动性、雇主类型等重要因素的影响；残疾人可判断可能的薪资水准。

⑥ 信息来源：包括纸本资料（书、小册子）、影片、电影、网络、与他人的沟通交流。

（3）支持残疾人面试

① 做好应聘前的准备工作

就业助理应事先拜访雇主，对用人单位愿意为残疾人提供工作机会表示谢意，让对方有机会了解和认识支持性就业；另一方面，了解用人单位的基本情况，对用人单位进行初步评估。

在拜访雇主以后，与残疾人及其家人面谈。沟通用人单位的基本情况以及提供的工作岗位和面试时所需注意的相关事宜及家长可提供的相关支持。

当然，也可根据需要，支持残疾人进行求职表格填写与面试的演练。

② 支持面试

在面试当天，至少提前十分钟到达。支持残疾人面试时表现得体，就业助理可支持残疾人就工作内容、人事规章制度、工资福利待遇等进行提问。面试结束时，记得询问何时能收到面试结果，或者可以在什么时候打电话询问面试结果。面试结束后，倘若用人单位许可，支持残疾人参观工作环境。整个面试过程，就业助理视情况提供残疾人相关支持。

③ 面试后的后续工作

对于用人单位愿意花时间接待残疾人面试，就业助理、残疾人本人及家人可打电话表示感谢，也可给用人单位写一封感谢信。倘若最终没有被雇用，也要询问是不是还有其他空缺的职位，并留下联系方式，请用人单位在出现新的空缺职位时优先给予通知。倘若面试成功，就业助理宜在此时进入工作现场，对用人单位提供的工作进行试做，进行工作岗位的初步分析。

需要注意的，就业助理须敏锐洞察雇主或家长话语背后的真正含义，以专业的态度有技巧地得体应对，以成功开发工作机会。面试期间，就业助理的重点工作在于和残疾人及其家人、用人单位之间达成共识，兼顾用人单位对残疾人的期待，家人的意见可以参考但不能起决定性作用。

就业助理宜做好残疾人及其家人与雇主之间有效合作的桥梁，并致力于为残疾人建立家庭支持系统、社区支持系统和工作场所的支持系统。

2. 获得工作

支持性就业是一个相当快速的过程，不会因为职前准备培训或技能要求而延缓或耽搁进程。在人岗匹配后，就业助理（或工作教练）在工作现场对残疾人进行培训与辅导，

主要包括工作态度、社会技能和职业技能，另外也有必要支持残疾人持续进行自我探索和职业探索。其中，工作态度和社会技能是残疾人就业失败的主要原因。

(1) 工作态度支持

与工作有关的态度包括时间观念、安全习惯、主动、专注力、谨慎、适应改变、工作品质和忍受挫折等。可采用自我管理策略、沟通策略、社会技巧策略、建立同事关系、同事和主管及雇主的支持、家长支持、榜样示范等策略，支持残疾人养成合宜的工作态度。

(2) 社会技能支持

与工作有关的社会技能包括寻求帮助、服从安排、回答问题、主动帮助同事、社交礼仪等。采用任务分析、自我管理、功能分析、主管和同事支持、内在激励、示范等策略，支持残疾人表现合宜的社会技能。

(3) 职业技能支持

职业技能包括工作姿势、体力负荷、使用工具、功能性学科技能、按顺序工作、判断力、工作速度等。采用同事与主管的支持、提示、困难步骤支持、工作环境合理调整等策略，支持残疾人的职业技能达到工作的标准和要求。

其中工作环境合理调整可能包括：① 现有设备的合适调整，使用科技辅具，便于残疾人易于使用，如视力不佳，可以提供语音电子设备；② 物理可及性的调整，物理结构的改变或调整，如移动问题的解决策略，将工作配置在一楼，或配备无障碍设备设施；③ 资源可及性的调整，提供协助者有利于残疾人完成工作，如为智力残疾人提供工作教练；④ 岗位调整，维持原有的工作职责，调整职务操作的方式，如体力耐力不佳，难以长时间工作，可提供弹性工作制，部分工作时间参加工资(工资较低)；⑤ 工作重组，改变部分工作职责(维持、取消或替代工作职责)，如下肢限制，可安排残疾人从事桌面操作类的工作。

(4) 自我探索

支持残疾人持续自我探索，包括个人的职业生涯兴趣，如自己喜欢的职业，对不同职业的喜好程度和想从事的职业；个人的职业生涯价值，就业对个人、对家庭和对社会的重要性，可带来的意义和好处；个人的职业生涯调适，能遵守工作的基本要求，按规定工作，适应工作环境的变化和要求，解决工作中遇到的问题等。

(5) 职业探索

支持残疾人持续职业探索，包括在个人探索基础上探索适合自己的工作，如工作符合个人的兴趣、符合个人的期待和符合个人的技能等，支持残疾人做职业选择，如了解社区中的职业，进行职业分析，做职业选择。

除此之外，就业助理或工作教练须做好渐进撤退，也就是就业助理或工作教练有计划地从工作现场退出，以减少残疾人对就业助理或工作教练的依赖，促进并实现残疾人独立工作。在进行渐进撤退时需要注意的事项：① 与残疾人和主管讨论撤退时间表；② 同意在第一天内开始减少就业助理或工作教练的存在，并注重发展一般同事或主管作为残疾人在职场的自然支持者；③ 如果可以，告诉残疾人和同事就业助理或工作教练要离开工作地点多长时间；④ 把就业助理或工作教练的联系电话给个人和主管；⑤ 继续收集残疾人的工作行为表现；⑥ 随着残疾人独立性提升，就业助理逐渐延长离开工作现场的时间；⑦ 直到个人在工作场所自然产生的支持下工作一整天，就业助理或工作教练完全撤退。

3. 维持工作

在就业助理或工作教练从工作现场完全撤退后，维持工作就开始了。维持工作是指残疾人在持续的支持协助下保持稳定的工作水准，以实现持续稳定的工作。维持工作需要持续支持残疾人持续发展维持工作的技能。持续支持的重点在于有效降低直接支持的强度、善用同事等的自然支持、在必要的时候介入支持。

提供持续支持的原因在于：(1) 监控工作绩效，包括工作质量和工作率；(2) 促进工作变化和职业发展；(3) 危机干预；(4) 监控社会化和整体融合性；(5) 支持对雇主和同事的培训；(6) 对以前学过的技能进行再培训；(7) 评估满意度；(8) 新技能培训；(9) 对家庭的支持。

持续支持的内容，可能包括：(1) 遵守工作规定；(2) 承担工作责任；(3) 持续保持工作动机；(4) 适应工作中的改变；(5) 持续表现合宜的工作态度；(6) 持续表现合宜的工作行为；(7) 持续表现合宜的人际互动；(8) 持续表现合宜的工作品质；(9) 持续稳定工作；(10) 维护个人身心健康与情绪心理稳定；(11) 维护个人合法权益；(12) 妥善处理工作中的突发事件；(13) 检视残疾人的满意度、雇主满意度和家长满意度；(14) 支持残疾人终身学习；(15) 岗位再设计；(16) 金钱管理；(17) 自主生活；(18) 婚姻与家庭生活；(19) 其他，如教养子女。

四、 多方参与的就业支持服务

支持性就业需要以市场为导向，以残疾人为本位和以雇主需求为导向，促进并实现残疾人、家长、企业雇主、一般员工的持续支持，这些支持包括来自残联的支持、残疾人的支持、家长的支持、雇主(含一般员工)的支持、就业助理或工作教练的支持等。

残联的支持主要在于政策咨询与支持、组织面向残疾人的招聘会、提供就业相关专项资金支持(如职前技能培训方案、自主生活培训方案、支持性就业与支持性就业服务方案、雇主培训等)。

残疾人的支持主要在于自我选择、自我决定、自我负责、自我管理、个人潜能开发与能力的提升、自我倡议等。

家长的支持主要在于在就业全程支持残疾人情绪心理稳定、交通支持、作息规律等，配合与支持就业助理或工作教练开展工作，在必要时和雇主进行沟通协商等。

用人单位的支持主要在于提供适合的工作岗位，支持残疾人适应工作环境，并稳定工作。用人单位的支持包括来自雇主的支持、主管的支持和同事的支持。雇主的支持在于营造友善支持的无障碍工作环境,进行职务调整,提供合理便利。主管的支持在于工作的安排管理和工作的监督,同事的支持在于给予工作示范,提供残疾人必要的工作协助。

就业助理或工作教练的支持主要在于开发并建立社区就业资源与支持网络,支持残疾人寻找、获取适合的社区融合工作,支持雇主获得适合的心智障碍员工,支持家长提供残疾人就业与自主生活的相关支持等。

第七节　残疾人法律服务

对于有经济困难或者其他原因确需法律援助或者司法救助的残疾人,当地法律援助机构或者人民法院应当给予帮助,依法为其提供法律援助或者司法救助。

一、残疾人法律援助服务

法律援助服务是我国法律规定的帮助不能得到专业律师帮助的人维护自身权利的政策,是由政府设立的法律援助机构或者非政府设立的合法律师事务所组织法律援助的律师,为经济困难或特殊案件的人给予无偿提供法律服务政策。

(一)残疾人法律援助服务的法规依据

《中华人民共和国刑事诉讼法》第三十五条:犯罪嫌疑人、被告人是盲、聋、哑人,或者是尚未完全丧失辨认或者控制自己行为能力的精神病人,没有委托辩护人的,人民法院、人民检察院和公安机关应当通知法律援助机构指派律师为其提供辩护。

《中华人民共和国律师法》第四章第二十八条第三款:接受刑事案件犯罪嫌疑人、被告人的委托或者依法接受法律援助机构的指派,担任辩护人,接受自诉案件自诉人、公诉案件被害人或者其近亲属的委托,担任代理人,参加诉讼。

《司法部关于开展法律援助工作的通知》:盲、聋、哑和未成年人为刑事被告人或犯罪嫌疑人,没有委托辩护律师的,应当获得法律援助。其他残疾人、老年人为刑事被告人或犯罪嫌疑人,因经济困难没有能力聘请辩护律师的,可以获得法律援助。

《法律援助条例》:保障经济困难的公民获得必要的法律服务,促进和规范法律援助工作。根据司法部等九部(局)联合下发的《关于贯彻落实〈法律援助条例〉切实解决困难群众打官司难问题的意见》,参加人在劳动仲裁、档案资料查询和复制、司法鉴定等方面享有费用减免优惠。

(二)残疾人法律援助服务的范围、形式

1. 法律援助的范围

法律援助范围是刑事、民事商事、行政诉讼过程中和非诉讼调解,具体包括:

(1)依法请求国家赔偿的;

(2) 请求给予社会保险待遇或者最低生活保障待遇的；

(3) 请求发给抚恤金、救济金的；

(4) 请求给付赡养费、扶养费、抚养费的；

(5) 主张因见义勇为行为产生的民事权益的；

(6) 特殊的刑事案件。

2. 法律援助的主要形式

(1) 刑事辩护和刑事代理

(2) 民事、行政诉讼代理

(3) 非诉讼法律事务代理

(4) 公证证明

(5) 法律咨询、代拟法律文书

(6) 其他形式的法律服务

3. 法律援助服务的形式

残疾人法律援助的形式多样，如各地设立的区(县)法律援助中心或者乡镇法律援助站。如残疾人法律援助中心(分中心、工作站)，残疾人法律服务室、残疾人维权服务中心，残疾人法律咨询热线，由律师等专业人才组成的专为残疾人服务的志愿者服务队，都可以免费为残疾人提供诉讼服务。

(三) 残疾人法律援助服务的申请

残疾人在维权申请法律援助时，需要经过一定程序并提交材料。

1. 申请方式

残疾人应当通过书面或者口头形式向常住户口所在区(县)法律援助中心或者乡镇法律援助站提出申请；如果当地有残疾人法律援助中心(分中心、工作站)的，残疾人也可以向他们提出。此外，各级法律援助中心还通过发放法律援助卡、开通法律援助热线、设立咨询信箱、实行上门服务为残疾人提供方便快捷的法律援助，残疾人可以通过这些途径直接进行咨询或申请。

法院指定。被告人是盲、聋、哑人或者未成年人而没有委托辩护人的，或者被告人可能被判处死刑而没有委托辩护人的，人民法院为被告人指定辩护时，法律援助机构应当提供法律援助，无须对被告人进行经济状况的审查。

2. 申请材料

(1) 法律援助申请表，填写以下事项：

申请人的基本情况；

申请法律援助的事实和理由；

申请人的经济状况；

申请人提供的证明、证据材料清单；

申请人保证所提交的证明及证据材料属实的声明。

书写有困难的申请人，可口头提出申请，由接待人员按上述要求记入笔录，申请人签字或按指印确认。

(2) 居民身份证、户籍证明或其他有效身份证明；

(3) 申请人住所地或户籍所在地的乡镇政府、街道办事处或申请人所在单位劳资、人事部门出具的申请人及家庭成员经济状况证明；

(4) 与所申请法律援助事项相关的证明及证据材料；

(5) 法律援助机构认为需要提供的其他材料。

3. 审查时间

法律援助机构自收到申请援助事项的全部材料之日起十个工作日内进行审查，作出是否予以法律援助的决定：

对符合条件者，做出同意提供法律援助的书面决定，指派承办法律援助事务的法律服务机构，并通知受援人。法律援助机构与受援人应签订法律援助协议；

对不符合条件者，作出不予法律援助的决定，并书面通知申请人。

二、 残疾人司法救助服务

司法救助是人民法院对于民事(行政)案件中有充分理由证明自己合法权益受到侵害，但经济确有困难的当事人，实行诉讼费用的缓交、减免的一项司法保障制度。申请司法救助应当到法院办理。

（一）残疾人司法救助服务的法规依据

《最高人民法院关于对经济确有困难的当事人提供司法救助的规定》：2000 年 7 月 12 日最高人民法院审判委员会第 1124 次会议通过，2005 年 4 月 5 日最高人民法院审判委员会第 1347 次会议通过修订。该规定进一步扩大司法救助范围，明确规定人民法院对于提起民事、行政诉讼但经济确有困难的当事人，实行诉讼费用的缓交、减交、免交。

《诉讼费用交纳办法》：第六章第四十四条规定，当事人交纳诉讼费用确有困难的，可以依照本办法向人民法院申请缓交、减交或者免交诉讼费用的司法救助；诉讼费用的免交只适用于自然人。

《关于建立完善国家司法救助制度的意见(试行)》：提出了建立完善国家司法救助制度的意义和基本原则以及司法救助的对象、方式和标准、救助程序。

《最高人民法院关于加强和规范人民法院国家司法救助工作的意见》：规定了可以申请司法救助的情形和不予救助的情形以及救助金标准；救助手续及其申领。

（二）残疾人司法救助的范围、形式

1. 残疾人司法救助的范围

没有固定生活来源的残疾人或者其他符合司法救助条件的残疾人可以向人民法院

申请司法救助。当事人为社会福利机构、SOS 儿童村、社会救助站、特殊教育机构等社会公共福利单位的，也可以向人民法院申请司法救助。

司法救助范围只限于民事、行政诉讼过程中，减免诉讼案件的诉讼费。

2. 司法救助的形式——民事、行政诉讼案件中诉讼费用的缓交、减交、免交

诉讼费是指当事人为向人民法院提起诉讼程序应当缴纳的费用，包括案件受理费和其他诉讼费用。当事人应当向人民法院交纳的诉讼费用包括：案件受理费，申请费，证人、鉴定人、翻译人员、理算人员在人民法院指定日期出庭发生的交通费、住宿费、生活费和误工补贴。

人民法院对当事人司法救助的请求，经审查符合没有固定生活来源的残疾人，立案时应准许当事人缓交诉讼费用。

人民法院决定对残疾人一方当事人司法救助，对方当事人败诉的，诉讼费用由对方当事人交纳；拒不交纳的强制执行。

对方当事人胜诉的，可视申请司法救助残疾人当事人的经济状况决定其减交、免交诉讼费用。决定减交诉讼费用的，减交比例不得低于 30%。

孤寡老人、孤儿和农村“五保户”，以及正在享受城市居民最低生活保障、农村特困户救济或者领取失业保险金，无其他收入的，应免交诉讼费用。

残疾人事人请求缓交诉讼费用的，由承办案件的审判人员或合议庭提出意见，报庭长审批；对残疾人当事人请求减交、免交诉讼费用的，由承办案件的审判人员或合议庭提出意见，经庭长审核同意后，报院长审批。

（三）残疾人司法救助服务的申请

当事人请求人民法院提供司法救助，应在起诉或上诉时提交书面申请和足以证明其确有经济困难的证明材料。其中因生活困难或者追索基本生活费用申请司法救助的，应当提供本人及其家庭经济状况符合当地民政、劳动和社会保障等部门规定的公民经济困难标准的证明。

本 章 小 结

1. 残疾人证是认定残疾人及其残疾类别、残疾等级的合法凭证，是残疾人依法享有国家和地方政府优惠政策的重要依据。凡符合《中国残疾人实用评定标准》的残疾人均应发给残疾人证，残疾人证的申办坚持申领自愿、属地管理原则。有关法律、法规对我国残疾人证的使用作了严格、严谨的管理使用规定。

2. 残疾人福利是指国家和社会在保障残疾人基本物质生活需要的基础上，为残疾人在生活、工作、教育、医疗和康复等各方面所提供的设施、条件和服务。残疾人是平等的社会成员，但是由于残疾使他们成为社会的弱势群体，通过立法手段保护残疾人的合法权益，并给予尽可能多的福利和照顾，使他们能够在事实上成为社会的平等一员，全面参与社会生活，共享劳动和社会发展所带来的物质文化成果。

根据《中华人民共和国残疾人保障法》规定，残疾人在康复、教育、劳动就业、文化生活、社会保障、无障碍、权益保障等方面上享有相应的权利保障。

3. 多年来，我国针对残疾人事业做了一系列的服务工作，最基本的就是开展残疾人生活保障的服务工作。残疾人康复是指在专业人员的指导和服务下，在社会和国家的支持下，通过采用医学的、工程的、心理的、教育的和社会的等一系列行之有效的服务和过程，引导残疾人积极参与，使残疾人在身体、精神、教育就业、社会活动等方面的功能得到恢复，进而改善其生活，增强其生存和自我发展的能力，从而最大限度地回归社会。

4. 残疾人托养服务是为就业年龄段有需求的智力、精神和重度残疾人在康复、教育、就业、社会保障等方面提供服务，目的是改善促进残疾人的生活。“阳关家园计划”是我国在发展残疾人服务事业的一大举措。

5. 20 世纪 90 年代，国家制定的一系列教育法规都对残疾人教育做了明确规定，并将残疾人教育纳入国家教育改革和发展的总体规划。残疾人教育已成为我国教育事业的一个重要组成部分。

6. 残疾人是特殊的社会弱势群体，关心残疾人、为残疾人提供就业服务、解决关乎残疾人切身利益的就业问题、提供和增进残疾人福利，为残疾人提供就业服务，不仅是全社会的责任，也是社会文明进步的标志。

7. 维护好残疾人权益是一项长期的系统工程，也是一项复杂细致、艰苦的工作。法律援助、司法救助需要满足一定的条件。

参考书目

1. 王辅贤：《残疾人社会工作》，北京大学出版社，2008。

2. 卓彩琴：《残疾人社会工作》，华南理工大学出版社，2008。

3. 李欣儒：《残疾人与社会发展矛盾问题的探究》，《北方经贸》，2010。

4. 孟繁玲：《聋人与社会》，郑州大学出版社，2010。

5. 王思斌：《社会工作概论》，高等教育出版社，1999。

6. 周沛，曲绍旭，张春娟：《残疾人社会工作》，社会科学文献出版社，2012。

7. 奚从清，林清和：《残疾人社会工作》，浙江大学出版社，2013。

8. 王伯仲：《关心关注残疾人事业 加快推进残疾人小康进程》，四平日报，2020。

9. 姚进忠，陈蓉蓉：《中国残疾人社会福利 70 年：历史演进和逻辑理路》，《人文杂志》，2019。

10. 刘婧娇：《从国家本位到需要本位：中国残疾人社会保障的目标定位转向》，《社会科学战线》，2018。

11. 吴军民：《中国残疾人社会政策演进：经验、问题及下一步行动》，《理论与改革》，2012。
12. 张延辉：《我国残疾人社会保障制度绩效评价研究》，吉林大学博士论文，2008。
13. 刘继同，左芙蓉：《"和谐社会"处境下和谐家庭建设与中国特色家庭福利政策框架》，《南京社会科学》，2011。
14. 方巍：《中国发展性福利实践及其思想的历史与发展》，《浙江工商大学学报》，2018。
15. 奚洁人：《科学发展观百科辞典》，上海辞书出版社，2007。
16. 张琪：《社会保障概论（第二版）》，中国劳动社会保障出版社，2013。
17. 陆雄文：《管理学大辞典》，上海辞书出版社，2013 年。
18. 徐杰，叶子鹏：《我国残疾人社会保障研究——基于平等权的权利维度》，《残疾人研究》，2016。
19. 张蕾：《以需为本的残疾人社会保障：国际经验与中国实践》，《残疾人研究》，2016。
20. 蔡海鸥：《卒中后的社区康复》，《中国康复医学杂志》，2001。
21. 杜宇，周琴：《全国智力和精神残疾人托养服务工作会议在广州召开 拓展残疾人工作新领域》，《中国残疾人》，2007。
22. 叶飙：《"生命阳光馆"里重度残疾人吹气即可翻书》，《南方都市报》，2010。
23. 张瑶：《残疾人托养服务》，百度文库，2018。
24. 冯善伟，任占斌：《我国残疾人托养服务的现状及标准体系建设》，《残疾人研究》，2017。
25. 方俊明：《特殊教育学》，人民教育出版社，2005。
26. 朴永馨：《特殊教育辞典》，华夏出版社，2014。
27. 陈静：《胡锦涛：让关爱的阳光照亮每一个残疾人心灵》，华夏经纬网，2007。
28. 赖德胜，赵筱媛：《中国残疾人就业与教育现状及发展研究》，华夏出版社，2008。
29. 蔡立鹏，杨伟明，赵艳：《新背景下残疾人高等教育存在的问题及解决对策》，《黑龙江科学》，2019。
30. 孔小芝：《如何做好残疾人的法律援助工作》，《市场周刊（理论研究）》，2010。
31. 回良玉：《切实把符合低保条件的群众纳入保障范围》，中国城市低碳经济网，2012。
32. 刘战旗，冯元等：《重度残疾人托养照料服务实践案例与政策制度研究》，"十四五"中国残疾人事业规划前期研究重点课题，2020。
33. 中国残疾人事业发展研究中心：《中国残疾人发展与社会进步年度纵览（2020）》，求真出版社，2020。
34. 全国社会工作者职业水平考试教材编写组：《社会工作实务（中级）》，中国社会出版社，2019。
35. 中国残疾人联合会编：《残疾人工作基本知识读本》，华夏出版社，2009。
36. 中共中央国务院：《中共中央国务院关于促进残疾人事业发展的意见》，道客巴巴，2008。
37. 标准技术局：《〈就业年龄段智力、精神及重度肢体残疾人托养服务规范〉国家标准解读》，国家市场监督管理总局标准技术管理司，2019。
38. 新华社：《两部门明确"阳光家园计划"资助范围、标准和条件》，中央人民政府网，2009。
39. 中华人民共和国中央人民政府：《国务院关于建立残疾儿童康复救助制度的意见》，2008。
40.《中共中央关于全面深化改革若干重大问题的决定》，人民出版社，2013。
41. 中国残疾人联合会：《关于残疾人的世界行动纲领》，2017。

42. 中国残疾人联合会:《残疾人机会均等标准规则》,2017。
43. 教育部,中国残联:《关于印发〈残疾人参加普通高等学校招生全国统一考试管理规定〉的通知》,中国教育和科研计算机网网络中心,2017。
44. 福泉市人民政府:《残疾人文化生活》,2017。
45.《我国最低生活保障覆盖范围将适度扩大》,新华网,2020。
46.《社会救助兜底脱贫行动方案》,中华人民共和国民政部:民政专题,2020。
47. 中国残疾人联合会:《残疾人康复服务“十三五”实施方案》,2016。
48. 残之家:《第三代残疾人证的最新消息》,搜狐网,https://www.sohu.com/na/428809478_120882614,2020。
49. 残疾人综合服务平台:《2021年1月后,残疾人20项补贴政策》,https://www.sohu.com/a/448442086_120065118,2021。
50. 许家成主编:《智力障碍与发展性障碍者支持性就业指南》,南京师范大学出版社,2016。

第五章
残疾人服务的策略与方法

残疾人各方面的特殊困难决定了服务残疾人并非易事。基于残疾人服务工作具有与健全人服务不同的特殊性和复杂性,因此应将残疾人服务的策略与方法作为残疾人服务的重要手段,通过不断地实践来促进残疾人服务的快速发展。

第一节　残疾人需求的相关调查研究

残疾人是一个人数众多,有特殊困难的社会群体,他们不仅承受着自身生理、心理的残缺而带来的不幸,而且还遭受到社会的歧视和压迫。国家和社会应该从残疾人的权利与需求出发,着力推进残疾人服务事业,共同构建一个和谐、公平、包容的社会。

一、 残疾人的需求研究

2006 年 12 月 13 日,联合国大会通过《残疾人权利公约》,这是国际社会在 21 世纪通过的第一个综合性人权公约,它标志着人们对待残疾人的态度和方法发生了“示范性转变”,中国也是签约国之一。公约核心是确保残疾人享有与健全人相同的权利,并以正式公民的身份生活,从而在获得同等机会的情况下,为社会作出宝贵贡献。公约涵盖了残疾人应享的各项权利,如享有平等、不受歧视和在法律面前平等的权利;享有健康、就业、受教育和无障碍环境的权利;享有参与政治和文化生活的权利等。[①] 我国于 2012 年 6 月颁布的《国家人权行动计划(2012—2015 年)》中也专门提到了“残疾人权利”保障。

残疾人权利是多方面的,其在法律层面的确认必然会对该群体的规范性需求产生影响。根据《中华人民共和国残疾人保障法》和国务院办公厅发布的《关于加快推进残疾人

---

① 广东省残疾人联合会门户网站,《残疾人权利公约》, http://www.gddpf.org.cn/zcfg/qybz/201710/t20171016_894672.htm。

社会保障体系和服务体系建设的指导意见》①规定，残疾人的权利和需求主要包括康复权、受教育权、劳动就业权、文化生活权、社会保障权和环境友好权。

（一）残疾人康复权

残疾人康复权是其获得良好生活质量的前提条件，也是残疾人“独立生活”的重要保证。残疾康复水平的差异性直接决定了其未来生活质量的差异性，不少残疾人只能长期被封闭在家中，究其原因，很大部分是其康复水平跟不上。

（二）残疾人受教育权

残疾人受教育权是实现其就业和社会参与的重要保障，不仅保障残疾人接受教育的平等机会，尤其是义务教育阶段，而且要保障残疾人接受教育过程的平等性，全面推进“完全接纳”教育。

（三）残疾人劳动就业权

残疾人劳动就业权是社会参与的最重要方面，能够充分展现残疾人“自我生命意义”和“奉献社会”的功能，整个社会要为残疾人劳动就业创造条件，促进残疾人的各种就业形式的发展。

（四）残疾人文化生活权

残疾人文化生活权是残疾人拥有平等参与各种文化、体育和娱乐活动的权利。一方面，丰富残疾人的精神文化生活是残疾人权益保障的重要内容；另一方面，残疾人文化生活权的确认，能够展现残疾人积极向上的生活状态，构建残疾人和“健全人”之间共融共享的文化。

（五）残疾人社会福利权

残疾人社会福利权是指享有各种社会保障和社会福利的权利，尤其是在出现“即时性”困难时获得有效社会帮助，主要包括残疾人社会保险、社会救助、社会供养和公共服务等内容。

（六）残疾人环境友好权

残疾人环境友好权指残疾人享有社会生活平等的无障碍的权利，消除社会环境中阻碍残疾人参与的“物化”因素。加快推进无障碍建设，方便残疾人生活，这主要包括物理环境（各类建筑物、道路和交通设施等）的无障碍、信息交流环境无障碍、公共服务无障碍和政治参与无障碍等。逐步推进残疾人家居环境无障碍建设和改造。②

二、残疾人家庭的需求研究

家庭是残疾人生息安养的幸福港湾，也是政府和社会提供残疾人服务的第一平台。

---

① 广东省残疾人联合会门户网站：《关于加快推进残疾人社会保障体系和服务体系建设的指导意见》，http://www.gddpf.org.cn/qybz/fzjs/fgjs/201711/t20171113_901023.htm。

② 全国社会工作者职业水平考试教材编写组：《社会工作实务（中级）》，中国社会出版社，2019，第185—186页。

社会转型期间,残疾人家庭承受着前所未有的经济、教养、照料和精神的压力。应加强对残疾人家庭的了解与重视,采取相应措施,回应残疾人及其家庭的特殊需求,使他们能够共享经济社会发展成果,安享美好人生。

对残疾人社会服务体系的设计应该以有效回应残疾人家庭的需求为基本取向。残疾人家庭的诸多需求与其他社会群体既有共同性也有特殊性。

(一) 共同性需求

根据马斯洛的需求层次理论和阿尔德弗尔的 ERG 理论,人类的基本需求具有普遍性,都有维持生存的需求、安全的需求、发展人际关系的需求、获取尊重的需求、自我发展、自我完善和自我实现的需求。在现实生活中,大部分残疾人在以上普遍需求的满足方面存在较大的困难,生存需求和发展需求尚未得到有效满足,只能维持在比较初级的阶段。残疾人是残疾人家庭的重要组成部分,一定程度上来说,残疾人的个体需求也代表了残疾人家庭的整体需求。前面已经写到残疾人的个体需求,这里不再赘述。

(二) 特殊性需求及其特点

在共同性需求以外,残疾人家庭的需求还具有一定的特殊性。在为残疾人设计社会服务体系和提供具体服务时,需要清楚认识到这些特点,才能更好地满足残疾人家庭的特殊需求。

1. 特殊性需求

(1) 经济需求

因为残疾人就业困难,自身没有经济收入,家庭的经济收入较少而开支较多,所以与一般健全人家庭的经济状况相比,有明显的困难,在经济方面的需求比较迫切。

(2) 住房需求

由于残疾人存在各种行动障碍,他们当中又有许多人长期与父母、兄弟姐妹生活在一起,残疾人的居室空间多很狭小。另一方面,寻找住房的困难又迫使残疾人只好在大家庭中生活。住房困难是当前城市居民生活中普遍存在的大问题,残疾人家庭的这种困难在相当长的时间里难以解决,因此,残疾人家庭的住房需求亟须解决。

(3) 婚姻家庭的需求

在婚姻恋爱方面,不仅残疾人本身困难重重,而且残疾人的家人,尤其是残疾儿童父母的丧偶、离异、再婚,残疾人的兄弟姐妹寻偶会受到直接影响。这些问题使不少残疾人家庭长期笼罩着一片阴影。

(4) 社会交往的需求

残疾人家庭大多数存在着社会交往方面的困难,由于世俗的偏见、物理性障碍和心理负担,残疾人的配偶、父母或残疾人本身参与社会交往的机会很少,导致其家庭照顾者常常不得不放弃社会交往。尤其是精神残疾人的家庭成员,社会的舆论使他们不愿与社区内的人们往来,因此也增加了生活方面的困难。

（5）心理支持的需求

残疾人遇到的各种困难，使残疾人家庭大都感到精神压抑。作为残疾人的直系亲属，心理负担随着残障者的情感变化而动荡起伏，这是健全人家庭很难体会到的，因此，残疾人家庭成员在心理和精神上都需要支持。①

2. 特殊性需求的特点

（1）需求具有多重性且支付能力低

对于残疾人家庭成员来说，需求面对的困难和挑战是多方面的，有自身的教育问题、就业问题、家庭问题、社交问题、自我发展问题等，还要兼顾残疾人的供养问题，需求同时扮演多重角色，在有限的时间、精力和资源制约下，往往难以在各个方面都有最佳的表现。对于大部分家庭成员来说，往往经济收入更少，家庭开支更大，居住空间更小，医疗康复更困难，总体生活质量不高。

（2）需求呈现多样性和个性化

残疾人家庭并非统一的均质性群体，由于年龄、性别、地域、残疾类型、残疾程度、所处社会环境等人口社会学特征不尽相同，各自的需求内容差异性很大。即使是同一个残疾人家庭也有各方面的多种需求，且在不同的生命阶段其需求不断发生变化。大部分残疾人家庭主要关注的是维持残疾人生存层面的需求，比如医疗服务与救助、辅助器具、康复训练、生活照料等，而对出门行走、对外交往、社会参与等发展性需求期望较低，更难以顾及无障碍设施、文化服务、信息无障碍等生活质量型需求。与此同时，也不能忽视残疾群体日益明显的另外一种趋势，即随着我国市场经济的发展和社会文明的进步，残疾人权利意识觉醒，对生活品质有了更高的要求，残疾人的需求个性化特征也更加明显。

（3）需求呈现持续性和长期性

除少部分属先天性残疾以外，绝大部分残疾人都是获得性残疾（包括疾病和伤害），衰老也是残疾化的最重要原因之一。随着年龄的增长，老年人的身体器官功能逐渐老化或丧失，这一变化往往是不可逆的，康复的可能性较小。很多残疾人对某一种服务的需求贯穿整个晚年生活，具有较强的依赖性。比如生活不能自理的残疾人对他人生活照顾和卫生护理的需求是长期的、刚性的；很多生活半自理的残疾人对康复服务的需求也是持续的。这在很大程度上使得残疾人相比其他社会群体有长期的额外开支，不仅经济负担沉重，在精神上也存在长期的压力。与此相对应的，也增加了残疾人家庭成员提供照料和护理的困难，他们对外在支持性资源的需求也呈现持续性和长期性。

（4）心理需求迫切且具有特殊性

当前社会对残疾人及其家庭仍然在一定程度上存在无知、偏见和歧视。特别是在农村和偏远地区，残疾人可能是被人鄙夷或嘲笑的对象。这些根深蒂固的社会偏见和歧视

① 马洪路：《残障社会工作》，高等教育出版社，2009，第 206 页。

难以在短时间内彻底根除，无形中造成了对残疾人及其家庭的心理伤害。残疾人由于受教育程度和收入水平偏低，在出行、获取信息、参与社会活动等方面存在诸多限制，难免在心理方面受到影响，可能会有孤僻、暴躁、偏执、厌世等情况。残疾人的家庭也面临同样的心理压力，一方面社会偏见与歧视使得他们不愿意与其他人群往来，另一方面，残疾人家属的心情常常随着残疾人的情感变化而起伏，长期忍受一般家庭难以体会的精神压力。

第二节　残疾人服务的策略

康复是帮助残疾人恢复或补偿功能、提高生存质量、增强社会参与能力的重要前提和途径，是残疾人的迫切需求。就业是残疾人改善生活状况、提高社会地位、参与社会生活、共享社会物质文化成果的基础，是实现其人生价值的关键。尊重、关注与保障残疾人群体，推进社会融合，是国家义不容辞的责任，也是全社会人文关怀的温情体现。如何让残疾人融入社会整体中来，共享社会建设成果，是推动残疾人事业发展的客观要求，也是实现社会整体和谐发展的必由之路。

一、残疾人康复的策略

根据《中华人民共和国残疾人保障法》《残疾预防和残疾人康复条例》的有关规定，为了预防残疾的发生、减轻残疾程度，帮助残疾人恢复或者补偿功能，促进残疾人平等、充分地参与社会生活，发展残疾预防和残疾人康复事业①，将残疾人康复的基本策略分为两类。

（一）对还未发生的残疾，基本策略是以预防为主

残疾预防是在发生伤病残之前预防其发生或减轻其功能障碍程度的措施。三级预防是我国目前采用的方式：一级预防是预防致残性伤害和残疾的发生，如进行免疫接种、围产期保健、预防性卫生咨询、减少暴力、预防交通意外、加强公共场所的安全等；二级预防是防止伤害后出现残疾，提供残疾早期筛查、早期发现、早诊断、早治疗，如定期检查身体、控制危险因素、预防并发症等；三级预防是采取相应措施，预防残疾后产生各种障碍，并通过运动治疗、作业治疗、语言治疗、心理治疗等康复功能训练方法改善功能，预防或减轻残疾。

康复医疗机构、社会福利机构中的社会工作者在残疾预防方面特别要注意开展以下工作：

① 广东省残疾人联合会门户网站：《残疾预防和残疾人康复条例》，http://www.gddpf.org.cn/qybz/fzjs/fzxc/201711/t20171128_905319.htm。

1. 修建方便残疾儿童日常生活的无障碍设施,并保证这些设施能安全使用;不允许在盲道上堆放物品;坡道要及时扫除冰雪杂物;厕所的残疾儿童便池扶手等要保持清洁、稳固;打扫房间地面时应注意防止孩子滑倒摔伤。

2. 避免使用容易造成光、电伤害的玩具和有尖角、锐棱等容易碰伤儿童的玩具;儿童玩具要经常消毒、修理和更新;教育并防范健全儿童在各种活动中伤害残疾儿童。

3. 关心残疾儿童的心理健康,防止因孤独、自卑、妒忌等因素造成的自残或故意伤害其他儿童的行为。

4. 组织院内、院外集体活动时要做好各项准备工作,活动过程中要加强纪律教育,防止意外事故发生。①

(二)对于已发生的残疾,处理原则为复原、代偿和适应②

复原是指采用医疗措施恢复患者的功能,包括功能恢复的训练、药物治疗和手术等。

代偿是指通过残存功能或其他功能来弥补丧失的功能。这必须通过再训练才能达到,也可以通过辅助器具来达到补偿功能的目的,如助听器、义肢。

适应是指改变生活环境以减轻它对残疾的影响,如无障碍设施、立法、舆论宣传等。

(三)掌握残疾人康复的基本途径③

残疾人康复的基本途径有机构康复、社区康复、上门服务。

机构康复是指利用先进的设备和较高的专业技术,对残疾人开展身体功能、心理疏导、社会适应等方面的康复,一般在综合医院的康复科或专门康复机构(康复医院或康复中心)进行,例如脊髓损伤中心、脑卒中后遗症专科医院等。

社区康复主要利用基层社区内的卫生、民政、教育、残联等有关部门和一切可利用的人力、物力,为残疾人提供就近方便的多种康复训练与服务,例如我国为精神病人和智力障碍青少年设立的"工疗站"就是一种典型的社区康复,在国际社会康复领域得到普遍赞誉。

上门服务是介于机构训练和社区康复训练与服务之间的一种服务形式,指医疗或康复机构和社区的康复资源,为辖区残疾人提供上门的康复训练与服务,例如康复工作者定期到偏瘫的残疾人家庭探访,提供相应的康复指导等。

二、残疾人就业支持策略

残疾人就业是以职业训练为中心,通过职业评估、教育、培养、就业安置、咨询等工作,协助残疾人形成适当的职业适应能力,从而能够进行劳动就业。劳动就业是残疾人

---

① 全国社会工作者职业水平考试教材编写组:《社会工作实务(中级)》,中国社会出版社,2019,第198—199页。

② 卓彩琴:《残疾人社会工作》,华南理工大学出版社,2008,第139页。

③ 周沛,曲绍旭,张春娟等:《残疾人社会工作》,社会科学文献出版社,2012,第209页。

走向社会、参与社会的重要标志。

(一) 当前我国残疾人就业的情况①

残疾人是需要全社会关心和帮助的特殊困难群体。残疾人就业是保障残疾人平等参与社会生活、共享社会物质文化成果的基础。改革开放以来,特别是《残疾人保障法》公布施行以来,我国残疾人的就业状况得到明显改善。

据统计,在我国 8296 多万残疾人中,已经实现就业 2266 万人,其中城镇 463 万人、农村 1803 万人。但是,随着我国经济社会的发展和老龄化程度的加剧,残疾人就业工作也出现了一些新的情况和问题,主要表现为:(1) 残疾人数量不断增多,我国目前尚有 858 万有劳动能力、达到就业年龄的残疾人没有实现就业,而且每年还将新增残疾人劳动力 30 万人左右;(2) 各级政府和用人单位依法吸收残疾人就业的责任不够明确,少数用人单位存在不按照规定安排残疾人就业、不依法与残疾人职工签订劳动合同,以及歧视残疾人等情况;(3) 对残疾人就业的各项保障措施需要进一步完善;(4) 残疾人就业服务培训等工作相对滞后。

(二) 残疾人就业面临的压力②

随着我国社会主义市场经济体制的形成,工作岗位的竞争是极其激烈而残酷的,即使是健全人,要找一份稳定的工作也极不容易,残疾人由于自身缺陷的存在,与健全人相比,"条件"明显差了一大截。因此,作为弱势群体的残疾人,在就业上面临着非常大的压力和挑战。

1. 从整个社会就业环境看,劳动力供大于求

我国人口众多,劳动力总量大,而且每年新增劳动力也在不断增加。同时,当前我国正处于产业结构调整和城镇化加速发展的进程中,失业人员、下岗职工、农村剩余劳动力三方面就业需求不可避免地重叠,使劳动力供大于求的矛盾更加突出。其次,我国正处在社会转型时期,随着社会主义市场经济体制的建立,就业竞争越来越激烈,必然导致残疾人就业渠道狭窄,适合残疾人就业的岗位很少。

2. 很多残疾人自身的素质和就业观念不能适应市场需求

一方面,残疾人普遍受教育程度较低,文化素质、职业技能等不能适应竞争机制下的就业需求;另一方面,部分残疾人"等、靠、要"的依赖思想严重,缺乏市场经济条件下的商品意识、竞争意识和创新意识,不具备参与社会竞争的积极态度。同时残疾人群体中一些人的择业意识和择业能力导致了结构性失业,造成一方面有残疾人失业下岗,另一方面需要残疾人劳动力的岗位招不到劳动者的矛盾;结果是有事没人干,有人没事干。

---

① 中央政府门户网站:国务院法制办负责人就《残疾人就业条例》有关问题答中国政府网问,http://www.gov.cn/zwhd/2007-03/06/content_543015.htm。

② 王辅贤:《残疾人社会工作》,北京大学出版社,2008,第 184—185 页。

3. 残疾人就业服务体系不完善，就业市场建设滞后

目前，全国已建立起以就业登记、职业介绍和就业培训为主体的残疾人就业服务网络。但残疾人就业是一项政策性很强、需要全社会理解支持的工作，而现有的体系由于一些职能尚未发挥，存在着就业信息与用工单位之间的信息不畅，特别是部门之间、城乡之间、地区之间条块分割，资源不能共享。

4. 部分用人单位对残疾人存在偏见甚至歧视，对安排残疾人就业的认识不到位

尽管我国的相关法律、法规对残疾人就业作出了明确而又具体的指示，但在现实中，仍然有许多用人单位宁愿缴纳残疾人就业保障金，也不愿接纳残疾人到自己的单位就业，忽视、侵害残疾人就业权益的现象时有发生。

（三）保障和促进残疾人就业的主要策略

2007 年 3 月 6 日，国务院法制办负责人就《残疾人就业条例》有关问题答问指出，保障和促进残疾人就业的主要策略有以下几个方面。①

第一，县级以上政府应当采取措施，拓宽残疾人就业渠道，开发适合残疾人就业的公益性岗位；县级以下地方政府发展社区服务事业，应当优先考虑残疾人就业。

第二，国家对集中使用残疾人的用人单位依法给予税收优惠，并在生产、经营、技术、资金、物资、场地使用等方面给予扶持；县级以上地方政府及其有关部门应当确定适合残疾人生产、经营的产品、项目，优先安排集中使用残疾人的用人单位生产或者经营，并根据集中使用残疾人的用人单位的生产特点确定某些产品由其专产；政府采购，在同等条件下，应当优先购买集中使用残疾人的用人单位的产品或者服务。

第三，对残疾人从事个体经营的，应当依法给予税收优惠，有关部门应当在经营场地等方面给予照顾，并按照规定免收管理类、登记类和证照类的行政事业性费用；国家对自主择业、自主创业的残疾人在一定期限内给予小额信贷等扶持。

第四，地方各级政府应当多方面筹集资金，组织和扶持农村残疾人从事种植业、养殖业、手工业和其他形式的生产劳动；有关部门对从事农业生产劳动的农村残疾人，应当在生产服务、技术指导、农用物资供应、农副产品收购和信贷等方面给予帮助。

第五，残疾人就业保障金应当纳入财政预算，专项用于残疾人职业培训以及为残疾人提供就业服务和就业援助，任何组织或者个人不得贪污、挪用、截留或者私分。

三、 残疾人社会融合策略

实现残疾人的社会融合，需要充分发挥多元化的各方力量并且重视社会化主体的潜力挖掘，坚持以“政府主导，社会参与，国家扶持，市场推动”为原则。在残疾人社会融合的过程中，政府这一最终责任主体主要扮演规范引导和监督评估的角色。以残疾人联合

---

① 中央政府门户网站：国务院法制办负责人就《残疾人就业条例》有关问题答中国政府网问，http://www.gov.cn/zwhd/2007-03/06/content_543015.htm。

会为代表的残疾人服务机构既是服务落实主体，也发挥着为服务对象提供反馈平台的作用；各基层残联组织与其他社会组织、社区、残疾人家庭及残疾人自身都是具有能动性的主体之一，多元主体各司其职、各尽其责。

（一）政府要发挥规范引导与监督评估功能

政府在残疾人社会融合中要清晰定位自身的服务型角色，以服务对象的需求和认同为导向，扮演好残疾人社会融合中的规范者、引导者和监督者的角色。残疾人社会融合体系的构建是一个庞大系统的工程，从整体理念、目标方向和行为规范等意识层面的规范引导到具体构建过程中的项目操作、运行管理和信息平台的搭建都需要政府主要负责。

第一，政府应将残疾人社会融合的包容性和赋权性发展理念通过相关政策加以确定，并做好这一理念的宣传工作。

第二，政府要充分调动基层残疾人组织及工作人员的积极性，根据其反馈及时制定调整残疾人切实需要的服务项目和政策。

第三，政府要对参与残疾人社会融合中的主体进行引导和规范，根据不同主体的优势和特性合理调配资源，并协助各主体开展工作。

第四，对于残疾人社会融合的各个项目和环节，政府要制定相应的成果评估与考核方案，并完善公众监督途径和举报制度，促进整个融合体系运作过程的透明化。

（二）残疾人服务机构为残疾人融合提供服务落实与反馈平台

残疾人服务机构在我国以残疾人联合会为代表，残疾人联合会在成立之初将自身职能定位于“代表、服务和管理”，现阶段要更加科学合理地行使管理职能，并加强代表和服务功能，在残疾人社会融合中扮演好服务落实和反馈平台的角色。代表功能的履行需要自下而上反映残疾群体最真实和迫切的需求，自上而下则要将上级有关残疾工作的部署和安排落实到位。服务功能要在有机构、有队伍、有业务和有场所的前提下，通过就业服务所、康复服务指导站等提供专业化服务，并根据《中国残疾人联合会章程》的规定，对盲人协会、聋哑人协会等残疾人组织进行业务指导，提供交流平台。

残疾人代表对残疾人及其家庭的需求要了解到位，可以借鉴四川省残疾人服务过程中“量体”的环节，按行政区域细分残疾人入户需求调查小组，细致深入地走进残疾人家中了解实际情况和真实需求，并进行整理存档和如实反馈，与残疾人群体亲切交流，为其提供发声的平台和反馈意见的渠道。

（三）社会组织作为新兴力量为残疾人融合提供有力支持

为残疾人提供社会服务的社会组织是残疾人社会融合体系中的新兴力量和有力支持，有以残疾人托养中心或收养残疾人的安养院、康复中心、康复医院、有随班就读学生的普通学校、特殊教育学校、残疾人就业培训中心、信息服务中心和法律服务站等为代表的专业服务机构或组织，此类包括非营利性的事业服务机构与组织，非营利性的民间服务机构与组织、营利性的产业服务企业、机构与组织。

专业化社会组织要强化自身提供专业服务的职能，为残疾人提供早期教育和康复训练、托养、职业康复和培训、文化娱乐等方面的服务，充分利用审批手续简化等政策优惠，实现自我管理和治理，创新自身经营模式，提高为残疾人服务的水平，真正承担起服务组织的公共责任。

政府及残联一方面要引导社会组织的规范发展，健全有关法律法规，强化残疾人服务相关机构的行业自律和诚信服务，并通过信息透明机制的完善和第三方评估机制的引入，完善对社会组织的监督与评估工作；另一方面，要大力促进行业组织的合作交流，促进组织之间的相互学习，并不断提高残疾人服务民间机构的知名度和社会影响力，对社会组织实行持续性的激励，奖罚分明，从根本上提升残疾人服务组织的自律意识，纠正不当行为，树立良好形象，优化残疾人服务组织创新发展的社会环境。大力开发社会组织等为残疾人服务的潜能和热情，政府不再是公共服务的唯一提供方，而是与企业、非政府组织、个人等组成合作伙伴关系。通过多元主体的合作分工，在协商民主的基础上对话沟通，建立良性互动关系，以残疾人及时获得需要的服务和满意度为共同目标追求。

（四）社区与社会工作者是残疾人社会融合的重要平台与帮手

政府能够提供的服务有限，社区是反映国家及各级政府政策实施效果的重要场域，也是残疾人及其家庭参与社会的日常生活的重要平台，应在残疾人服务与残疾人及其家庭的赋能过程中发挥更重要的作用。残疾人接受教育、获得康复服务、参与文体活动、进行职业培训、心理健康支持、日常照料与养老等方方面面的社会生活都与社区息息相关。这些不同类型和不同程度的残疾人的个性化需求，仅靠国家层面的帮助无法满足。

从社会工作视角来看，社区照顾是专业的社会工作人员通过合作与协调，使用合法的社会服务机构和服务来调动社区资源，给残疾人提供援助性的服务。让各类型的残疾人都能自由享受社区服务，需要进一步改造社区服务设施，采用无障碍设计，加强社区照料与康复服务。社会工作者对于残疾人政策的倡导、社会动员以及社会资源的链接有难以忽视的作用。他们以助人自助为宗旨，用人性化的手段和方法，通过专业的价值观指导，根据服务对象的实际需求，开展各层级的、有针对性的残疾人帮助工作，对残疾人价值的提升和潜能的释放有着不可忽视的作用。所以，要对社工、志愿者及社区服务工作人员进行培训，特别是残疾人协管员，以社区为单位，实行网格化管理和服务，进行康复服务的持续跟踪以及家庭成员的康复技能培训等工作。

（五）家庭及残疾人自身是残疾人社会融合的内在力量

为残疾人提供服务的同时，也把家庭作为服务对象，并重视家庭作用的发挥。首先，以家庭为单位普及残疾预防知识；其次，注重残疾人在家庭中的尊严与权益的维护，通过对家庭成员进行教育引导，必要时借助残联、妇联等机构的力量使残疾人在长居环境中获得尊重；并加强家庭成员培训，使其与残疾的家庭成员可以畅通交流；支持残疾家庭成员就业，使残疾人家庭在残疾人服务体系建设过程中更好地发挥作用。

残疾人自身要有“残而不废”的信念，积极参加到能够增强自身发展能力的项目中，克服自身的自卑和怯懦，自立自强地成为社会中的平等一员，从内心相信可以凭借自己的力量奉献社会并付诸实践。

多元化和社会化的主体力量的共同努力有利于爱残助残的社会氛围营造，让平等、尊重的残疾人观通过各方的实际行动深入人心。

第三节　残疾人服务的社会工作方法

残疾人社会工作者努力学习和运用残疾人社会工作方法、技巧与工作模式，提高为残疾人服务的能力，是其素质与职责的应有之义。残疾人社会工作是社会工作的一个重要组成部分，社会工作的传统三大方法——个案工作、小组工作和社区工作，自然也是残疾人社会工作的主要方法。

一、 社会工作介入残疾人服务的方法

（一）残疾人个案工作①

1. 残疾人个案工作的含义

残疾人个案工作是针对残疾人所做的个案社会工作，是将个案社会工作知识技巧、态度和价值观应用于残疾人个体或家庭，是社会工作者以一对一、面对面的社会工作方法，协助残疾人寻找有效的途径来处理生理和心理失调问题，从而促进其健全人格的发展，促进其社会适应的过程。

2. 残疾人个案工作的内容

由于残疾人个案工作服务对象不同，残疾人个案工作的内容包括两部分。一是对残疾人本身提供的个案辅导，主要是康复训练，包括医疗康复、教育康复、社会康复、职业康复等。二是对残疾人家庭开展的个案工作，如向家庭其他成员提供心理辅导以应对其长期照顾家中残疾人而出现的心理不适，教授家庭成员应对残疾人的护理和沟通技巧，帮助家庭申请经济援助，帮助家庭申请义工人员的帮助以缓解家庭成员在长期照顾中的压力等。

3. 残疾人个案工作的基本程序

残疾人个案工作是一个有计划地协助残疾人调适心理、恢复身体功能和解决家庭问题的过程。这一过程包括接案、收集资料、分析诊断、制订计划、介入、结案等六个步骤。

---

① 周沛，曲绍旭，张春娟等：《残疾人社会工作》，社会科学文献出版社，2012，第258—260页。

（1）接案

当有残疾人向社会工作者求助时，社会工作者首先要确定该求助者是否属于本机构的残疾人。比如，属于职业康复的残疾人，应由职业康复部门的社会工作者来接案；如果是脑瘫儿童，则应由与脑瘫相关的社会工作者负责与申请者会谈。若残疾人的问题不属于社会工作范围，则社会工作者应向求助者解释并帮助其联络相应的机构；若求助者的问题属于本机构和社会工作者范围，则应及时接案。

（2）收集资料

社会工作者在这个阶段的工作就是通过各种途径收集残疾人的资料，主要有以下几种途径。

一是与残疾人或相关人士会谈。相关人士可以是残疾人的亲属、社区邻里以及单位和学校的领导或同事等。通过残疾人或相关人士的直接描述可以获得一手资料，掌握残疾人的致残原因或病因、家庭问题及社会资源等，进而对经济、法律、劳动条件和家庭伦理道德等问题进行专题或综合研究，帮助其解决困难。

二是进行家庭探访。为进一步获得残疾人家庭生活状况等重要的个人资料，社会工作者可与残疾人的家庭建立初步关系，经常进行家庭探访，实地观察和了解残疾人的生活方式、家庭状况、经济条件、生活环境和家人对残疾人的态度等。

三是通过电话、网络、信件联络。随着社会发展，沟通的方式十分丰富，社会工作者也可以采取电话、网络等通信设备与残疾人保持及时联络，询问其康复进展状况。

（3）社会诊断

残疾人的社会诊断，就是把通过会谈、探访或其他方式所得的关于残疾人的人格特质、家庭、社会情况等资料，以客观的态度，经过综合分析与比较研究，评估残疾人的生理、心理和生活环境中的有利因素和不利因素，对残疾人问题的性质、原因和影响做一个周密分析，从而诊断残疾人问题的症结所在。

（4）制订计划

社会工作者根据分析诊断的结果与残疾人共同研究，共同商量，制订出一个具体计划书。计划书的主要内容是关于解决问题的途径、方法、步骤，包括近期目标和远期目标以及计划完成的方式与时间。社会工作者在制订计划的过程中应遵循尊重残疾人意见的这一基本原则，即以残疾人为中心。

（5）介入

介入是社会工作者协助残疾人正式解决问题的实施过程，有两种方式：一种是给予直接服务，称为直接介入；一种是给予间接协助，称间接介入。社会工作者要尽量从残疾人中及其周围了解残疾人已有能力和可以利用的资源。在大多数情况下，社会工作机构提供的资源较单一，无法满足残疾人的需要，这需要社会工作者为残疾人发掘、调动和协调更多的社会资源。

(6) 结案

社会工作者应提前告诉残疾人结束的时间,一般是在倒数第三次会谈时告诉残疾人。相应地,最后三次会谈的内容主要围绕结案来展开,主要处理“回顾过去”和“展望未来”两项工作。

(二) 残疾人小组工作

1. 残疾人小组工作的含义

残疾人小组社会工作是指社会工作者根据不同的需要组建不同的社会群体,利用群体动力和群体工作的策略和方法,通过小组工作者的引导,小组成员间的经验分享、情绪支持和相互讨论,产生行为改变和恢复正常功能,最终促进残疾人功能恢复与能力发展的专业服务。

2. 残疾人小组工作的流程①

有关残疾人小组或团体工作的程序,有各种说法。结合残疾人实际情况,我们将残疾人小组工作的程序表述为如下五个阶段。

(1) 筹备阶段

小组筹备期又称为小组前期,是指在残疾人小组工作正式开始之前,此时小组成员是未知的、未曾整合的,残疾人小组的发起人在社会工作者的配合和协助下为小组筹备进行各项准备工作。这包括通过会谈、个别了解,在自愿基础上,决定小组成员组成;确定小组名称、性质、对象及负责人;确定小组发展理念、目标、工作方案或计划和行为规则;小组建立后,第一次聚会,小组负责人宣布小组正式成立,讲述小组发展理念、目标、工作方案或计划和行为规则,小组成员面对面互动,充分发表各自意见,以便做好小组工作。

(2) 开始阶段

在这期间,小组尽可能提供给成员参与各种活动机会,增进相互认识和熟悉的程度,建立初步的信任关系。残疾人社会工作者是小组活动的主要设计者和组织者,创建可信赖的环境,帮助组员建立信任关系,促进组员间相互了解。同时,帮助小组整合和利用社会资源,克服各种困难。

(3) 中期转折阶段

有的称之为团体(小组)的整合、分化与再组时期。随着小组活动次数的增加,相应的小组成员之间的情感交流和成员对小组的目标、性质的认识也在增强,从而逐步建立起亲密关系,趋向于整合。与此同时,由于各种原因,小组成员之间的摩擦也在增多。小组成员之间和成员与残疾人社会工作者之间的冲突开始产生。在这种情境下,残疾人社会工作者应保持清醒头脑,想方设法,运用交谈、澄清与对质技巧,处理小组成员间的共

---

① 奚从清,林清和:《残疾人社会工作》,浙江大学出版社,2013,第78—79页。

同障碍和矛盾冲突，促进小组目标的实现。例如，针对有问题的组员，帮助其在情绪、行为、态度和价值观等方面回复到原来状态，鼓励其实现社会价值；针对违反社会秩序、道德规范或侵犯他人利益的"问题"组员，帮助其学习社会规范，与他人建立和谐的人际关系。只要深入细致地做好思想政治工作和心理疏导工作，就会避免有的小组发生再组现象。

（4）后期成熟阶段

有的称之为小组维持期、小组工作期或小组成就期。在这个阶段，小组成员达到较为理想的沟通状态，彼此之间的了解更深入，成员对小组有较高的认同感和归属感。在小组更趋向于整合的情境下，残疾人社会工作者运用激励机制，让成员更加投入与参与，以确保小组持续不断地做出成效。与此同时，残疾人社会工作者应协助小组负责人解决某些明显或潜伏的问题。

（5）结束阶段

有的称之为团体(小组)结案期。结案是指小组结束，可分为结案前的准备工作与结案后的追踪工作。小组结束有两种情形：当小组目标实现、任务达成时，或者约定的时间已经到了，任务没有实现时，小组面临着结束。不论是哪种情形，都要做好小组结束工作。中国台湾学者徐震、林万亿在其合著的《当代社会工作》一书中提出：团体结案后，工作员应将每次的聚会记录，整理成团体总结记录。这一过程记录包括：①

① 机构名称、团体名称、团体活动的日期、时间和地点。

② 出席成员姓名与缺席成员姓名。

③ 自上次活动以来成员接触情形。

④ 团体活动内容与程序，包括器材、安排、操作等。

⑤ 成员的参与情形，包括讨论、活动、特殊行为表现。

⑥ 分析本次活动的经验。

⑦ 评价本次活动的效果与有意义的发现。

⑧ 计划下次活动的决策与预备。

在小组结束期，残疾人社会工作者应协助小组与原先建立关系的社会团体、社区组织及有关机构保持联系，以确保结案后做好应做的工作。

（三）残疾人社区工作

1. 残疾人社区工作的含义

残疾人社区工作是指依托社区、充分利用社区资源为残疾人服务，不断满足残疾人日益增长的物质与精神需求，促进残疾人平等参与社会生活的一项工作。社区建设的开展使残疾人不仅得到了更多、更好的服务和照顾，也给他们创造了更多参与社会生活和

---

① 徐震，林万亿：《当代社会工作》，五南图书出版公司，1982，第206—207页。

实现自我价值的机会。

2. 社区残疾人工作的主要内容①

当前我国社区残疾人工作的主要内容包括以下几方面。

(1) **建立社区残疾人协会，并发挥密切联系残疾人、反映残疾人意愿、带领残疾人积极参与社区建设和社会生活的作用。**“哪里有社区，哪里就有残协”，社区残疾人协会主席由社区居民委员会成员担任，副主席由优秀残疾人或残疾人亲友担任，聘用有能力的残疾人从事联络、协管等工作。发挥社区居委会的自治组织作用，充分利用社区残疾人协会联系残疾人的优势，调动残疾人的积极性，鼓励残疾人自治、互助，提高残疾人参与社会生活的能力。积极开展社区康复工作，不仅要依靠社区卫生服务机构，也要充分发挥社区内各有关组织(如残疾人协会，工、青、妇组织等)、志愿人员、残疾人自身及其亲友的作用，形成社区参与的良好工作机制。

(2) **保障残疾人的基本生活，为残疾人提供帮扶服务。**残疾人服务社区化就是要以社区为依托，以社区福利机构为补充，调动社区各方力量，充分利用社区内各种社会资源，在社区当中为残疾人提供生活、就业、医疗、教育、文化等多元化多层次的服务，以满足残疾人物质及精神层面不同的需求，改善残疾人的生活质量。社区是残疾人生活的根本落脚点，也是政府及相关部门提供社会服务的基层组织和根本载体。实现残疾人服务的社区化，不仅能够为残疾人提供便捷、经济、有效的服务，而且立足社区、依托社区能够使服务提供方更加清楚地了解和掌握残疾人的真正需求，根据残疾人的需求提供相应的服务。

(3) **以家庭为基础，开展残疾人社区康复。**残疾人社区康复能够充分利用社区资源，动员社会力量，是残疾人在家庭和基层康复机构得到康复训练和服务的一种康复形式。社区康复的形式具有就近就地、经济适用、简便易行等特点，已成为残疾人康复一种新型、经济、有效的服务形式。社区中应当建立专门的康复机构，同时为社区医疗机构和社区活动场所配备康复训练一体的辅助器具，为残疾人就近提供康复服务。

(4) **培养残疾人积极向上的生活情趣，活跃残疾人文化生活。**残疾人社区参与能使残疾人在参与社区公共事务和社区各项活动中表达自己的意见，从而影响社区权力的运作，使残疾人自身与社区之间建立协调发展、和谐有序的平衡关系。另外，参与社区事务以及社区各项活动能够促进残疾人自身社会化的实现，从而增强他们生活、沟通、协作等方面的能力，使他们更加容易适应社会生活，提高生活质量。

二、 社会工作介入残疾人服务的技巧

社会工作者在介入残疾人服务的过程中会面临各种无法预计的情况，因此需要掌握

① 周沛，曲绍旭，张春娟等：《残疾人社会工作》，社会科学文献出版社，2012，第263—264页。

各种服务技巧。社会工作介入残疾人服务的技巧多种多样,本节主要阐述残疾人个案工作、小组工作和社区工作的介入技巧。

(一) 残疾人个案工作的技巧①

残疾人个案工作的技巧有很多,最常用的技巧包括个案会谈的技巧。根据专业技巧运用的目的和作用,可以把个案会谈的技巧分为支持性技巧、引导性技巧和影响性技巧。

1. 支持性技巧

支持性技巧是指工作者通过身体及口头语言的表达,令案主感到被尊重、被理解、被接纳,从而建立信心的一系列技术。支持性技巧主要有专注、倾听、同理心、鼓励等。

(1) 专注

专注是指工作者面向案主、愿意和案主在一起的心理态度。在某些人生的重要时刻,有人陪伴是非常重要的。当工作者以专注的神情面对案主,案主就会感觉“他与我同在”“他在专心地陪伴我”,这无疑会给案主带来心理上的支持,增强其面对困难的勇气和信心。

专注行为的品质,反映着工作者觉知的敏感程度,优秀的个案工作者都会注重培养自己专注的能力。专注技巧既表现为通过生理上的专注行为来表达心理上的专注,也表现为心理上的专注带动生理上的专注。

生理上的专注行为主要表现为如下几个方面。

一是面向案主:工作者以一种参与的态度面对案主,这种表现意味着“我愿意帮助你”“我愿意留在这儿陪你”。

二是上身前倾:坐在椅子上,上身略微前倾。前倾的姿势意味着“我对你和你说的话感兴趣”“我对你是友好的”。

三是开放的姿势:双手放开而不是抱住双肩。

四是良好的视线接触:会谈中工作者应与案主保持稳定、坦诚的视线接触,而不是眼睛盯在别处或四处巡视。

(2) 倾听

主动倾听是指工作者积极地运用视听觉器官去搜集案主信息的活动。专注与倾听是不可分开的,是同一种行为的不同侧面。完全主动的倾听包括三方面的内容。

一是倾听案主的话语信息。工作者在会谈中的一个重要职责就是鼓励案主多说话,自己多倾听。工作者的倾听不是盲目的,而应该是有目的的,在倾听时要注意分辨案主叙述中的经验部分、行为部分和情感部分。

二是观察案主的身体语言信息。有声语言不可能完全独立地传递信息,总有身体语言相伴左右,人在说话时,脸上总有一定的表情或手势、动作,身体语言往往起着对有声

---

① 周沛,曲绍旭,张春娟等:《残疾人社会工作》,社会科学文献出版社,2012,第278—282页。

语言的辅助和强调作用。相较于有声语言，身体语言在传递信息中有更大的优势，可以独立传递信息，例如从案主双腿不停抖动的动作就可以知道案主内心的紧张和不安。而且，身体语言还可以起到戳穿有声语言伪装的作用。因此，作为个案工作者，在会谈中必须仔细观察案主的身体语言信息。

三是解读案主。倾听的最深层意义是要解读案主其人——包括他的生活、行动及与其问题相关的内容。工作者用眼睛观察了案主的身体语言，耳朵倾听了他的话语信息，这还不够，还必须在此基础上动用自己的大脑，迅速地进行思考判断，解读案主整个人。

(3) 同理心

同理心是指工作者进入并了解案主内心世界，并将这种了解传达给案主的一种技术与能力。同理心包括情绪同理和角色同理两个层面的内容。情绪同理即同感，是指工作者如同亲身体验感受案主的感受，是一种受他人状况感动的能力；角色同理是指工作者了解案主的情境、参考构架及观点的能力，角色同理要求工作者尽量放下自己的参考构架和文化背景，站在案主的角度去理解案主的问题及其相关的行为。

同理心作为一种会谈技巧，由三要素组成。要素一是觉知的能力，包括被感动的能力和理解能力。要想同理案主，就得先了解案主、懂得案主、理解案主。正确觉知的基础，首先是培养自己对事物的敏感性，提高感受能力。二是语言表达能力，包括说话能力和身体语言能力。一般来说，陈述句和征询式、不确定式的语气效果比较好。三是传达的及时性，同理心的传达必须是及时的，迟到的表达可能完全失去意义，提前、急迫的表达，会影响同理的准确性、正确性和全面性。什么是传达的最好时机，这要依具体情境而定，需要工作者自行把握。

(4) 鼓励支持

鼓励是指工作者通过恰当的话语和身体语言，去鼓励案主继续表达他们的感受和看法的技术。鼓励的技巧可以起到让案主表达、支持案主去面对和超越心理上的挣扎、增强案主自信及建立彼此信任的专业关系的目的。鼓励应该在工作者觉察了案主的退缩行为之后运用。工作者通过专注与倾听，发现案主沉默、逃避目光接触、避免直接对话、吞吞吐吐等情形时，应当给予及时的鼓励。鼓励案主继续表达可以用话语如“请继续”“你说得很好”，也可以用身体语言支持，如身体前倾、微笑地注视、点头、用手示意、眼神鼓励等。

2. 引导性技巧

引导性技巧是指工作者引导案主具体、深入地探索自己的经验、处境、问题、观念等的技巧。运用引导性技巧的目的是促进案主在相关主题上做出较为具体、深入、有组织性的表达和探讨，增进工作者对案主的认识和了解。引领性技巧主要有澄清、对焦、摘要等。

(1) 澄清

社会工作者引导案主对模糊不清的陈述作更详细、清楚的解说，使之成为清楚、具体的信息。澄清也包括工作者解说自己所表达的不甚清楚的信息。沟通本来就是困难的事情，每个人的内心都是一个独特的世界，各自拥有不同的生活空间，不是通过几句话就可以了解的。个案工作者与案主之间不是一般的人际沟通，而是要深入地互动，工作者必须对案主有较全面、深刻的了解才能真正按照其需要提供帮助。

（2）对焦

对焦是指将游离的话题、过大的谈论范围，或同时出现的多个话题凝练，找出重心，并顺其讨论。对焦可以使会谈减少跑题、多头绪的干扰，使会谈能够集中在相关主题上进行深入、具体的讨论。但工作者在运用对焦时应注意与鼓励技巧的冲突，鼓励技巧的理念主张让案主多说话、尽量表达自己，这就免不了会出现谈话漫无边际的情况，因此，对焦技巧的运用不可生硬，应视偏离主题的程度及所持续的时间，来决定在恰当的时机进行对焦。

（3）摘要

社会工作者把案主过长的谈话或不同部分所表达的内容进行整理、概括和归纳，并作简要重点的摘述。摘要技术的运用，可以帮助案主理清自己混乱的思路，突出案主在想法、感受、行为、经验上的特点或模式，促进案主对自己有较清晰的了解。另外，工作者做完摘要后，还应向案主查证摘要是否准确，容许案主否定、接纳或更正社会工作者的摘要。

3. 影响性技巧

影响性技巧是指工作者通过影响案主，使其从新的角度或层面理解问题或采取方法解决问题的技巧。影响性技巧主要有提供信息、自我披露、建议、忠告和对质。

（1）提供信息

社会工作者基于专业特长和经验，向案主提供所需要的知识、观念、技术等方面的信息。提供信息包括提供案主不知晓的新信息和帮助案主改正已有的错误信息。工作者在提供信息的时候首先要了解案主的知识背景，分析其对信息的敏感度和接纳能力，选择适当的方式。

（2）自我披露

选择性地向案主披露自己的亲身经验、处事方法和态度等，从而使案主能够将他人的经验，作为处理自己的问题的参考。自我披露可以引导案主从其他的角度去思考问题，或参考别人的方法解决自己的问题；自我披露还可以为案主树立坦诚沟通的榜样，工作者的坦诚开放、与人分享自身的经历和感受的做法，会感染案主使其愿意表露自己的内心世界；自我披露对促进工作关系也十分有利，工作者的自我披露可以拉近与案主的心理距离，发展融洽的工作关系。

（3）建议

对案主的情况、问题有所了解和评估后，提出客观、中肯和有助于解决问题的意见。

作为专业的助人活动，在个案会谈中，社会工作者通过对案主问题及相关信息的了解，总会发展出具体的解决案主问题的思路，社会工作者应该向案主提出这些意见。但是，社会工作者首先需要考虑清楚意见或方法的可行性、背后的理念及理论的正确性。而有时如何向案主提出这些建议比方法本身的意义还要重大，如果社会工作者生硬地强行要求案主按照自己的意见做，违背案主个人意愿，反倒会造成不进反退的后果，因此如何向案主提建议非常重要。

(4) 忠告

社会工作者向案主指出案主行为的危害性或案主必须采取的行动，例如："如果你还是每天翻查你丈夫的包，他会觉得自己不被尊重，会严重影响你们夫妻之间的感情。"忠告通常是针对一些比较严重的事件或行为，但是，是否严重是一种价值的、道德的判断，是很主观化的。因此，社会工作者一定要反复斟酌自己的判断，而忠告之后，工作者应该耐心地讲清道理，提供案主不知晓的知识和视角，使案主领情。

(5) 对质

对质是指工作者发觉案主的行为、经验、情感等有不一致的情况时，直接发问或提出异议的技术。通过对质，工作者可以协助案主觉察到自己的感受、态度、信念和行为不一致或欠和谐的地方。

(二) 残疾人小组工作的技巧

残疾人小组工作的技巧除了包括小组工作方法中常用的技巧之外，还包括符合残疾人特点的小组工作技巧。这里主要阐述与残疾人沟通的技巧。

运用好沟通的符号的技巧①

(1) 语言符号

第一，把话说得悦耳，悦耳的声音会令人心情舒畅。第二，把话说得清楚，必须让人明白所要传达信息的意思，这就要求沟通者思维有条理，吐字清晰，把意思说明白。第三，把话说得准确，要完整地表达句意，说话用词尽量科学准确。第四，把话说得恰当，说话必须符合特定的身份和场合。第五，把话说得巧妙。例如，作者可以思考：如何说好第一句话？怎么才能开启对自己有利又令对方愉悦的话题？一般的原则是寻找对方的兴趣谈话区域和自己的有知区域，而要避开对方忌讳的区域和自己的无知区域。

(2) 身体语言

身体符号包括人的眼神、面部表情、身体的姿势、动作及仪表等。专家认为，在人面对面的信息沟通中，有65%的社会意义是通过身体符号传递的。身体符号具有无伪装性的特点，人可以言不由衷，但强装笑脸总要露出破绽。人们可以通过恰当的身体符号向沟通对象表达自己对对方的尊重、接纳、关心，更可以通过细心地观察对方的身体符号

① 周沛，曲绍旭，张春娟等：《残疾人社会工作》，社会科学文献出版社，2012，第277—278页。

解读其内心世界。

(3) 环境符号

环境符号是指能够传递信息的时间和空间因素。时间在传递信息中具有不可替代的作用。与人约会姗姗来迟,传达给对方的可能是不认真、时间观念不强、对对方不重视等信息,进而会引起对方很多的心理活动:失落、不信任、不愿意合作等。空间因素是指人与人之间的距离、位置以及沟通场所的气氛。谁都知道远远的打招呼表示热情友好,与人擦肩而过没有任何表示说明彼此的敌意或冷淡。一般而言,人与人之间相隔0—15厘米是亲密距离,其寓意是亲密而热烈;15—75厘米是个人距离,寓意是亲切友好;75—215厘米是社交距离,寓意是严肃而正式;215厘米以上是大众距离,表明彼此之间没有心理的联系,但一些特殊的场合如拥挤的公共汽车则是例外情境。由此可见,应该视交往对象的关系把握与人沟通的距离。

(三) 残疾人社区工作的技巧①

1. 进入社区的技巧

在残疾人社区工作中,社区工作者的首要任务是要融入当地的社区环境,与残疾人和居民建立双方的信任关系,让他们有机会了解社区工作者的工作目的和任务,激发人们去考虑社区行动的可能性。所用的方法和技巧主要有以下几点。

(1) **拜访社区关键人物**。这有利于事后争取对方的合作,便于社区接受社区工作者。

(2) **和残疾人居民及普通居民进行街头接触或深入访谈**。通过街头接触可了解社区日常文化和当地残疾人居民的生活问题,为以后动员居民参与社区项目奠定基础。深入访谈是在街头聊天接触的基础上,对一些关心社区公共事务的积极分子进行单独的深入访谈,以决定是否可以把其发展成为社区活动领袖,推动社区工作。

(3) **组织公共集会和公益活动**。与当地残疾人居民建立联系时,组织公共集会和公益活动是一个必需的战略和途径,社区工作者可以通过组织关于残疾人生活各方面的主题演讲、社区展览、爱残助残活动等来促进社区中大多数残疾人居民的联系。

(4) **事件的介入**。事件是指当地残疾人居民对此感受强烈和想要做些事情去解决的问题,它提供了一个召集点使得人们能够聚集并且组织起来,介入到社区活动中。社区工作者要注意所选取的事件应该是简单的,影响到较多残疾人居民并使人们有强烈感受、急需解决的,而且事件应该是能克服的。

2. 调查分析的技巧

和当地社区残疾人居民建立了良好的信任关系后,社区工作者就应该和居民一起来了解、研究目前残疾人生活各方面的主要问题。调查分析的技巧主要有:搜集文献资料

---

① 卓彩琴:《残疾人社会工作》,华南理工大学出版社,2008,第122—123页。

和进行实地观察。

(1) **收集文献资料**。对于社区工作者有价值的文献资料主要有政府部门的人口普查数据、有关残疾人的社会政策、地方性法规，当地社区的宣传资料及地方志，自己机构及来自地区志愿服务机构对残疾人问题已有研究成果的记录。

(2) **进行实地调查**。社区工作者可以到社区的公共活动场所，观察当地残疾人居民的行为模式和生活方式并与他们自由谈话，深入了解社区，同时也能与部分当地残疾人居民建立初步联系。实地调查，分为问卷调查和深入访谈两种。问卷调查指社区工作者通过发放、回收以及分析问卷，也可以联合当地居民通过此过程一起了解残疾人共同关注的问题。深入访谈，是非标准和无结构式的，社区工作者可以根据情景自由地增加或修改起初的访谈提纲。这种访谈能促进受访残疾人居民就他们感兴趣的问题和社区生活中的一些复杂问题进行深入的探讨与研究。

3. 组织动员的技巧

(1) **确定清晰和共有的活动目标**。社区活动应有清晰和共有的工作目标，包括残疾人在内的居民才能明白活动的目的以及应有的职责，服务于残疾人居民的计划才能有效、更好地实施，同时也才能提升事后评价活动的成效。

(2) **明确有效的组织结构**。为了有效地组织包括残疾人在内的居民活动，应根据活动目标来构建一定的组织结构体系。例如，部门设置、人员安排，明确规定组织成员所处的位置以及相应的行为准则和奖惩手段，使成员之间能够相互配合、协调，全面有效地为残疾人居民提供服务。

(3) **培养居民领袖**。残疾人社区工作要获得成功，必须要保持与包括残疾人在内的社区居民的联系，动员居民参与是活动维持和发展的重要工作。因此，培养社区居民领袖是组织维持发展的关键任务，居民领袖可以影响更多的居民参与到社区行动中，并且提出行动目标，为行动指明方向。社区工作者通过日常实践，对热心社区活动的、有一定工作能力的居民(包括残疾人)进行培训和督导，使其发展成为残疾人社区工作中的居民领袖。

(4) **寻求财政和资金支持**。为满足残疾人生活中的各种需求，解决残疾人面临的困难，社区需要通过募集资金的方式筹集各项服务活动正常运行所需的财政支持。具体方法有：向公益基金会、政府、社区、发展拨款机构或国际机构申请资助等外部募集，社区商业、社区居民募捐等内部募集。

三、社会工作介入残疾人服务体系的模式

(一) 残疾人个案服务模式

残疾人个案社会工作主要采取个人模式。个人模式基本上是将残疾人所遭受的问

题视为个人因失能所产生的直接结果，从而认为社会工作者的主要任务就是将残疾人个体调整到最佳状态，与残疾共存。

个人模式的前提是残疾事件发生后，残疾人及其家人无法接受残疾这种异常状况。很多学者认为残疾人面对的这个哀伤期包括一连串必经的过程，纽约大学社会工作人员研究了下半身瘫痪的身心障碍者，界定了哀伤期的四个阶段：

第一个阶段是震惊，突然遭受到残疾的人，第一反应就是哭泣，歇斯底里的反应，偶尔还会有心神的幻觉。

第二个阶段是否认，拒绝接受不能完全复原的事实。

第三个阶段是生气，残疾人通常会将怒气发泄在周围行动自如的正常人身上，认为他们似乎是在提醒自己已经残缺的事实。

第四个阶段是沮丧，这是残疾人对残疾这个伤害比较实际且适当的反应，如果调适得当，残疾人的心理在不久的将来也就能够再度康复。

在这种模式的指导下，残疾人个案社会工作的重点为以下两方面。

（1）**临床诊治**。社会工作者可以凭借自己对医疗科技的基本认识，帮助残疾人取得合适的医疗康复服务，协助康复医师正确地诊断、有效地医治，使残疾人得到妥善护理；协助残疾人进行生活自理能力的训练，最大限度地恢复残疾人的生物机体的功能或进行功能补偿，以增强他们参与社会生活的能力，通过康复治疗让残疾人的身体恢复到最佳状态。

（2）**个人调适**。生理问题很容易导致心理问题，残疾状况一般情况下很难消除，所以适应残疾及残疾带来的不便是残疾人必须面对的一个现实，只有调适好自己的心理适应能力，才能更好地适应生活。社会工作者应采用心理咨询等方法从侧面协助残疾人及其家人接纳残疾人残缺不全的现实，并使其重新适应环境，以及从心理方面接受残疾的现实。

（二）残疾人小组工作模式①

残疾人小组工作模式是对开展残疾人社会工作的一种经验积累和提升，可以用来直接指导残疾人小组工作的开展和实现小组工作的目标。

1. 残疾人小组的类型

根据残疾人及其家属的需要以及小组工作的特点，我们可以将残疾人小组分为多种类型，每种类型的小组有其不同的目标、工作重点、沟通方式以及运作模式，表 5 - 1 对几种主要的残疾人小组类型以及特性做了比较，可以为我们开展残疾人小组工作提供借鉴。

---

① 卓彩琴：《残疾人社会工作》，华南理工大学出版社，2008，第 76—78 页。

表 5－1　残疾人小组类型及特性比较

残疾人小组类型 / 小组特性	治疗小组	教育小组	自助小组	社会改变小组
目标	协助组员改变或改进其社会心理功能	引导组员学习康复知识和制订康复计划	协助组员相互帮助和支持	消除社会歧视、改善社会环境
社会工作者角色	专家、权威人物、改变者、使能者	促进者、引导者、信息提供者	促进者、引导者	宣传者、引导者、促进者
工作重点	组员的问题呈现、原因剖析、介入策略	康复知识的传播和康复计划的制订	组员的觉醒和自助能力的发展	成员价值观的重塑、社会改变行动计划
维系动力	组员期待改变的愿望和组员之间的支持	组员的现实需要和学习愿望	组员的潜能和自助互助能力	社会责任感、使命感和平等意识
沟通模式	社会工作者对组员的引导	社会工作者引导，成员间互动	社会工作者引导，成员间互动	社会工作者引导，成员间互动
组成成员	面临共同问题的残疾人或其家属	有共同需要的残疾人或其家属	有一定自助互助能力的残疾人或其家属	致力于残疾人事业的工作者、志愿者或具有一定社会影响力的残疾人士
自我披露程度	高度	低度	低度或中度	低度

2. 残疾人小组工作的实施模式

涉及残疾人小组工作的实施模式有多种，其中社会目标模式、交互模式、治疗模式为小组工作的三大基本模式。现将这三大基本模式加以比较，见表 5－2。

表 5－2　残疾人小组工作实施模式比较

模式 / 特点	社会目标模式	交互模式	治疗模式
目标	消除社会歧视、改善社会环境、利用社会资源	通过组员互动，使个人和社会的功能都得到增强	通过小组帮助个人达到心理、社会与文化的适应
成员	致力于残疾人事业的工作者、志愿者及残疾人	有一定自助互助能力的残疾人或其家属	有较严重心理障碍和人格障碍的残疾人及其家属

续表

模式 特点	社会目标模式	交互模式	治疗模式
社会工作者角色	倡导者、引导者、使能者、资源提供	协调者、使能者	治疗师
实践原则	民主参与、组员自决、组员共识、小组任务完成	启发组员思考、订立明确契约、充分利用社区资源	充分准备，明确治疗方法和技术，准确评估
优势	强调个人问题和社会结构问题的解决相关联；接近社区工作，可以充分利用社区资源	突出助人自助的信念，有利于组员发挥能动性和自决意识	有丰富的治疗体系，效果明显
劣势	过分依赖意识形态，缺乏系统性，忽视个人的独特需要	对个人期望和个别化的关注不够，社会工作者的权力不足	限制了组员的潜能和能动性的发挥
理论基础	缺乏理论支持	系统理论、场域理论、沟通理论	精神分析、行为认知、人本主义

（三）残疾人社区工作模式

残疾人社区工作理论可以分为两个层面，一种是宏观层次上的理论。这种理论多来自社会学、心理学、政治学等社会科学的相关理论，着重从理论上分析残疾人社区工作的宏观社会环境，是社区工作者介入残疾人工作的最高层次的认识工具，可称为“基础理论”。另一种是微观层次上的理论，来自社区工作者的实践经验，主要指残疾人社区工作具体的实践模式、基本方法等，可称之为“实务理论”。本小节主要介绍残疾人社区工作的具体实践模式。

1. 地区发展模式

(1) 地区发展模式的含义

地区发展模式是由美国学者杰克·罗斯曼根据社区发展以及社区建设的相关经验所提出的社区工作实务模式，该模式强调在一个较大的社区范围内鼓励社区居民通过自助或互助的方式，广泛参与社区事务，解决社区问题、推动社区发展。地区发展模式的含义包含了三方面的意义：一是强调一种以地区为基础的经济、社会文化等实质内容的发展；二是强调一种发展理念，促进当地居民的需求与当地的资源、环境和人口的协调、可持续发展；三是强调一种社会工作的介入手法，推动社区居民自下而上的参与、合作，让居民集体组织起来掌握、利用社区资源、解决社区问题，满足社区福利需要，增强社区归属感和凝聚力。

(2) 地区发展模式的假设

一是对社区构成的假设。伴随城市化与工业化的进程,社区中那种以血缘、业缘为基础的传统自然联系逐渐消失,熟人社会逐渐被陌生人社会所取代,人和人之间的交往或者通过制度化的组织、单位进行连接,或者通过市场交换来实现。另外,由于区域经济发展的差异、社会阶层的分化,世界各地都出现了密集中产及以上阶层的高档住宅区和聚集了经济困难阶层的老旧住宅区,在这样的社会背景下,社区居民对社区公共事务缺乏关心,居民间关系淡漠,也缺乏解决问题的能力。

二是对社区人群关系的假设。尽管居住在现代社区的人们因为经济水平不同,社会分工不同,价值追求不同,而形成不同的利益集团,但社区内不同人群的利益不是对立的,而是存在共同利益的,因此可以实现和谐相处。社区居民能够在追求共同利益的基础上,进行交流沟通,讨论社区问题,寻找广泛认同的解决问题的方案,并形成相互合作,促进社区的进步和发展。

三是对个人及其个体行为动机的假设。尽管由于组织的科层结构化,传统社区中的密切交往关系逐渐消失,个人渐渐陷入冷漠、孤立封闭的状态,缺乏主动参与社会公共事务的热情和动机。但在地区发展模式看来,社区居民是具有丰富潜能的群体,其应该是愿意参与社区事务的,只不过能力没有得到充分开发。因此,这一模式首先认为,个体行为的动机是倾向于团结、合作的,而非竞争、对抗的,是愿意沟通交往、参与民主讨论的,这个过程比科层集中决策会更有效地解决社区问题。其次,虽然个人行动理性是追求个人利益最大化,但是只要能够在集体行动中兼顾个人需求,有助于能够培养集体归属感和认同感,个体会在价值和情感层面上有动机参与社区基层组织的活动,并在当中做出自己的贡献。①

(3) 地区发展模式的实施策略②

一是促进居民之间的交流。促进居民之间的交流主要是针对居民之间的冷漠和疏离所采取的策略。社区工作者一般会通过组织一系列的社会交往和公共活动(如文艺演出、老年人书画比赛、青少年兴趣小组等)让居民互相熟悉、交往沟通,并让部分有积极性的社区成员承担一些任务,或参与活动的策划与管理,增强居民的责任感和议事能力。在活动结束后,社区工作者和居民共同分享活动中的收获,用成功的合作经验鼓励居民持续参与,并增强他们的自信心。

二是团结邻里。团结邻里主要是针对社区中不良邻里关系而采取的策略。社区工作者一般会组织多元化的活动鼓励居民参与,推动建立社区归属感和认同感。例如通过

---

① 全国社会工作者职业水平考试教材编写组:《社会工作综合能力(中级)》,中国社会出版社,2019,第 199—200 页。

② 全国社会工作者职业水平考试教材编写组:《社会工作综合能力(中级)》,中国社会出版社,2019,第 201—202 页。

组织兴趣小组让一些兴趣相同但关系不良的居民加入进来，让他们能够交流起来。社区工作者也会建立基层联络网，加强邻里间的沟通，实现邻里关系的改善。再就是通过定期举办楼门(单元)居民小组会议，讨论楼道公共空间的使用和保洁，解决楼道杂物堆放、无人打扫的问题，同时制定和宣传“楼门(单元)文明公约”，培养居民爱护和维护公共空间的意识。

三是社区教育。社区教育主要解决的是居民对社区资源陌生、不熟悉或社区认同不足等问题，促使居民认识社区和关注社区事务。地区发展模式较多在一些新建的居民区开展，新搬来的居民常常对社区的商业网点、学校、医院、社会服务机构不熟悉，社会工作者可以通过绘制社区地图，印发宣传单等方式告知社区现有的社会服务情况，帮助居民了解社区资源的分布。另外，社会工作者也可以通过开办一些课程、告诉居民如何运用社会资源来改善生活。

四是提供服务和发展资源。提供服务和发展资源，主要针对的是社区内社会服务和社区资源缺乏的问题。在服务提供方面，社会工作者要根据社区的需要，利用社会工作的专业知识和技巧，开展多种形式的社区活动或教育活动，发动社区资源，开展互助形式的服务。对于一些有特殊需要的居民，也提供转介服务。在发展资源方面，社会工作者主要是挖掘社区中的人力资源，包括发现、挖掘和培养居民骨干；引进一些社区以外的专业人士或人民代表做顾问，指导社区工作；采取和谐、互利的合作方式，推动本社区各类团体关注社区、参与社区活动等。

五是社区参与。社区参与主要解决社区面对的部分共同问题，如垃圾处理、施工扰民等环境问题、楼房单元安全门安装等问题。社会工作者一般通过动员居民集体参与来解决问题，也会建立居民关注问题小组来促进社区力量的系统化。另外，当居民抱怨政府对社区的共同问题应对不力时，社区工作者要提供一些建设性途径让居民表达意见，反映民意，建立政府与居民的联系及沟通，促进互相了解，同时也要求居民不仅仅表达不满，更要提出改善的建议和方法。

2. 社会策划模式

(1) 社会策划模式的含义

社会策划模式也叫社会计划模式，是指在理性方法指导下，依靠专家的意见和知识，在准确把握社会服务机构的使命、宗旨、政策、资源的基础上，确立社区工作目标，并依循社区工作目标的引导，从多个预选方案中选择一个最佳的工作方案。然后，结合社区需要，动员和分配资源，并在工作过程中根据不断变化的实际状况修改计划，保障计划朝向预定目标前进，在工作结束时对计划执行情况加以总结和反思，最终解决社区问题。

(2) 社会策划模式的基本假设

作为一种社区工作介入手法，社会策划模式强调的是社区存在的实际问题，工作的重点是针对问题，系统性地收集资料，做出理性的决策，并且以有效方式实施。由此，社会策划模式具有一些自身的基本假设。

一是关于个人的假设。在追求自我利益最大化的理性指导下，人际关系一般都是工具性的交换关系。但社会策划模式并不认为这种工具关系会导致人际关系的异化和疏离，相反，理性指导下的人际互动会提高社会活动效率，如使个人需求得到更多的满足。

二是关于行动动机的假设。在关于个人假设的基础上，社会策划模式认为虽然理性的个人在价值、利益等诱导下也能够带来社会利益最大化，但要达到产生社会合力增长的目的，仍然需要对社会中的个人进行有效的管理和约束，否则个人的理性、自私可能会带来社会的失序。

三是关于社区的假设。社区问题的产生是源于社区本身人力、物力和组织资源的缺乏，具体表现为社区居民的知识水平、思想觉悟较低，缺乏社区领袖，没有较好的经济基础以及缺乏社区组织，或已有的社区组织比较涣散。

四是关于发展和变迁的假设。在社会策划模式下，社会发展观是一种理性进步的观点，既不是自然和谐论，也不是竞争进化论，它是一种有规划、有组织的社会发展，通过对社会发展规律的挖掘与掌握，制定出合理的发展计划，推动社会的发展与进步。

(3) 社会策划模式的策略

一是基本的行动策略。在社会规划中，基本的行动策略是"让我们去了解问题存在的真实情况，并且采取有效的措施及手段予以解决"。换言之，社会策划模式的基本策略就是搜集有关残疾人社区生活问题的相关事实，采取逻辑性和系统性的步骤，以客观理由去分析，做出可行的合适的服务方案。

二是具体的策略措施。

① 社区工作者针对残疾人社区生活中已存在的问题进行调查，搜集资料，充分了解残疾人居民的需要；

② 分析问题原因，比较方案的利益得失，做出理性的决策，并且实施方案；

③ 在实施计划、推行服务方案的过程中，能够联系、协调和调动社区内外的资源以协助解决问题。

3. 社会行动模式①

(1) 社会行动模式的含义

社会行动模式，部分学者也称之为社区行动(community action)、抗议行动(protest action)或者冲突模式(conflict approach)。该模式视社区为一个权力和特权阶级的组合，其中存在着处于不利地位的弱势群体。在权力者的社会控制之下，他们属于社会的边缘，遭受忽视、压迫或剥夺等社会不公平的对待。这种弱势群体需要组织起来，与他人

---

① 卓彩琴：《残疾人社会工作》，华南理工大学出版社，2008，第 118—119 页。

联合，通过集体行动，采用非正规的途径及运用冲突对峙的策略，向较大的社会争取资源，获得公平的对待，以改善自己的生活状况，实现作为居民的自身权益。

(2) 社会行动模式的基本假设

社会行动模式的基本假设是关于冲突的假设。该模式认为社会问题的出现是由于社会上诸多不同群体之间的利益冲突，具体分为两点。

一是问题及事件根源于冲突。拥有资源和没有资源的人们存在权力上的不平等，他们之间的利益冲突和矛盾产生社会问题。假定了社区内有些处于不利地位的人，他们同当权者之间因为资源分配的不公或彼此缺乏交流沟通，利益未被重视，存在利益上的冲突，因此社区现存问题的解决有时也需要采用局部冲突的方式。

二是在社区中遭受不公平待遇的弱势群体被视为问题的受害者，他们有权利并有潜在的能力去改善他们自身的处境和状况。

(3) 社会行动模式的策略

一是基本的行动策略。在社会行动中，基本的行动策略可以陈述为“让我们组织起来去战胜我们的压迫者”。换言之，社会行动模式的基本策略就是针对社区残疾人居民群体所面临的困境，组织群众行动，采取措施，以重新进行资源分配。

二是具体的策略措施。根据社会行动手段的激烈程度，大致可划分为四种策略及其相应的活动形式。

① 对话性行动

这是最温和的社会行动策略，承认当权者有行使权力的合法地位，对其存在信任，因此希望在正规的组织结构和制度下解决问题。采取的主要形式有游说、约见官员、请愿等。

② 抗议性行动

因资源有限，难以使当权者接受谈判的要求。因而只能用建制以外的方式将问题表达、处理，利用大众传媒吸引社会关注，获得广大群众的同情及支持，暴露政府政策及制度的不完善，以此向政府施加压力，迫使其让步。主要形式有签名运动、记者招待会、游行、静坐等群众集会。

③ 对抗性行动

通过组织有关的残疾人居民，用行动直接影响对方的正常工作，迫使其因利益有所损失而愿意与群众谈判。主要形式有罢工、拖欠或拒交有关费用、公开违背不公平的政策或法律等。

④ 暴力性行动

此类活动大多属于缺乏严密组织和管理的情急之下的举动，或是无计可施下的反抗行为。主要形式有向有关部门管理人员抛掷物品和追打等。

本章小结

本章从残疾人的需求出发，介绍了残疾人及其家庭的需求、残疾人服务的策略以及残疾人服务的社会工作方法。

1. 根据《中华人民共和国残疾人保障法》和国务院办公厅发布的《关于加快推进残疾人社会保障体系和服务体系建设的指导意见》，残疾人的权利和需求主要包括康复权、受教育权、劳动就业权、文化生活权、社会保障权和环境友好权。

2. 残疾人的个体需求也代表了残疾人家庭的整体需求残疾人家庭的需求。其特殊性需求的特点主要包括：需求多重且支付能力低、需求呈现持续性和长期性、心理需求迫切且具有特殊性。

3. 残疾人康复工作的内容主要包括医疗康复、教育康复、职业康复和社会康复。

4. 残疾人社区康复是残疾人康复服务的重要组成部分。残疾人社区康复的流程包括：建立社会化康复服务的网络、开展社区康复调查、确定康复服务人员并开展培训、提供社区康复服务、提供全方位的转介服务、普及健康知识并传授康复技术。

5. 残疾人康复的策略主要分为两类，对还未发生的残疾，基本策略是以预防为主；对于已发生的残疾，处理原则为复原、代偿和适应。

6. 残疾人就业的主要形式有个体就业、集中就业、按比例就业。

7. 2007 年 3 月 6 日，国务院法制办负责人就《残疾人就业条例》有关问题答中国政府网问中指出了保障和促进残疾人就业的主要策略。

8. 实现残疾人社会融合，要坚持以“政府主导，社会参与，国家扶持，市场推动”为原则，政府、残疾人服务机构、各基层残联组织与其他社会组织、社区、残疾人家庭及残疾人自身，多元主体各司其职、各尽其责。

9. 残疾人服务的社会工作介入方法主要包括残疾人个案工作、小组工作和社区工作。

10. 残疾人个案工作的基本流程包括接案、收集资料、分析诊断、制订计划、介入、结案等六个步骤。

11. 残疾人小组工作的程序包括筹备阶段、开始阶段、中期转折阶段、后期成熟阶段和结束阶段等五个阶段。

12. 残疾人服务的社会工作技巧主要有支持性技巧、引导性技巧、影响性技巧、与残疾人沟通的技巧和残疾人社区工作技巧。

13. 残疾人社区工作的技巧包括进入社区的技巧、调查分析的技巧和组织动员的技巧。

14. 残疾人个案工作的主要模式是个人模式。

15. 残疾人小组工作的类型有治疗小组、教育小组、自助小组和社会改变小组;残疾人小组工作的模式包括社会目标模式、交互模式和治疗模式。

16. 残疾人社区工作的模式有地区发展模式、社会策划模式和社会行动模式。

参考书目

1. 马洪路:《残障社会工作》,高等教育出版社,2007。

2. 卓彩琴:《残疾人社会工作》,华南理工大学出版社,2008。

3. 周沛,曲绍旭,张春娟等:《残疾人社会工作》,社会科学文献出版社,2012。

4. 马洪路:《中国残疾人社会福利》,中国社会出版,2002。

5. 徐震、林万亿:《当代社会工作》,五南图书出版公司,1982。

第六章
残疾人服务的建设、运行与管理

2008 年 3 月,中共中央、国务院下发了《关于促进残疾人事业发展的意见》(中发〔2008〕7 号,简称中央 7 号文件),全面部署了残疾人工作任务,是我国残疾人事业发展的一个纲领性文件。其核心内容为“残疾人社会保障体系和服务体系建设”,即“两个体系建设”。其中残疾人服务体系以康复服务、教育服务、就业服务、托养服务、综合设施服务、无障碍服务、建立健全残疾人法律服务等服务体系建设为首要目标和核心内容。

加强服务体系建设,有利于促进国家社会保障和服务制度的建立完善,对促进社会公平,缓解社会矛盾,维护社会稳定,保障残疾人的权利,维护残疾人的尊严,发挥残疾人的潜能,激励和调动残疾人充分参与社会生活等方面,具有积极的作用。该章节分别从残疾人服务建设、残疾人服务运营、残疾人服务管理三个层面系统阐述目前现状和问题,从多个层面提炼经验和策略,为残疾人服务的研究及建设工作者提供参考。

第一节　残疾人服务的建设

一、残疾人服务机构建设

(一)中国残联体制建设①

1. 中国特色残疾人事业领导体制与工作机制

随着中国残疾人事业不断发展,残疾人工作体制逐步健全,形成了党委领导、政府负责、社会参与、残疾人组织充分发挥作用的中国特色残疾人事业领导体制与残疾人工作体制。

---

① 厉才茂,毛修炳:《中国残疾人发展与社会进步年度纵览(2020)》,求真出版社,2020,第 24—27 页。

(1) 党委领导

各级党委在促进残疾人事业发展中发挥领导核心作用,把残疾人工作列入议事日程,提供政治、思想和组织保障。

(2) 政府负责

各级政府在残疾人社会管理和公共服务中发挥主导作用,把残疾人事业纳入国民经济和社会发展总体规划、相关专项规划和年度计划。国家和各级政府残疾人工作委员会强化职责,中央和国家机关各有关部门、单位将残疾人工作纳入职责范围和目标管理,密切配合协作。

(3) 社会参与

工会、共青团、妇联等人民团体和老龄协会等社会组织发挥各自优势,维护残疾职工、残疾青年、残疾妇女、残疾儿童和残疾老人的合法权益;红十字会、慈善会、残疾人福利基金会等慈善组织为残疾人事业筹集善款,开展爱心捐助活动;企事业单位承担社会责任,为残疾人事业发展贡献力量。

(4) 残疾人组织充分发挥作用

中国残联及地方各级残联发挥党和政府联系残疾人群众的桥梁和纽带作用,履行"代表、服务、管理"职能,依照法律法规和章程开展工作,参与残疾人事业社会管理和公共服务。

2. 国务院残疾人工作委员会及其组成

1993 年 4 月,国务院印发《关于国务院议事协调机构和临时机构设置的通知》(国发〔1993〕27 号),成立国务院残疾人工作协调委员会,具体工作由中国残联承担;2006 年 4 月,国务院办公厅印发《国务院办公厅关于国务院残疾人工作协调委员会更名及调整有关组成人员的通知》(国办发〔2006〕27)指出,经国务院批准,国务院残疾人工作协调委员会更名为国务院残疾人工作委员会,该机构的主要职责、工作制度等均不变。

《中华人民共和国残疾人保障法》规定,县级以上人民政府负责残疾人工作机构,组织、协调、指导、督促有关部门做好残疾人事业的工作。各级人民政府和有关部门,应当密切联系残疾人,听取残疾人的意见,按照各自的职责,做好残疾人工作。

国务院残疾人工作委员会的主要职责是:协调国务院有关残疾人事业方针、政策、法规、规划的制定与实施工作;协调解决残疾人工作中的重大问题;组织协调联合国有关残疾人事务在中国的重要活动。国务院残疾人工作委员会的具体工作由中国残联承担。

目前,国务院残疾人工作委员会成员单位组成如下:中国残联、国家卫健委、科技部、司法部、农业农村部、中国人民银行、国家广播电视总局、国务院扶贫办、全国妇联、教育部、中央宣传部、工业和信息化部、文化和旅游部、海关总署、体育总局、中央军委政治工作部、中国农业银行、民政部、外交部、国家民委、住房和城乡建设部、退役军人事务部、税务总局、国家统计局、全国总工会、人力资源和社会保障部、国家发展和改革委员会、公安部、交通运输部、应急管理部、市场监督管理局、国家医疗保障局、共青团中央。

3. 中国残疾人联合会

中国残疾人联合会(简称中国残联)是国家法律确认、国务院批准的由残疾人及其亲友和残疾人工作者组成的人民团体,是全国各类残疾人的统一组织。中国残联成立于1988年3月,具有代表、服务、管理三种职能:代表残疾人共同利益,维护残疾人合法权益;团结帮助残疾人,为残疾人服务;履行法律赋予的职责,承担政府委托的任务,管理和发展残疾人事业。

中国残联的最高权力机构是全国代表大会,每五年举行一次,由中国残联主席团召集。主席团每届任期五年,在全国代表大会闭会期间,负责贯彻全国代表大会决议,领导全国残联工作。

执行理事会是中国残联全国代表大会及其主席团的常设执行机构,由理事长一人、副理事长若干人、理事若干人组成。执行理事会下设办事机构,承办中国残联的日常工作。

4. 地方各级残疾人联合会

按照国家行政区划设立中国残联各级地方组织。

县(市、区、旗)及县以上残疾人联合会,每五年召开一次代表大会,代表大会及其主席团的常设执行机构为执行理事会,设理事长、副理事长、理事。乡、镇、街道残疾人联合会,每五年召开一次代表会议,设主席、理事长,理事长负责日常工作。

中国残疾人联合会2020年3月发布的《2019年残疾人事业发展统计公报》显示,截至2019年,全国省市县乡(除兵团外)共成立残联组织4.2万个,各省(区、市)、市(地、州)全部建立残联组织;97.6%的县(市、区)、97.3%的乡镇(街道)已建立残联组织。①

(二) 残疾人专门协会

中国残联领导盲人协会、聋人协会、肢残人协会、智力残疾人及亲友协会、精神残疾人及亲友协会;专门协会委员会由中国残联全国代表大会代表中同类别的残疾人、残疾人亲友选举产生;专门协会设主席、副主席、秘书长,由专门协会委员会选举产生。专门协会的主要任务是代表、联系、团结、服务本类别残疾人,反映特殊愿望及需求,维护合法权益,争取社会帮助,开展适宜活动,参与国际交往。

截至2019年,全国共建立省级及以下各类残疾人专门协会1.5万个,其中省级各类专门协会已建比例为98.8%,市级为94.5%,县级为91.0%。②

1. 中国盲人协会

(1) 简称中国盲协,英文全称 China Association of Persons with Visual Disabilities

---

①② 中国残疾人联合会:《2019年残疾人事业发展统计公报》,https://www.cdpf.org.cn/sjzx/tjgb/0aeb930262974effaddfc41a45ceef58.htm。

(CAPVD),是由全国盲人(含低视力者,下同)和与盲人工作有关的社会组织、企事业单位及个人自愿结成的全国性、联合性、非营利性社会团体。

(2) 主要职责:一是代表盲人的共同利益,密切联系盲人,反映盲人的意见和需求,沟通盲人与社会之间的联系,全心全意为盲人服务。争取和维护盲人在政治、经济、文化、社会和家庭生活等方面同其他公民平等的权利;二是团结、教育盲人遵守国家法律,履行应尽的义务,发扬乐观进取精神,自尊、自信、自强、自立;三是促进盲人的康复、教育、扶贫、劳动就业、维权、文化体育、社会保障及残疾预防等工作;四是推进无障碍环境的建设、盲文的规范化研究与普及,推动盲人辅助用品用具的研制、开发与推广、应用。对盲文出版、盲人按摩等具有盲人特色的工作提供咨询、建议、服务和监督;五是参与、举办与盲人有关的各类培训,推动文化扫盲工作;六是组织开展各种有益于盲人身心健康的文化、体育活动;七是在盲人中推荐残疾人工作者;八是承办中国残联委托的专项工作;九是代表中国盲人参加国际活动,促进国际交流与合作。

(3) 建设宗旨为弘扬人道主义思想,发展残疾人事业。代表盲人共同利益,反映盲人特殊需求,为盲人服务,维护盲人合法权益,促进盲人平等、充分参与社会生活,共享社会物质文化成果。

2. 中国聋人协会

(1) 简称中国聋协,英文全称 China Association of Persons with Hearing Disabilities(CAPHD),是由全国聋人(含听力和语言残疾)和与聋人工作有关的社会团体、企事业单位及个人自愿结成的非营利性社会组织。

(2) 组织宗旨为弘扬人道主义思想,发展残疾人事业。代表聋人共同利益,反映聋人特殊需求,为聋人服务,维护聋人合法权益,促进聋人平等、充分参与社会生活,共享社会物质文化成果。

(3) 业务范围:① 团结、教育聋人遵守国家法律,履行应尽义务,沟通聋人与社会之间的联系,自尊、自信、自强、自立,为构建和谐社会、全面建设小康社会贡献力量;② 促进聋人的康复、教育、扶贫、劳动就业、维权、社会保障及残疾预防工作,参与、举办有关聋人的各类培训,开展有益于聋人身心健康的群众性文化体育活动;③ 推进信息无障碍环境的建设,推动聋人辅助器具的开发与应用。对中国手语、影视字幕、聋儿康复等具有聋人特色的工作提供咨询、建议和服务;④ 在聋人中培养、推荐残疾人工作者;⑤ 承办中国残疾人联合会委托的工作;⑥ 代表中国聋人参加国际活动,促进国际交流与合作。

3. 中国肢残人协会

(1) 简称中国肢协,英文全称 China Association of Persons with Physical Disabilities (CAPPD),是由全国肢残人和与肢残人工作有关的社会组织、企事业单位及个人自愿结成的全国性、联合性、非营利性社会团体。

(2) 组织宗旨为弘扬人道主义思想,发展残疾人事业。代表肢残人共同利益,反映肢残人特殊需求，为肢残人服务，维护肢残人合法权益，促进肢残人平等、充分参与社会生活，共享社会物质文化成果。

(3) 业务范围：① 团结、引领肢残人自尊、自信、自强、自立，履行法定义务，为构建和谐社会贡献力量；② 促进肢残人的康复、教育、劳动就业、扶贫、维权、社会保障和残疾预防工作，参与、举办有关肢残人的各类培训，开展有益于肢残人身心健康的群众性文化体育活动；③ 推进无障碍环境的建设，推动肢残人辅助器具的开发与应用。对肢残人驾车等具有肢残人特色的工作提供咨询、建议、服务和监督；④ 在肢残人中培养、推荐残疾人工作者；⑤ 承办中国残疾人联合会委托的工作；⑥ 代表中国肢残人参加国际活动，促进国际交流与合作。

4. 中国智力残疾人及亲友协会

(1) 简称中国智协，英文全称 China Association of Persons with Intellectual Disabilities and their Relatives(CPIDR)，是由全国智力残疾人及其亲友和与智力残疾人工作有关的社会组织、企事业单位及个人自愿结成的全国性、联合性、非营利性社会团体。

(2) 组织宗旨为弘扬人道主义思想，发展残疾人事业，代表智力残疾人共同利益，反映智力残疾人特殊需求，为智力残疾人服务，维护智力残疾人合法权益，促进智力残疾人平等、充分参与社会生活，共享社会物质文化成果。

(3) 业务任务：① 团结、教育智力残疾人及亲友遵守国家法律，履行应尽义务，沟通智力残疾人及亲友与社会之间的联系，培养智力残疾人自己决定自己事情的能力，自尊、自信、自强、自立，为构建和谐社会、全面建设小康社会贡献力量；② 促进智力残疾人的康复、教育、扶贫、劳动就业、维权、社会保障及残疾预防工作，参与、举办有关智力残疾人及亲友的各类培训，倡导和开展科学知识的宣传普及、个性化的亲子启智活动、特奥运动及其他有益于智力残疾人身心健康的群众性文化体育活动；③ 加强与特教、康复及托养服务等机构的沟通，做好智障儿童的早期疗育，开展调查研究，为智力残疾人工作的开展提供咨询、建议、服务和监督；④ 在智力残疾人及亲友中培养、推荐残疾人工作者；⑤ 承办中国残疾人联合会委托的工作；⑥ 代表中国智力残疾人及亲友参加国际活动，促进国际交流与合作。

5. 中国精神残疾人及亲友协会

(1) 简称中国精协，英文全称 China Association of Persons with Psychiatric Disability and their Relatives(CAPPDR)，是全国精神残疾人及其亲友和与精神残疾人工作有关的社会组织、企事业单位及个人自愿结成的全国性、联合性、非营利性社会团体。

(2) 组织宗旨为弘扬人道主义思想，发展残疾人事业。代表精神残疾人共同利益，反映精神残疾人特殊需求，为精神残疾人服务，维护精神残疾人合法权益，促进精神残疾人平等、充分参与社会生活，共享社会物质文化成果。

(3) 业务范围：① 团结、引领精神残疾人及亲友自尊、自信、自强、自立，履行法定义务，为构建和谐社会贡献力量；② 促进精神残疾人的康复、教育、劳动就业、扶贫、维权、社会保障和残疾预防工作，参与、举办有关精神残疾人及亲友的各类培训，倡导和开展科学知识的宣传及其他有益于精神残疾人身心健康的群众性文化体育活动；③ 加强与精神卫生及相关服务机构的沟通，做好孤独症等各类儿童期精神障碍的早期疗育及生命全程的相关服务，开展调查研究，为精神残疾人工作的开展提供咨询、建议服务和监督；④ 在精神残疾康复者及亲友中培养、推荐残疾人工作者；⑤ 承办中国残疾人联合会委托的工作；⑥ 代表中国精神残疾人及亲友参加国际活动，促进国际交流与合作。

（三）村（社区）残疾人协会

村(社区)残疾人协会是由村民委员会、社区居民委员会及残疾人集中的企业、事业、社会组织等单位，建立残疾人协会或残疾人小组，简称“残协”。是在乡镇(街道)残联指导下，在村(社区)“两委”领导下，由村(社区)内残疾人及其亲友和扶残助残人士组成的残疾人组织，是残联的最基层组织，承担着直接联系和服务残疾人的重要任务。2019年，全国94.49%的村(社区)建立残协，共54.0万个。①

（四）中国残疾人福利基金会

中国残疾人福利基金会是以服务残疾人为主的全国性公募基金会，经国务院批准于1984年3月15日成立。基金会自成立以来，先后培育了“集善嘉年华”“启明行动”“助听行动”“助学行动”“助困行动”“中国信息无障碍论坛”等公益项目，形成了“集善工程”的公益项目品牌，产生了较大的社会影响力。

1. 建设宗旨

弘扬人道，奉献爱心，全心全意为残疾人服务。

2. 业务范围

(1) 宣传残疾人事业，呼吁社会理解、尊重、关心、帮助残疾人，鼓励残疾人自尊、自信、自强、自立；

(2) 举办募捐活动为本基金会筹集资金；

(3) 接受自然人、法人或其他组织捐赠的财产；

(4) 管理和使用残疾人福利基金，在国家政策法律许可的范围内进行基金保值增值；

(5) 开展和资助有利于残疾人康复、教育、劳动就业、文化生活、社会保障、社会服务和残疾预防等社会公益活动；

(6) 奖励残疾人优秀人才和为残疾人事业作出杰出贡献的个人和团体；

---

① 中国残疾人联合会：《2019年残疾人事业发展统计公报》，https://www.cdpf.org.cn/sjzx/tjgb/0aeb930262974effaddfc41a45ceef58.htm。

(7) 开展与国内外友好团体、机构、人士以及港澳台同胞、海外侨胞的交流与合作；

(8) 支持、推动并组织实施残疾人问题的研究工作；

(9) 加强与地方残疾人福利基金会的联系，帮助其共同开展业务工作。

3. 发展历史

新中国成立后，党和政府十分重视残疾人工作。1953 年成立中国盲人福利会，1956 年成立中国聋哑人福利会，1960 年两会合并组成中国盲人聋哑人协会。这一时期残疾人的状况与新中国成立前相比，发生了质的变化。“文革”期间，经济建设和社会发展受到严重破坏，残疾人事业也遭受严重挫折，中国盲人聋哑人协会的活动被迫停止。

党的十一届三中全会后，伴随国家改革开放的步伐，残疾人事业迎来了前所未有的机遇，也给残疾人渴求平等地参与社会生活带来希望。八十年代初期，北京、大连、广州、武汉、西安等城市的残疾青年先后建立了残疾人协会，也涌现了张海迪，史铁生等一批优秀残疾青年。

与此同时，随着我国改革开放的步伐进一步加快，我国对外政治、经济、文化、卫生等各方面对外交流活动不断增加。1982 年，联合国大会通过了《关于残疾人的世界行动纲领》，1983 年，联合国大会又宣布 1983 年至 1993 年为“联合国残疾人十年”，使人们进一步开阔了视野，增强了全社会对残疾人和残疾人问题的关注。这一国际环境促使我国建立自己的新型的残疾人组织。

邓朴方同志以自己的痛苦想到所有中国残疾人的痛苦，他在非常困难的条件下，不顾自己的病痛，与志同道合的战友们一起，为建立残疾人福利基金会奔走呼吁，倾尽全力。1984 年 3 月 15 日，中国残疾人福利基金会应时而生。

4. 中国残疾人福利基金会项目

中国残疾人福利基金会承载着残疾人的梦想，这个基金会支持的项目改变了很多残疾人的命运。基金会高举人道主义旗帜，大力倡导扶残助困的良好社会风尚，积极开展募捐活动，筹集资金，努力改善残疾人康复、教育、就业等各方面状况，培育了“扶贫类项目”“集善嘉年华”“康复类项目”“教育类项目”“就业类项目”“文体类项目”“生活类项目”“无障碍建设类项目”“预防类项目”等一批有社会影响力的公益项目。其中“集善嘉年华”项目是一项旨在募集专项主题善款的公益演出和慈善活动。自 2004 年起，“集善嘉年华”项目每年举办一届，是中国残疾人联合会和中国残疾人福利基金会共同主办的规模盛大、极富影响力的一年一度的慈善活动。每届“嘉年华”根据残疾人事业发展的需要确定主题，筹集的善款用于当届主题活动，促进残疾人事业发展，帮助残疾人解决困难。

（五）中国助残志愿者协会

中国助残志愿者协会成立于 2015 年 5 月 20 日，是由助残志愿者、志愿助残服务组织以及关心支持助残服务事业的单位和人士自愿组成，开展志愿助残活动的全国性、联合性、非营利性的社会组织，2018 年被民政部正式标识为“志愿服务组织”。

2010 年，中央文明办、中国残联等 8 部门在《关于加强志愿助残工作的意见》中提出广泛开展社区志愿助残、青年志愿助残、巾帼和家庭志愿助残、法律志愿助残、解放军武警官兵志愿助残、残疾人志愿服务等形式多样的“志愿助残阳光行动”，并将每年 7 月 6 日定为“志愿助残阳光行动”主题活动日。

2013 年，中国残联印发《中国助残志愿者注册管理办法(试行)》，推动志愿助残工作的规范化和制度化。

2015 年，中国残联、中央文明办、民政部、共青团中央印发《关于进一步做好志愿助残工作的通知》提出，切实将志愿助残纳入志愿服务工作大局。

2015 年 5 月 20 日中国助残志愿者协会成立大会在北京召开。大会审议通过了中国助残志愿者协会章程，选举中国助残志愿者协会会长、副会长、秘书长。会议还选举产生了协会第一届理事会。

中国助残志愿者协会的成立，不仅让助残志愿者有了自己的“家”，更让志愿助残成为社会公益品牌。希望助残志愿者协会不断向更广领域、更多人群拓展延伸，推进志愿助残事业工作常态化、形式多样化和服务品牌化。

（六）中国狮子联会

中国狮子联会是集公益慈善和志愿服务为一体的具有中国特色的新型社会组织，是经国务院批准，依照国家相关法律法规，在民政部注册登记的社会团体，于 2005 年 6 月 14 日在北京正式成立。中国狮子联会是借鉴国际狮子会的管理运作模式，依照国家相关法规在民政部正式注册登记的公益慈善服务组织。对内发展和管理会员，组织和引导会员开展形式多样的公益慈善服务活动；对外统筹与国际狮子会的关系，开展国际交流及合作。

服务范围涉及助残、扶贫、赈灾、助学、敬老、公共卫生、文化传播等各个领域，是中国慈善服务领域一支充满活力的生力军。中国狮子联会目前有超过 1 200 支公益服务队、45 000 余名会员，分布在广东、辽宁、山东、北京、浙江、陕西、黑龙江、四川、海南、云南、江苏、吉林等地。

中国狮子联会遵循“自主建会，独立运作，坚持宗旨，依法办事”的办会原则，探索并形成具有中国特色的办会机制，建立符合中国国情的组织管理体系和服务活动方式。

狮子会的事业是美丽的事业，服务社会是高尚的行为。狮子会的会员是乐意奉献的成功人士，在狮子会这个团队中，他们在奉献爱心，扶弱济贫，惠及他人的同时，实现人生价值，提升个人能力，分享成功喜悦。

中国狮子联会“温馨工程”项目有五大品牌活动：

(1) 光明行。狮友、爱心人士及企业参与同仁助残服务，助力白内障患者手术和康复。

(2) 红色行动。各地狮子联会组织开展“血液银行”无偿献血活动。

(3) 点亮蓝灯。在全国代表处及单位会员所在城市,倡导开展全国联动系列活动,促进对孤独症了解,呼吁让更多的人关心、爱护孤独症群体及家庭,为他们搭建起一座座通往美好人生的爱的桥梁。

(4) 和平海报。全球性的国际和平海报比赛,赞助青少年表达他们的和平愿景,并通过艺术和创造力来启发世界。

(5) 童心市集。是中国狮子联会的快乐公益旗帜,通过在社区搭建家庭邻里间的沟通与分享平台,以儿童为主角,用旧物交换形式,促进青少年儿童建立环保生活理念,体验公平交易及参与社交的乐趣,促进社区邻里关系建设,衍生出童心助残、童心助学等一系列项目。

(七) 残疾人事业发展研究会

残疾人事业发展研究会(China Disability Research Society, CDRS),是经国务院批准,于 2008 年 12 月 1 日,在北京成立的第一个全国性残疾人事业发展研究社团,是残疾人事业第一个高层次、实体性的研究组织。主管单位为中国残疾人联合会。研究会理事会主要由高等院校、科研院所和国家有关部委的专家、教授以及残疾人专业工作者组成。

研究会日常工作由秘书处承担,秘书处设在中国残联研究室。在常务理事会和秘书长领导下开展工作,贯彻执行理事会、常务理事会的决议、决定,组织实施并完成其交办的各项工作,做好为广大会员的相关服务工作。

研究会以"弘扬人道主义思想,开展残疾人事业政策理论与实践研究和学术交流,推动残疾人事业科学发展"为宗旨,致力于推动建设中国特色残疾人事业新型智库。研究会有常务理事 84 名,理事 219 名。会员涵盖与残疾人工作相关的社会团体、高等院校、研究机构、企事业单位中众多专家学者和残疾人工作者。

1. 业务范围

(1) 组织开展残疾人事业理论与实践研究;

(2) 组织开展科研课题的申报与研究工作;

(3) 组织开展与国内外相关组织、机构之间的学术研讨、交流与合作;

(4) 组织开展有关培训、咨询服务;

(5) 依照有关规定出版会刊,编印翻译学术书籍及资料。

2. 重要成就

(1) 2016 年成立残疾人口和统计专业委员会、残疾人社会保障专业委员会、残疾人社会管理与公共服务专业委员会、残疾人社会工作专业委员会、无障碍环境研究专业委员会、残疾人体育发展专业委员会、残疾人心理健康专业委员会、残疾人劳动就业专业委员会。

(2) 2017 年成立残疾人健康管理专业委员会。

(3) 2018 年成立残疾人权益保障专业委员会、残疾人照护专业委员会。截至 2019 年,全国已成立 11 个专业委员会,推动残疾人事业理论研究向更高的层次发展。

(4) 创建《残疾人研究》杂志。该杂志是残疾人研究领域唯一的全国性社科类学术期刊,由中国残疾人联合会主管,残疾人事业研究会主办,2011 年 3 月起正式出版发行,入选 2018 年度中国人文社会科学期刊(A 刊)扩展期刊。

(5) 创建残疾人事业研究资料库。截至 2019 年底,图书资料库已收录残疾人研究相关图书、杂志 150 余种 2300 余册,电子资料 83 万余条,所有图书和电子资料面向残疾人研究者和工作者免费开放①。

(八) 康复大学

专业人才的缺乏是制约中国康复事业发展的主要因素,康复专业人才严重不足主要体现在三个方面:一是康复人才总量严重不足,二是康复人员结构不合理,三是学科与专业建设严重滞后。

2015 年,中国残联提出建设康复大学,加快康复高等教育发展和专业人才培养。2019 年 6 月 4 日,教育部正式批复支持筹建康复大学。康复大学由山东省主办,驻地青岛市,由中国残联、国家卫生健康委等部门共同建设。2019 年 6 月 11 日,康复大学在山东青岛正式揭牌。康复大学建设秉持当代先进康复理念,融合医学、生命科学、人文科学等,是一所以研究为基础、以康复应用为主导的新型大学。也是中国第一所国家级康复大学,将重点布局教育教学、科研创新、技术培训、产业孵化等功能,设置基础医学、临床医学、运动康复、康复治疗学、听力与言语康复学、护理学、心理学等多个康复类专业。

(九) 残疾人社会组织培育与发展

残疾人社会组织是指在民政部门依法登记,以为残疾人提供服务、增进残疾人福利、促进残疾人平等参与社会生活和共享社会发展成果为宗旨,以开展残疾人所需的各项服务为主要业务的社会团体、社会服务机构和基金会。

《平等、参与、共享:新中国残疾人权益保障 70 年》白皮书指出,截至 2017 年,各地民政部门共登记残疾人社会组织 6 200 余个,包括 1 500 余个社会团体、4 600 余个民办非企业单位和约 100 个基金会。2019 年残疾人事业发展统计公报指出,全国助残社会组织 2 693 个。国家通过民办公助、公办民营、政府购买服务、政府补贴等方式扶持培育和发展残疾人社会组织。

1. 相关指导文件

培育与发展残疾人社会组织的重要方法是政府购买服务,进入 21 世纪,政府购买社会服务的力度和脚步明显加快。2013 年 9 月,国务院办公厅印发《关于政府向社会力量购买服务的指导意见》,提出要充分认识政府向社会力量购买服务的重要性,要规范有序

---

① 厉才茂,毛修炳:《中国残疾人发展与社会进度年度纵览(2020)》,求真出版社,2020,第 26 页。

和扎实推进政府向社会力量购买服务。

随后《政府购买服务管理办法(暂行)》《关于加强社会组织党的建设工作的意见(试行)》《关于改革社会组织管理制度促进社会组织健康有序发展的意见》《关于通过政府购买服务支持社会组织培育发展的指导意见》《关于大力培育发展社区社会组织的意见》等为残疾人社会组织的发展提供了引领作用。其中主要针对残疾人的有以下文件。

2014 年 4 月财政部、中国残疾人联合会等下发《关于做好政府购买残疾人服务试点工作的意见》提出通过试点，总结经验，摸索规律，完善措施，逐步实现残疾人服务资源的优化配置。

2014 年 11 月《关于促进助残社会组织发展的指导意见》引导助残社会组织健康有序规范发展，更好地满足残疾人多层次、个性化、类别化需求。

2019 年 8 月中残联、财政部《关于进一步推动政府购买助残服务的实施意见》提出到 2020 年，全国残联系统全面实施政府购买助残服务，2025 年基本建立比较完善的政府购买助残服务机制。

2. 民办机构建设情况

(1) 康复机构

2008 年 7 月 1 日开始执行的《中华人民共和国残疾人保障法》规定，康复工作应当以社区康复为基础，康复机构为骨干，残疾人家庭为依托。2016 年《“十三五”社会服务兜底工程实施方案》提出，县级残疾人康复、托养和综合服务设施三者要有其一，实现县级残疾人服务设施基本覆盖；每个省(区、市)都建有一所专业化的残疾人康复设施，地市都建有一所专业化的残疾人康复设施或残疾人托养设施。《2019 年残疾人事业发展统计公报》指出，截至 2019 年底，全国已竣工各级残疾人康复设施 1 006 个，全国已有残疾人康复机构 9 775 个。其中，提供视力残疾康复服务的机构 1 430 个，提供听力言语残疾康复服务的机构 1 669 个，提供肢体残疾康复服务的机构 4 312 个，提供智力残疾康复服务的机构 3 529 个，提供精神残疾康复服务的机构 2 022 个，提供孤独症儿童康复服务的机构 2 238 个，提供辅助器具服务的机构 1 970 个，总建设规模 414.2 万平方米，总投资 132.2 亿元。

(2) 特殊教育学校

2011 年，住房和城乡建设部、国家发展改革委批准发布《特殊教育学校建设标准》，并于 2012 年 1 月 1 日起施行。《特殊教育学校建设标准》主要由总则，建设规模与建筑项目构成，学校布局、选址、校园规划与建设用地，校舍建筑面积指标，校舍建筑标准等五方面内容组成，具体规定了特殊教育学校校园建设用地面积与校舍建筑面积指标和建筑标准。目前我国有特殊教育学校2 192所①。

---

① 教育部：《中国教育概况——2019 年全国教育事业发展情况》，http://www.moe.gov.cn/jyb_sjzl/s5990/。

2019 年 5 月,国务院办公厅印发《关于教育领域中央与地方财政事权和支出责任划分改革方案的通知》(国办发〔2019〕27 号)提出,单独核定义务教育阶段特殊教育学校和随班就读残疾学生等公用经费标准。2016 年至今,全国义务教育阶段特殊教育学校生均公用经费标准为 6 000 元。其中北京、江苏、浙江等地已超过每生每年10 000元标准。目前中央财政每年专门安排特殊教育专项补助经费 4.1 亿元,支持全国独立设置的特殊教育学校和招收较多残疾学生随班就读的义务教育阶段学校改善办学条件、建设特殊教育资源中心(教室)以及医教结合、送教上门等。

(3) 就业服务机构

《残疾人就业条例》规定,政府有关部门设立的公共就业服务机构,应当为残疾人免费提供就业服务。残疾人联合会举办的残疾人就业服务机构,应当组织开展免费的职业指导、职业介绍和职业培训,为残疾人就业和用人单位招用残疾人提供服务和帮助。

《残疾人就业服务机构建设规范(试行)》(残联发〔2010〕13 号)和《残疾人就业服务中心建设标准》规定残疾人就业服务机构是公共就业服务机构的重要组成部分,区市级以上残联必须设立独立的残疾人就业服务机构。残疾人就业服务机构的人员配备、岗位设置,应满足当地残疾人就业服务工作需要。截至 2018 年,全国共有残疾人就业服务机构 2 811 家,工作人员 1.5 万人。①

残疾人就业服务机构服务内容包括:发布残疾人就业信息,组织开展残疾人职业培训,为残疾人择业提供必要的帮助,为用人单位安排残疾人就业提供必要的支持,残疾人失业登记、就业与实业统计、就业登记,职业技能鉴定(经所在地劳动保障部门批准),就业政策法规咨询,对就业困难人员实行就业援助,为残疾人提供职业心理咨询、职业适应评估、职业康复训练、求职定向指导职业介绍等服务,职业供求信息、市场工资指导价位信息和职业信息发布,其他公共就业服务。

(4) 托养服务机构

《"十三五"残疾人托养服务工作计划》提出,推动建立残疾人托养服务补贴制度。支持和推动有条件的地区结合政府购买残疾人服务工作,建立合理的残疾人托养服务机构运行补贴政策,逐步健全机构服务、社区日间照料服务和居家服务补贴政策。截至 2019 年,全国共有残疾人托养机构 9 941 个,其中寄宿制托养服务机构 3 080 个,日间照料机构 5 311 个,综合性托养服务机构 1 550 个,为 22.4 万残疾人提供托养服务②。

2019 年 6 月,国家市场监督管理总局、中国国家标准化管理委员会颁布《就业年龄段智力、精神及重度肢体残疾人托养服务规范》,该标准是中国残疾人服务领域出台的首

① 《国务院新闻办公室发表〈平等,参与,共享:新中国残疾人权益保障 70 年〉白皮书》,《中国残疾人》2019 年第 8 期。

② 中国残疾人联合会:《2019 年残疾人事业发展统计公报》,https://www.cdpf.org.cn/sjzx/tjgb/0aeb930262974effaddfc41a45ceef58.htm。

个国家标准，于 2020 年 1 月 1 日正式实施，有效促进残疾人托养服务规范化、制度化、专业化发展。该标准适用于为就业年龄段智力、精神及重度肢体残疾人提供的托养服务，规定了就业年龄段智力、精神及重度肢体残疾人托养的服务机构、服务内容、服务过程、服务管理、服务评价及改进方面的基本要求。

二、残疾人服务人才队伍建设

（一）公聘残疾人服务队伍

《中共中央国务院关于促进残疾人事业发展的意见》(中发〔2008〕7 号)指出，加强残疾人工作干部队伍建设，抓好残疾人专职、专业和志愿者队伍建设。2019 年底，全国省、市、县、乡残联工作人员达 11.1 万人，乡镇(街道)、村(社区)残疾人专职委员总计 58.1 万人，其中乡镇(街道)66 万人，村(社区)51.5 万人。全部省级残联、70.5％的地市级残联配备了残疾人领导干部，48.5％的县级残联配备了残疾人干部。①

（二）康复人才

全国残障人士超过 8000 万人，近年来，在政策的扶持下，我国残疾人康复服务行业取得了飞速发展，得到康复服务的残疾人数量有所增加。从 1990 年开始，高校本科学历教育开始规范化进行康复治疗人才队伍结构建设，并逐步向专业化过渡。从 2000 年开始，治疗师学历教育迅速发展，以医学院校本科学历教育为主导，体院、高职、中专多头并举，学历结构，能力水平，培养目标呈现多元化趋势。智研咨询发布的《2020—2026 年中国残疾人康复服务行业市场分析预测及投资价值咨询报告》数据显示，2017 年有 854.7 万残疾儿童及持证残疾人得到基本康复服务，而 2018 年达到 1 074.7 万，2019 年为 1 043.0万人。②

从细分人数来看，2019 年得到康复服务的持证残疾人中，有视力残疾人 112.2 万，占比 10.76％；听力残疾人 73.1 万，占比 7.01％；言语残疾人 4.4 万，占比 0.42％；肢体残疾人 553.6 万，占比 53.08％；智力残疾人 82.3 万，占比 7.89％；精神残疾人 161.5 万，占比 15.48％；多重残疾人 46.8 万，占比 4.49％；未持证残疾儿童 9.1 万，占比 0.87％。2019 年全年为 314.5 万残疾人提供各类辅助器具适配服务。③

虽然目前整体康复事业迅猛发展，但与发达国家相比还有明显差距。目前我国康复医疗专业人员只有不到两万人。我国开办康复治疗专业的大学本科院校只有 75 所，专科院校 158 所，康复医学与理疗学的硕士招生单位仅有 34 个，博士招生单位仅有 9 个，

---

① 中国残疾人联合会：《2019 年残疾人事业发展统计公报》，https://www.cdpf.org.cn/sjzx/tjgb/0aeb930262974effaddfc41a45ceef58.htm。

② 杨伟：《2019 年中国残疾人康复服务人数、机构数量和康复设施情况[图]》，https://www.chyxx.com/industry/202004/852454.html。

③ 中国残疾人联合会：《2019 年残疾人事业发展统计公报》，https://www.cdpf.org.cn/sjzx/tjgb/0aeb930262974effaddfc41a45ceef58.htm.

每年毕业生总数约 8 000 人，而且超过七成为专科学历。我国目前仅有约 2 万名从事康复的医务人员，其中治疗师 5 600 人，平均每 10 万人口仅有 0.4 名康复治疗师，按照国际标准的 10 万人口配备 30 名计算，缺口高达 35 万人。①

（三）托养人才

我国残疾人托养服务经过十几年发展，已经基本搭建了服务体系框架，服务机构数量和服务人数快速增长，服务质量也稳步提升。但是，残疾人托养服务供给能力与残疾人迫切的托养需求相比仍存在巨大差距。究其原因，残疾人托养人才队伍的质量和规模起到至关重要的作用。

全国残疾人托养机构工作人员数量少，有本科学历的少，学历以高中及以下学历为主。由于高素质专业人才缺乏，高质量的残疾人托养服务发展动力不足，这与该行业服务人员尤其是高学历人员的职称晋升难、收入普遍偏低等关系个人职业生涯发展问题难以解决有密切关系。

残疾人托养服务是跨学科的专业化服务，需要社会工作师、治疗师、职业评估师等专业人员团队合作，托养人才不是专项职称人才，地方政府很难发布专项的托养人才建设保障政策。《就业年龄段智力、精神及重度肢体残疾人托养服务规范》国标的发布，一定程度上对推动托养人才的专项培育起到积极促进作用。

虽然目前我国托养服务人才队伍建设面临种种困难，但部分地区因地制宜，在托养服务人才队伍建设方面，创造性地提出创新思路和举措，收到了良好的效果。

1. 与院校合作定向人才培养

湖南省残联与长沙民政学院有残疾人康复人才定向培养战略合作协议，实施康复人才的定向培养。湖南地区也正在探索在湖南特教中专开设包括托养在内的残疾人服务方向的人才培养，将招生对象确定为建档立卡贫困家庭子女、残疾人子女，将培养人才与精准扶贫工作结合起来，并将专业就业方向确定为助残与托养、养老相结合，在满足现阶段托养机构岗位需求的同时，满足社会日益增长的养老机构服务人员需求。

2. 建立机构协助技术共享、人才共享及督导机制

（1）上海、广东的托养中心不断加强与社工机构、社工人才的合作，丰富完善托养人才体系。日间托养机构主要专业人员围绕就业辅导员、康复师、心理咨询师或者医生，这些专业人士看待问题从治疗角度介入，而社会工作者是从优势视角，并发挥以人为本的精神介入，是托养服务的发展重要的服务方向。

（2）驻马店、聊城等地加强托养机构与医疗康复机构的合作。签署医疗康复定点合作协议，将托养中心的康复、医疗服务就近委托具有专业资质的卫生院开展服务，同时引进家庭签约医生开展服务。

---

① 《中国康复行业及人才发展现状分析》，https://www.sohu.com/a/300516663_100169004.

(3) 长沙市建锋残疾人托养服务中心与长沙市第一社会福利院签署专业技术督导服务协议,引进长沙市第一福利院比较成熟的院舍服务管理经验,聘请福利院资深专业人士担任中心督导,指导服务中心建设和服务开展,帮助托养中心较快提升运行管理水平和专业服务能力。

(四) 特殊教育人才

当前我国0—6岁残疾儿童近168万人,每年新增残疾儿童20余万人[①]。残疾儿童有身体康复和受教育的迫切需求,满足这些需求,他们将来的生活才能有更好的机会和保障。因此,提升残疾人受教育的质量和水平,是增进残疾人家庭福祉、加快残疾人迈入小康社会的重要保障。

2014年,国家启动"特殊教育教师培养计划改革项目",遴选确定华东师范大学、重庆师范大学、南京特殊教育职业技术学院、郑州师范学院、泰州师范学院5所院校实施"卓越特殊教育教师"培养改革项目,在"国培计划"中专设特教学校校长和骨干教师培养项目。截至2018年,培训特教学校骨干教师10 298名,校长726名[②]。

2015年8月,教育部印发《特殊教育教师专业标准(试行)》(教师〔2015〕7号),全面对教师理想信念、职业道德、专业认识、专业知识和专业能力提出要求,引导和规范特殊教育教师队伍建设,促进特殊教育教师队伍专业化水平不断提高。

2019年12月,教育部教师工作司发布《关于中小学教师资格考试增加"特殊教育"等学科的通知》,首次将"特殊教育"纳入中小学教师资格考试科目,特教教师有了专门的从业资格证书。

2019年,全国招收特殊教育专业普通本专科高校增至80所,特殊教育学校共有专任教师6.24万人。2012年9月,教育部、财政部等五部门共同印发《关于加强特殊教育教师队伍建设的意见》,提出大力加强特殊教育教师队伍建设,要统筹规划特殊教育教师队伍建设、加大特殊教育教师培养力度、开展特殊教育教师全员培训、健全特殊教育教师管理制度、落实特殊教育教师待遇、营造关心和支持特殊教育教师队伍建设的浓厚氛围。

目前,特殊教育教职工主要分为专职教师、代课教师和兼任教师,其中专职教职人员包括专任教师、行政人员、教辅人员和工勤人员。根据教育部数据显示,2019年我国特殊教育学校教职工数量达到7.21万人,其中专任教师为6.24万人,同比增长6.31%,代课教师和兼任教师数量保持稳定。按学历看,特殊教育专任教师中学历为研究生和本科生的数量逐年增加,本科毕业教师由2017年的3.7万人增加到2019年的4.4万人,同比增长9.57%,数量远超其他学历的教师。按专业技术职务看,拥有2019年全国特殊教育专任教师中级职称的27 358人,占全部专任教师数量的43.87%,其次为助理级16 294

---

① 王勇:《我国将全面实施残疾儿童康复救助制度》,《公益时报》2018年6月7日。

② 教育部:《对十三届全国人大二次会议第2879号建议的答复》http://www.moe.gov.cn/jyb_xxgk/xxgk_jyta/jyta_jijiaosi/201912/t20191204_410817.html。

人，占比为 26.13%，副高级 9 392 人，占比为 15.06%。①

然而，目前特殊教育学校教师队伍数量仍然严重不足，已成为制约当前特殊教育学校发展的首要因素，且一人多职现象尤为普遍，制约了教师的专业化发展，导致科研积极性不高、教育教学质量不高、教学效果不理想等问题。

（五）社工人才

1. 社工人才对残疾人服务的意义

随着经济社会的快速发展，我国的残疾人事业也取得了长足进步。在现代文明社会新残疾人观的影响下，残疾人工作的内容有了全方位的拓展，残疾人工作形式也顺应了时代发展潮流，不断创新。

社会工作是一种帮助人解决问题的工作。它帮助社会上的贫困者、老弱者、身心残障者和其他不幸者；预防和解决部分经济困难或生活方式不良而造成的社会问题；开展社区服务，完善社会功能，提高社会福利水平和社会生活质量，实现个人和社会和谐一致，促进社会的稳定和发展。由此可见，残疾人是社会工作的重点服务对象。专业社会工作越来越多地介入到各项残疾人工作，便是这一创新的具体体现。

在《国家中长期人才发展规划纲要（2010—2020 年）》提出：建立不同学历层次教育协调配套、专业培训和知识普及有机结合的社会工作人才培养体系。中国残联编制的《中国残疾人事业中长期人才发展规划纲要（2011—2020 年）》及其配套文件要求，建立一支具有社会工作理论知识与实务经验的专业服务队伍和一支既懂管理、又懂社会工作的社会工作人才管理队伍。将残疾人社会工作人才队伍建设纳入国家社会工作人才培养体系，加快培育残疾人社会工作人才，不仅是构建社会主义和谐社会的迫切需要，也是新时期加快推进残疾人社会保障体系和服务体系建设的一项重大而紧迫的任务。

2. 社工人才在残疾人服务中的服务内容

残疾人社会工作服务的内容主要包括医疗康复、教育康复、职业康复和社会康复四大领域。在这四大领域中，残疾人社会工作都可以发挥作用。比如，在医疗康复中，残疾人社会工作者可以运用其专业知识对康复工作的计划、决策、行政、监督与咨询，协助康复专业人员掌握残疾人的心理和社会动力因素，帮助残疾人寻找必要的社会康复设施或康复资源，鼓励残疾人及其家属增强战胜困难的信心和寻找解决困难的有效途径。而在许多康复项目中，残疾人社会工作者不仅是项目的计划者和促进者，同时也扮演着调解者、管理者、协调者、教育者等多重角色。在教育康复中，社会工作者应大力促进残疾人平等接受教育机会的实现，推动政府和社会各界努力创造条件，帮助更多残疾人接受教育，促进教育形式的多样化，举办各类残疾人教育专业机构，参与对各类残疾人的教育和

---

① 观研天下：《2019 年我国特殊教育学校数量达 2 192 所 招生及师资规模不断扩大》，https://www.sohu.com/a/424304302_730526。

培训,在职业康复中,社会工作者应致力于促进残疾人工作权利和就业自由的实现,要呼吁政府制定政策和措施并设立各种服务性机构,以保证城乡残疾人均有平等从事有酬劳动的机会,要促进政府和其他相关部门根据残疾人特点,想办法拓宽残疾人接受培训的途径,加强对残疾人的职业培训和就业训练,切实提高残疾人自身的职业能力,还应帮助残疾人寻求更适宜的劳动岗位,帮助他们适应劳动生活,维护他们的正当合法权益。在社会康复方面,最主要的是消除社会对残疾人的无知和偏见,努力推动适合残疾人生存、发展的社会环境的实现,使残疾人能享受与健全人同等的权利,回归社会,全面参与社会生活,实现自身价值。

社会工作更深更广的介入将使残疾人工作的内容进一步拓展,形式进一步发展,内涵进一步丰富,范围进一步扩大,也将有力地推动残疾人康复工作朝着专业化、标准化和规范化方向发展,促使其取得更大进步。

第二节　残疾人服务的运行

一、 残疾人服务体系的概念和内涵

体系是指一定范围内或同类的事物按照一定的秩序和内部联系组合而成的整体。残疾人服务体系是指国家和社会为残疾人提供各种服务的总称,是指国家和社会针对残疾人特殊性、多样化、个性化的服务需求,以机构为骨干、社区为基础、家庭邻里为依托,开展医疗卫生、教育培训、劳动就业、社会保障与救助、文化体育、住房保障、法律维权等一般性服务,以及残疾预防与康复、养护照料、辅助器具、无障碍等专项性服务,覆盖城乡全体残疾人。它包括服务主体体系、服务项目体系、服务信息体系和服务管理体系等。

服务主体体系的主要功能是解决由谁向残疾人提供服务的问题,服务项目体系解决向残疾人提供哪些具体项目服务的问题;服务信息体系的主要功能是解决收集、掌握残疾人的基本情况、个性需求以及及时传达服务主体的服务项目和程序等信息问题;服务管理体系的主要功能是解决为残疾人服务的数量、质量、效率和水平等问题。残疾人服务体系健全程度与残疾人群体的民生状况呈正比例关系。新中国成立特别是改革开放以来,在各级党委和政府的支持下,通过构建残疾人服务体系,残疾人的“民生”问题得到了一定程度的改善。但是总体来看我国的残疾人服务体系还不健全,存在着一些亟待解决的问题。

二、 运行机制

残疾人服务体系的概念界定,在理论上与“公共服务”“社会服务”和“服务业”等范畴的定义有关,在实践上直接涉及解决残疾人需求的顶层制度设计对这一概念的理解,包

含人们对残疾现象的看法与态度，以及提供服务的现实条件、能力、手段、方式，既反映人们的社会价值观，也体现服务的现实操作特性。

残疾人服务体系建设，要在推进和实现基本公共服务均等化的目标过程中，坚持“政府主导、社会参与、国家扶持、市场推动”的基本原则和“公益性、社会化、专业化、人性化”的发展要求，根据残疾人的特点和需要，有计划地实施基本公共服务项目，并采取购买服务等方式，大力发展残疾人服务业，通过建设适宜的服务设施、健全专业的服务队伍、建立信息化的服务系统、创新服务技术和手段、营造无障碍的服务环境，形成服务网络完善、组织管理有序、保障措施得力、技术支持到位、规范标准健全、监督检查有效的残疾人服务工作格局，全面提升为残疾人服务的能力和水平，促进残疾人平等参与社会生活，共享社会发展成果。

（一）残疾人服务是基本公共服务的重要内容，需要重点保障和特别扶持

基本公共服务是指建立在一定社会共识基础上，由政府主导提供，与经济社会发展水平相适应，旨在保障全体公民生存和发展基本需求的公共服务。基本公共服务主要包括保障基本民生需求的教育、就业、社会保障、医疗卫生、计划生育、住房保障、文化体育等领域的公共服务。残疾人服务就是将残疾人康复、辅助器具、护理照料和无障碍等专项性服务项目融入基本公共服务范围，保障残疾人享有基本公共服务的权利。

（二）残疾人服务是社会服务的重要组成，需要社会力量共同推进

广义的社会服务既包括面向全体社会成员的基本公共服务，也包括针对需要公共援助的人所提供的社会支持服务和项目。社会服务应对残疾人服务进行重点扶持和引导，满足残疾人全面发展的多层次需要，实现政府主导、社会组织和企业广泛参与的多元化社会服务模式。

（三）残疾人服务是推行福利服务的具体体现，需优先保障、协调发展

福利服务是指为社会弱势群体无偿提供的服务，包括政府部门和民间组织发起实施的项目。

福利服务的项目主要有残疾人福利服务、老年福利服务、儿童福利服务、妇女福利服务、住宅福利服务、教育福利服务、社会补贴和社区服务等。福利服务体系应该把具有特殊困难的各类人群视为一个整体进行扶持，为残疾人提供服务不仅要考虑专项的残疾人服务需要，还要考虑到其拥有的其他身份特征的服务需要。比如北京出台的九条惠及老年人和残疾人的相关政策“九养”政策，把居家助残和养老服务结合起来，就形成了福利服务综合效应。

三、运行困境

（一）残疾人服务理念尚未根本形成

就公共部门而言，从宏观层面分析，我国具有高度集权的行政传统，长期以来过于强

调政府等公共部门的管治职能，忽视了公共部门在提供公共服务方面的基础性作用，使公共服务缺少发展的基本文化环境。从中观层面分析，与残疾人服务相关的部门对残疾人公共服务的重视程度不够，开展残疾人工作习惯于计划经济时期的劳动福利模式，将残疾人公共服务视为传统社会救济的一部分，导致残疾人公共服务发展的不稳定和不平衡。从微观层面分析，在残疾人公共服务过程中，有些公务人员服务意识较薄弱，或对残疾人的服务需求视而不见、漠不关心，或官僚习气浓重，“主仆关系”倒置，导致“门难进、脸难看、事难办”的现象层出不穷。就公众层面而言，社会公众普遍沿袭计划经济体制下的传统理念，对残疾人公共服务的关注度不高，认为残疾人公共服务是政府的事，社会力量无须过多介入，导致残疾人公共服务的社会氛围较差。就残疾人群体而言，残疾人自身的服务权益保障意识较弱，残疾人公共服务内在的推动力不足。

（二）残疾人公共服务供给严重不足。

当前，残疾人教育服务、社会救助服务、社会保险、康复医疗服务和无障碍环境服务等基本公共服务非常欠缺，直接影响到残疾人的基本生活质量。2006 年第二次中国残疾人抽样调查数据表明，中国 15 岁及以上残疾人文盲率为 43.29%。2015 年中国残疾人基本服务状况和需求专项调查显示，残疾人文盲率大幅下降，但残疾人文盲人口绝对数大、类别多、特性突出，多为贫困家庭和贫困人口，是弱势群体中的弱势群体，亟需高度关注和重视。在国家宣布“基本扫除青壮年文盲”的背景下，残疾人扫盲工作的重要性和紧迫性更加凸显。①

目前我国各类残疾人总数已达 8 500 万②。在健康与康复方面，2018 年，1 074.7 万名残疾儿童及持证残疾人得到基本康复服务，残疾人康复服务覆盖率达到 79.8%。在社会保障方面，截至 2018 年 3 月，全国共有 904.4 万残疾人享受城乡最低生活保障。截至 2018 年，2561.2 万城乡残疾人参加城乡社会养老保险，1024.4 万残疾人领取养老金。595.2 万重度残疾人中有 576 万人得到了政府参保补助，代缴养老保险费比例达到 96.8%；另有 298.4 万非重度残疾人享受全额或部分代缴养老保险费的优惠政策。③

同时，残疾人公共服务的基础设施建设未引起足够重视，绝大多数城镇的无障碍设施建设被忽略，残疾人出行受到严重制约。

（三）残疾人公共服务的城乡差距相当明显

当前我国农村残疾率普遍高于城市，农村残疾人口数量大约是城镇的 3 倍，而农村残疾人公共服务的政府投入的金额远远低于城镇地区，而使得城乡残疾人公共服务的发展严重失衡。部分城镇残疾人公共服务开始向满足残疾人发展需求推进，而农村残疾人

---

① 中国新闻网：《中国残联：中国 15 岁及以上残疾人文盲率近 44%》，https:// www.sohu.com/ a/ 116076851_123753。

② 孔祥鑫，郃思聪，吴文诩：《残疾人群体如何解决“乘车难”?》，《延安日报》2020 年 12 月 14 日。

③ 倪伟：《904 万残疾人享受城乡最低生活保障》，《新京报》2019 年 7 月 26 日。

公共服务仍基本上停留在生存需求层面。目前,50%的农村持证残疾人是重度残疾人,60 岁以上农村残疾人占比 40%。“老残一体”现象对公共服务造成十分严峻的挑战①。

残疾人的特殊困难和需求往往被普遍化和平均化的要求所掩盖,针对农村重度肢体、智力、精神残疾人的服务基本属于空白。而由农村残疾人导致的连锁问题,“照看一个、拖累一群、致贫一家”的恶性循环日渐突出。

四、 运行策略

（一）加强残疾人服务机构党组织建设，将残疾人服务平台建设成党密切联系残疾人困难群众的重要载体

围绕解决残疾人对于美好生活的需求,充分发挥党建的政治核心作用和党员先锋模范作用。残疾人服务机构需要按照党委、政府、残联系统关于残疾人事业发展的指导意见和决策部署,将党委、政府和残联系统对残疾人群体的关怀和服务,精准、有效传递到困难残疾人身边,帮助服务对象解决困难问题。

加强残疾人服务机构党组织建设,是贯彻落实党的群众路线方针、凝聚团结残疾人服务力量、促进政社良性合作的关键举措,可以有效促进残疾人服务与地方党委政府中心工作的紧密结合。同时建议加强党组织领导下残疾人服务联席工作制度建设,形成支持残疾人事业发展的部门合力。残疾人服务对象中的残疾人类型多样、需求多元,年龄跨度很大,涉及生活照料、康复医疗、劳动就业、文化教育、社区生活、社会融合、权益维护等多个方面,迫切需要加强残联与民政、卫健、人社、农业农村、妇联等部门和群团的紧密衔接,通过联席会议制度建设,密切部门协作,鼓励将残疾人服务与各部门职能结合起来,为困难群体、困境人群提供的普惠性服务,使残疾人更好获得政府提供的保障服务。

在社区中,也需要将残疾人服务机构与残疾人之家融合发展,将党员志愿者、党建服务项目融入服务机构帮扶计划整体战略中,将残疾人不同领域服务的品牌发展纳入社区党建中心工作去谋划、去发展。

（二）加强创新服务理念，有效贯彻落实，更好回应残疾人的服务需求

残疾人服务,包含两条截然不同的道路。一条是把残疾人当作被救助、被服务的对象,通过提供“特殊的”服务,解决他们“与众不同的需求”,保障其基本生活。这是所谓的残疾医疗模式。另一条是将残疾人作为参与主体,把促进其全面发展融入服务当中,不仅满足基本生活需要,更为重要的是,提升参与的能力,创造发展的机会,实现作为公民的权利。这是所谓的社会权利的模式。两种不同模式,代表两种不同的残疾人观。目前我国逐步普及正确的服务理念,发展现代的残疾人观,赋予了残疾人服务新的灵魂。

---

① 文梅,孙家琪:《农村残疾人仍是农村返贫困的主体与硬骨头 焦若水建议重塑农村残疾人发展性保障政策》,《华夏时报》2020 年 10 月 17 日。

1. 以人为本

这是前提和基础，就是以满足残疾人的需求、促进人的全面发展为根本出发点。关注残疾人服务，应当首要关注残疾人作为平等的社会一员生存、参与和发展的需要，而且是全面的、整体的、持续的需要。《残疾人权利公约》要求接受残疾人是人的多样性的一部分和人类的一分子，认为“残疾是伤残者和阻碍他们在与其他人平等的基础上充分和切实地参与社会的各种态度与环境障碍相互作用所产生的结果”。在社会权利模式的指引下健全残疾人服务体系，一方面倡导残疾人可以在平等基础上享用为公众提供的服务和设施；另一方面倡导根据残疾人的特点提供支持性服务。残疾人服务，从过去强调业务体系的完善，向服务体系的健全转变，就是坚持以人为本，聚焦人的需求，聚焦人的发展。

2. 赋权增能

赋权增能的核心，就是尊重人的尊严、实现人的权利增强人的发展能力。残疾人服务需要充分挖掘残疾人的潜能和价值，首先要尊重残疾人的自主选择。先进国家普遍的做法，是赋予和充实残疾人自我管理、参与相关事务管理的权力，把服务选择权给残疾人，让他们有选择的机会，从而为发展创造条件。其次，要培养责任意识，加大在教育、就业、康复文化等方面服务的投入力度，控制物质补助，鼓励和支持残疾人通过自身劳动实现自身价值、社会地位，形成权利与责任对等的观念意识，减少对家人、政府和社会的依赖。最后，要提高残疾人独立生活的能力。

3. 促进融合

这既是手段也是目标，就是促进残疾人全面融入社会。真正消除物质环境、观念态度、体制安排等各方面障碍，使残疾人可以平等地实现就业、享受教育、接受康复、参与文体活动等，以一般成员的身份参与政治、经济、文化和社会生活的各个领域，从而与社会相互认同和接纳，并在思想认识和价值观上实现充分融合。应当逐步减少特教学校、托养机构、集中就业和特殊文化艺术等集中性、规模化、隔离式的服务，提倡在社区和公共的开放场所向残疾人提供个性化的服务。很明显，融合理念要求残疾人服务体系是一个完全开放的系统。

（三）大力发展信息化建设与数字化工具的开发和运用

残疾人工作走向个性化，为残疾人提供量体裁衣式的服务，是残疾人事业发展的趋势，面对残疾人群体数量庞大、种类繁多、快速增长的需求，传统业务管理和服务模式已经无法应对。信息化建设是残联组织服务能力的放大。一方面，信息化建设能够增强我们开展工作的针对性和指向性，使有限的服务资源得到更加有效的应用；另一方面，通过信息化建设，个性化的残疾人需求得到更加及时有效充分的反应。要贴近业务工作发展和残疾人需求开展信息化建设，构建综合业务平台和残疾人基础信息需求平台，强化功能、突出实用，使残疾人需求更快得到反映，使服务能力得到充分发挥，实现业务工作与残疾人需求的对接，切实提高残联组织的服务能力和水平。

顺应信息化浪潮，充分解放思想，把推进信息化与履行残联职能、提高科学发展能力结合起来，与创新体制机制、提高业务监管效能结合起来，与加强自身建设、规范行政行为结合起来，与拓展职能空间、促进残疾人事业科学发展结合起来，进一步提高对信息化建设在推动残疾人事业发展中重要作用的认识。

（四）服务需求，和现有服务资源实现快速准确的对接

服务需求和现有服务资源真正实现快速准确的对接，主要体现在需求管理、服务评估、服务转介、服务反馈和监督四个机制的有效完善。

1. 需求管理机制

充分利用信息技术载体平台，对残疾人服务需求进行动态管理、即时服务和全程跟踪，形成残疾人服务需求综合分析报告，提出解决方案，即实现需求提出、归集、分析一体化的服务，这是基础，也是核心。

2. 服务评估机制

根据残疾人服务需求的类型和特点，明晰各级需求评估层次。建立以社区为主的初级评估，以街乡为主的基础评估，以区县为主的专业评估，以省市服务机构为主的高端评估，形成主体明确、功能完善的四级需求评估体系。

3. 服务转介机制

根据需求管理、服务评估结果，及时将不能在本级服务平台实时解决和有效满足的服务需求转介到合适的服务机构，这包括两个关键环节：(1) 实行转介“首诊负责”制度，对转介成功率进行评估；(2) 拓展多元化的服务转介渠道，形成规范化、标准化的转介操作流程，使服务转介机制成为解决问题的重要平台。

4. 服务反馈和监督机制

适时加强外部信息反馈的同时实施个案管理，进行综合分析，强化残疾人及其家庭取得资源及应用资源的能力。在此基础上，建立政府规范监督、社会组织行业自律、残疾人代表等民主监督、第三方评估机构监督多方并举的模式。

（五）加强队伍建设，提升服务水平

加快残疾人专业服务人才队伍建设，在当前的残疾人服务体系建设中具有重要作用，尽可能满足残疾人个别化、差异化的服务需求。在残疾人服务各个领域人才总体紧缺的情况下，明确要求加强现有在岗人员继续教育，将继续教育作为残疾人服务人才培养的重要方式，鼓励通过高校培养、以残助残、以困助残、志愿助残等多种渠道，加强人才培养及保障激励，不断优化残疾人人才队伍结构，提升残疾人人才队伍综合水平。

（六）多渠道筹措资金，为残疾人服务的运行提供资金保障

首先，政府要加大资金投入，合理安排运作，建立完善的残疾人服务的资金投入机制。政府也可以运用税收杠杆，鼓励企业参与社区残疾人基金捐赠，或者政府通过建立

规范的社区残疾人资金投入机制，来保证社区残疾人公共服务资金的固定来源，使整个社区残疾人公共服务体系正常运转。

同时，优化政府购买服务方式，重点探索“竞争性”补贴机制、“质量导向”补贴机制、“以奖代补”补贴机制等新补贴手段，通过经费补贴方式手段创新，引导残疾人服务机构不断加强自身建设和服务品质改善，从而进一步激活民办助残组织的发展活力和服务能力的提升动力。公办和民办服务机构补贴标准应该基于服务成效标准，在补贴上应一视同仁，甚至要加大对民办服务机构服务经费的补贴力度，才能调动民营机构市场运作的积极性。

其次，社区应当发挥自身的自组织作用，建立社区残疾人资金筹集渠道。社区组织和发动社区内的企业、其他团体、社区残疾人等社区主体积极参与社区残疾人活动，在此过程中募集社区残疾人公共服务的资金，让社区资金募集方式多元化。

第三节　残疾人服务管理

一、残疾人服务质量管理

残疾人服务质量管理，是指残疾人组织在其服务与管理的过程中所要协调的各个要素之间相互作用的诸多关系、工作方式及其发挥的作用。它具有特定运行方向的机能和系统。

（一）残疾人服务质量管理的重要性

1. 改善残疾人生活状况——构建和谐社会的客观要求

由于残疾人自身的缺陷和障碍，他们的生存和生活面临种种困难，需要提供各种服务。各地残疾人联合会要指导基层残疾人组织对辖区残疾人生存和生活的状况调查摸底，了解情况，掌握残疾人的需求信息。根据他们的需求采取切实有效措施，帮助其解决实际困难，提供必要服务，使残疾人与健全人一样走出家庭，融入社会，共享我国改革开放成果。同时，应当完善贫困残疾人口的识别机制，将家庭年人均纯收入低于当地最低生活保障标准的农村贫困残疾人纳入农村低保范围，将有劳动能力的农村贫困残疾人纳入扶贫范围。帮助有劳动能力的贫困残疾人优先享受国家扶贫开发和惠农政策，做好农村低保制度和扶贫开发政策的有效衔接。多渠道安排筹措资金，加大对农村贫困残疾人的帮扶力度。不仅如此，构建和谐社会，需要大力发展民间组织。在市场经济条件下，政府也越来越向有限政府靠近，政府的力量不可能无所不及。因此，迫切需要民间组织在政府缺位的地方发挥“黏合剂”和“润滑油”的作用。从这个意义上，积极培育民间残疾人组织，加强对各种民间残疾人组织的服务与管理，是改善残疾人生活状况，构建和谐社会的客观要求。

2. 提高管理能力——加强社会管理基层工作的内在要求

各级残疾人联合会是党和政府联系广大残疾人的桥梁和纽带，是为残疾人提供各种服务的载体，是增强残疾人社会工作的活力、战斗力和创造力的基础。因为广大残疾人生活在基层，残疾人事业的基础在基层，残联“代表、服务、管理”的对象在基层，满足残疾人的基本生活保障、医疗、康复、教育、就业、维权、文化生活等方面需求也在基层。

我国在重视和发挥残疾人组织作用的同时，也重视和发挥民间残疾人组织作用，它们不仅起着社会利益关系调节器的作用，而且担负着大量除政府职能之外的社会管理职能，是越来越多的“社会人”的管理者、服务者和联络者。事实证明，唯有加强各级职能组织与民间残疾人组织建设，才能真正完成好直接面向残疾人服务的任务，才能使残疾人组织服务网络的触角延伸到基层。深入到基层、服务到基层，才能真正使残联干部和残疾人充分接触，并充分发挥残联的“代表、服务、管理”职能。由此可知，建立健全残疾人组织服务与管理的工作机制，是开展残疾人社会工作的关键环节，是党和政府联系广大残疾人的重要纽带，是努力为残疾人服务、加强社会管理基层工作的内在要求。

3. 推动残疾人事业有序、健康、持续发展的必然要求

改革开放40多年来，我国残疾人事业迅速发展，成就显著。但是，残疾人状况与社会平均水平相比仍然存在着较大的差距，在全国人民生活总体达到小康水平的情况下，还有许多农村残疾人处于脱贫返贫的循环之中，许多城镇残疾人生活水平在最低生活保障线附近徘徊。采取切实有效措施，帮助这些弱势群体走出贫困，摆脱贫困，是我们的责任，也是各级残联和广大民间残疾人组织的职责和义务。努力做到哪里有政府，哪里就有基层残联组织和民间残疾人组织；哪里有残疾人，哪里就有残疾人组织、民间残疾人组织和残疾人社会工作者，从而建立起政府与残疾人之间的桥梁和纽带，使残疾人组织、民间残疾人组织深深扎根在基层，从而把切实提高为残疾人提供社会保障和公共服务水平的任务真正落实到基层。因此，建立健全残疾人组织服务与管理的工作机制，是做好贫困残疾人社会工作的关键环节，是践行初心与使命的具体体现，是推动残疾人事业有序、健康、持续发展的必然要求。

4. 建设小康社会，推进社会主义现代化进程的迫切要求

我国残疾人事业基础还比较薄弱，残疾人社会保障政策措施还不够完善，残疾人在基本生活、医疗卫生、康复、教育、就业、社会参与等方面还存在许多困难，他们的总体生活状况与社会平均水平还存在较大差距。因此，促进残疾人事业发展，改善残疾人状况，已成为全面建设小康社会和构建社会主义和谐社会的一项重要而紧迫的任务。《中共中央、国务院关于促进残疾人事业发展的意见》指出，各级党委和政府要从坚持立党为公、执政为民的高度，从全面建设小康社会、构建社会主义和谐社会的高度，充分认识发展残疾人事业的重要意义，进一步增强责任感和使命感，切实采取有力措施，促进残疾人事业在新的起点上加快发展。由此可知,建立健全残疾人组织服务与管理的工作机制,切实帮助残疾人解决生产生活中的困难和问题,根本改善残疾人状况,维护残疾人合法权益,是实现广大残疾人共同实现全面小康、推进社会主义现代化进程的迫切要求。

(二)残疾人服务质量管理的内容

"程序逻辑模式"理论从"程序"和"逻辑"两个角度来监控专业服务开展状况,是测评社会服务流程之间是否科学客观的重要模式。所谓"程序"是指服务运行的流程和环节;所谓"逻辑"是指这些流程和环节之间的关系。其理论假设是,服务的发展必然依据一定的程序,而程序之间的联系必然具有逻辑性,不依据程序或不具有逻辑性说明服务存在问题。因此,"程序逻辑模式"理论是审视残疾人服务质量的重要工具。

依据"程序逻辑模式"对整个服务程序(包括需求定位、服务规划、服务实施、服务总结、服务调整的五大阶段)以及对五大阶段的过程逻辑质量进行监测,同时在保证项目结构性质量(包括人员数量及质资、经费投入)的前提下,重点监控服务总结阶段的服务成果和效应。结合每个服务程序设计针对性的监测工具,监测结构性质量的匹配度与支持力,监测服务过程的逻辑性、专业性以及服务管理的科学性,监测服务产出、服务目标达成、服务对象改变、服务效果、社会效应等内容。

残疾人专业服务开展是"需求定位—服务规划—服务实施—服务总结—影响规划"的循环,服务质量的有效管理依靠各个程序之间的监测手段实现,就是在每一个服务环节上采用对应监测工具对各个服务程序以及服务程序之间的逻辑性进行服务管理的过程,具体运作如下。

1. 需求定位

"需求定位"是服务的起点和重点,包括了服务人群把控、服务定位和需求调研 3 个方面,成效监测重点立足于需求把控的全面性和客观性,监控的工具涉及服务点及人群分析报告、需求调研报告及相关材料。

2. 服务规划

即为服务整体设计和分领域服务设计,包括服务目标设定和服务策略,服务规划必须立足于服务需求定位,两者之间具备逻辑性。成效监测的重点立足于服务规划和服务需求的逻辑性、服务目标的合理性以及计划内容的对应性。监测工具涉及年度服务计划和服务逻辑框架等。

3. 服务实施

即服务开展,成效监测的重点在于服务实施和服务规划的对应性、服务开展的专业性(包括专业价值、专业理念和伦理、专业流程等内容),管理的科学性,监测工具包括数据监测月报、服务文书专业性抽查反馈表、服务点服务走访监测记录表等。

4. 服务总结

即对服务实施开展的总结和成果检视,核心是服务产出结果和服务成效,整个监测涵盖服务内容是否实现、服务产出是否达标、服务目标是否达成、服务带来的人群或组织的改变等方面，而且服务总结必须回应服务需求。监测工具涉及服务内容对照表、服务产出统计表、年度服务总结(需有涉及服务对象和用人单位等相关方的评价、服务目标达成分析和服务改变分析)等。

5. 影响规划

指服务总结结果作为服务经验，成为需求定位来源的一部分，为下一周期的服务规划提供服务建议的过程，监测工具主要是服务质量监控反馈和改进记录表。

二、残疾人服务财务管理

在贯彻落实科学发展观、构建和谐社会、保障和改善民生、实现残疾人平等参与、共享改革成果的目标引导下，党和政府在发展经济的同时，更加注重弱势群体的利益诉求，更加注重残疾人康复事业与经济社会协调发展。政府投入不断加大，事业保障和服务资金也呈不断增长和多元化的筹措趋势。加强财务管理，开源节流，提高资金使用效率对完善和健全残疾人社会保障和服务体系，服务于残疾人事业发展有其特别重要的意义。

（一）残疾人事业的资金特点

1. 残疾人事业经费随着政府和社会日益重视，随着经济社会发展，分享成果的面越来越大，支出增加。残疾人群扶持帮助范围逐步扩大，救助标准逐步提高，有些地区已实现城乡一体化。民生工作的人性化、精细化，要求项目逐步拓展。

2. 以财政安排为主的多元化资金投入。(1) 财政拨款及项目经费;(2) 地税部门代征的残保金、财政专户储存;(3) 卫生、人社、民政部门的政策性优惠扶持;(4) 慈善总会等社会捐赠。这一具有相当规模的事业资金必须通过严密的管理，让它使用得更科学、合理，充分发挥其效益。

（二）财务管理的重要意义

财务管理是财政预算管理的延伸，是优化财政资源配置、确保预算平衡、促进残疾人事业健康发展的关键。

1. 项目预算资金编制与支出要体现公共财政的性质和发展要求，要规定供给范围，确保合法支出。加大建设性支出比重，集中财力解决改革、发展和稳定中的主要问题，保障残疾人康复事业发展。

2. 管理和核算国家拨入的财政资金，这类资金是财政监督的重点，是建立在人道廉洁旗帜下的公信力的凝聚，使用正确与否是社会评价财政监督和管理好坏的重要方面；必须公开、公平，执行政策、严格监管，始终将其置于上级和社会的监督之中。

3. 加强预算资金管理，不仅是经济问题而且是政治问题。应以高度的政治责任感，统一认识，通力合作，将资金管理作为整顿财经秩序和腐败斗争的一项重点来抓，确保预算资金的立项、征收、使用和管理走上规范化轨道。

（三）财务管理存在的问题

1. 部门预算涵盖有限、追加项目较多、弹性大，部门预算以组织体系细化影响预算实施效果。预算控制是核心环节，未涵盖全部财务收支、执行结果超预算等，使权威性和约束力受损。

2. 固定资产管理不严。可能的问题有：第一，账面数与实存数不符，出现资产流失；第二，账面数与实存数相符，实物也以特定形式存在，但账面金额与实际金额之间相差很大。

3. 资金计划性不强。纵观全国残疾人服务发展，时有挪用项目经费现象。

4. 相关财务制度和会计制度规范不健全，体现在：第一，财务管理理念落后，未能正确处理好资金开源与节流、服务于管理的辩证关系，表现为缺乏面向市场的观点、缺乏风险防范观点、缺乏依法理财观点；第二，基础工作较为薄弱。

（四）加强财务管理的对策

1. 提高单位领导的法律意识、财务管理与监督意识，重视并加强对财务工作的领导。所有财务人员都必须自觉学习并遵守中华人民共和国《预算法》《会计法》、事业单位《会计准则》和《会计制度》，坚持四个原则：第一，保持现有的制度框架；第二，体现财政改革成果；第三，坚持其公益性质；第四，突出科学化、精细化的管理要求。树立起经济效益观念，在资金的运营上讲究投入产出比，充分利用有限的资金，实现效益最大化。

2. 提高会计人员的综合素质和能力。政治上要忠诚可靠，依法办事，对党和人民负责，有服务公益、公众之心。必须不断通过素质教育提高自身水平和业务工作能力，严格持证上岗，加强责任考核。利用绩效考评制度对财务人员的工作质量进行考核，并以此对其进行奖惩，推动财务人员素质的提高，从而加强单位会计基础工作。严格预算编制、申报审批程序，按规定项目、金额办事，增强计划性，建立预决算执行和审计机制。

3. 强化预算管理，加大预算约束力度。预算管理应坚持预算编制、执行、评价并重的原则，彻底改变"只重预算执行，忽视编制和评价工作"的预算管理方式，科学、合理地编制部门预算。进一步细化预算收支项目，落实政府收支分类改革措施，切实保证预算与实际相符。同时，要建立健全科学评价体系，广泛采用最低成本法、成本效益分析法等方法进行评价分析，为管理决策提供科学依据。

4. 建立合理的财务制度和业务流程，强化管理和监督。坚持不相容岗位相互分离、相互制约的要求。坚持岗位轮换、授权审批、报审手续、重大项目及经费集体决策审批，建立责任追究、定期核对账户、盘点现金、清查资产与票据等，避免出现系统漏洞，杜绝营私舞弊，创新管理模式，强化预算部门的管理改革。

5. 寓服务于监管之中，更加注重监管内涵。坚持监管与服务相结合，不断提升监管内涵和服务的质量。一是组成专家咨询团队，协助提供资金项目的全程专业指导，解决项目申报到实施过程中涉及的疑难问题；二是提供延伸服务，发挥项目平台辐射效应；三是加强项目申报环节审查，完善审查内容，规范审查程序，严把项目准入关。

6. **加强政府采购支出及对固定资产的管理**。财、物责任到部门、到人，这是一个动态的管理流程，需针对单位发展的特点和环境，制定相关的制度和方法手段，定期对固定资产及使用效率和效果监督评价，提高内部控制制度的有效性。确保单位会计核算及固定资产的真实性和完整性，提高会计信息质量。

7. **完善内部监督机制**，使得财务监督工作落到实处；使得财务监督内容具体化，并建立起量化的财务监督模式，使财务指标具有较强的可操作性。同时，应善于运用法律进行财务监督，做到认真执法，严格执法。维护社会主义市场经济秩序，规范会计行为，控制财务风险，防止经济犯罪。

8. **注重内部控制与财务检查、绩效审计评价并重**。主动接受财政和社会的监督，弥补内部监督的不足。要加大监督检查力度，将定期检查和专项检查相结合，对各种专项资金要建立跟踪反馈制度，加强监督，掌握资金流向，核查资金支出的合法性、合理性，对其使用效率进行考核，管好、用好资金，防止预算资金违规使用等现象出现。

本章小结

总之，残疾人服务体系建设，制度建设是核心，资金投入是关键，设施建设是基础，队伍建设是保证。只有抓好这几个环节，才能使残疾人整体服务体系建设落到实处，走上快车道。

参考书目

1. 葛忠名著：《中国残疾人福利与服务举报》，山东人民出版社，2015。
2. 李祚山著：《残疾人心理健康服务体系建设》，科学出版社，2020。
3. 杨玉宏著：《城市残疾人社区服务多元主体建设研究》，中国社会科学出版社，2020。
4. 范佳进编：《社会福利之残疾人辅助器具服务的技术与管理》，海天出版社，2014。
5. 葛忠名著：《中国残疾人福利与服务：积极福利的启示》，山东人民出版社，2015。
6. 厉才茂、毛修炳主编：《中国残疾人发展与社会进步年度纵览(2020)》，求真出版社，2020。

第七章
残疾人服务的品牌化

随着残疾人服务相关制度的逐步建立，我国残疾人服务体系得到了迅速发展，与此同时，残疾人各个领域服务同质性显著、服务管理的实践经验不足等问题逐渐显现。因此，残疾人服务如何通过品牌建设，实现自身的管理优化，提升专业服务能力，获取利益相关者的认可，推进自身的专业化、品牌化发展，便显得十分重要。残疾人服务要想可持续发展，不仅需要有强烈的创品牌意识，而且也需要有强烈的品牌经营意识。

第一节　残疾人服务机构品牌化

残疾人服务机构形象的良好与否，是其生存发展的关键，也是极为重要的无形资产，因此，残疾人服务机构一切公共关系的运作目的就是塑造组织形象。前中国残联主席邓朴方深刻指出："不是人家不人道，而是人家不知道。"所以残疾人服务机构能否在社会公众中留下烙印，塑造形象至关重要。形象的好坏、社会认同程度的高低直接关系到残疾人事业的兴衰成败。

一、残疾人服务机构品牌化的定义

（一）残疾人服务机构

残疾人服务机构是残疾人公共服务体系的有力补充。随着公共服务体系的建立和完善，残疾人获得了更多的公共服务。同时，与残疾人日益增长的特殊服务需求相比，一些公共服务还存在供给规模不足、服务面小、针对性不强、供给方式单一、效率不高、体系不完善等问题，单靠政府提供的公共服务已无法满足残疾人的需求，残疾人服务体系的建设迫切需要社会力量参与。民办残疾人服务机构通过自身的优势和特点，有效地弥补了残疾人公共服务的不足，满足了许多残疾人的服务需求，已成为推进残疾人服务体系建设中一支不可忽视的力量。

（二）品牌化的定义

品牌化和品牌紧密相关。简单地讲，品牌是指消费者对产品及产品系列的认知程度。品牌是人们对一个企业及其产品、售后服务、文化价值的一种认知和评价，是一种信任。

品牌和对比紧密相关。品牌是一种商品综合品质的体现和代表，是人们在接触商品、服务以及相关宣传时，通过和心目中已经熟悉的同类商品和服务对比形成的，对商品和服务的识别印象和对比感受。因此，没有对比就没有品牌。品牌化的本质是创造差别使自己与众不同。

品牌和商标是不同的，商标是制造商或经销商加在商品上的标志。商标在政府有关部门依法注册后，受法律的保护，注册者有专用权。商标是将某商品或服务标明是某具体个人或企业所生产或提供的商品或服务的显著标志。商标的起源可追溯到古代，当时工匠们将签字或“标记”印制在其艺术品或实用产品上。随着时代发展，这些标记演变成为今天的商标注册和保护制度。这一制度帮助消费者识别某产品或服务是否符合他们的需求。

（三）残疾人服务机构品牌化

根据残疾人服务机构的由来以及“品牌化”的概念，我们可以得出残疾人服务机构品牌化的概念，即为了在社会和残疾人心目中创造持久印象，让机构从同行中区分出来，在运营和管理等方面采取的一系列方法手段。机构品牌效益实现的过程就是残疾人服务机构品牌化。

残疾人服务机构品牌化就是推动残疾人服务机构享有较高声誉、在较大范围内拥有一定知名度及影响力的过程，就是内部治理好、服务能力好、社会信誉好、示范作用好的建设过程，就是成为标杆性的优秀的社会组织的过程。

二、残疾人服务机构品牌化的意义

（一）品牌是残疾人服务机构优劣的分辨器

品牌化是由于竞争的需要，用来识别某个残疾人服务机构的产品或服务的。品牌化展现了自身产品拥有的独特、鲜明的个性特征，品牌化代表着不同的形式、质量、服务产品特性，可为用户购买、使用提供借鉴。在长期的品牌塑造过程中，残疾人服务机构树立了良好的形象，在人们心目中形成了美好的印象，使得不同的服务组织得以区分开来，使服务购买者对服务机构产生好感，从而重复购买，形成品牌忠诚，为将来的消费决策形成依据。

（二）品牌是残疾人服务机构质量和信誉的保证

树品牌、创名牌是企业在市场竞争的条件下逐渐形成的共识，残疾人服务机构也应该有这个意识。残疾人服务机构通过品牌化对产品、企业加以区别，形成品牌追随，通过品牌扩展市场。品牌的创立、完善和形成正好能帮助残疾人服务机构实现上述目的，品牌成为有力的竞争武器。品牌出现，使服务购买方形成了一定程度的忠诚度、信任度、追随度，由此使自身在与对手竞争中拥有了后盾。品牌还可以利用其市场扩展的能力，带动残疾人服务机构进入新市场，带动新产品打入新市场，实现扩张。

（三）品牌是残疾人服务机构的"摇钱树"

品牌的确认，使得残疾人服务机构在资金来源渠道上更加容易多元化，为自身的良性循环和发展壮大，提供了有力的资金保障。品牌意味着质量更高一筹，并且附带文化和情感内涵，意味着品牌有一定的信任度、追随度，也意味着服务机构可以制定相对较高的价格，给机构带来较大的收益，获得较高的利润。品牌经营是机构核心竞争力提升的外在表现，品牌本身的无形重要资产，其潜在价值有利于业务的拓展。这种潜在的品牌效应也是经营的价值源泉。

（四）品牌是残疾人服务机构增强凝聚力的重要工具

凝聚力体现了服务机构的发展状态，是联系各个员工的纽带。凝聚力亦称团体内聚力或内部的吸引力，是一种使成员愿意留在机构内部，保持其成员亲近一致、协调融洽的一种心理力量和自豪感。品牌化和机构环境、机构精神、机构文化、机构效益等方面因素息息相关。机构品牌化也是提升机构凝聚力的过程。做好品牌，就要以职工和机构发展为重心，心贴心、实打实地提升工作水平，使机构作用得到有效发挥。正是由于存在凝聚力，机构才保持着自身的内在规定性。一旦凝聚力消失，服务机构便会趋于解体。

三、残疾人服务机构品牌化的问题和策略

我国一些发达地区以机构为主体在各个领域为残疾人提供的大量专业服务，为我国残疾人事业改革带来了许多新的动力。残疾人服务机构既要实现量的扩张，又要实现内涵式发展和品牌化发展。但是，不可否认残疾人服务机构普遍存在行业管理水平落后和治理结构不完善等问题。

（一）残疾人服务机构品牌化发展面临的主要问题

1. 缺乏正确的品牌经营意识

品牌化经营是一个长期的过程，是向残疾人服务出资方传递一种承诺的过程。然而，许多品牌的经营者缺乏长期的品牌经营意识，没有真正意识到品牌对持续经营和发展壮大的重要促进作用，常常把品牌经营作为一个短期行为。基于对品牌经营的错误认识，许多品牌的经营者很难抗拒短期内迅速获取业务扩张的强烈诱惑，最终以牺牲品牌承诺为代价去换取眼前的短暂发展，导致许多品牌机构在目前本就相对缺乏规范的残疾人服务市场竞争中败下阵来。

2. 品牌经营缺乏规划

品牌经营是一个复杂而浩大的工程，需要精心的规划。然而，当前许多机构的品牌

经营却缺乏相应的规划。主要表现在：缺乏对机构品牌的全面维护，虽然认识到了品牌的重要性，但进行“假、大、空”的“面子”活动，认为只要做一些人多、报道多的活动就可以造就品牌，缺乏持续的品牌形象维护。忽视了品牌建设相关的形象、识别等方面的建设，也没有相关机制来持续推进机构萌芽期、发展期、调整期和转型期不同阶段的品牌化发展需要。

（二）残疾人服务机构品牌化发展的主要策略

品牌建设既可以推动机构组织文化建设、增强员工的自信心和凝聚力，又有助于推动专业能力提升和行业价值理念的形成，而且还可以提高对外传播和沟通的效率，应成为残疾人服务机构的工作重点。

1. 保证品牌完整统一性

“品牌完整性”强调品牌在机构使命的指导下达到表里如一。机构使命、价值观、内部文化等等这些东西是需要机构内部不断磨合的，需要全体人员共同认可。在大部分残疾人服务机构经费紧张、员工收入不高的现实处境中，机构需要提防的是机会主义的陷阱。自己适合开展哪个细分领域的残疾人工作，就要坚持下去，随着经验的丰富，创新的想法就会源源不断，能力就会飞速提升，到那时，项目和经费自然不会成问题。相反，如果哪里有项目和经费就往哪里扎，虽然能解一时之渴，但难以形成核心竞争力。

2. 确立品牌民主性

“品牌民主”是指机构通过员工、参与者和志愿者等利益相关群体的广泛参与，使利益相关群体都可以从自己的角度表达和传播对机构品牌的理解。残疾人服务机构属于知识密集型行业，是专业整合性机构，通常包含社会工作者、康复工作者、心理咨询师等，所以残疾人服务机构开展品牌建设，也一定要发扬民主精神，吸引全体员工广泛、深入地参与诸如设计标识、谱写机构歌曲、凝练机构口号和使命宣言等活动。虽然这些都可以花钱请专门的机构来完成，但充分调动机构内部人员的智慧和资源是最好的。

3. 提高品牌亲和力

“品牌亲和力”是指优秀的残疾人服务机构品牌可以通过准确的、宜人的形象塑造，吸引其他优秀品牌与之合作，提升效率，共享荣誉。而且在开展品牌建设的时候，要尽可能采取受众容易接受、有机会参与和体验的形式。例如，对于文化程度低的受众而言，视频和音频节目就比报刊更有效。

4. 提升品牌的整合力

残疾人服务机构大部分的运营规模不比大型企业，靠自身的力量很难获得最广大人群的持续关注。而得不到广泛、持续的关注，就很难获得八方支援。鉴于此，残疾人服务机构要通过推动成立行业协会，或者加入具有行业影响力的平台型组织等形式，打造团体品牌，形成集群效应。例如一家机构办展览，可能难以形成影响力，因此可由若干家各具特色的机构共同举办展览，或者也可与基金会、志愿服务组织等一起发起评选“全市

N 大公益组织”之类的活动。大家通过互相借力，可以实现“1＋1＞2”的效应，同步提高各自的影响力，加快品牌建设的步伐。

5. 借助外力树品牌

很多知名人士、文艺体育明星等都很注重自身的社会形象，他们在力所能及、安全稳妥的情况下也愿意为公益组织和公益活动提供支持。所以，残疾人服务机构可以多借助公众人物的力量，提升社会工作事业的品牌形象。例如，请当地有影响力、有公益心的离退休干部和热心公益事业的文艺界人士担任机构的名誉顾问、形象代言人等职务。

6. 加强品牌运营能力

要正确认识品牌经营的内涵。机构要意识到品牌经营是一个复杂而浩大的工程，包括品牌的整体战略规划、视觉形象设计、核心理念确定、品牌符号运用、品牌场景设计等一系列工作。而且，品牌建设并不是一个短期工程，要真正成为品牌，还要着手品牌个性、品牌认同、品牌定位、品牌传播、品牌管理等各方面的内容进行完善。残疾人服务机构往往在运行中更注重专业的研究和服务深入，机构内部平台和培养体系多以专业提升为主，没有给有品牌建设特长的人员发挥设计能力的平台，所以品牌建设专项能力的人才挖掘和培养至关重要。

7. 加强品牌标签的争取

残疾人服务的发展促使了行业及政府针对机构、项目、人物、专业技术等方面的奖项评比和资质认定。这些荣誉的争取可以有效进行行业背书，简化品牌宣传的注解，是直观对外展示机构核心品牌能力的重要渠道。策划这些活动固然是党政部门与行业组织的责任，但机构本身也不能消极等待，除了要积极建言献策，甚至要积极主办、协办、参与这样的活动。

第二节　残疾人服务机构品牌化的评估

一、 残疾人服务机构品牌化评估的必要性

残疾人服务机构参加等级评估，在实践上就是向成为品牌社会组织迈出了第一步。

为贯彻落实《中共中央办公厅关于印发〈党的十八届三中全会重要改革举措实施规划(2014—2020 年)〉的通知》(中办发〔2014〕46 号)精神，加强对残疾人服务机构的规范管理，民政部、人力资源和社会保障部、国家卫健委、中国残联在 2014 年联合制定了《残疾人服务机构管理办法》。

该办法在残疾人服务机构管理责任划分、建设原则、服务内容及流程、内部管理要求、监督检查渠道、法律责任等方面做了明确规定。残疾人服务机构必须满足《办法》相

关要求才具备残疾人服务机构的基本条件。在《办法》的第四章第二十八条明确提出，行业管理部门、残疾人联合会可以委托第三方机构对残疾人服务机构的管理水平、服务质量、运行情况等进行专业评估。评估结果可以作为政府购买服务、资助扶持、分级管理的依据。但由于残疾人领域专业的评估部门相对较少，会出现机构内部管理相对松散，服务开展过于形式化的问题，这些问题会直接致使残疾人得不到应有的服务保障。所以，对于残疾人服务机构的评估，有利于其提质增效。残疾人服务机构品牌化的评估则在该形式的基础上提出了更高的要求和标准。

二、残疾人服务机构等级评估要求

（一）评估设计

评估体系指标可以从品牌的设计能力、品牌管理体系、品牌增长水平、品牌保障机制这四个角度进行展开。

品牌设计能力主要包括行业荣誉、专业版权、创新研发投入等方面；品牌管理体系主要包括制度建设、过程跟踪、成效体系等方面；品牌增长水平主要包括影响区域、影响人群、行业影响力、业务提升等方面；品牌保障机制主要包括品牌战略规划、组织架构建设、人才队伍建设、品牌管理工具等方面。

（二）评估重点

对机构品牌评估是为了更有效地促进机构品牌的发展，而不是单单为了评估而评估，所以机构品牌化评估需要具备五个特点：简洁方便、战略结合、决策参考、延续复制、利益导向。

（三）评估内容

1. 行业荣誉：主要包括社会组织等级评估、行业综合实力排名、平台职位担任、党组织星级评定等。

2. 专业版权：主要包括专利内容、版权内容、研究性课题及文章等。

3. 创新研发投入：针对品牌的研发，投入的人、财、物占比或者增长率等。

4. 制度建设：主要包括是否具备品牌质量管理机制，机制内容是否完善科学，是否具有品牌的标准要求、品牌建设流程、品牌建设过程管理要求等内容。

5. 过程跟踪：主要包括品牌管理制度的执行的依从性，以及质量。

6. 成效体系：主要包括是否具有品牌建设的成效管理体系。

7. 影响区域：主要包括品牌发展带来的服务影响区域变化，变化的增长率等。

8. 影响人群：主要包括品牌建设最终影响目标人群的变化，变化的增长率，影响人群对服务的满意度等。

9. 行业影响力：主要包括品牌建设影响行业对机构的关注程度是否提升，开展合作的成功案例是否提升等。

10. 业务提升：主要包括品牌建设是否开拓既定业务，业务的整体发展与品牌的关联度等内容。

11. 品牌战略规划：主要包括规划内容、规划过程、规划科学性等内容。

12. 组织架构建设：主要包括实现品牌规划进行的架构调整、架构完善等内容。

13. 人才队伍建设：主要包括品牌的建设和发展对机构品牌人才的培育成果。

14. 品牌管理工具：主要包括实现品牌管理和发展设定的管理工具内容是否完善，是否科学合理。

三、 残疾人服务机构的评估应对

残疾人服务机构要认识到，参加等级评估工作是促进残疾人服务机构健康发展的重要举措，也是改进残联管理残疾人服务机构的重要手段，对于推动机构的组织建设、制度建设和能力建设、增强机构服务社会的功能具有重要的现实意义。残疾人服务机构要高度重视，端正态度，切实提高对评估工作的认识水平，做好充分准备，不打无准备之仗，为做好各项迎评工作打下坚实基础。

1. 树立正确评估态度

（1） 高度重视，积极主动迎评参评

残疾人服务机构应提高对评估重要性的认识，坚持“以评估促改革、以评估促建设、以评估促管理、以评估促发展”的指导思想，立足当前，着眼长远，按照评估方的要求，积极行动起来，搞好宣传动员，向领导多汇报，争取领导重视，积极协调有关部门在人、财、物上给予支持，力求将迎评参评工作提升到重要日程上来，切实抓紧抓好。

以积极、主动的姿态做好迎评参评工作，对于残疾人服务机构而言，既是权利，又是义务，这是党中央对于社会组织“培育发展和管理监督并重”精神的基本要求。伴随着近年来评估理论与实践的不断丰富、完善和发展，残疾人服务机构对开展社会组织评估重要性的认识愈加深化，对评估带来的巨大变化感同身受，对评估产生的实际效果渐成共识，越来越多的残疾人服务机构开始将参加评估作为促进自身改革、发展的重要举措。

（2） 虚心求教，强化各方沟通联系

评估工作涉及面广、环节复杂、交叉内容多且任务繁重。这就要求残疾人服务机构在迎评、参评过程中，做到虚心学习、多方求教，密切与登记管理机关、业务主管部门、第三方评估部门及其他社会组织间的沟通与联系。在评估各个环节，一旦遇到资料整理、技术操作等方面疑难，要及时向登记管理机关、业务主管部门及相关政府部门进行咨询，确保问题能够快速得到解决；经验、技巧等方面问题，也可与其他社会组织进行沟通。

参评前，务必认真阅读评估管理办法以及评估指标等相关文件，并结合评估主管部门下发的评估通知，把握评估原则，熟悉评估流程，分解评估内容，了解评估指标。深刻、正确理解每个指标的内涵，是做好评估工作最基础的工作。如对其所述内容心存疑惑，

均可向登记管理机关、业务主管部门进行咨询,至少应该向评估第三方机构咨询。

资料准备与申报阶段,残疾人服务机构依据评估材料目录进行分类收集和整理,如遇到材料欠缺、人员紧急变动、表格填写错误等问题,须提前向登记管理机关进行反映,并协商材料弥补等事宜。

现场评估阶段,要安排专人,全力配合专家组成员做好现场资料查验、核对及评分工作,最好特别安排熟悉该领域业务、沟通能力较强的人员解答专家组提出的问题,及时提供专家组所需材料。

结果反馈阶段,残疾人服务机构应虚心接受评估组提出的意见、建议和批评,在事后,主动与专家组成员进行沟通、联系,逐个解决问题,做到“有病必除、不留隐患”。

(3) 摆正心态,理性看待评估结果

残疾人服务机构评估结束后,评估机构将会向社会公示评估等级结果,并将评估等级通知书寄发给各参评机构。为保障参评社会组织的申诉权利,一般会对复核做专门的规定。公示期满后,相关等级管理机关根据评估委员会的终评结果,发布评估等级公告。

在评估实践中,个别参评机构将评估等级结果视为一种“宣判”,以最终获得“A”的数目衡量成败得失,结果总是几家欢喜几家愁,机构评估的本来意义反而被忽视了。少数参评机构还以此为标准,与同行业特别是同属一个业务主管单位的残疾人服务机构做比较,对评估产生不必要的质疑甚至横加指责。类似情况和问题的出现,无疑与其对评估的认识有紧密关系,他们并没有看到残疾人服务机构评估的应有价值与题中之意,而是将评估视为某种“考核”或“奖惩”。

事实上,残疾人服务机构评估的权威性与参评机构的认可度是成正比例关系的,即残疾人服务机构对评估越认可,评估的权威性就会越高;反之亦然,倘若残疾人服务机构不能正确看待自身存在的问题,一味地质疑评估工作的权威性、真实度,不仅会影响机构的自身改进与发展,还势必对整个社会组织的评估工作产生恶劣和不良影响。

残疾人服务机构评估并非出于某种目的进行的批评或惩罚,而是力图通过科学的指标设置、客观的评价过程,将参评残疾人服务机构的真实情况反映出来,帮助其找到不足,明确今后的发展方向,也是一种强化社会组织监管的方式和手段。因此,残疾人服务机构应当以理性的心态看待评估结果,坚持求真务实,杜绝弄虚作假,不做假、不隐瞒、不单纯为评估等级而参评。

残疾人服务机构参加评估也是一次免费的督导。机构要强化责任意识,明确使命,尊重评估的权威性、客观性与真实性,对评估专家组提出的意见和建议,要虚心接纳、耐心吸收,对照问题,扎实整改,将评估作为一种激励自身改革、发展的“助推器”和“强力引擎”,借助改善基础条件、完善内部治理、拓展业务活动、规范财务管理、强化廉洁自律、创新社会服务、扩大自身宣传等多种途径,力争将评估结果用好、用足、用到位,以获得社会公众更为广泛的支持与认可。

2. 建立迎接评估的机制

(1) 加强领导

为加强对迎评参评工作的组织领导，提高迎评工作效率，参评残疾人服务机构应结合自身实际，组建和成立评建领导小组，全面负责评建工作，制订工作方案，明确目标任务、阶段步骤，以确保评建工作有序、有效开展。

(2) 落实责任

落实责任，就是要明确在评估过程中，界定好什么人要干什么事，怎样做得更好。

为保证高质量、高效率完成材料搜集与上报工作，要坚持部门负责、源头输入原则，确保所有材料信息搜集的原始性、真实性、实时性。

参评残疾人服务机构可在实地评估开展前，对所有材料开展一次预评估，站在评估专家组的角度，核查材料准备是否充分、是否合乎要求、是否易于查找等。

有效分工还包括落实由谁来制作幻灯片，谁来讲解幻灯片，每一版块的材料谁来准备。

3. 规范准备评估材料

无论是在资格审核阶段，还是在现场评估阶段，有关材料的整理都是不可或缺的关键一环。而能否整理出一套规范、完备、明晰的材料，则是衡量残疾人服务机构参评准备是否到位、组织管理是否缜密、工作效率是否有效的重要标尺，它还会影响到评估的整体效果与最终结果。这就需要参评机构未雨绸缪、认真对待，规范资料整理的每一个细节，细化材料整理的每一个环节，既要做到内容充实、信息完备，又要做到简明扼要、不显累赘。

(1) 做好自评自检工作

自评自检工作实际上就是对照评估指标体系进行自我梳理、检查和评价的过程。

(2) 报送相关资料到评估机构，做好资格审查阶段的材料准备

在资格审查阶段，申请参加评估的残疾人服务机构应填写好评估申报表、主要业务活动目录、自评报告等，并将申报材料装订成册，报相关评估机构进行资格审核。

4. 做好实地评估工作

残疾人服务机构在评估过程中，不仅要准备申报材料，还需在实地考察时，准备现场资料，供评估专家查阅。评估组专家通过询问了解和查阅资料，进行分项考评和综合评判，提出初评意见。这一阶段，对所提供材料的全面性、客观性、规范性的要求更高、更为严格。因此，这一阶段的材料整理工作便显得尤为重要。

(1) 现场评估阶段的材料整理要对照目录，全面收集和整理

参评残疾人服务机构在准备各类申报资料前，应认真、仔细阅读评估专家组要实地查看的资料，并对照相应评估指标，依序整理。

(2) **分类整理,以便查阅**

为了便于评估专家查阅核对有关材料,残疾人服务机构须对现场材料进行科学分类。评估专家实地考察主要评估近几年的材料。要根据指标进行分门别类,并根据每一个一级指标下的二级指标逐项查阅。残疾人服务机构可在每一类材料前建立材料索引目录,以供评估专家分组后有选择地查阅,提高工作效率。为避免查阅资料时间过长、少查漏查资料,必须将材料按一级指标分开放置,并按照二级指标顺序来排列。

对于发生过交接的档案材料,须特别分类;对于遗失或事后补办的档案材料要专门予以归类;对于遗失、缺失或无法补办的档案材料,须列出清单,以便查证。

对具有共性的交叉材料,在利用上应本着方便、实用、节约的原则,采用"共用"的办法。

选择一定数量的最具有支撑意义的材料作为专家检查材料,将意义不大的材料剔除。

(3) **配合专家完成实地考察评估需填写的评价调查表**

在指标中常有几类评价调查表需要机构联系相关人员填写好。在填写问卷过程中,要实事求是、如实填写。

(4) **现场汇报务求实效,注意创新形式,图文并茂**

现场汇报要创新材料内容和形式,以给评估组专家留下更为深刻的印象。现场汇报是实地评估阶段的关键环节,不仅是对本组织开展工作的总结性汇报,更是一次难得的交流机会。残疾人服务机构应明确汇报思路、创新汇报形式、丰富汇报内容,力争在最短时间内,全面、客观、生动地将本组织情况推介给在场评估专家。会场尽量选择在机构专用会议室举行。

汇报时间不宜过长。汇报时间在一定程度上会影响最终效果,汇报时间过长,会导致汇报内容无重点,容易使人感到杂乱无章;汇报时间过短,则可能导致一些关键细节或工作亮点遗漏。汇报人应站在评估专家的角度,合理安排汇报时长,把时间控制在 20 分钟以内为宜。

语言表达要准确、简练。在有限的时间内,要做到有重点、有选择地汇报,要结合机构评估及本机构的工作实际,找准切入点,选取闪光点,排查隐患点,既要做到面面俱到、不留空白,又要抓住要领、有的放矢。

着重点放在工作亮点、特色、成果等方面。现场汇报时,切忌按照评估指标、评估标准一一介绍,而要按照自己的思路,以最短的时间,将评估专家最关心的内容、本机构最突出的工作业绩、最体现本机构优势特色的内容表达出来。

不回避问题,多谈一些问题和不足。正视所取得的成绩和存在的问题,以平常、务实的态度迎接专家组实地检查、评估、指导。对已经做的工作要认真总结、分析,做得好的要挖掘、宣传;不好的要如实反映,提出改进办法。

汇报人要尽量对文字材料进行选择提炼，汇报时非特殊问题无须过多解释。语言鲜活，尽量做到每句话清楚明白，表达得体。

汇报形式须丰富多样。借助幻灯片、挂图、展板等形式，增加汇报的立体感，增强汇报的直观性，以便更快、更好地让评估专家了解汇报的内容。

做幻灯片通常是为了追求简洁明朗的表达效果，以便有效辅助沟通。通常一个幻灯片文件包含 10—30 张幻灯片，要多用图表、图示，少用文字。用尽量少的信息表达观点，每页幻灯片最多展示一分钟，让评估专家可以一边看，一边听讲。汇报、演示相得益彰，效果是最好的，也可以穿插一些视频，让演示效果更加突出。

汇报人员一定要非常熟悉幻灯片的内容。幻灯片演示需要语言表达与幻灯片放映的协调统一，这就需要提前多做一些演练。一方面，汇报人员能在演练中发现、弥补和改进语言表达方面的问题，另一方面可以有效消除焦虑或紧张等情绪。

汇报内容须实事求是，不弄虚作假。无论怎么切入，怎么加工润色，都必须本着认真负责、实事求是的态度去汇报，决不能凭主观想象随意编造事实，更不能弄虚作假、欺骗评估专家。现场汇报时，多使用一些统计数据或佐证材料，每一个数据、每一件事实都要经得起推敲和拷问，确保所汇报内容的真实、准确。

在提供纸质材料的同时，要准备好电子版材料。当需要查找某个数据或者资料时，在纸质版上找不到，可以使用电子版的查找功能。电子文档存储量大、占用空间少，易于查询、修改及储存。

5. 积极配合评估专家实地考察工作

评估专家组将在听取参评残疾人服务机构情况介绍的基础上，依据评估指标，对申请参加评估机构进行实地考察。在这一阶段，应集中精力，积极协助、主动配合评估组专家的工作。

（1）安排专人协调配合

依据评估专家组分组情况，分别安排专人与各专家小组对接。专家分组考察期间，相关专人应全程陪同，协调配合专家查找资料，回应和解答专家疑问，听取和接受专家意见。参评社会组织安排的相关人员应当熟悉业务，参评机构可结合各小组工作特点，提前对相关人员进行培训，比如相关材料调阅与查询、机构情况介绍与解读、统计数据来源与考证等。

（2）认真对待访谈问答

访谈问答是评估专家在现场评估阶段调查核实的主要方法，针对机构薄弱环节中的核心问题，与被访谈对象进行启发式的交谈与询问，以达到开阔思路、探究成因及解决问题的目的。在访谈过程中，机构接受访谈的人员要主动解答专家组提出的疑问，做到不回避、不含糊、不绕弯。

6. 虚心接受，扎实整改

评估专家组实地考察的最后一个环节是意见反馈，这是整个评估过程的一个最重要环节。评估专家组将根据现场考察情况，向参评社会组织反馈发现的问题，并提出意见和建议。在这一阶段，参评社会组织要虚心接受反馈建议，并提出整改意见。

（1）虚心接受，正视批评

对于专家组反馈的逐条意见和建议，要虚心接受，正视批评，一一记录，将专家组发现问题进行细化，认真分析、研究问题实质所在。同时，在评估结束后，要在本组织范围内，集中开展一次“回头看”活动，带着专家组反馈的问题和建议，一一对照核查，做到问题不留死角。

（2）查漏补缺，扎实整改

将评估工作与问题整改相结合。参评机构以评估为契机，认真对照专家组提出的反馈意见，从完善基础条件、健全组织框架、创新内部治理、提升工作业绩、注重诚信建设、提升社会公信力等方面出发，扎实做好整改工作。

将评估工作与日常工作相结合。按照“以评促改、以评促建、以评促管、以评促发展”的要求，将评估的标准转化为组织的自觉行为，把评估专家组的意见内化到组织的日常工作行为中，在评估中找出差距，在整改中提高水平，使评估工作的效果常态化、长效化，避免流于形式。

第三节　品牌残疾人服务机构的要点

要成为品牌残疾人服务机构，就必须知道、掌握残疾人服务机构成为品牌的要点。作为社会组织，残疾人服务机构是可以参与到品牌社会组织评估的。成为品牌社会组织也就意味着成为品牌残疾人服务机构。

一、品牌残疾人服务机构评估概述

2016年12月，广州市民政局印发《广州市品牌社会组织评价指标体系（试行）》，这是我国第一套品牌社会组织指标体系。该指标发布后，在国内引起很大的反响。稍后，江门市、芜湖市、上海市等地也制定了品牌社会组织评价指标体系，核心内容大同小异。但是，我国并没有一套全国统一的品牌社会组织指标体系，也没有一套品牌残疾人服务机构的评价指标体系。考虑到残疾人服务机构也是社会组织，学习《广州市品牌社会组织评价指标体系（试行）》实际上也为品牌残疾人服务机构建设提供指引和方向。

该指标体系包括品牌基础、品牌管理、品牌影响、品牌文化等四项一级指标。发展历史、资金场地、人才支撑、党建引领等可以反映品牌基础，品牌战略、品牌项目、品牌呈现等反映了品牌建设情况，服务总量、会员（员工）满意、行业（领域）认同、社会认可、政府肯定、示范引领等可以反映品牌作用情况，科技创新、文化活动、文化成果等可以反映品牌文化。

三级指标重点强调品牌社会组织应具备的相关条件，主要包括：成立年限，等级评估年限，资金来源，资金规模，场所面积，场地性质，领军人物，专职人员的学历、职称，党组织建设，使命愿景，品牌规划，项目数量，行业认知度，社会认可度，科技创新成果，文化活动规模等。加强社会组织党建工作，是促进社会组织健康发展的根本保证。评价指标体系中“党建引领”分值比例较高。

评价指标体系也关注社会组织在重视科技创新、知识产权保护方面的作为。例如“科技创新”以及注册商标等均占有一定分值指标。这些评价指标鼓励社会组织积极落实创新驱动发展战略，积极与高校、科研院所、科技类社会组织等开展科技创新合作，同时注意保护知识产权，维护组织合法权益。

二、品牌残疾人服务机构评价体系的具体内容

广州是我国最早颁布品牌社会组织指标体系的城市，《广州市品牌社会组织评价指标体系(试行)》对全国各地的品牌社会组织评估都具有重要意义。其他地方参考了广州的指标体系。这里就以该指标体系来讲解品牌残疾人服务机构评价体系的具体内容。

(一) 品牌基础

A. 发展历史 (50 分)

1. 评分标准

(1) 成立年限(满分 30 分)：组织成立 15 年以上(30 分)；组织成立 10—15 年(25 分)；组织成立 5—10 年(20 分)；组织成立 3—5 年(15 分)。

(2) 等级评估年限(满分 20 分)：5A 等级 5 年以上(20 分)；5A 等级 3—5 年(18 分)；5A 等级 3 年以下(16 分)；4A 等级 5 年以上(14 分)；4A 等级 3—5 年(12 分)；4A 等级 3 年以下(10 分)。

2. 指标解读

政策依据是《广州市民政局关于开展品牌社会组织创建试点工作的通知》中的申报条件：登记评估在 4A 以上的可以申报。品牌与实践紧密相关，泰戈尔曾经说过：“任何事物都无法抗拒吞噬一切的时间。”科尔顿说过：“时间是真理的挚友。”著名的北京软件协会是 1986 年成立的，到现在有 30 年的历史，其美誉度的形成是其时间沉淀的结果。残疾人服务机构也是这样，成立历史和评估的历史长，品牌的效应会更突出。品牌的产生是竞争的结果。品牌也像动植物一样，也会经历一个出生、成长、成熟和衰退的过程。残疾人机构要经过一定的时间才能逐渐形成一定影响力，产生品牌效应。

3. 具体做法

查看法人登记证书和等级评估证书，判定成立年限和等级评估年限。

B. 资金、场地（50 分）

1. 评分标准

（1）资金来源(满分 20 分)：近三年社会团体会费收入(社会服务组织政府资金收入)在单位年度总收入中占比不超过 30%(20 分)；近三年社会团体会费收入(社会服务组织政府资金收入)在单位年度总收入中占比 30%—50%(15 分)；近三年社会团体会费收入(社会服务组织政府资金收入)在单位年度总收入中占比 50%—70%(5 分)。

（2）资金规模(满分 10 分)：近三年年度运作资金达 500 万元以上(社会服务机构运作资金 1 000 万以上)(10 分)；近三年年度运作资金 250 万—500 万元(社会服务机构运作资金 500 万—1 000 万元)(5 分)；近三年年度运作资金在 150 万—250 万元(社会服务机构运作资金 300 万—500 万元)(3 分)。

（3）场地面积(满分 10 分)：固定办公场所占地面积为 300 m^2 以上(10 分)；固定办公场所占地面积为 200—300 m^2(5 分)；固定办公场所占地面积为 100—200 m^2(3 分)。

（4）场地性质(满分 10 分)：自有场地(10 分)；租赁场地或者无偿提供(5 分)。

2. 指标解读

美国 NGO 服务收费和销售收入占 57%，政府资助占 30%，民间捐赠占 13%。社会组织的多元筹资能力成为衡量社会组织能力的标尺。资金是实现残疾人机构价值的工具，是实现残疾人机构差异化的工具，是保持机构品牌生命力的工具。《慈善法》第五十一条规定，慈善组织的财产包括(一) 发起人捐赠、资助的创始财产；(二) 募集的财产；(三) 其他合法财产。《社会团体登记管理条例》第十条规定，成立社会团体，应当有合法的资产和经费来源。《民办非企业单位登记管理暂行条例》第二十一条规定，民办非企业单位的资产来源必须合法。残疾人服务机构要成为品牌也要在资金和场地上努力。

3. 具体做法

查看年度财务报表、银行账户记录、公益事业捐赠票据等，查阅房产证、租赁或无偿使用合同。“近三年”的“年”指“财年”，即财经年度。我国的财年是从每年的 1 月 1 日到 12 月 31 日。资金来源、资金规模评定依据：年度财务报表、银行账户记录、公益事业捐赠票据等。场地面积和性质评定依据：房产证、租赁或无偿使用的合同。面积是指参评社会组织的面积，不含其分支机构面积。

C. 人才队伍（50 分）

1. 评分标准

（1）领军人物(满分 10 分)：全国性知名人物：两院院士、学部委员、长江学者、全国劳动模范、享受政府特殊津贴者、全国“两代表一委员”等(10 分)；省(部)级知名人物：珠江学者、全国五一劳动奖章获得者、全国“三八”红旗手、省劳模、省“两代表一委员”等(8 分)；市(厅)级知名人物：省五一劳动奖章获得者、省“三八”红旗手、市劳动模范、市“两代表一委员”等(6 分)。

(2) 专职人员(满分 20 分): 20 人以上(20 分);15—20 人(16 分);10—15 人(12 分);5—10 人(8 分)。

(3) 学历(满分 10 分): 专职人员中,本科及以上学历占比 80%以上(10 分);专职人员中,本科及以上学历占比 65%—80%(8 分);专职人员中,本科及以上学历占比达 50%—65%(6 分)。

(4) 职称(满分 10 分): 专职人员中,中级及以上职称占比达 50%以上(10 分);专职人员中,中级及以上职称占比达 40%—50%(8 分);专职人员中,中级及以上职称占比达 30%—40%(6 分)。

2. 指标解读

没有人就没有品牌,因此从某种意义上说,品牌就是人才牌,是人的思想与品德的汇聚。上海慈善基金会方国平会长强调,"社会组织必须有品牌人物"。残疾人机构应重视人才队伍建设,千秋基业,人才为本,努力建设和打造一支热爱残疾人事业、勇于创新创造的优秀人才队伍,做好团结、引领、服务工作,真诚关心人才、爱护人才、成就人才,最大限度把他们为残疾人事业服务的报国情怀、奋斗精神、创造活力激发出来。

3. 具体做法

查看证件、社保证明、学历证书、职称证进行判定。

要注意呈现社会组织和领军人物的关联性。"两代表一委员"是指各级党代表、人大代表和政协委员。

专职工作人员指参加养老保险、医疗保险、失业保险、工伤保险、生育保险和住房公积金("五险一金")的员工。但是考虑到社会组织的实际,对无须购买社保但是已经签订劳动合同的退休人员,可以视作社会组织的专职人员,但是人数占比不能超过 10%。

D. 党建工作(150 分)

1. 评分标准

(1) 党组织建设(满分 70 分): 党组织单独成立(15 分),联合成立(10 分);负责人为专职(15 分),兼职(10 分);党员队伍人数在 10 人以上(10 分),人数为 10 人以下(5 分);工青妇建设健全(10 分),有其中一至两类(5 分);党组织工作制度落实到位(20 分),落实一般(10 分)。

(2) 堡垒作用(满分 40 分): 全国先进基层党组织(40 分);省(部)先进基层党组织(30 分);市(厅)先进基层党组织(10 分);区(局)级先进基层党组织(10 分)。

(3) 模范作用(满分 40 分): 全国优秀共产党员、优秀党务工作者(40 分),省(部)优秀共产党员、优秀党务工作者(30 分),市(厅)优秀共产党员、优秀党务工作者(20 分),区(局)优秀共产党员、优秀党务工作者(10 分)。

2. 指标解读

中共中央办公厅、国务院办公厅印发的《关于改革社会组织管理制度促进社会组织健康有序发展的意见》指出:“八、加强社会组织自身建设。……(二)充分发挥党组织的战斗堡垒作用和党员的先锋模范作用。”

党组织是团结群众的核心、教育党员的学校、攻坚克难的堡垒,在社会建设中发挥核心作用。凡有正式党员3人以上、50人以下的基层单位,都应当设立党支部。残疾人服务机构的党建以服务残疾人为出发点和落脚点,突出党建工作对业务工作的引领作用,以“党建+”的方式,能进一步提升残疾人机构党建工作的活力,激发党员争做残疾人社会康复服务机构的“暖心人”,争做残疾人家庭的“贴心人”,争做有需求残疾人的“知心人”,有利于提升残疾人服务工作水平,构建残疾人事业服务和发展的新格局。

3. 具体做法

查看上级党委的批复、相关材料、相关证书。

“党组织建设”中的“负责人为专职”:属于专职人员;行使管理职能、指挥或协调他人完成党建具体任务;有任命党组织负责人的批复。党组织工作制度指的是党组织八项工作制度:学习日制度、民主评议党员制度、交纳党费制度、三会一课制度、民主生活会制度、换届改选制度、发展党员工作制度、廉政建设制度。

先进党组织、优秀共产党员:查看党委批文、相关证书。全国基层先进党组织:盖有中共中央印章的属于全国级别,盖有中组部的可以下调至省部级。全国优秀共产党员一般盖的是中组部的章。全国优秀党务工作者盖的是中组部的章。其他情况以此类推。

(二)品牌建设

A. 品牌战略(50分)

1. 评分标准

(1) 使命愿景(满分30分):组织定位明确,发展目标清晰,使命感强烈(30分);组织定位不够明确,发展目标不够清晰,使命感不够强烈(10分)。

(2) 品牌规划(满分20分):品牌建设规划完备(20分);品牌建设规划不够完备(5分)。

2. 指标解读

品牌战略是社会组织实现快速发展的必要条件,品牌战略的定位是把握目标受众,充分传递自身的产品与品牌文化的关联识别。

使命是说明社会组织的根本性质和存在的理由。愿景是根据社会组织使命,在汇集每个员工心愿的基础上形成的共同美好心愿,它能激发出强大的力量,使每个员工都渴望归属于一个组织或一项事业。例如,联想电脑公司使命:为客户利益而努力创新;联想集团的愿景:未来的联想应该是高科技的联想、服务的联想、国际化的联想。

残疾人服务机构应有自己清晰明确的愿景规划,它激励着全体员工齐心协力驶向同一个目标,是机构前进和努力的方向。残疾人服务机构的成长存在一定风险。有时,服务质量出现意外,服务不过关,盲目扩张,运作不佳,都会给品牌的维护带来难度。使命和愿景能在不确定和不稳定的环境中,根据所提出的方向性的长程导向,把残疾人服务机构的活动聚焦在核心焦点目标上，使机构在面对混沌状态或结构惯性时能有所坚持，持续依循所定的明确方向、步骤与路径前进，引导或影响机构及其成员按照既定目标前行。

3. 具体做法

专家查阅社会组织使命愿景、品牌规划相关材料。品牌战略是指要有品牌战略文本的设计。根据社会组织章程来突出、强调社会组织的使命，使命愿景、组织定位、发展目标清晰，使命感强烈。品牌规划要通过科学的品牌调研，立足于研讨，根据社会组织具有的优势、劣势，建立品牌信誉、公关制度，策略的检讨制度，品牌执行制度等。

B. 品牌项目（150 分）

1. 评分标准

(1) 项目总数(满分 60 分)：5 个以上(60 分)；3—5 个(40 分)；3 个以下(20 分)。

(2) 关联性(满分 20 分)：项目契合本组织宗旨(20 分)；项目与本组织宗旨契合度不高(10 分)。

(3) 创新性(满分 20 分)：理念、方法具有创新性(20 分)。

(4) 持续性(满分 30 分)：4 年以上(30 分)；3—4 年(20 分)；2—3 年(10 分)。

(5) 社会效应(满分 20 分)：体现社会责任，公益性强(20 分)。

2. 指标解读

残疾人服务机构要成为品牌残疾人服务机构必须要有至少一个属于自己的品牌项目。上海慈善基金会有五大品牌项目，均是由知名人士来发起的。

产品差异化是创建一个产品或服务品牌所必须满足的第一个条件，残疾人服务机构必须将自己的产品同市场内的其他产品区分开来。

“项目关联性”要求项目契合组织章程，符合章程的服务范围。“理念、方法具有创新性”：创新往往是对问题的察觉，建立在正确把握规律和实际情况的基础之上。创新常常研究新情况、新问题、新特点，积极探索，打破常规、突破现状、敢为人先，谋求新境界。

“社会效应”体现在社会组织的担当、引领、示范、带动作用上，根据项目的获奖情况来看其公益性、社会责任。

3. 具体做法：查阅相关合同、文本说明、相关证明材料。

C. 品牌呈现（50 分）

1. 评分标准

(1) 渠道多样(满分 25 分)：5 种以上且实时性强(25 分)；3—5 种且实时性较强(15 分)；

(2) 内容丰富(满分 25 分)：有整套的品牌形象设计，有完善的品牌文本(25 分)；有品牌形象设计，有品牌文本(15 分)。

2. 指标解读

品牌呈现包括战略性 VI 部分和广告媒体部分。

战略性 VI 部分包括基础系统和应用系统。基础系统：残疾人服务机构的名称、标志、造型、标准字、标准色、象征图案(辅助图案)等等。应用系统：机构的办公用品、企业环境(指示牌等)、交通工具、服装服饰、印刷品(文化手册、海报、画册等)、招牌(路牌、吊旗等)、包装系统、公务礼品、陈列展示以及吉祥物等。这些条目可按需求增减。

广告媒体部分包括影像广告规范、报纸广告规范、网络广告规范等等。

残疾人机构品牌呈现要忠实呈现品牌战略定位,富有视觉冲击力,富有美感和大品牌的气质,符合目标顾客的审美偏好,具有显著记忆点与差异性、使用的可操作性与低成本。

3. 具体做法

查阅战略性 VI 和广告媒体呈现,渠道多样：可以通过网站、书、户外广告等,有整套的品牌形象设计,完善的品牌文本。品牌形象设计包括标志设计、吉祥物、歌曲等;品牌文本包括本残疾人服务机构的品牌故事,自身价值观和符号的解读,历史、特点、个性、内涵,等等。

(三) 品牌作用(300 分)

A. 服务总量(50 分)

1. 评分标准

(1) 服务项目(满分 25 分)：近三年参与社会公共服务项目总数 15 个以上(25 分);近三年参与社会公共服务项目总数 10—15 个(15 分)。

(2) 服务对象(满分 25 分)：近三年参与社会公共服务,服务总人数 3 000 人以上(25 分);近三年参与社会公共服务,服务总人数 2 000—3 000 人(15 分);

2. 指标解读

社会公共服务项目是指政府购买公共服务的项目,是指政府通过公开招标、定向委托、邀标等形式将原本由自身承担的公共服务转交给参加残疾人服务机构履行,以提高公共服务供给的质量和财政资金的使用效率,改善社会治理结构,满足公众的多元化、个性化需求。

3. 具体做法

查看合同数量。

B. 会员(员工)满意(50 分)

1. 评分标准

(1) 服务举措(满分 20 分)：每年为会员(员工)服务的举措 5 个以上(20 分);每年为会员(员工)服务的举措 3—5 个(15 分)。

(2) 满意度(满分 30 分)：90%以上(30 分);80%—90%(20 分)。

2. 指标解读

服务举措：残疾人服务机构服务、支持会员或员工的基金、资金,为会员或者员工购买的家庭意外险，业务的咨询，与会员之间沟通桥梁的搭建（例论坛），机构发行的服务卡，法律培训，权利维护，等等。

会员（员工）满意度是残疾人服务机构幸福指数和管理工作的"晴雨表"。满意度由承办机构使用相应量表进行测量，各参评单位需要提供相应的人员或会员名单。

3. 具体做法

服务举措、问卷测量等（感谢信、表扬信等佐证材料）。

C. 行业（领域）认同（50分）

1. 评分标准

国际交流合作（满分20分）：近三年主办或承办国际性交流合作活动1次以上（20分）。

国内交流合作（满分30分）：近三年主办或承办全国性的交流合作活动2次以上（30分）；近三年主办或承办省级交流合作活动3次以上（20分）；近三年主办或承办市级交流合作活动3次以上（10分）；近三年主办或承办区级交流合作活动3次以上（5分）。

2. 指标解读

残疾人服务机构要想得到行业认可，国际交流合作、国内交流合作情况是重要的判断标准。主办和承办国际交流活动应该有社会组织管理部门的批复。中共中央办公厅、国务院办公厅印发的《关于改革社会组织管理制度促进社会组织健康有序发展的意见》指出，要"充分发挥社会组织服务国家、服务社会、服务群众、服务行业的作用，努力走出一条具有中国特色的社会组织发展之路。"

3. 具体做法

合同、委托材料、媒体报道、影像材料等。

D. 社会认可（50分）

1. 评分标准

(1) 知名度（满分20分）：在同行业（领域）内样本随机抽查，知名度达50%以上（20分）；在同行业（领域）内样本随机抽查，知名度在30%—50%（10分）。

(2) 媒体报道（满分30分）：近三年全国性媒体报道（广播、电视、报刊，政府门户网站及人民网、新华网、光明网）5次以上（不含转载）；（30分）；近三年省级媒体报道（广播、电视、报刊，政府门户网站）8次以上（不含转载）（20分）；近三年市级媒体报道（广播、电视、报刊，政府门户网站）10次以上（不含转载）（10分）。

2. 指标解读

从社会认可角度来说，残疾人服务机构品牌就是指社会对产品及产品系列的认同程度，是人们对残疾人服务机构的产品、服务、文化价值的一种评价和认知，是一种信任。品牌的社会认同是机构综合品质的体现和代表。

全国性媒体：根据传媒界的共识，隶属、直属中宣部或国家新闻出版署的媒体，一般认为是全国性的媒体；隶属(直属)于其他国家部委办局的媒体(如中国交通报)一般都不属于中央媒体的范畴。报纸类中央媒体：人民日报、中国日报、经济日报、光明日报、解放军报、工人日报、农民日报、中国青年报、科技日报，中国妇女报、法制日报；通讯社类中央媒体：新华社、中国新闻社(中新社)；广电类中央媒体：中央人民广播电台、中国国际广播电台、中央电视台。

3. 具体做法

相关材料、领域内外问卷调查等。

E. 政府肯定（50 分）

1. 评分标准

(1) 组织荣誉(满分 30 分)：获得全国性奖励(30 分)；获得省(部)级奖励(25 分)；获得市(厅)级奖励(20 分)；获得区(局)级奖励(15 分)。

(2) 委托项目(满分 20 分)：近三年 5 个以上(20 分)；近三年 3—5 个(15 分)。

2. 指标解读

组织荣誉指的是颁发给残疾人服务机构的荣誉，而不是颁发给其分支机构的荣誉。政府部门重视拓宽参政议政渠道，比如《中共广东省委广东省人民政府印发〈关于进一步培育发展和规范管理社会组织的方案〉的通知》第五条，就提出要拓宽参政议政渠道，提高社会组织代表人士的政治参与度，将社会组织中的优秀代表人士纳入党代会代表、人大代表、政协委员推荐范围，适当增加各级党代会、人大、政协中社会组织代表的比例。

3. 具体做法

查看证书、合同等文件。

F. 示范引领（50 分）

1. 评分标准

(1) 经验推广(满分 25 分)：在国家级主流媒体、大型会议上有专题经验介绍，记录材料完整(25 分)；在省级主流媒体、大型会议上有专题经验介绍，记录材料完整(20 分)；在市级主流媒体、大型会议上有专题经验介绍，记录材料完整(15 分)。

(2) 示范基地(满分 25 分)：被评为省(部)级及以上有关示范基地、示范点(25 分)；被评为市(厅)级有关示范基地、示范点(20 分)；被评为区(局)级有关示范基地、示范点(15 分)。

2. 指标解读

在各种级别的主流媒体、会议上开展服务的专题经验介绍，被评为不同级别的示范基地、示范点，都是品牌残疾人服务机构示范引领的重要展现。

3. 具体做法

查阅申报材料、证书以及合同等文件。

（四）品牌文化（150 分）

品牌文化是品牌的灵魂，是推动残疾人服务机构发展的不竭动力，其核心是机构的精神和价值观,包括员工在从事组织活动时所秉持的价值观念。

A. 科技创新(50分)

1. 评分标准

(1) 发明专利(满分10分):有发明专利(10分);

(2) 成果转化(满分10分):以主要单位(排名前三)推动科技成果转化,证明材料完整(10分);

(3) 项目合作(满分30分):有与高校、科研院所、科技类社会组织等机构开展的科技创新合作项目(30分)。

2. 指标解读

科技创新主要指的是自然科学,当然也包括软件和社会科学结合的软件著作权。这也是残疾人社会服务机构的前进方向。

3. 具体做法

专利、成果转化、合作证明资料。

B. 文体活动(50分)

1. 评分标准

(1) 活动规模(满分25分):举办的文化活动均达到100人以上(25分);举办的文化活动均达到50—100人(20分):举办的文化活动均达到30—50人(10分)。

(2) 活动数量(满分25分):每季度至少有1次文化活动(25分);每半年至少有1次文化活动(20分);每年至少有1次文化活动(10分)。

2. 指标解读

机构开展大规模的文体活动,有利于加大残疾人事业的宣传力度,有利于加强同行之间的情谊,引导社会公众关心、支持、参与残疾人事业。

3. 具体做法

查阅计划、证明资料。

C. 文化成果(50分)

1. 评分标准

(1) 报纸、杂志等出版物(满分20分):以组织为出版单位出版有正式刊号的报纸或杂志等出版物(20分);以组织为出版单位出版有非正式刊号的季度期以上的报纸或杂志等出版物(5分)。

(2) 商标注册(满分10分):有注册商标(10分)。

(3) 音视频作品(满分10分):以组织为创作单位,创作具有自身历史文化特点的音频视频作品(10分)。

(4) 文化活动获奖情况(满分10分):以组织为参赛单位,获得全国性或国际文化活动奖项(10分);以组织为参赛单位,获得省(部)级文化活动奖项(8分);以组织为参赛单位,获得市(厅)级文化活动奖项(6 分);以组织为参赛单位,获得区(局)级文化活动奖项(4 分)。

2. 指标解读

刊物和宣传材料是残疾人服务机构对外宣传的重要平台,也是主动接受监督的表现。正式刊号的类型主要有:(1) ISSN刊号,指的是国际连续出版的编号;(2) ISBN 刊号,是国际标准书号;(3) ISRC CN 是音频出版编号。

3. 具体做法

CN 刊号和 ISSN 刊号、ISBN 号、ISRC CN 等;获奖证书等材料。

本章小结

要成为品牌残疾人服务机构,日常服务就应该有品牌意识,提升品牌的设计能力,建立品牌管理体系,建立品牌保障机制。这就要求:

1. 重视行业荣誉,包括社会组织等级评估、行业综合实力排名、担任平台型的职位、党组织星级评定等;

2. 重视版权,主要包括专利内容、版权内容、研究性课题及文章等;

3. 重视创新研发投入,包括针对品牌研发投入的人、财、物占比或者增长率等;

4. 重视制度建设,主要包括是否具备品牌质量管理机制,机制内容是否完善科学,是否具有品牌的标准要求、品牌建设流程、品牌建设过程管理要求等内容;

5. 重视成效体系,主要包括是否具有品牌建设的成效管理体系;

6. 扩大影响区域和影响人群,主要包括服务影响区域和人群的变化,变化的增长率,影响人群对服务的满意度等;

7. 行业影响力,主要包括行业对机构的关注程度是否提升,开展合作的成功案例是否增加等,业务的整体发展与品牌的关联度等;

8. 品牌战略规划,主要包括规划内容、规划过程、规划科学性等;

9. 人才队伍建设,主要包括人才的培育成果;

10. 品牌管理工具,主要包括实现品牌管理和发展工具内容是否完善、是否科学合理。

参考书目

1. 李锦顺:《社会组织等级评估》,中国社会出版社,2016。

2. 李锦顺:《农村社区工作》,国家开放大学出版社,2017。

3. 李锦顺:《社区康园中心专业服务运营教程》,东方出版中心,2019。

第八章
残疾人服务案例

本章主要介绍残疾人服务中的具体案例，包括托养服务、就业服务、社会融合服务、法律维权服务、家属支援服务和助残志愿服务，以机构、项目和个案的形式来呈现残疾人服务的主要内容和成效，并对服务过程进行总结反思，以促进残疾人服务的专业化。这些案例来自各个省份残疾人服务比较突出的机构，具有一定的代表性，总结其服务经验，有利于残疾人服务的推广。

第一节　残疾人托养服务案例

残疾人托养服务是就业年龄段智力残疾人、精神残疾人和重度肢体残疾人增权赋能及融入社会的重要手段。2007 年开始，残疾人托养服务在全国启动，经过十多年的发展，逐步建立了以居家服务为基础、日间照料机构为主体、寄宿制机构托养为依托的残疾人托养服务体系。本节分别选择居家服务、日间照料和寄宿制托养的机构，介绍其托养流程、服务内容、服务成效，以归纳总结其服务经验，为其他托养机构提供借鉴。

一、居家服务——以山东省聊城市莘县古城镇残疾人联合会为例

（一）机构简介

古城镇残疾人联合会积极推行残疾人贫困户邻里互助机制，研发"邻里互助呼叫系统"，帮助贫困户中残疾、无劳动能力、无经济来源、无法定赡养人、60 周岁以上的人员，使其在家也能享受政府提供的服务。通过政府购买服务的方式，培养有劳动能力、相对年轻的贫困人员加入邻里互助护理员队伍，上门照顾老弱病残的贫困人员，既保障了贫困老年人残疾人的健康安全，也解放了老弱病残家庭劳动力，使其通过参加护理工作有了固定收入。

"邻里互助呼叫系统"由被护理人家中的呼叫器、护理员家中的数字接收器、村社区

卫生服务站的显示器和村党支部值班室的显示器四部分组成。被护理人如遇到突发疾病等紧急情况，只需按一下自己家里的呼叫器，护理员、村两委办公室和村社区卫生服务站就可同时接收到信息，相关人员5—10分钟内就能赶到被护理人家中，为其提供服务。同时，社区服务站可以第一时间通过显示器看到呼叫者原病因、病史，可有针对性地采取急救措施，达到了早发现、早治疗的目的，减少了群众医疗费用，改善了救治效果。

农村贫困残疾人邻里照护服务主要是为做好因病因残致贫群体帮扶工作，切实减轻因病致贫群众生活负担，主要采取弱弱互助、强弱互助等形式，护理老弱病残等特殊贫困人员，服务内容主要是照料生活、照顾生产、照看病情、精神慰藉。邻里互助的帮扶模式，加深了邻里感情，帮助了老弱病残人群，增加了贫困家庭收入，在农村贫困重度残疾人照护与脱贫脱困方面成效显著。

（二）托养对象及邻里互助服务流程

1. 托养对象

按照《莘县"贫困户邻里互助护理"工作推进实施方案》规定，邻里互助的对象为因病、因残致贫，生活不能自理的年老体弱贫困户。

农村残疾人邻里互助服务对象主要需求为：生活服务，包括打扫室内外卫生、帮助洗衣做饭、物品代购、就医监护陪护、照顾留守儿童等；生产服务，帮助其种植、养殖及协调土地流转等事宜；精神服务，包括聊天、文化娱乐等方面的服务。

2. 邻里互助服务流程

按照《莘县"贫困户邻里互助护理"工作推进实施方案》，邻里互助工作开展的程序为：

(1) *精准确定互助双方*。被护理人员必须是因病、因残致贫，生活不能自理的年老体弱贫困户；提供护理服务人员，要具备"三心一德"，即热心、爱心、责任心和良好道德品质。各镇、村要积极发动，层层把关，遵循"自愿、能岗匹配、就近帮扶"的原则，按照"弱弱互助式"（贫困户与贫困户）为主，"强弱互助式、干群互助式"（先富群众与贫困户、党员干部与贫困户）为辅的形式，进行"1对1"或"1对N"结对护理帮扶。

(2) *签订互助护理协议书和医疗护理协议*。护理人与被护理贫困户逐一签订邻里互助护理协议书，明确具体护理内容及护理责任。县卫计局、各镇、村要根据因病致贫返贫群众疾病情况，抽调业务精、责任心强的医生组成家庭医生责任团队。每个家庭医生责任团队由1名县级医院医生、1名镇卫生院医生、1名乡村医生组成，一般承包1个村，因病致贫群众较多的村可组建多个责任团队，较少的村可共同组建责任团队。责任团队要与该村的因病致贫群众分别签订服务协议，为其提供日常疾病诊疗、康复指导、健康教育、上门访视、体检等基本医疗和公共卫生服务，至少每月免费进行1次上门访视和康复指导，每季度免费开展1次集中健康教育和咨询，每年免费进行1次体检。乡村医生协同护理人要做到每周1次上门访视，为每名贫困户患者分别制定救治方案，积极开展分类救治活动。

(3) **发挥护理人纽带作用。**鉴于因病致贫的贫困户多患慢性病、医疗需求大等实际情况,充分利用护理人时间充裕、沟通顺畅等优势,在开展护理服务过程中,为被护理人提供服药、量血压等日常简单医疗服务。同时,护理人既是贫困户的服务员,也是贫困户的通讯员,在贫困户、家庭医生团队之间发挥桥梁作用。在遇到被护理人突发疾病或自己无法处理的其他应急情况时,第一时间联系家庭医生团队成员,使被护理贫困人员得到及时救助,做到医疗陪护不间断。

(4) **开展邻里互助护理工作满意度测评。**为确保互助护理效果,建立护理工作奖惩机制,在互助护理期内,由驻村干部、村两委干部每月组织开展满意度测评,根据测评结果,对尽职尽责、护理态度好的发放补贴。(补贴标准按照护理人数及护理工作量大小确定,一般应在每月 300—500 元范围内)由护理人向县人社局提出社会公益性岗位申请,县人社局依据有关规定落实补贴资金。同时,依据满意度测评结果,辞退护理态度不好、无故缺勤、满意度较低的护理人,并及时调整更换,构建护理人的动态管理机制。

(三) 服务内容

1. 服务内容

根据《莘县"贫困户邻里互助护理"工作推进实施方案》规定,邻里互助服务的内容是生活服务、生产服务、精神服务。古城镇根据辖区服务人员的实际需求,重点服务内容是生活服务,主要为被护理人打扫室内外卫生、帮助洗衣做饭、物品代购、就医监护陪护、照顾留守儿童等;在生产服务方面,护理人帮助被护理人种植、养殖及协调土地流转等事宜;在精神服务方面,护理人提供聊天、文化娱乐等方面的服务。

2. 服务数量

护理人要做到每天至少早中晚三次访视被护理人,遇到被护理人突发疾病或其他应急情况时,及时通知专业医护人员及其家属,尽力做到让被护理对象心情愉悦、不生病或少生病、晚生病、生病及时发现、及时治疗。

3. 服务方法

(1) 每日的问候是对老人的一种陪伴,经常性地与之交谈、增加被护理人的幸福感,从一定程度上可以降低被护理人疾病的发生率。

(2) 护理人应在日常陪同被护理人散步时,注意村内的车辆状况,确保安全。

(3) 每日监督被护理人的日常用药状况,询问其是否按时服药,降低病情加重的概率。

(4) 帮助生活不能自理的被护理人及时晾晒被褥、清洗衣物、打扫庭院,保证其生活的基本卫生条件。

(5) 护理人在照顾被护理人的过程中,要耐心引导,尤其对待特殊被护理人时要有忍耐心,以乐观心态处理事情。

(6) 在照顾老人的过程中护理人员要把被护理人当作自己的亲人般呵护，让被护理人能感觉到家的温馨，感受亲人般的陪护。

(7) 帮助接送孩子上学需要注意交通安全，对留守儿童要仔细看护。

(8) 遇到被护理对象突发疾病或自己无法处理的应急情况时，及时联系家庭医生团队成员及其家人。

（四）服务成效

邻里互助护理帮扶主要达到了四种效果：一是解放出部分被老弱病残束缚的劳动人口外出务工，加快了脱贫步伐；二是与健康扶贫紧密结合，在护理员、医护人员的帮助下，减弱了因病因残致贫、因病因残返贫的概率；三是贫困群众特别是残疾人等群体消极负面情绪得到了疏导，激发了脱贫的内生动力；四是弘扬了正气，起到了“淳民风、聚民心”的作用，做到了贫困户收入、基本保障双改善，精准扶贫、和谐村庄建设双推进。

基于服务实践，古城镇走出了政府购买服务，邻里互帮互助的扶贫新路子，形成了“邻里互助＋一键呼叫＋集中供养”的对残疾人系统性帮扶的创新，推动了扶贫公益岗位的设立，打破了人社部门60岁以上人员不能参加公益岗位的限制，充分调动起乡村在家高龄闲置劳动力。

（五）经验启示

基于实践探索，古城镇残联认为农村贫困重度残疾人邻里互助发展方面，主要难点是现有人员对重度残疾人无法进行有效照顾，对精神残疾人，没有比较理想的照料方式。

为更好解决农村贫困残疾人照护和脱贫脱困问题，建议对重度残疾人和精神残疾人加大帮扶力度，如建设集中照护中心等。

在实践中发现，关于人社部门用工的相关规定不适应现有农村留守人员多老人的现状，如严格按相关部门要求，将无法激活闲置的乡村劳动力。

二、日间照料——以东莞市万江残疾人康复就业服务中心为例

（一）机构简介

东莞市万江残疾人康复就业服务中心（下称万江康复中心）是万江街道办事处残疾人联合会根据《东莞市推进镇（街）康复就业工作实施方案》（东府残工委〔2010〕3号）文件要求而设立的事业单位，主要服务处于就业年龄段的智力障碍人士、病情稳定的精神障碍人士（含重度）以及重度肢体障碍人士等类别的残障对象，为其提供规章制度学习、安全知识教育、文明礼仪训练、基本生活自理能力提升、社会融入能力提升、活动能力提升、职业能力提升以及健康管理八大服务。

中心服务理念是以社区为依托，通过社会工作者、康复治疗师、职业训导师等多专业人员的介入，为其提供康复、就业及社会融入等专业化、个性化、持续化的社区康复服务。

（二）托养对象及入住程序

1. 托养对象

服务对象须为有万江街道户籍、处于就业年龄段(年龄在 16—59 岁之间)、有残疾证的智力残疾人、通过专业医疗机构精神科医师风险评估的适宜托养的精神残疾人、重度肢体残疾人(包括同时存在智力残疾或精神残疾的多重残疾人)。

2. 入住程序

（1）申请流程

残障人士/监护人可向所在社区居委会提出申请,也可自行或以转介的形式向社区康园提出申请,中心社工、康复师、职训师使用专业工具对申请者进行评估。若申请者通过评估审核,须前往中心指定的医院进行体检;若评估不通过,则会进行咨询转介。体检通过后,需要向中心提供相关材料。

（2）协议签署

在双方签订服务协议前,中心工作人员需与服务对象、服务对象监护人就服务协议的条款,包括服务期限、提供服务时间、三方(社区康园中心、服务对象与服务对象监护人)责任与义务、退出服务条件等内容,进行阅读并协助他们理解条款。若服务对象和监护人均能理解并保证遵守服务协议的条款,便可与中心工作人员正式签订服务协议,开始正式成为中心的试用期学员,试用期为一个月。

（三）服务内容

万江康就中心服务分为四个模块——常规性服务、针对性服务、基础性服务和系统性服务。四个模块服务根据中心年度、月度计划制定每日服务流程,通过早课、小组、活动、个案或个案管理、个训、组训等专业服务手法,按照流程规定为服务对象系统提供服务。

1. 常规性服务

常规服务包括晨检、周会、体育锻炼、午餐和午休、床铺整理、卫生清洁和职业康复室管理。同时,为了提高学员的参与感和主人翁精神,激发其内生动力,中心会在组员中选择小组长,前期对小组长进行培训,当小组长具备一定的能力时,则代替中心康复师为其他学员提供常规性服务并监督其他学员的完成情况,如有异样,及时向康复师反馈。

2. 针对性服务

针对性服务是主要针对部分学员的特殊需求开展的服务,包括药物管理、实习服务和就业服务。药物管理是指针对需要服药的精神残障学员进行严格规范的药物管理服务,包括建立精障学员服药监管机制,对不同等级的精障学员采取不同的药物监管形式,以达到精障学员最终能够独立保管药物、自行按时按量服药的目的;中心职训师通过外出链接资源,寻找适合学员的实习工作岗位,建立实习基地。当学员能够熟练掌握实习岗位的内容并能创造价值时,中心会为学员争取实习补贴,增加学员的收入;当学员具备就业能力时,职训师专门针对就业目标提供岗前准备、就业推荐和就业跟进服务,促进其成功就业。

3. 基础性服务

基础服务主要包括学习规章制度、安全知识、文明礼仪以及基本生活自理能力。中心的正常运作有赖于各项完善的规章制度,主要包括考勤管理、日常规章守则、职业康复室管理制度、退出服务等相关制度;保障学员的安全是中心开展各项服务的基础,主要包括学员来往中心的交通安全、走失求救、中心的用电安全以及自然灾害应急;学员从家里来到中心,如何和工作人员以及其他学员友好相处和顺利寻求帮助解决问题,基本的文明礼仪至关重要,所以中心会教授学员学习文明用语、社交礼仪、公共礼仪、就餐礼仪等;生活自理是学员独立生活的基础。提升他们生活自理能力也是绝大部分家属对于学员到中心接受服务的期望之一,基础性服务的自理能力主要包括学员的个人卫生以及家务能力两个方面。

4. 系统性服务

该系统性服务又叫展能综合性残障康复就业服务模式,是东莞展能针对社区康园中心自主研发的项目系统服务模式,包括前测评估、制定计划、服务执行及后测评估四个部分。每年的 12 月份,中心工作人员会对学员进行前测评估,包括社会融入能力、活动能力以及职业能力三个方面,了解学员服务需求,制定相对应的服务计划和服务内容。在新一年的 1 月份,中心工作人员需要根据评估报告,制定完成中心的年度计划和个案管理计划。每年的 2 月—11 月为服务执行期,其中在 6 月会开展个案管理中期会议,若服务目标执行或服务执行出现问题,会在个案管理中期会议进行修订和完善。12 月份,中心社工、职训师及康复师继续使用“社会融入评估表”“活动能力评估表”“职业能力评估表”三份评估表,同上一年的评估结果对比,分数有增加,则目标达成,分数没有增加或者减少,则目标没有达成,同时作为新一年的评估结果和服务方向的依据。

(四)服务成效

万江康就中心在东莞展能和市残联双向服务成效监测机制下,经过六年的持续稳定服务,不断自我完善和成效提炼,目前主要服务成果汇总如下。

1. 学员服务层面

通过具体的服务,中心帮助全部学员养成了良好的卫生习惯,有效提升了 90%以上学员的出行能力、康复自理能力和使用社区超市、银行、社区卫生服务中心和医院资源的能力。此外,成功帮助 4 名学员就业,帮助 5 名学员增加实习收入。

2. 家属服务层面

通过专业、有效的服务,学员的精神和情绪状态明显好转,社交、生活自理、社会适应等个人能力也得到明显提升,较大地减轻了家属的照顾压力、提升了学员以及家庭的经济收入,直接提高了家属满意度,获得了良好的社区口碑。同时,通过及时微信和电话联络、季度家庭联系手册、半年度家长会、年度个案管理服务计划和服务协议等和家属取得联系和沟通，形成相互绑定关系，最终通过学员的康复成效来逐步提升家属的配合参与度。

3. 社会影响层面

通过邀请对残障人士不了解的超市、银行、医院等行业的从业人员作为项目服务的志愿者，搭建学员与社会大众人士直接接触和交流的渠道，正向促进社会大众对残障人士的认识和了解。同时，随着中心的服务品牌建设，学员成长的可视化体现以及构建的媒体平台对爱心人士及企业的公信力提升，中心的资源链接逐步从物资、资金和人力三个方面扩展到场地资源和组织资源，由公益爱心支持到互助合作共同推动残障福利的发展。

（五）经验启示

1. 必须建立科学有效的应急预防机制

当学员发生走失、病情发作、意外伤害等突发安全事件时，很多中心存在处理过程不科学、处理结果不彻底的问题。结合万江康就的运作经验，给予以下几点建议。

(1) **建立可视化的操作指引**。将常见的突发事件处理流程及技巧上墙展示，同时制作应急预防操作手册供中心工作人员参考和学习。

(2) **定期开展相关培训**。设计的培训不只是针对工作人员，同时也要为学员开展分步骤的相关培训，至少让学员能意识到当发生培训中描述到的异样情况时，应该第一时间通知工作人员。

(3) **认真进行反思总结**。当处理完毕突发事件后，团队应该针对分工合作、上报协调、有效执行、如何预防等方面进行具体的讨论和经验总结。

(4) **加强自我保护意识**。在处理突发事件过程中，在与家属、学员等相关利益方沟通时，条件情况允许的情况下一定要进行录音和拍照，以免最后处理结果不理想，家属通过非理性手段进行自我权利的维护。

(5) **将应急预防机制的考核列入中心的绩效考核当中**，深化团队对突发事件发生的处理意识。做到未发生时有意识预防，发生时无畏惧心理，处理时有方法根据。

2. 实事求是，不可盲目推动就业

就业现在基本是残障人士托养服务非常重要的一个成效指标，很多中心以就业人数的多少作为中心服务的动力。很多日间托养中心为了提升就业人数，盲目地推动还不适应就业的服务对象尽快就业，最终导致高辞退率。结合万江康就的运作经验，给予以下几点建议：

(1) **不可重就业、轻康复，忽视服务对象评估结果**。任何服务开展的前提是需求评估，学员就业除了具备就业技能外，还需要在沟通能力、自信心、职业态度、文明礼仪等方面达到岗位的能力要求。通过细致评估,和服务对象一起分析目前就业所缺失的具体能力,一起制定康复计划,达到相应目标后再尝试性开展就业推荐。

(2) **探索实习基地,缓冲性就业服务模式**。服务对象到达一定的能力基础时,可以和有合作基础的爱心企业建立实习基地,带领服务对象以定期实习的模式,逐步适应就业方向的工作。实习期间可以给予企业和服务对象一个彼此熟悉和了解的空间,由缓冲式实习自然过渡到正常就业。其间也可以让服务对象家属一起参与,让家属实地看到服务对象的就业工作情形,为服务对象就业获得家属方面的支持。

(3) 如果服务对象的综合评估能力确实较弱,短期内无法实现持续稳定的就业,建议**将服务目标调整为辅助性就业服务模式**,通过项目设计为其开发模拟就业岗位,或者通过嫁接企业生产线进入中心等方式让其获得一定收入。

3. 跨专业协同合作的必要性

未来残障人士托养服务的发展模式一定是基于全人康复理念背景下的服务模式,即围绕社会融合、生理功能、职业康复等多角度的介入对服务对象进行系统的康复服务。单一板块服务的开展无法有效实质的回应服务对象需求。万江康就中心配备全职的社会工作者、康复治疗师以及职业训导师,聘请兼职的精防医生,形成三位一体的服务模式架构,中心服务成效获得全国各地残联及社会组织的认可。建议在资金和资源允许情况下,尽可能整合多专业服务人士,利用个案管理或者项目合作思维,为中心提供更优质的服务。

4. 扎实的基础服务是中心品牌可持续发展的必需条件

做出品牌和特色靠的不是资源、媒体、包装,而是不断持续深化的服务积累。真正要实现品牌可持续化发展的秘诀是中心服务专业化、专业服务项目化、项目服务产品化。打造良好的项目服务模式,一定要以基础扎实的专业服务为前提。项目是由一个个的个案、小组、活动、个训、教育课程拼合组成的,拼合的各个原件的专业性是保证项目整体服务逻辑坚实架构的基础。所以,日间托养服务前期必须以基础服务为重点,以专业服务为手段,逐步积累中心特色项目,最后聚焦输出公益产品——这才是中心品牌可持续发展的最科学路径。

三、 寄宿制托养——以广州市康宁农场为例

(一) 机构简介

广州市康宁农场是广州市残疾人联合会直属的公益一类事业单位,为康复过渡期精神病人提供寄宿制托养服务,康复者每周一至周五住场参加农场各项康复培训课程及活动,周末及节假日休息。工作人员 24 小时值班,日间主要由培训导师、社工、医护人员负责,夜间由业务值班、行政值班、门卫值班人员共同负责康复者的管理及安全。

康宁农场寄宿制托养服务理念为复原理念,其目标是促进精神病康复者的全人健康,以超脱精神病所带来的各种负面影响,并重新掌控自己的生活。通过复原,康复者会

重新建立个人能力及兴趣，衍生出新的生命意义和目标，逐步迈向自主、富有意义和富有希望的生活。

（二）托养对象及入住程序

1. 托养对象

申请入住农场的服务对象是精神病康复过渡期患者(下简称康复者)，需具有广州市户口、年龄18—45周岁(实际16—50周岁)、有合法监护人、有一年以上精神病患史或持有精神残疾证、无传染病及严重躯体疾病，通过评估具有自我照顾能力，病情相对稳定，本人自愿参加农场康复训练。

2. 入住程序

（1）入场流程

申请人及监护人向农场护理部提出申请，备齐评估资料参加评估。受理申请后，安排评估小组进行初评，3个工作日内由护理部将反馈初评结果给申请人。初评通过者于10个工作日内，提供本人近期体检资料到护理部。体检合格者，5个工作日内通知轮候序位或入场时间。

（2）协议签署

《广州市社会福利机构管理办法》第三章第二十一条提到，社会福利机构应当与服务对象或者其家属(监护人)签订服务协议书，明确各方的权利和义务。农场培训协议每半年一签，主要约定农场的业务范围、监护人对病情如实告知义务及应如何配合农场工作事项、康复者药品管理制度、康复者纪律要求、康复者退场制度、免责情形等。

（3）轮候流程

根据《广州市康宁农场康复者入场培训轮候制度(暂行)》，本着公平、高效的原则，农场实施轮候制度。农场现有床位44张，其中10%(4张)为预留床位，用于出场就业适应困难者回场再培训(单独排序轮候)，即农场共有40张床位，供周转轮候；未办理退场手续，但超过2个月未回场培训者，视为自动退场，其床位自动进入轮候周转；凡经广州市残联中心转介系统评估，符合入场培训条件的精神病康复者，按照其来场报名的顺序排队轮候；康复者轮候期至，但未按要求来场办理入场手续者，视为自动放弃，入场人选按轮候顺序依次递补；康复者轮候期间，如病情波动或反复，来场报到时已不符合入场条件者，应重新评估、轮候。

（三）服务内容

农场主要为康复者提供生活照顾、医疗护理、生活与劳动技能培训、各类社会融合活动共四个方面的服务。

1. 医疗护理

对康复者进行非治疗的简单医疗护理：指导、监督按医嘱服用精神药物；精神疾病的基本自我管理，保持病情稳定，防止复发；日常健康状况观察、健康和心理问题干预；其他常见疾病的预防及健康教育;传染病防控及应急处置;根据康复者需求对接精神卫生医疗机构转介服务等。同时,对康复者进行药物自我管理培训,提高场友的服药依从性,使康复者能够正确服药、自觉服药。

2. 生活照顾

首先,提供安全舒适的生活环境,提供健康的餐饮、整洁的居室、齐备的日用品、设备完好的沐浴间等。其次,对康复者进行生活自理训练,使其料理好自己的衣食住行。同时因材施教,对于部分严重退缩、智能较低的康复者则因材施教,从手把手教叠被、洗澡开始,反复训练,每日督促。建立及形成良好的习惯和行为,恢复或提高日常基本生活能力,为回归家庭和社会打下坚实基础。

3. 技能培训

康宁农场为康复者提供多方面的技能培训,主要有农艺培训、园艺培训、手工培训和保洁培训。农艺培训是农场的特色康复培训项目,每天上午培训老师带领康复者进行农业生产劳动,学习锄地、播种、浇水、除草、施肥、育苗、采收、果树修剪等技能,使康复者保持和增强劳动能力,减缓药物副反应,增强团队合作意识,提高工作适应力。园艺疗法是国际广泛应用的精神康复手段。包括室外培训和室内培训两种,通过手、眼、脑、躯体的协调配合,缓解康复者精神症状、提升康复者自我效能感、改善其社会功能。农场的手工培训以现代康复医学作业治疗的原理为基础,综合运用工艺疗法、工作疗法等形式,改善康复者双手的运动功能,最大限度地恢复、改善和增强康复者的生活及工作能力,调整康复者的精神和心理状态。手工培训开展的项目主要包括折纸、剪纸、刻画、毛线画、卷纸画、五谷画、十字绣、立体绣、陶艺、丝网袜花艺、超轻黏土工艺等。保洁培训是精神康复者工作能力训练的主要形式,属职业性劳动训练,工作内容包括清洁餐具柜、擦桌、扫地、拖地、清理垃圾等,指导老师重点对康复者的劳动技能工作持久力、时间观念、工作质量及完成情况加以评估与指导,同时注重培训康复者胜任工作的其他行为技能,为康复者出场就业奠定基础。

此外,农场还为康复者提供社交礼仪培训、厨艺培训、茶艺培训等,丰富康复者的日常生活、陶冶情操。

4. 其他服务

农场还为服务对象提供健康教育、文艺汇演、棋牌活动、书画培训、体能训练、购物训练和音乐治疗等多元化的服务,这些活动对丰富康复者的康复生活,提高其社会参与度,进一步促进其全面康复、回归社会具有积极意义。随着农场的不断发展、服务理念的升级以及康复者康复需求的变化,农场的康复培训项目也在逐步调整、完善,康复培训形式也日趋系统化、个性化。

(四) 服务成效

农场在托养过程中对康复者进行日常行为规范教育,使其符合社会期望,为社会稳定作出贡献;深挖康复者症结的根源,重新审视其家庭关系,改善康复者与家属的关系,维护家庭稳定,使其复发率降低,复发间隔时间拉长等。农场的目标是使有能力的康复者经过培训实现就业,或能在家庭或社区从事力所能及的事来实现部分自我价值。

(五) 经验启示

1. 重视康复者的权利与义务

复原理念强调,每一名病情稳定的康复者都有选择的权利与承担责任的义务。康复者有选择的权利,也有权参与各种影响其生活的决定,包括资源分配和服务发展。在整个康复培训过程中,场方积极引导和鼓励康复者多参与自己的康复计划制订,令他们表达自己的需求和意愿。透过增强康复者的自主和独立能力,并帮助他们掌握资源运用,使他们肯定自己生命的意义,同时获得自决的生活。

2. 重视朋辈支持的重要性

朋辈之间的互相支持和归属感能增强康复者及家属的信心,因此康宁农场把朋辈支持分别应用在场内服务和社区服务中。在场内服务中,以康复需求为导向,设有多个朋辈支持岗位,如保洁员、保安、咨询接待员、各培训项目助教、家属联络员等,充分挖掘他们的潜能,让他们在岗位上发挥所长,建立自信。在社区"服务汇"中,尝试开发社区精神康复指导助教这一"岗位",有 8 名康复者、2 名家属先后通过农场的培训成为同伴支持专家,被安排至每一次的社区精神康复活动中。他们是家属活动中的联络员,社区活动中的支援者,社区精神康复的指导员和复原道路上的陪伴者。

3. 重视对康复者家属的支援服务

精神康复是一个复杂而又漫长的过程,需要康复者本人、家属、社会等多方的共同努力。这个过程中,家属需要为患者提供长时间照顾,可能会因此失去社交机会、个人娱乐和休息时间。长期而沉重的照顾压力,加上得不到舒缓和休息,往往令家人感到心力交瘁。基于此,场方实施康复者家属支援计划,开展如入户探访、家属互助小组、专题讲座、社交康乐活动等服务,一方面缓解家属照顾压力、增强监护意识,另一方面让家属获得朋辈支持以及照顾能力的提升。

4. 点燃复原的希望之路

人生是充满希望的,康复者的复原之路应该要有看得到、摸得着的希望。整个康复工作中,场方的社工为康复者及其家属注入希望,以及未来会更好的信念,让他们能够克服面前的障碍和困难。对于康复者,场方着重培训他们重新认识自己、正确面对自身角色的转换,以降低病耻感,促进他们接受自己、重拾自我;对于家属,场方积极引导他们认清家属病患的变化,透过康复者每一次微弱的成长地呈现,让家属知道康复者的未来人生意义。对于社会,场方呼吁社会大众持有接纳和尊重的态度,为他们提供更多的关心与支持及生存空间,让社会温暖的阳光照进康复者心里,点燃复元之希望。

第二节　残疾人就业服务案例

党和政府历来重视残疾人事业的发展，尤其是重视残疾人就业的问题。促进残疾人就业是保障残疾人基本生活最强有力的基础，是残疾人回归社会、分享社会发展成果最有效的途径。促进残疾人的就业，有利于减轻残疾人家属的经济压力，提高家庭幸福感，同时也有利于残疾人自身树立良好心态，实现自身价值。支持性就业和辅助性就业是促进残疾人就业的两种重要形式，在增加残疾人收入的同时，还能起到促进其融入社会的作用。

一、支持性就业——中度智力障碍者在面包店成功就业

（一）机构简介

北京丰台区利智康复中心创办于 2000 年 8 月，是一所主要为 15 岁以上心智障碍人士提供多元化、专业化服务的非营利性机构，2003 年 5 月在丰台区民政局正式登记为“民办非企业单位”，主要提供自主生活服务、自主学习服务、自主工作服务、自主休闲服务。

(1) **自主生活服务**：支持协助心智障碍者处理个人日常生活事务，如社区住宿、处理家务、参与社区活动。

(2) **自主学习服务**：支持协助心智障碍者有足够的时间参加成人继续教育，如学习自我照顾、学习社交技巧、学习自我管理策略。

(3) **自主工作服务**：支持心智障碍者有更多的机会参加机构内和社区的工作活动，如食堂帮厨、图书整理、洗涤衣物、宾馆保洁、社区保洁。

(4) **自主休闲服务**：支持协助心智障碍者有效使用学习和工作以外的时间，从事有意义的休闲活动，如观赏活动、社交活动和艺术活动。

（二）案主简介

王先生，男，31 岁，智力三级，先天因素致障；身体偏胖，基本能料理个人的日常生活，有健康安全意识，会简单的读写，能独立乘坐公交车往返熟悉的地方，能与他人进行日常对话，待人礼貌。王先生参与家务劳动的机会很少，大多数时间都由父母完成。王先生喜欢看电视、逛公园、和母亲聊天，喜欢保洁工作。曾在丰台培智学校就读 9 年，毕业后待在家中。2004 年 6 月在丰台区残联组织下，在利智康复中心接受了为期半年的短期培训，从事种植、绿植养护、珠艺制作、宾馆保洁、烹饪和西点制作等工作活动。培训结束后，因没有找到合适的工作又回到家中。

王先生和父母一起住在丰台区某小区，家中经济主要来源是父母的退休工资。父母

身体欠佳，父亲因患有脑血栓在 2005 年提前退休，母亲为了照顾父亲也办理了内退。2011 年母亲做了乳腺癌切除手术后，走路时间长了就会头晕。其间，父亲多次脑血栓发作，而且一次比一次严重。

在街道的帮助下，父母带着王先生自谋职业，卖了 5 年的报纸，王先生可以给订报纸的客户送报上门。但父母觉得带着王先生卖报纸只是权宜之计，并不能长久，因此北京丰台区利智康复中心为其提供支持性就业服务。

（三）问题和需求分析

通过个案访谈和家庭访谈，就业辅导员对王先生进行需求评估。王先生非常希望自己能早日找到一份室内工作，喜欢和其他人一起工作，对职位没有要求，希望单位能给买保险，工资越多越好。父母迫切希望王先生能去正规的单位上班，最好住家附近找到一份稳定的工作，这样王先生才会有更好的未来，即使父母有一天不在了，也能放心和安心。

（四）服务目标

帮助王先生提高工作技能，加强心理适应，成功就业。

（五）服务介入

1. 链接资源，开发工作机会

在了解到王先生的需求后，就业辅导员开始帮助王先生寻找工作。通过多方打探，就业辅导员得知某公司有数百家面包门店，有多年聘用肢体障碍者和智力障碍者的经验，在与雇主沟通后，雇主同意让王先生参加面试，但拒绝了就业辅导员去工作现场对王先生进行训练的请求。就业辅导员帮助王先生与雇主沟通了岗位需求、工资及福利待遇等信息，并约好面试时间和地点，对王先生进行面试。

2. 个案与工作匹配分析

就业辅导员通过访谈、工作现场观察、生态评估，对该门店的保洁工作进行了初步分析，同时也对应分析了王先生的能力表现，再将保洁工作的要求与王先生的能力表现进行了对比分析，找出二者之间的差异，找到王先生可能在哪些工作环节上需要支持，需要何种强度的支持协助。在对王先生进行工作与个案匹配时，就业辅导员发现王先生的工作态度有待改善，需要提高专注力、礼貌待人及按时上下班，同时保持地面清洁和收拾餐盘等工作技能也有待提高。

就业辅导员将初步评估结果和家长进行了沟通，相互交换了意见。在不给用人单位带来干扰的前提下，王先生的父母可在试工的前两周，视需要去工作现场看看王先生。

3. 服务计划

经过进一步的评估，就业辅导员发现王先生存在懒散、不会管理金钱和缺乏自信心的问题。为了使王先生更快更好适应工作岗位，就业辅导员结合王先生的实际情况，为其设计了一份服务计划，以提高王先生的生活适应、心理适应、职业适应和管理工资的能力。

在生活适应方面，为帮助王先生养成认真清洁的习惯，就业辅导员与王先生的父母沟通，提醒王先生每日打扫卫生，使用扫帚、拖把和抹布等清洁工具打扫干净餐厅、客厅、卧室和卫生间，并把房间内的物品摆放整齐。

在心理适应方面，为帮助王先生建立外出工作的自信心，就业辅导员与王先生的父母不断地给予鼓励和支持，并邀请成功就业的同伴分享经验；通过成长小组活动，教授王先生掌握建立自信心的方法，如赞美自己、积极的肯定自我等。

在职业适应方面，为帮助王先生适应面包店的清洁工作，就业辅导员与用人单位对王先生进行了入职培训和在岗培训，邀请该门店经理、同事和父母对王先生表示支持，营造良好的工作环境。

在工资管理方面，为帮助王先生管理好自己的工资，就业辅导员及王先生的父母帮助王先生制定每月花销预算表和存钱目标，并把余钱存入银行。

4. 服务执行

首先，针对用人单位不需就业辅导员在工作现场对个案进行训练的情况，就业辅导员采取进店消费的策略，观察个案的工作表现，并给予必要的协助，支持个案表现得体、符合工作的要求。为此，门店店长和工作人员对就业辅导员表示欢迎。

其次，就业辅导员进入工作现场采用工作分析方法分析分解工作任务，实施密集型训练。例如，将清洗托盘分解为：收取托盘→洗涤托盘→晾干托盘→清洗水池→擦干操作台的水渍。王先生有时会忘记清洗水池和擦干操作台的水渍，需要提醒才能完成。同时支持王先生与同事建立友谊，发展同事成为王先生的自然支持者。另外，就业辅导员从进入工作现场的第一天就开始有计划地渐进撤退，直到王先生表现出稳定的工作水准后，就完全撤离工作现场，并根据需要提供王先生后续的持续支持，如处理突发状况等。

在注重工作现场支持王先生的同时，就业辅导员也支持家长全程参与。就业辅导员和家长沟通在就业前、就业中和就业后家长可提供王先生的支持，如就业前支持王先生调整自己的状态，协助王先生正确评价自己；就业中支持王先生养成良好的生活作息习惯，必要时和用人单位沟通王先生的工作情况；就业后支持王先生管理工资，自主安排工作之余的生活……

当王先生的工作表现达到用人单位的要求，就业辅导员完全撤离工作现场，进行结案工作。然后根据实际需要，持续提供王先生后续支持，强化与自然支持者的关系，支持王先生妥善处理工作中的突发事件，持续稳定工作等。

（六）服务成效

2013 年 8 月 14 日，王先生在某面包店门店工作，每月工资扣除保险后有 2 100 元，享有五险一金。通过访谈和满意度调查，王先生及其父母对工作环境、工作内容、职场人际关系等都非常满意，觉得王先生变得更加自信、更加独立、更有成就感，生活更充实更愉快。用人单位觉得王先生工作态度好，待人礼貌，会主动和同事打招呼，还觉得王先生熟悉很多交通路线是一个优势，可因此接受临时指派的外出工作任务，如可以给顾客送货上门，或送票据回总公司，或去支持附近的门店工作。用人单位转变了对就业辅导员的态度，从刚开始拒绝就业辅导员进入工作现场提供王先生支持，变为认同和接纳就业辅导员的工作。

（七）服务反思

王先生就业成功的原因在于王先生本人有强烈的就业意愿，工作动机强，对保洁工作有兴趣；家长意识到工作对于王先生非常重要，迫切希望王先生外出工作，并在就业前、就业中和就业后都密切配合就业辅导员和用人单位，提供王先生必需的支持协助；用人单位有雇用有智力障碍员工的丰富经验，提供的面包店门店保洁工作岗位与王先生的兴趣和能力表现相匹配，同事对王先生很友善，足够包容、接纳，门店工作氛围融洽。就业辅导员具有丰富的支持性就业经验，专业支持到位。

二、辅助性就业——抑郁症康复者成功进行辅助性就业

本案例来源于北京师范大学-香港浸会大学联合国际学院社会管理研究与服务中心。

（一）案例简介

服务对象李某某，女性，47 岁，离异，精神障碍一级，1996 年因丈夫出轨患抑郁症，已有 25 年。2012 年和 2016 年因私自减药导致抑郁症复发。1996 年以前，服务对象在酒楼做服务员，在电脑机构参加过培训，因为抑郁症入院治疗辞职。2010 年至 2012 年期间在某公司担任普通员工，后因抑郁症病发辞职，辞职之后就一直待业在家。直到 2017 年加入工疗站，参与工疗站辅助性就业工厂见习至今。服务对象一直希望可以重新就业，积极参与残联组织的招聘会。

（二）问题及需求分析

1. 服药问题

服务对象患有抑郁症，曾经因为私自减药而复发。而服务对象目前一个人居住，无人监管服务对象的服药情况。

2. 社交问题

服务对象习惯一个人独来独往，只有 1—2 个朋友，与他人的互动较少，大部分时间都是留在出租屋，偶尔会和朋友出去逛街，社交圈子较小。

3. 就业问题

服务对象的职业能力较强，一直希望可以重新就业，由于社会未能完全接纳精神残疾人，服务对象未能再就业；而服务对象对于就业的方向、内容并没有太多的想法。

（三）理论与模式

1. 回归社会理论

回归社会理论源自“非院舍化”的理念，认为长期在院舍居住会令人产生依赖性，渐渐失去重新适应社会的能力。回归社会理论的基本观点是：老年人、残疾人、精神病患者和康复者等多是社会上最脆弱及最无依靠的群体，他们往往需要社区内正规或非正规的服务和照顾，去协助他们在社区内继续过正常的生活。

社会工作者为服务对象提供非正规的服务和照顾，服务对象在工疗站接受多样化服务，协助服务对象重新适应社区生活。

2. 生态系统理论

生态系统理论是综融社会工作的基础。小环境系统关注成长中的人与直接生活环境间的关系，中环境系统指几个小环境系统之间的关系，外环境系统是那些会影响却不包括成长中的人的社会领域，大环境系统指影响各个层次的活动和互动的价值观、法律、习俗和文化资源；时序系统不是一个具体环境，它指人所处环境的动态的、永远变化的特性。

社会工作者不仅仅关注服务对象个人，还综合关注服务对象的家庭、朋友以及与邻居、与外界的接触等，为服务对象链接日间训练职业康复服务、社区支援服务等。

3. 个案管理模式

香港医管局于 2014 开始在个别地区推行以精神病患者为主要服务对象的个案管理计划，以此加强在社区层面为患者提供的支援服务，以达到更佳的治疗效果，促进患者康复和重新融入社区。个案管理倾向强调运用社区资源以协助服务对象，满足其需求，因而，个案经理不仅着重关注服务对象的生理和心理状况，同时也关注到服务对象所处的环境。

社会工作者作为个案经理人的模式，链接社区资源，针对服务对象的需求，联合不同服务项目，共同为服务对象提供服药管理、社交训练、职业训练等。

（四）服务目标

1. 定期监测服务对象的服药情况，让服务使用者逐步建立自行管理以及主动、准时及准确服药的习惯；透过药物管理，服务对象能够从药物管理训练的第二阶段升至第三阶段；

2. 扩大服务对象的人际交往圈子，提升服务对象的社交能力，认识更多朋友；

3. 推荐服务对象参与辅助性就业，协助服务对象寻找到自己感兴趣的职业方向、内容，对职业有初步的规划。

（五）服务介入

1. 与服务对象、家属面谈，制定服务计划

服务对象加入工疗站至今 2 年左右，服务对象与社会工作者之间相互了解，家属也

比较信任社会工作者。透过入户探访的机会，社会工作者与服务对象、家属共同商讨服务计划。家属表示，服务对象现在一个人租房居住，经常担心服务对象会不记得吃药，而且每月300元的租金对服务对象来说负担较大。除此之外，家属希望她积极参加各类活动，多认识一些朋友。而服务对象希望可以找到一份工作，照顾好自己。根据服务对象与家属的需求，社会工作者制订个案介入计划，与服务对象共同努力达成服务目标。

2. 链接中途宿舍资源，为服务对象提供药物管理服务

社会工作者评估社区资源，了解到中途宿舍为精神康复者提供药物管理、社交训练等服务；社会工作者与中途宿舍工作人员联络，推荐服务对象到中途宿舍参与服务，经中途宿舍社会工作者评估服务对象符合加入中途宿舍条件。接着，社会工作者建议服务对象及其家属入住中途宿舍，详细解释入住中途宿舍的目的以及之后的服务安排，在征得服务对象和家属的同意之后，服务对象正式入住中途宿舍。工疗站社会工作者与中途宿舍社会工作者就服务对象的跟进情况每月定期召开个案会议，工疗站康复师每天中午监督服务对象的服药情况，并协助服务对象精细记录。中途宿舍根据药物指导计划以分阶段的形式，为服务使用者提供适当的监督和指导，经中途宿舍工作人员评估，服务对象目前处于药物管理的第二阶段；通过半年的药物管理训练，服务对象达到药物管理的第三阶段。在没有工作人员的监督下，服务对象能做到安全地保管和存放药物，按医生指示维持自行服药习惯，认识到稳定长时间的服药对自己的帮助。

3. 推动服务对象参与辅助性就业，促进服务对象与外界的接触

服务对象由于疾病原因，长时间脱离社区，来到工疗站之后才重新走出家门，走出社区。服务对象来到工疗站前期，比较沉默寡言，很少主动与其他学员接触，经过两年时间的融入，服务对象现在能够与其他学员友好相处。在职业导师的培训下，服务对象从参与庇护性就业过渡到辅助性就业。参加工厂见习1年左右之后，职业导师根据服务对象能力，为其推荐新的辅助性就业——报亭见习。服务对象能够主动积极参与辅助性就业，并在报亭见习项目中担任小组长一职，协助管理报亭的日常运作，统计其他服务对象的工作时数。服务对象通过参与两种不同类型的辅助性就业，现能够主动与其他工友沟通交流，日常沟通来往的朋友也多了起来。

4. 发掘服务对象职业兴趣，参与亚太区无障碍艺术节

社会工作者推荐服务对象参与唱歌、陶艺、画画等兴趣班，发现服务对象在画画方面颇有天赋，服务对象尤其擅长用水彩描画荷花。据此，社会工作者邀请专业老师培养服务对象画画的技能，尝试促使其往画家方向发展。依托2019年在澳门举办的亚太区无障碍艺术节这个平台，服务对象所展出的水彩画作品《荷花》，获得各国残障朋友的欣赏与认可，并有爱心人士向服务对象订购画作。

5. 提升服务对象的社交能力，认识新朋友

社会工作者积极鼓励服务对象参与工疗站的活动与小组。考虑到服务对象的能力较强，社工推荐服务对象参与工疗站的日常管理。服务对象目前担任膳食委员会与清洁委员会成员，积极带动其他学员完成工疗站的日常事务。通过参与这两个委员会，服务对象能够主动与其他学员交流，并与膳食委员会与清洁委员会的成员成为朋友，相互分享生活点滴，周末也会相约外出逛街、聚会。

（六）服务成效

1. 服务对象药物管理能力得到较好提升

在中途宿舍与工疗站两个项目的工作人员齐心合作之下，服务对象已入住中途宿舍，接受药物管理服务。据中途宿舍工作人员反馈，在药物管理方面，服务对象能够每次复诊后把所有药物交给中途宿舍，经工作人员检查和登记，自行处理药物，包括核对药袋、药物类别、剂量、数量及服用时间，服用药物后主动在《个人药物记录表》里登记记录。经过一段时间的管理，服务对象目前稳定处于药物管理训练的第三阶段。

2. 服务对象主动沟通能力得到提升

服务对象在站点里参与清洁与膳食委员会，与委员会的成员良好互动，相互讨论制定工作内容，参与团队建设等。在站点外积极参与工厂见习与报亭见习，服务对象能够主动与工友沟通工作的情况。服务对象主动沟通的能力得到提升，能够与学员工友表达自己的想法，并与清洁与膳食委员会的成员成为朋友，平日都会相约一起外出逛街。

3. 服务对象成功进行辅助性就业

服务对象现在稳定参与工厂见习与报亭见习两种不同类型的辅助性就业，在工厂见习每月收入可达 500 元左右，在报亭见习担任组长，协助管理报亭工作。在职业兴趣培养方面，社会工作者链接专业老师培养服务对象画画的技能，服务对象的作品《荷花》在亚太区无障碍艺术节上展出，更有社会人士向服务对象订购作品。服务对象自述现在一方面积极参与辅助性就业和提升画画技能，另一方面积极就业，有适合的企业工厂招聘会积极参与面试。

（七）服务反思

1. 帮助服务对象获得尽量接近健全人的生活方式

服务对象患有抑郁症，由于疾病的原因，缺少外界接触，逐渐失去重新适应社会的能力；工疗站作为社区内康复机构，为服务对象提供日间照料、职业训练等服务与照顾，协助服务对象重新适应社区，拥有正常的生活。

2. 实行个案管理模式，以达更佳康复效果

在跟进精神康复服务对象时，不仅仅关注服务对象本人、还需关注服务对象的家庭、邻舍等，更要关注服务对象所处的社区和环境。社会工作者需要评估社区环境，运用社区资源协助服务对象，满足其需求，作为个案管理人，与中途宿舍、工厂、报亭工作人员联动，为服务对象提供支援服务，以达到更佳的康复效果。

3. 多元化的职业训练，协助服务对象制定个人职业规划

职业康复服务旨在发挥个人潜能，以其重新投入社会为最终目标。在介入的过程中，社会工作者鼓励服务对象在零件加工、手工制作、工厂与报亭见习等多元化的工作训练中重新认识自己的能力，了解自己的职业兴趣与职业规划。

4. 倡导社会接纳精神康复者

提供服务的过程中，社会工作者观察到社会对精神康复者的接纳程度不高，服务对象往往因为是精神康复者而错过就业的机会。社会工作者除了致力于服务对象本人康复，更应该倡导社会接纳精神康复者，提供机会使他们重新融入社会。

第三节　残疾人社会融合服务案例

每个人都有社会交往的需求，残疾人也不例外。然而，由于生理上的差异，他们在教育、就业等方面常常会受到排斥和歧视。因此，促进残疾人的社会融入就成了残疾人工作的重要任务。本节将以自闭症儿童的融合教育和精神残障人士独立就医为例，讲述专业人士促进残疾人社会融入的方法与技巧。

一、自闭症儿童融合教育

（一）案例简介

1. 机构简介

湖南省宁乡市星苑儿童康复中心成立于 2014 年，主要从事 2—14 岁自闭症（孤独症）、多动症、语言障碍、智力障碍等发育障碍儿童的早期干预训练和研究，是一家集学习、康复、职业教育及托（供）养于一体的新型康复中心，也是中国残联定点康复机构。中心从学生日常行为矫正和规范养成上着手，以培养学生的生活能力和社会适应能力为重点，提高智能，发展潜能，采用世界先进的应用行为分析法（Applied Behavior Analysis，简称 ABA），并结合感觉统合训练、心理疏导、人际关系发展干预法（Relationship Development Intervention，简称 RDI）、结构化训练、融合等先进的教育理念。

2. 案主简介

扬扬，男，2011 年 11 月出生，2014 年经湖南儿童医院诊断为孤独症谱系障碍，自诊断后一直在康复机构进行康复。扬扬语速音调异常，经检查发音器官不存在器质性问题，所有发音器官均正常，刻板行为严重，没有常规意识。2014 年 4 月进入康复机构，经过将近三年半的训练，扬扬的语言和规矩性都变得特别好，行为问题也减少了。2016 年扬扬有机会进入普通幼儿园融合，在融合过程中，慢慢建立了常规意识，认知能力有了较大提升。2019 年 9 月，扬扬参与了宁乡市星苑儿童康复中心申请的“三社联动爱

上幼儿园”项目，每周进入普通小学融合 2—3 次，每次融合半天，让扬扬能渐渐适应小学课堂。

（二）问题与需求分析

2019 年 9 月，在扬扬进入幼儿园融合之前，机构对扬扬进行了能力测评。其认知理解能力达到了 5 岁左右儿童水平；在生活自理能力方面，扬扬能独立进食、穿脱衣物、如厕，能和别的小朋友一起参与游戏，但是不能遵守游戏规则；在交往能力方面，扬扬能主动发起一个话题，但是话题维持的时间不长。但整体上，扬扬的认知和适应能力与其他小朋友差别不大。

在进入小学融合后，Y 机构对扬扬进行了课堂适应、社交适应及情绪行为适应这三个方面的评估，发现扬扬的主要困难有：在课堂适应方面，扬扬不能适应小学的课堂模式，上课喜欢走动，没有举手发言的意识，爱打断老师的话题，对课堂常规难以接受，不能按口头指示完成课堂作业。在社交适应方面，扬扬不能主动发起话题，同伴互动较少，不能很好地参与合作游戏等团体项目。在情绪及行为适应方面，扬扬情绪波动较大，除此之外没有其他异常行为。

（三）服务目标

提高扬扬的课堂适应能力、认知能力和语言理解能力，为其更好融入小学生活打好基础。

（四）服务介入

以小学整体安排学习为主，重点发现和其他小学生之间的差距，然后进行个别化训练，认知、语言理解、常规训练为辅助训练。

1. 多元主体合作，为扬扬构建支持网络

在对扬扬的介入过程中，特教老师、小学老师及扬扬的母亲是三支不可或缺的力量。其中，特教老师与小学教师为主要训练力量。首先，专业的特教老师全程记录扬扬的表现以及与其他小朋友的差距，为扬扬的个别化训练做基础。同时，在自由活动时间，特教老师指导扬扬与其他同学互动，以提高扬扬的社交能力。其次，小学教师提前把每周所学内容交与特教老师，让扬扬提前接受所学内容，以便其更大程度地融入课程，增强课堂适应能力。最后，在融合前期，扬扬母亲陪读，以帮助扬扬更好适应小学课堂。经由特教老师、小学老师和家长分析商议，因为该生对数字比较感兴趣，并且对音乐痴迷，这两节课一般不会出现大的问题，数学课和音乐课家长不参与，游戏课和美术课由家长陪读。

2. 语言、常规训练与模拟情景教学相结合

孤独症儿童的注意力不集中，缺乏眼神对视的能力，课堂中喜欢东张西望、自顾自玩耍、甚至偶尔尖叫，难以理解稍复杂的语言，这时候我们需要设计一些实际情景让他们身临其境，使其容易理解、容易接受。此外，教师还采取小组游戏治疗和小组音乐治疗的方式，设计一系列的小组活动，提高扬扬的语言表达能力和社会交往能力。

(1) 小组游戏治疗

通过游戏，给扬扬营造轻松愉悦的环境，使其感受到自由、轻松的氛围；通过与其他孩子互动，创造沟通机会，训练扬扬的语言表达能力；把沟通、合作的技巧融入游戏中，让扬扬通过游戏学会如何与人沟通、合作，并使这些技巧得到泛化，提高扬扬的社会交往能力。

(2) 小组音乐治疗

通过即兴音乐法来释放、舒缓扬扬的情绪，使扬扬能够逐渐学会去表达自己的情绪，提高环境适应能力，进而更愉快地生活和学习；引导扬扬释放不良情绪，建立积极、愉快的情绪，促进身心健康发展；把音乐作为指令，帮助扬扬建立良好的行为习惯，通过扬扬与特教老师的互动，改变扬扬胆怯被动的社交状态，提高扬扬的社交能力。

（五）服务成效

扬扬经过将近 8 个月有目的、有计划、有针对性的系统训练后，有了显著的变化：在课堂适应方面，扬扬能够参与课堂讨论，积极举手回答问题，按指示完成课堂作业，甚至能够参与学校的相关活动。在社交适应方面，扬扬能够主动发起话题，积极和同伴互动。在情绪及行为适应方面，扬扬对情绪的控制能力有了较大提升，能够集中注意力，保持愉悦的心情。

扬扬经过这几个月融合训练后，基本上能够适应小学的生活和课堂模式，能够正式进入普通小学学习，成为一名小学生。

（六）服务反思

1. 要营造良好的支持环境

自闭症儿童的融合教育，需要学校、家长和特教机构等多方配合和支持，同时，儿童的同辈群体也是重要的支持力量。在微观层面，任何一方的接纳和尊重都会帮助自闭症儿童树立自信心，促使改变发生。在中观层面，社会大众要避免对自闭症儿童的歧视和排斥，构建和谐的社会环境，使其更好地融入社会。在宏观层面，要制定相应的政策、提供有利的资源，帮助自闭症患者家庭实现就医和获得融合教育。

2. 运用多元介入方法，为自闭症家庭提供支持

自闭症患者的问题和需求是多样的，单一的介入方法无法满足患者的所有需求。因此，可以采取一对一训练和小组训练相结合的方式，增强活动的趣味性，提高儿童参与的积极性。在为自闭症患者提供治疗的同时，也要为自闭症家属提供帮助和支持，舒缓压力，释放情绪。

二、智力或精神残障人士独立就医

（一）项目简介

1. 机构简介

万江残疾人康复就业服务中心由万江街道办事处残疾人联合会出资，向东莞市展能

社会工作服务中心购买其运营服务项目,旨在为万江街道户籍16—59周岁的精神、智力、肢体等类别残疾康复者创造一个良好的社区康复环境。中心于2013年12月31日正式揭牌成立,中心面积700多平方米,内设职业康复室、体能训练室、多功能室、居家训练室、社交活动室、职业评估室、个案心理咨询室、员工办公室等12个功能室。中心配有5名专职工作人员,分别是3名社工、1名康复治疗师、1名职业训导师,形成“三师一体”的服务模式,为中心学员提供庇护就业、技能培训、康复训练、日间照料、心理咨询、社交娱乐等服务。

2. 项目背景

根据中心2019年社会融入能力评估表显示,服务对象在就医能力方面需求最大,得分最低。在中心28名服务对象中,只有4名服务对象可以独立就医,其他服务对象都依赖家属陪同协助就医。通过与其他24名家属访谈,社会工作者了解到:家属均担心,万一自己离世,服务对象若不能独自就医,可能会影响病情。基于以上原因,中心开展“未来你我同行——万江残障服务对象社会融入能力提升服务计划”,此项目主要提升服务对象到万江社区卫生中心和万江人民医院的就医能力。

(二)理论指导

社会融合(social inclusion)源于欧洲学者对社会排斥(social exclusion)的研究,最早由法国著名社会学家涂尔干(Durkheim)提出。目前,学界关于社会融合还没有一个统一的定义,其中具有代表性的概念界定主要包括以下几种:(1)斯科特(Scott)(1976)提出社会融合可分为情感融合和行为融合,即个体在社会融合的过程中,不仅会产生社会互动,并且在社会互动过程中会产生共同的情感;(2)2003年,欧盟将社会融合界定为“社会融合是这样一个过程,它确保社会中的弱势群体能够获得促进发展的机会和资源,使他们能够全面参与经济、文化与社会生活,获得社会福利,同时,社会融合还要确保他们参与生活并获得基本权利以及进行决策的机会,享受同常人一样的生活”;(3)中国学者周林刚认为,残疾人社会融合的基础是消除社会对残疾人群体的排斥,从观念、就业、教育、制度等各方面提高社会对残疾人群体的认同与接纳。

社会融合应当是一个动态的多方面过程,不仅包括内在的意识层面,还包括外在的物质层面。因此残疾人社会融合应当包含两个方面,一方面是意识的融合,即观念的融合与制度的融合;另一方面是物质的融合,即教育、就业、公共设施等方面的融合。

(三)项目目标

1. 提升服务对象的就医能力,当服务对象有就医需求时,可以独自在万江社区卫生中心或万江人民医院完成就医,融入社会。

2. 让更多的社会人士认识、了解服务对象,愿意协助我们为服务对象搭建更多融入社会的平台,让他们更好地回归社区。

（四）项目实施

项目的实施过程主要包括学习挂号、认识医院基本功能区和配合医生就医三个方面的内容，具体如下。

1. 项目初期：角色转变，重新出发，开启就医之旅

项目的第一阶段是教服务对象学习挂号，在就医方面服务对象从依赖父母的角色初次转为自主的角色。

（1）**人工挂号**。社会工作者教服务对象一些与医院工作人员沟通的话语，如“你好，我要挂号”“我什么地方不舒服”等，只要音量足够并表达清晰，大部分服务对象可以完成人工挂号的操作。在这个过程中，服务对象一方面掌握了人工挂号这个学习内容，另一方面提升了自己的表达能力和自信心。

（2）**自助挂号机挂号**。相对于人工挂号，使用自助挂号机挂号流程比较烦琐，一共分为 12 个步骤，主要通过理论和实操两个部分完成。

理论学习方面，社会工作者主要教服务对象认识自己的社保卡以及插卡的方向、自助挂号机的外形以及完成挂号的 12 个步骤。在图片演示完之后，社会工作者将服务对象进行分组，由小组长带领学习，学习结束后通过抽签的形式进行组和组之间的比赛，增加服务对象学习的动力和趣味性。需要注意的是，部分服务对象不认识字，相关步骤按钮和位置的记忆以及认识字也是需要学习和强化的内容。

实操学习方面，社会工作者带领服务对象前往万江社区卫生服务中心进行实际操作。在整个过程中，服务对象呈现出兴奋和紧张并存的状态，既想独立动手尝试，又怕弄坏机器。对此，社会工作者耐心地加以鼓励和引导，并一对一指导服务对象操作。有的服务对象一次完成，有的服务对象需要多次完成，每一次尝试成功，其他服务对象都会鼓掌肯定，尝试失败，服务对象也通过鼓掌互相加油，最后全部服务对象可以在自己的能力范围内掌握相关步骤。

在学习挂号的过程中，服务对象一方面掌握了挂号的操作，另一方面在就医方面从之前依赖家属的角色，初步转换成自主的角色，重新认识和熟悉医院，慢慢消除了独立就医的紧张感。

2. 项目中期：适应角色，成效明显，享受自主乐趣

项目的第二阶段，社会工作者主要引导服务对象对挂号区、等候区、就医区、付款区、取药区的识别以及功能的认识。

理论学习：社会工作者提前将万江社区卫生服务中心和万江人民医院的功能区布局进行拍照，将图片整理成幻灯片进行讲解，图片教学可以很直观地让服务对象了解学习内容，同时服务对象都有在家属陪伴下就医的经历，所以对学习的内容比较熟悉，掌握速度也较快。

实操学习：社会工作者带领服务对象到万江社区卫生服务中心和万江人民医院进

行实操，社会工作者将服务对象进行分组，每一个组拿到功能区图片然后寻找，社会工作者以及志愿者一起进行检测。学习的内容一方面是服务对象非常熟悉的，另一方面社会工作者又系统地进行培训，服务对象掌握得非常好。尽管有部分服务对象不认识字，但是看到每一个功能区的布置和其他就医人员的现场工作内容，服务对象也可以了解和掌握。这部分的学习效率相对来说较高。

在认识功能区的学习过程中，服务对象的学习状态越来越好，学习效率提高，对接下来的学习充满期待和兴趣。而这个阶段的成果，更多的是服务对象对自己自主状态的享受，以及继续努力的意愿。

3. 项目后期：整体回顾，巩固成效，完成自主蜕变

配合医生完成就医，是服务对象学习就医的流程最后一个环节，也是所有环节的总复习。该内容的学习也是通过理论和实操结合进行的。在这个环节需要注意的是，我们就医的内容一般是常见病，服务对象只需要学会简单准确说出自己的情况，比如“我头疼”“我肚子疼”“我受伤了”“我现在感冒流鼻涕”“我在咳嗽”，等等。只要将这些表达清楚，接下来听从医生的引导，配合医生回答问题即可。我们不需要教给服务对象太多症状类的表述，如：“我感冒了，浑身不舒服，全身发软”等。我们不是医生这样的专业人员，对很多症状把握不准确，还容易把问题复杂化，让服务对象感觉到面对医生要讲很多话，很容易导致他们紧张和害怕，一定程度上影响他们独立就医。

理论学习：社会工作者通过将中心功能室进行简单布置成挂号区、等待区、就医区、付费区和取药区，组织服务对象通过角色扮演(服务对象分别扮演医生、病人、挂号负责人、取药负责人、叫号负责人)以及情景模拟的形式学习完整的就医流程。角色扮演和情景模拟增加了服务的趣味性和服务对象学习的积极性。

实操学习：带领服务对象到万江社区卫生服务中心和万江人民医院实操就医(挂号、等待、就医、付费、取药)的全部流程，全程由社会工作者和志愿者分组负责。由于多次到万江社区卫生服务中心和万江人民医院实操学习挂号和认识功能区，服务对象已经对两个医院的环境非常熟悉，心理上克服了陌生和害怕的感觉，可以按照指定内容进行实操，完成就医。

通过三个阶段的系统学习，服务对象不仅就医能力得到提升，而且融入社会，自然回归社区独立生活的可能性又进一步提高。

（五）项目成效

2019 年 1 月到 2019 年 12 月，项目通过小组活动(共 30 节课)学习挂号，早课(共 20 节)学习认识功能区和就医，4 个活动实操就医，以上服务一共有 1 092 人次参与。其中通过人工挂号，可以完成就医的有 28 名服务对象，通过自助机挂号，可以完成就医的有 22 名服务对象。项目直接受益人群为 28 名残障服务对象，间接受益人群为 28 个服务对象家庭以及更多的人群，成立了一支志愿者服务队，链接万江社区卫生服务中心和万江人民医院资源。

根据服务数据的显示和服务对象在项目中的表现，服务对象具备继续融入社会、独立生活的潜质，服务对象不仅学习了就医知识、提升了就医能力，同时在就医能力的学习过程中，锻炼了自信心、沟通能力等，这些都是服务对象日后融入社区的重要助力。

该项目还在万江街道“益苗计划”志愿服务项目大赛中，荣获“万江街道重点培育项目”，并获得 2 000 元的项目资助。

（六）项目反思

1. 理论指导的重要性

在项目执行过程中，社会融入理论和正常化理论一直贯彻始终，通过正常看待服务对象，并在他自身功能允许的情况下，让他们回到自己熟悉的生活环境，通过一定专业服务，让他们重新适应和融入。此项目首先将服务对象正常化看待，没有因为他们的残障情况，直接放弃继续提升他们融入社会的能力，而是相信他们和健全人一样，可以融入社会、融入社区。其次，项目服务的执行没有将服务对象封闭在某一个地方，而是将服务对象带到一般社区居民熟悉的场所，让他们也慢慢熟悉起来。这种熟悉使他们在独立就医时，不会觉得紧张和无所适从，可以独立或者在他人帮助下完成就医，更好融入社会。

2. 理论加实践的重要性

项目中的服务对象，大部分是智力障碍服务对象，这类服务对象很明显的特点是缺乏想象力和记忆力，而这个特点也是限制他们学习的重要因素。所以，社会工作者为服务对象设计服务时，理论学习方面不依靠简单枯燥的文字，而通过图片、情景模拟来刺激服务对象的记忆，加深服务对象的印象。另一方面，实操学习除了把服务对象带到医院，更重要的是和医院提前沟通，让服务对象可以实实在在去操作这些内容，比如自己在自助机上去挂号，自己面对医生去描述自己的病情；这样的实操学习，进一步刺激了服务对象的记忆，加深学习效果。

第四节　残疾人法律维权服务案例

残疾人作为社会上的弱势群体，除了会遭受社会大众的排斥和歧视外，有时其自身拥有的权利也不能得到保障。同时，因为法律知识的缺乏，当他们的合法权益受到侵害时，也不知道该如何维权。因此，在残疾人服务中，应注意对残疾人进行法律方面的援助，帮助其拿起法律武器，维护自己的合法权益。

一、视障者诉银行办卡歧视

（一）案例所属机构

武汉市武昌区东湖公益服务中心业务范围主要包括：开展助残、扶贫、济困方面的公益活动，为残障者、贫困人群等特殊群体的平等保护和融合发展提供服务与支持。机构与多个领域的研究机构和社会组织合作，扎根社区，长期关注法律援助、社区治理等议题，多次举办有关平等权利保护、社会融合与发展的研讨会、工作坊、街头咨询、入户调研等形式的活动，经验丰富，专长突出。

（二）维权成功案例

1. 案例经过

2016 年，20 岁的视障者（视障一级）李先生到南京从事推拿按摩工作，几年下来李先生通过努力工作存下了一些积蓄，对消费要求也变高了。于是李先生对使用信用卡消费有了需求，决定申请办理广发银行的信用卡，但办卡过程中却遇到了阻碍。

李先生说："2018 年 8 月 20 日，我通过电话申请了信用卡，随后在网上操作都很顺利。直到 9 月 18 日，我去银行办理激活，银行工作人员发现我是视力障碍，以不能手写签名为由推诿。我坚持要办卡，银行工作人员三番五次以给领导打电话为由离开座位，几个回合下来，银行让我回去等结果。"第二天，李先生发现他的广发银行的信用卡已经被冻结，银行也没有告诉他任何理由。

李先生通过法律咨询，得知广发银行的做法已经构成侵权，因此决定拿起法律途径来维护自己的合法权益。2018 年 10 月 8 日，李先生在律师帮助下向南京市玄武区法院对广发银行提起诉讼。

在一审败诉后，李先生提起上诉，南京中级人民法院 2019 年 11 月 15 日作出二审判决，认为"视力残障人士无法阅读、签名系受其身体残疾所制，系身体不能为，而非意思不作为"，要求银行在 10 个工作日内协助李先生激活信用卡，该判决为终审判决。同年 12 月 3 日，在银行工作人员的协助以及视频佐证下，李先生顺利激活了信用卡。

2. 法律分析

本案在一审中以人格权侵权立案，对于"保障残疾人平等权益、促进残疾人融合发展"（习近平总书记 2017 向 2013—2022 亚太残疾人十年中期审查高级别政府间会议贺信中提到）具有积极意义。本案给类似视障者申办银行卡的案例开辟了一个新的思路：法院认定视障不影响意思表示，办卡合同已经成立，开卡只是附随义务，银行依照诚信义务必须办理。这一思路的积极意义在于，通过司法再次确认了视力障碍者依法享有的平等行为能力。

但这一思路的局限在于：仍然以残障人士个体的行为能力（意思表示能力）为前提，没有考虑到支持决策的可能，也就可能忽视了心智障碍者的平等权利。此外，目前国内司法实践一般要求人格权侵权中的主观恶意要件，银行工作人员如果坚持自己只是照章办事，没有歧视故意，就能回避这种侵权的认定。这是通过人格权侵权来状告银行可能碰到的抗辩理由，下面将讲述败诉案例。

（三）维权失败案例

在 2018 年 4 月成都的视障者李某某申办借记卡案例中，银行仍以用卡安全为由拒绝办卡，辩称没有故意歧视。二审中银行放弃立场试图和解并提供上门开卡服务。但最后法院还是以银行没有歧视故意为由不予认定银行拒绝服务构成人格权侵权。该案同样经历了一审、二审，可惜视障者均败诉了。据悉，涉案银行事后接到法院的司法建议，并积极整改，切实为视障者提供无障碍的服务。

本案基本案情和法律主张如下：

1. 上诉人主张

（1）银行损害了李某某作为有完全民事行为能力的劳动者将收入存入银行的权利，应承担民事责任。在二审中，上诉人主张，李某某在银行办卡过程中，银行未查看李某某的身份证就拒绝办卡，电话道歉时称因为李某某看不见所以不办卡。银行拒绝办卡的过程中存在隐性的歧视，伤害了李某某作为有完全民事行为能力的劳动者将收入存入银行的权利，漠视其人格尊严，对其造成了精神损害。依据《最高人民法院关于适用若干问题的解释》第 9 条的规定，行为人的行为违反保护他人的法律，构成侵权责任法上的过错。《残疾人保障法》第 3 条、第 60 条规定，残疾人的公民权利和人格尊严受法律保护，侵害残疾人合法权益造成财产损失或者其他损害的，依法应承担民事责任。

（2）银行构成基于残疾的歧视，应承担侵权民事责任。《残疾人保障法》规定“禁止基于残疾的歧视”。“基于残疾的歧视”指基于残疾而做出的任何区别、排斥和限制，包括一切形式的歧视，包括拒绝提供合理便利。依据《消费者权益保护法》第 14 条、第 27 条、第 50 条的规定，消费者接受服务时，享有人格尊严得到尊重的权利。银行工作人员拒绝向李某某提供金融服务，理由是李某某因视障是天然的潜在电信诈骗受害者，违反了《残疾人保障法》和《消费者权益保护法》的强制性法律规范，构成基于残疾的歧视，属于法律意义上的过错，应当承担侵权民事责任。

银行抹杀李某某的独立民事行为能力，给李某某造成了精神上的持续痛苦，银行的所谓主观善意不能成为歧视残障消费者人格尊严的理由；一审判决既认定银行存在侵犯残疾人合法权益的行为、又驳回李某某要求银行承担民事侵权责任的全部诉讼请求错误。

2. 被上诉人答辩

被上诉人答辩称，银行执行的是中国人民银行关于银行卡风险防范的相关规定，主观上没有歧视李某某的恶意，客观上是以保障用卡安全为前提，采取更好方式为出发点，并非拒绝为李某某办卡；一审判决认定事实清楚，适用法律正确，请求二审法院予以维持。

李某某向一审法院起诉请求：判令银行停止侵害，为李某某平等办理开立账户的金融服务业务；银行在成都市公开发行的报纸赔礼道歉；银行赔偿李某某精神抚慰金 1 元。二审审理中，银行提出愿意上门为李某某提供开卡服务，二审法院再次征询李某某的意见，询问其是否接受银行上门服务或者自行到银行办理开卡业务。李某某表示不接受银行上门服务，也不愿意自行到银行办理开卡业务，请求法院依法判决。

2019 年 4 月 3 日，二审法院判决认为：李某某在本案中提交的证据尚不能证明银行及其工作人员主观上存在歧视残疾人的过错。李某某未能办理开卡业务的原因是银行未能考虑到残疾人客户的特殊情况和实际需求，未为残疾人客户提供更加细致和人性化的服务，而非基于侵权民事法律意义上的过错，并实施了侵权行为导致……综上，李某某不能提供证据证明银行在其办理银行卡业务的过程中存在过错，李某某关于损害后果的事实主张亦明显不能成立，故对其关于银行应当承担相应侵权责任的上诉请求，法院不予支持。

（四）案例反思

1. 以拒绝提供合理便利为对象的反歧视诉讼将成为推动残障人平等权利的重要发力点

在这两个典型案例中，法院都没有参照我国《残疾人保障法》以及《无障碍环境建设条例》等法律法规，认定银行构成基于残障的歧视，从而没有在最强有力的层面保护残障人平等获得金融服务的权利。依照我国现行法律以及加入的《残疾人权利公约》，银行拒绝为视障者提供服务有可能构成 2 种基于残障的歧视。

（1）间接歧视

银保监会《商业信用卡业务监督管理办法》第 37 条第 3 款要求所有客户抄录“本人已阅读全部申请材料，充分了解并清楚知晓该信用卡产品的相关信息，愿意遵守领用合同的各项规则”，并签名。这个“抄录”条款看起来平等适用于所有人，实际上不公平地排除了视障者和其他无法阅读、书写的人群，构成间接歧视，也违反了《无障碍环境建设条例》第 24 条关于公共服务机构信息无障碍的规定。

（2）拒绝提供合理便利的歧视

长沙李先生案的判决书已经指出，被告银行应该采取其他措施向原告履行明确说明义务，而非简单拒绝，不考虑其视力残障的特殊情况。这个认定非常接近国际通行的“合理便利”要求，亦即为了有效提供服务，实现残障人的平等权利，银行应该考虑到残障客户的个性化需求，提供必要的恰当的协助或调整。其例外仅仅在于这一调整措施带来了巨大成本或不合理的负担。在前面 2 个案例中，银行采取口头告知加录音录像的替代方式，显然不构成不合理的负担。银行拒绝提供替代办法作为合理便利，就构成基于残障的歧视。

我国《残疾人教育条例》已经确立了考试中的合理便利，正在修订的《残疾人就业条例》即将确立就业中的合理便利，各地的无障碍环境建设管理办法也陆续确立了银行这类公共服务机构提供合理便利的义务。可以预期，以拒绝提供合理便利为对象的反歧视诉讼，会越来越多、越来越有影响力，将成为推动残障人平等权利的重要发力点。

在诉讼策略上,这两个案例还提示我们：受到歧视的残障朋友们在起诉时,可以同时提出侵害人格权之诉与违反合同义务之诉,这样二审法院有可能择一支持,增加胜诉可能性。

2. 鼓励残障人士积极维权以实现融合发展

在建设融合社会的过程中,视力障碍者面临各种外部设施和服务中的障碍,比如银行服务网点没有增设“导盲犬”标识、盲文版业务指南、助盲卡等辅助设施,不给盲人开通网银服务,ATM 机没有语音导航导致大部分盲人不敢轻易操作。有些障碍还是应用新技术未考虑通用无障碍设计而导致的鸿沟,比如银行柜台上的密码输入器由原来的按键升级成触摸屏导致盲人无法输入密码,登录手机银行时难以输入图片验证码等。

面对这些影响残障人平等参与社会生活的问题,我们鼓励并期待这类视障者诉银行构成歧视的典型维权案例,其对于银行服务业、社会公众以及司法专业人员,都有重要教育意义,可以提升人们关于残障平等、合理便利的认识。以案证法,每次进步一点,最终将推动残障人的所有基本权利都平等获得司法保护,所有残障人都得以实现融合发展,共享全面小康社会的伟大成果。

二、 因工致残后的自主维权和自我成长

（一）案例背景

1. 机构简介

东莞市展能社会工作服务中心成立于 2009 年,为东莞市首批获得社会组织评估等级 5A 的社会机构,2015 年、2017 年、2019 年连续三次获评“全国百强社会工作服务机构”。中心主要承接政府机关、社会团体以及企业等委托的各类社工服务项目,长期为危重病患者、长期病患者、身心障碍者、老年人等有需要人士提供各种形式的专业化、个性化、持续性的社会工作服务,致力于解决社会各界尤其是弱势群体的问题,促使服务对象社会功能的恢复,改善各个群体的生活现状;同时在残障、医务等社工服务领域深化社会工作研究,旨在打造“展能”品牌服务。

2. 案主简介

服务对象张某,男,陕西人,55 岁,十几年来一直在东莞工作。因工作时摔伤致残,还需要康复治疗。因工厂一直不愿意支付法律规定的工伤经济补助与支持,服务对象出院后又无法继续工作,其基本生活得不到保障,因此对康复及未来生活充满了担忧和焦虑,向社会工作者求助。

（二）问题与需求分析

1. 家庭经济支持较少，目前无人照料，生活得不到保障

服务对象是家中独子,母亲年事已高,妻子需照料老人及儿子,服务对象受伤后一直无人照料,也没有工资收入,因此基本生活得不到保障,同时因脚部需长期休养和定期复

检与康复治疗,也面临康复中断的问题。

2. 社会支持少,自身条件限制等致使工伤维权问题难处理

服务对象是外地户口,他在东莞能获取的家庭和社会资源支持比较少,加上他受伤后并不清楚其法定权益及应通过什么渠道寻求协助,需要社会资源和各部门的支持协助;此外,服务对象与他人沟通的能力不足,目前较为慌张焦虑,会反复重述自己的想法,显得比较固执和难以沟通,加大了工伤处理难度。

3. 服务对象心理压力较大,情绪状况焦虑

受伤后,服务对象从家庭支柱变成求助者,要适应自己目前肢体行为受限的生理和心理影响。同时,面临着经济来源的中断、康复和未来生活安排迷茫以及工伤处理复杂等状况,服务对象承受着巨大的压力,情绪一直处于焦虑状态,迫切需要在心理支持上得到支援。

(三)理论支持

增能理论认为,人是有能力和价值的,人的个人无力感源于环境的排挤和压迫(无力感的三个来源:负向评价、负面经验、无效行动),社会环境中存在的障碍使人无法发挥能力,但障碍可以改变。

基于这个理论,我们需要:(1) 社会工作者与服务对象之间是一种协同的伙伴关系;(2) 重视服务对象的能力而非缺陷;(3) 协助他们确认自己是改变自己的媒介;(4) 协助他们了解社会工作者的知识和技巧是可以分享和运用的;(5) 协助他们认识社会工作者是解决问题的伙伴,而他们自己是解决问题的主体;(6) 协助他们明确无力感是可以改变的。而基于这个理论的行动干预分为三个部分:(1) 建立合作关系,提供必要的支持和协助,促进服务对象意识觉醒;(2) 教授必要的知识和技巧;(3) 开展倡导性的集体行动。

回归这个案例,服务对象目前遇到的情况及其产生的无力感,其实是其目前获得的支持不足、工伤维权知识不足及目前维权困难的环境问题导致的,而这些是可以通过提供必要的信息、知识和技巧,协助链接不同的社会资源得到解决和改变的,需要用资源和能力的视角去跟进处理。

(四)服务目标

1. 服务对象的社会支持能得到增加,维权及应对问题的能力得到提升,心理压力得到舒缓,处境得以改善。

2. 服务对象的社会支持得到增加,获得相关部门的协助,基本生活及康复治疗问题得到解决;服务对象可以获取工伤维权的基本法律知识和维权相关资源,维权信心和应对能力得到提升,工伤问题得到解决;服务对象焦虑情绪和压力可以得到缓解。

(五)服务介入

1. 介入策略

(1) 链接资源,协助服务对象处理最迫切的需要。针对服务对象目前生活与康复治疗费用中断、康复困难等问题，协助服务对象链接资源、与相关部门沟通，如社保局、法律援助、劳动局、其他公益机构、工厂等，争取基本生活及治疗费用，促进服务对象沟通和应对能力的提升。

(2) **提供资料，让服务对象学习工伤维权知识，提升维权信心和能力。**提供工伤知识小册子，与服务对象一一梳理，解答服务对象关于工伤的各项疑问。同时通过鼓励、模拟演练、对话演练等方式，让服务对象掌握相关沟通技巧及提升沟通的信心，更加顺畅地与相关部门进行沟通交流。

(3) **支持与接纳，疏导服务对象的焦虑情绪与引导个人成长。**关心服务对象的情绪状况，接纳服务对象的负面情绪与焦虑，并通过"探索—描述—宣泄"方式让服务对象袒露并宣泄担忧；此外，在服务对象诉说焦虑后，通过与服务对象讨论问题应对的可行性方法，引导服务对象看到问题可能解决的方向，培养服务对象寻解导向的思维而不是困在问题当中。

2. 介入过程

第一阶段(初期介入)：建立关系及订立目标，促进掌握基础的知识和资源。

(1) **充分聆听，同感服务对象的感受和担忧。**服务对象表示工厂除支付住院费用外无任何支持，目前无生活来源，也无法支付复检费用，感到很迷茫，不知道日后生活该怎么继续。此外，服务对象表示感觉脚部仍然麻痛，因没钱买轮椅、拐杖等辅助性工具，服务对象只能靠撑着木棍走路到医院复检，同时复检时并不敢将自己的担忧与医生沟通。

(2) **针对服务对象的焦虑，提供信息和资源，舒缓焦虑。**社会工作者与服务对象一一梳理基本的工伤法律知识和权利保障，解答服务对象的疑问和担忧，同时将社保局、法律援助热线告知服务对象，鼓励其电话咨询及反映情况。服务对象一开始表示自己不会沟通，社会工作者便鼓励他，并与他协商对话模拟，并表示会在旁协助询问。在社会工作者的鼓励下，服务对象咨询了社保局并确认自己已买社保，担忧明显得到舒缓。

(3) **与服务对象梳理现状，并共同制定后续跟进计划。**社会工作者先肯定服务对象的尝试，在此前面对工伤维权处理程序的了解的基础上，与服务对象商议确定需求、制订处理计划，包括：① 服务对象需认可自己是有能力的，是可以应对目前的困难和处境，并会采取积极的行动去处理，而社会工作者作为支持者，会提供必要的协助；② 维权方面，社会工作者会提供相关知识和资源，服务对象需要主动学习并积极联系了解：生活保障方面，社会工作者会协助服务对象与工厂协商要求赔偿，服务对象需积极学习沟通技巧，学会运用相关的资源处理目前的问题；康复方面，服务对象目前靠棍子支撑着走路非常危险，需申请辅助工具如拐杖；此外，复检前社会工作者会一同沟通模拟，做好与医护人员的良性沟通，增加对康复情况的了解，减缓担忧。

第二阶段(中期介入)：基本生活及治疗需求的保障跟进，应对能力的提升。

(1) **生活保障**。社会工作者协助服务对象了解清楚评残程序、所需材料等,通过模拟演练,鼓励服务对象与工厂及社保局沟通,过程中也不断肯定服务对象的努力。工厂前期态度较为强硬,社会工作者协助服务对象寻求城建办的协助。在与城建办及社保局多次沟通协商后,工厂最终同意每月借 600 元给服务对象做生活费并另外支付复检费用,但这部分费用将从日后的赔偿中扣除。该处理结果并不符合工伤法定条例规定,但服务对象的生活及治疗压力得到了保障。

(2) **康复**。服务对象一直感觉脚部疼痛较为明显,比较担忧,社会工作者协助服务对象与医生直接沟通,促进服务对象对康复的了解,鼓励服务对象积极康复。在辅助性工具方面,社会工作者链接了资源,为服务对象申请了一副拐杖,增加了日常生活和康复的安全性。

(3) **服务对象能力的提升**。服务对象对工伤维权的知识和资源已经基本掌握,也能够积极与各方沟通,寻求支持,值得肯定。服务对象在尝试过程中,看到了转变和希望,处理的信心也有所提升。

第三阶段(中期介入):工伤问题和焦虑情绪的处理,服务对象成长的促进。

(1) **焦虑情绪得到舒缓,服务对象获得成长**。在康复和工伤处理过程中,服务对象较多情况下会处于焦虑的状态。社会工作者对其表示同感及支持,让他宣泄其焦虑情绪,同时不评判脚部恢复情况是否良好,不否定他的感受,而是注重引导他梳理、处理其内心的焦虑及思考如何更好地应对目前的情况。此外,社会工作者与服务对象倾谈了其内心对康复及未来生活的担忧,协助他梳理及处理其内心的焦虑情绪。在后期的工伤评残及赔偿阶段,服务对象不再抱怨,主动并积极与他人沟通处理赔偿事宜。

(2) **工伤维权跟进**。通过协助,服务对象找到了工伤公益组织、工伤志愿者,后续工伤得到了认定。康复期间工厂曾拒绝支付医疗费用及生活费,社会工作者也鼓励服务对象主动寻求社保局的协助并争取到了 900 元的生活补助。后期服务对象申请了工伤评残,第一次评残结果评定为 8 级,服务对象对结果不满并在社会工作者及相关组织的支持下申请了复评,最终评定为 7 级。

第四阶段(末期结案):工伤维权问题得以解决,服务对象获得明显改变和成长。

(1) **工伤维权问题**。评残后服务对象联络社保局了解赔偿程序,并主动与劳动局、工厂多次沟通协商赔偿款的落实。因工伤处理时间太长,服务对象不做诉讼处理,通过协商拿到了基本的赔偿并回到老家休养。

(2) **服务对象的改变和成长**。社会工作者与服务对象一同回顾这一年多的情况和改变。服务对象从初期不善言辞、固执和不自信、对工伤的处理也较被动的情况,到中后期服务能主动去处理和解决问题,学会了解决导向的思维,自主处理能力得到了提升,成长许多。

（六）服务成效

通过社会工作者的服务，服务对象获得了明显的改变和成长。其社会支持得到了增加，获得相关部门的协助，解决了基本生活和康复治疗问题；获取到了工伤维权的基本法律知识和维权相关资源，维权信心和应对能力得到提升，工伤问题得到解决。同时，服务对象的压力情绪得以缓解，目标基本实现。

（七）服务反思

我们要相信服务对象的能力，真正做到"助人自助"。我们通常接触的服务对象，他们对自我并不自信，也通常会较为依赖他人的帮助。而社会工作者往往会出于同情和自己助人的热心，或者满足于他们对自己的依赖感和专家角色，而不断地帮助和代劳，代替其与单位、社保部门等协商沟通。这其实弱化了服务对象的能力，并不利于他们应对能力的提升，也可以说社会工作者此时并没有做到相信每个人解决问题和学习、应对的能力。尽管最后服务对象的问题解决了，但是却是失败的案例——因为服务对象并没有从中有所收获和成长，在遇到同样问题的时候，只能够继续找一位"全能代劳"的社会工作者。因此，我们应当相信每个人都有能力和潜力面对困境，改变环境、改变自己。自己走出困境也是一种成长。

第五节　残疾人家属支援服务案例

残疾人的家属是残疾人的主要照顾者，照顾残疾人的衣食住行，但长此以往，残疾人的家属也会面临重大的精神压力和情绪压力，尤其当缺乏社会支持网络时，残疾人的家属会更加感到孤立无援。因此，为残疾人家属提供支援，是残疾人服务的重要课题。除接受相关机构的支援服务外，有些家长还会形成自组织，促成家庭的自助与互助。

一、脑瘫患者家属支援

（一）案例简介

1. 案例背景

男，今年 21 岁，先天性脑瘫，认知一般，语言尚可，能独自进餐。但无法站立及行走，大小便需要协助，生活大部分无法自理。案主幼年时便曾在顺德区威权康复服务中心接受康复服务，现时为中心残疾人居家康复项目的服务对象，继续接受中心的康复服务及社工康复。

案主父母离异，由母亲独自照顾，父亲仅仅支付抚养费，其间多次因拒绝支付案主抚养费而与案主母亲对簿公堂。而案主母亲的娘家人也很少与案主家庭来往，关系紧张。案主母亲因长年照顾案主，心理和生理上都面临很大的压力，日复一日地体力照顾，让案主母亲不堪重负，身体出现腰痛、头痛、胃痛等各种不适。案主母亲有抑郁情绪，对生活持悲观、绝望态度，并多次向他人表达自杀意向。

2. 机构简介

顺德区威权康复服务中心成立于 2004 年 8 月，专为残疾人（尤其是残障儿童）提供医疗、康复、教育、托养服务于一体的福利机构，同时也为顺德区的残疾人士提供全面而优质的社区康复服务，并协助残疾人士在身体机能、心智、社交及潜能上发展，缔造一个有利的环境协助他们积极融入社区生活。顺德区威权康复服务中心是一间综合康复服务机构，多年来中心业务领域不断拓展，主要服务有肢体残疾儿童康复训练、智障儿童康复教育、孤独症儿童康复教育、听障儿童康复教育、言语障碍儿童康复教育、康复评估、成人康复、职业康复、社区康复以及社会工作等专业服务。

（二）问题与需求分析

案主母亲面临巨大的精神压力，得不到亲属的支持让她感觉更加孤立无援，严重时还有自杀倾向。因此，案主母亲的需求为：

1. 缓解精神压力，减轻抑郁情绪；
2. 扩大生活圈子，构建支持网络。

（三）理论指导

社会支持网络源自鲍尔拜的依附理论，是指一组由个人接触所构成的关系网，透过这些关系网个人得以维持其认同，并获得情绪支持、物质援助、服务、讯息、新的社会接触等。社会支持网络一般分为有形的支持和无形的支持，其中有形的支持包括物质或金钱的支持和援助，而无形的支持多半属于心理、精神上的，如鼓励、安慰、嘘寒问暖及情绪上的支持等。

本案的案主母子是具有一定的有形支持网络的，如母亲几个关系较好的老同学，物质的满足，社区的帮扶等。相对于满足的有形支持网络，服务对象在无形的支持网络方面则是非常欠缺的。

本案案主母亲因为生活圈子狭窄，长期缺乏与他人的交往，缺乏家人、同伴的支持，感觉孤独无助，从而产生抑郁情绪。所以社工在介入后将目标设定为构建社会或朋辈支持网络，通过朋辈的支持让案主及母亲找到归属感及更多的支持度。

（四）服务目标

1. 减轻案主母亲的精神压力，重建其对生活的希望。
2. 扩大案主母亲的生活圈子，构建相互支持的社交网络。

（五）服务介入

1. 介入前期（2019.5—2019.6）

（1）目标

明确案主母亲的问题及需求，进行危机介入，暂时打消案主母亲的自杀念头；制订减轻案主母亲照顾压力的方案。

（2）服务过程

社工上门探访，了解案主及其母亲的具体情况，尤其是案主母亲的情况。其主要压力体现在：案主不断成长，体重不断增加，日复一日地体力照顾，让案主母亲不堪重负；最近两年，案主母亲经常腰痛、头痛、胃痛，但在周边各大医院也检查不出原因。社工用类似的正面案例给案主母亲以鼓励和支持；另一方面就案主母亲提到的头痛查不出原因的问题，社工表示，从另一个角度思考查不出问题反而不算是坏事，让其放宽心态对待，使案主母亲暂时打消自杀的念头。之后，社工与康复治疗师一同上门，为案主设计新的康复训练内容，即在以往的康复训练内容中增设生活自理能力训练，以减轻案主母亲对案主的照顾压力。

（3）个案转变

刚刚提到面临的问题及困难时，案主母亲情绪激动，经过社工疏导后，情绪有了明显的缓和。案主及母亲对新的康复方案表示赞同。

2. 介入中期（2019.7—2020.1）

（1）目标

邀请案主母子参加社区活动，构建支持网络，深入了解案主母子的情况，进一步扩大对案主母子的生活圈子及社交网络。

（2）服务过程

本阶段主要是邀请案主母亲参加顺德区残疾人居家康复服务的社区活动，如季度生日会、“快乐到我家活动”等。社工在开展活动前期跟个别积极乐观的残疾人家属，尤其是脑瘫儿家属进行过沟通，让他们在活动中与案主母亲进行沟通支持，如照顾患儿的方式、对待压力的态度等，让那些积极正向的服务对象对案主母亲产生正向的影响。此外，两名脑瘫儿家属也添加了案主母亲的微信，进行日常生活的沟通交流，构建支持网络，缓解精神压力。案主母亲还参加了顺德区第八届特殊马拉松和 2020 年居家康复站点团年活动，通过活动加强与其他脑瘫患者家庭的互帮互助。在案主方面，治疗师教案主通过用爬行移动及借力来解决洗澡及大小便问题，以减轻案主母亲的照顾压力。

（3）个案转变

几次社区活动为案主母子构建了朋辈支持网络，案主母亲的精神面貌有了明显的改善。案主在活动中重逢另外两名同龄脑瘫儿，使案主对活动也有了期待。在整个探访过程中，案主母亲没再提及以往那些消极负面的事情。案主及其案主母亲均在活动中收获了同伴援助，增强了生活信心。

3. 介入后期（2020.1—2021.2）

（1）目标

巩固案主母亲的支援团队。

（2）介入过程

社工不定期向支援案主母亲的另外两名积极脑瘫儿母亲了解支援情况：3 名脑瘫儿母亲私下里偶尔会进行视频聊天，同一村居的还会偶尔相互走动。案主母亲因病入院时，其中一名脑瘫儿家属主动将案主接到家中照顾了一个星期。

（3）个案转变

案主母亲在同伴支持下，脸上开始展现笑容，思想也开始向正向转变，没再提及轻生。甚至也希望与有需要的照顾家属分享自己照顾案主的经验及自己的心路历程。案主与另外两名脑瘫儿也建立了友谊，扩大了生活圈子。案主的生理能力得到提升，而母亲感觉其照顾压力得到一定程度的缓和，故同意结案。

（六）服务成效

经过社工半年多的介入跟进服务，案主母亲的照顾压力得到一定的缓解，案主的生理能力也得到提升，且构建了一定的支持网络，生活圈子得以扩大，精神压力也得到一定程度的舒缓。

本案服务目标基本达成。案主母亲作为残疾人家属照顾者，社工提供家属支援服务的成效如下：

1. 案主母亲的精神压力及照顾压力均得到缓解；

2. 为案主及其母亲构建了朋辈支持网络，大家平时均有相互联系、相互分享照顾经验、相互帮助等；

3. 案主母亲认识到自己情绪方面的问题，表示会加以注意；

4. 通过治疗师调整康复目标及内容后，案主的生理能力得到提升；同时，因为生活圈子的扩大，生活质量也得到提高。

（七）服务反思

对于不同的残疾人家庭来说，他们的故事也许不同，但境况却大都相同：有限的康复成效，无限的照顾压力。他们在关注残疾人的康复及未来，却忽视了早已经一地鸡毛的生活。当他们的康复达不到预期时，便会很容易对生活失去信心，甚至走向极端。所以社工的介入就很好地填补了残疾人家庭支援的空白。社工在帮助残疾人融入社区的同时，也帮助残疾人家庭恢复正常的生活状态。本案是一个关于大龄脑瘫儿的个案。作为案主唯一的照顾者，案主母亲的经历比起平常的单亲母亲显得更为艰辛。所以当所有压力都无法得到排解时，案主母亲便产生消极甚至轻生的念头。社工介入后，通过成因分析，一方面通过为案主制定整体康复训练方案，减轻案主母亲的照顾压力的同时提高案主的生活质量；另一方面，社工通过构建朋辈支持网络，扩大案主母子的社交圈子，使案主母子重获生活的信心。

其实，本案只是众多重度肢体残疾人及家属照顾者的缩影。很多时候，社会大众更关注的是残疾人本身，而忽略了家属照顾者。其实，大多数居家照顾的重度肢体残疾人均存在生活不能自理、需要依托家属长期照顾的现象。而家属由于长期照顾，体力和精神压力大，容易出现身体及情绪问题。这对残疾者本人和家属的生活带来消极影响。社工希望本案例能引起读者、社会对这一群体的关注，并对他们给予一定的理解及支持。

二、融合中国心智障碍者家长组织网络

（一）服务背景

改革开放以来，国家投入大量资源来提高残障群体的生活福祉，但是由于我国长期存在的社会偏见、滞后的社会服务发展以及政策机制重视福利保障、忽视权利促进的模式，导致残障群体特别是心智障碍者群体的社会参与、社会融入和生活品质与社会平均水平存在一定差距，他们是社会最边缘的群体之一。

心智障碍者，又指先天性智能及发展障碍人群，有着不同的情况和障碍类别，主要包括：(1) 智力障碍；(2) 唐氏综合征；(3) 广泛性发育障碍，包括自闭症、阿斯伯格症、雷特(Rett)综合征、不典型自闭症等；(4) 部分脑瘫及癫痫造成的发展障碍等发展障碍人群。他们在日常生活和社会参与中共性的功能障碍主要体现在：学习障碍、沟通障碍以及社会互动障碍，他们的康复、教育、就业、个人发展和社会融合都面临很多挑战，整体社会参与度较低，生活品质也不高。

对于心智障碍者而言，他们的照料者是终生的陪伴者和支持者，其认知、方法和角色对心智障碍者的生命尊严有重要的影响作用，只有有效地支持到家庭成员，才能够更好地促进心智障碍者生活质量的提升。

（二）融合中国心智障碍者家长组织网络

在很多国家和地区，通过建立心智障碍者家长互助组织，为心智障碍者家庭提供信息、链接资源、开展公众教育和进行社会倡导，促进社会各方更好地接纳和支持心智障碍者。基于心智障碍者家庭面临的诸多挑战和巨大需求缺口，越来越多的家长站出来发挥作用，积极提供互助支持，倡导社区及社会的改变。作为心智障碍者家庭的个体，他们参与家长互助组织除了获得慰藉、专业化信息，也期待组织化的形式可以代表他们去寻求政策支持和服务供给，最终帮助他们获得更多资源支持以使他们的孩子更好地参与和融入社会。

2014 年，全国范围内心智障碍者家长组织和家长互助小组自愿组成了非营利性网络化组织——融合中国心智障碍者家长组织网络(以下简称“融合中国网络”)。

1. 使命愿景

通过对中国心智障碍家庭的支持，促进《残疾人权利公约》在中国的有效实施，实现心智障碍青年及其家庭全面平等融入社会，更有尊严地生活。融合中国网络通过联合筹款、联合行动、联合倡导等行动，培育孵化并支持各地的家长互助组织，从而提升地方家长互助组织的专业能力，最终促进地方心智障碍者及其家庭的社会融合。

截至 2020 年 12 月,融合中国网络内家长互助组织或家长互助小组伙伴成员单位数量已达 270 余家,覆盖城市超过 150 个,累计募集善款超过 6 000 万,每年受益人次 10 万以上,所执行的项目多次获得包括腾讯新闻、澎湃新闻、南都观察、凤凰网等媒体报道与传播。

另外,融合中国网络结合实践和心智障碍者家庭的需求,连续四年进行从全国到地方开展政策倡导,在心智障碍者融合教育、融合就业等议题上都有核心推动与突破。

2. 组织价值

(1) 家长个人层面,帮助面临同样困境的个体建立社会联系,发展友谊和新的角色模式,减少个体孤立感,将共同诉求显性化,形成社群的互助体系。

(2) 在家长组织层面,通过网络的愿景共建、价值观输入以及资源共享,促进组织自身发展,实现规范化的组织运作,更好地服务于心智障碍者及其家庭。

(3) 在社会议题层面,自助组织可以链接社会服务资源,成为信息交换中心,成为服务需求方和资源提供方连接的桥梁,同时,形成合力开展社会公众教育及政策倡导,影响服务品质,提高心智障碍群体的福祉。

3. 工作理念

融合中国网络有效地贯彻了社会工作的最基本原则"助人自助",除了向心智障碍者家长提供专业化的理念和方法外,还凝结有原动力、有成长意愿且行动能力较强的家长,协助其成长为主动的行动者或发展的领航者。

4. 工作策略

融合中国网络基于领袖培养、社群赋能、社区动员的工作策略,依托互联网平台联结家长骨干,通过能力建设提升他们的行动力和领导力,孵化和培育家长组织,进而通过家长组织开展社会宣传、社区动员和政策倡导等活动,既提供了正确的理念、信息、可操作的策略,又提供了持续的支持系统,进而让社群自己发现问题,建立联结、互助,进而寻求系统的解决方案,实现从个体赋能到群体赋能最终到社会赋能。

5. 服务方法

融合中国网络在了解服务对象的需求之后,联合地方家长互助组织替服务对象发声,村、镇、县、市、省逐级上报,并协同社区、医院、精协、残联等,以获得更多支持和最佳解决。同时,融合中国网络还向各地家长互助组织特别推出了"照顾清单",给家庭提供一个模板。如果家庭发生变故,孩子需要让别人照顾,这个照顾清单能够更好地指导对孩子的照顾。

至于陪伴,是融合中国网络做得更多的事情。他们的调研不仅发现孩子需要一些居家的训练,家长也需要心理支持。2020 年,许多家庭度过了一段居家隔离的时光。融合中国网络通过搭建"小萌推送"和"小萌课堂"等线上赋能课程平台,透过各地家长互助组织分享相关资讯和政策、针对孩子的居家康健课程,以及针对家长的疗愈活动,陪伴网络内的家庭共同度过这段时光。比如,在社群里开展一些“家务小能手打卡”、才艺表演、绘画作品评选等活动,这些活动不仅能够让孩子们居家隔离的生活更有趣,也会让家长们在其中收获良多。

（三）服务案例

以疫情救助工作为例,疫情当中,心智障碍者所面临的挑战显而易见。普通孩子可能会很快理解为什么不能出门,甚至享受在家上网课的时光。但他们不同,正常的康复被打乱、长期封闭在狭小的空间、日复一日地无所事事……这些对他们的情绪都是很大的挑战。有些孩子会面临用药困难的问题,而家庭照顾也存在风险：如果一个家庭成员被隔离,家庭的照顾就会出现很大的问题,单亲家庭的麻烦更甚。同时,这些心智障碍者的家长也需要被关照。在疫情中,家庭矛盾更容易凸显,每天 24 小时面对孩子也更容易引发焦虑情绪。

基于上述需求,以及为避免类似鄢成事件悲剧的再次发生,由北京市晓更助残基金会发起,融合中国网络伙伴联合执行,整合各地家长组织、服务机构及其他合作单位,推动建立了“特殊需求困难家庭疫情防控期间紧急救助网络”,为疫情之下的心智障碍人士及其家庭搭建了安全保障网络。网络体系主要分为三部分：一,建立和完善紧急救助网络,扩大心智障碍者家庭参与数量,深入了解其个别化需求,同时提供陪伴与支持;二,进行个案救助,包括通告事件、链接资源和紧急救援;三,线上资源赋能,包括资讯分享、社群陪伴与鼓励、居家康教线上活动、家长心理支持和湖北家庭线上服务。

（四）服务总结

融合中国网络充分调动枢纽型家长互助组织的桥梁作用,将心智障碍者家长互助组织发展的经验引入到周边辐射地区,带动周边地区建立起家长组织。通过家长互助组织为心智障碍者家庭赋能,提升他们对心智障碍的认识,并通过持续的能力建设活动使家长互助组织具备自我发展和服务心智障碍者家庭的能力,可以在当地持续发现和满足心智障碍者家庭的长期需求。这种方式可以首先将最关心和最有动力改善心智障碍者现状的群体——家长——动员起来,使其成为改善心智障碍者权利的建设性力量,从而带动其他利益相关方的关注和支持。

第六节　助残志愿服务案例

志愿者是残疾人服务中的重要支持力量。志愿者的陪伴与支持能够帮助残疾人更好地走进社区,融入社会;同时,当残疾人具备一定的能力之后,他们不仅仅是接受帮助的一方,也能成为志愿者,与社会上的志愿者相结合,去帮助有需要的残疾人,既能促使自己融入社会,又能实现人生价值。本节将以两个项目为例,讲述志愿者在助残服务中的重要性，并说明当残疾人自身增能达到一定程度后，他们又是如何为有需要的其他残疾人士服务。

一、 助残志愿服务——特殊马拉松赛事中的陪伴者

（一）项目背景

残疾人士是社会中一个特殊群体，他们同社会的交往与健全人有很大的差别，社会歧视现象也仍然存在。为使残疾人士在物质生活无忧的情况下，走出家门，充分融入社会，追求并充分享受精神文明建设的成果，顺德区威权康复服务中心以开展残疾人士运动专题活动为平台，动员引导和吸纳残疾人士走出家门参与社区文化活动，为残疾人士搭建起一个展示自我的文化平台，结合助残志愿服务使残疾人士通过朋辈支持感受爱，取得了良好的社会效果。残疾文体活动是残疾人接触、融入社会的重要手段。

而在我们残疾人社会工作中，推崇“残健共融”的理念，残疾人士融入社区生活才能回归正常的社会生活。残疾人士融入社区生活，除了透过日常的社会适应性训练、职业康复，朋辈的支持也是一个重点的手法。助残志愿服务可使志愿者和残疾人士在多样化的社区志愿活动中获得共同成长的机会，帮助残疾人士融入社会，能有效地帮助残疾人士扩大社交圈子，提高人际交往能力。与此同时，志愿者亲切的关怀和鼓励，帮助残疾人士减轻接受助残志愿服务时的自卑感和疏远感，从而使其建立自尊心和自信心，增强归属感，进而增强整个社会的向心力和凝聚力。

在助残志愿服务中，志愿者担当多重角色的身份。志愿者首先以朋友的身份和残疾人士建立初步的信任关系，使其感受到朋友的关爱；在活动的过程中，志愿者又担当着教导者的角色，授人以鱼更要授人以渔，在共同学习的过程中为残疾人士提供积极正面的言传身教；此外，志愿者还肩负残疾人士在活动过程中的安全责任，保护弱小的特殊群体。

（二）机构简介

顺德区威权康复服务中心成立于 2004 年 8 月，是专为残疾人(尤其是残障儿童)提供医疗、康复、教育、托养服务于一体的福利机构，同时也为顺德区的残疾人士提供全面而优质的社区康复服务，并协助残疾人士在身体机能、心智、社交及潜能上的发展，缔造一个有利的环境协助他们积极融入社区生活。顺德区威权康复服务中心是一间综合康复服务机构，多年来中心业务领域不断拓展，主要服务有肢体残疾儿童康复训练、智障儿童康复教育、孤独症儿童康复教育、听障儿童康复教育、言语障碍儿童康复教育、康复评估、成人康复、职业康复、社区康复以及社会工作等专业服务。

（三）项目简介

自 2012 年开始，顺德区积极推动残疾人社会融入工作，鼓励残疾人及社区人士共融发展。其时，由顺德区星宇社会工作服务中心率先提出结合“国际残疾人日”以及《联合

国残疾人权利公约》的精神，构思策划并通过配资及募集社会资源来举办“互助共融，跑出精彩”顺德特殊马拉松活动。其后，这一活动更在顺德区民政和人力资源社会保障局、顺德区残联支持下，成为恒常资助项目。

活动包括“三公里挑战赛”以及“五公里共融赛”，每位参赛的残疾人士均各配备一名伴跑志愿者共同参加活动，伴跑志愿者需于当天陪同参赛的残疾人士参加整个活动，协助他们储物、领回物品、更衣、如厕、领奖和参与大会其他活动等，确保残疾人士在参加整个活动的过程中安全完成赛事。

九年来，该活动为顺德区残疾人士提供身心健康的讯息，同时鼓励社区各界及残疾人士积极参与社区活动，普及互助、平等、尊重及参与体育运动的信息，向社会宣扬残健共融的意义。

（四）项目实施

1. 志愿者招募

在最初期的时候，特殊马拉松通过与顺德职业技术学院团委进行合作招募，志愿者的人群以学生群体为主，较单一而且便于进行助残服务培训。随着特殊马拉松发展的规模扩大，招募志愿者的形式变得多样化，通过各镇(街道)义工联、残疾人服务机构、线上的招募方式进行，针对团队和个人的渠道进行招募。团体报名，主要针对团体报名的相关机构或单位、团体，伴跑员可通过相关残疾人服务机构或团体配对报名；个人报名，主要针对个人名义报名的伴跑志愿者，个人以“伴跑义工”性质参与到活动中。

2. 志愿者培训

在特殊马拉松活动开始前，组织伴跑志愿者通过开展志愿者培训，了解残疾人士的基本情况、沟通技巧、基本的急救知识，以及当日活动的流程、赛事的路线、相关的安全注意事项。

在特殊马拉松活动前一周，组织残疾人士和伴跑志愿者提前见面进行试跑训练，让双方熟悉见面，建立初步的信任关系，并且在锻炼跑步的过程中互相磨合。通过志愿者培训，打破对残疾人士的偏见和歧视，志愿者通过实践与残疾人士的相处技巧，在活动中进行互动交流，促进朋辈支持。

3. 志愿者陪跑

志愿者培训合格后，就可以参与一对一的陪跑，同时协助残疾人储物、领回物品、更衣、如厕、领奖和参与大会其他活动等，确保残疾人士在参加整个活动的过程中安全完成赛事。

（五）项目成效

特殊马拉松活动具有纪念意义，让志愿者更有凝聚力。特殊马拉松活动还像是一个残疾人年会，鼓励更多志愿者更愿意参与其中，感觉自己贡献了自己的力量。

整个活动的过程中志愿者肩负着多重责任：残疾人士的安全、朋辈支持的角色、社区宣传推广等。大部分的志愿者坚持每年参加特殊马拉松伴跑志愿者，并且与伙伴们相约明年见、每年见。原有的志愿者还会带动身边的朋友、家人参加到助残志愿服务中，使得志愿服务队伍日益壮大。而特殊马拉松可以吸引志愿者持续性的参加，正是因为提倡残健共融，让社会大众通过特殊马拉松感受和见证残疾人士自强、坚持、勇敢的一面。

（六）项目反思

顺德特殊马拉松不只是一场残疾人士的长跑活动，还是一次互助共融的合作历程，一次平等尊重的权利倡导，一场关怀有爱的感动体验，一次身心健康的讯息推广。志愿者、残疾人士、残疾人服务机构在特殊马拉松中更有不同获益。

在助残志愿服务中，志愿者通过与残疾人士结伴长跑，在运动的过程中互相鼓励完成赛事，肩负着多种责任，收获了充实的经历和满足感。而亲身与残疾人士接触，更帮助他们真实了解残疾人士，消除误解。志愿者的口口相传，还扩大社会的认知度。

在助残工作中开展残疾人志愿者服务，我们期待的是双方之间擦出的火花。在服务中，我们吸取志愿者经验，调整志愿者和残疾人的接触技巧。我们还在发展不同批次的志愿者的过程中，收获了从零开始发展志愿者的经验。

通过接受助残志愿服务，残疾人士融入了社会，有效地扩大社交圈子，提高人际交往能力。与此同时，志愿者亲切的关怀和鼓励，帮助残疾人士减轻接受助残志愿服务时的自卑感和疏远感，使其建立自尊心和自信心，增强归属感，进而增强整个社会的向心力和凝聚力。

二、 自我增能——残疾人的志愿服务

（一）项目背景

1. 机构简介

茶山残疾人康复就业服务中心(以下简称“中心”)成立于 2012 年 12 月，主要服务茶山镇就业年龄段的精神、智力及少部分肢体残障人士，运营至今，中心社工一直致力于服务对象的基本生活自理、安全知识教育、社区资源使用、职业能力提升等方面工作。

2. 项目背景

据统计，截至 2020 年 8 月，茶山镇共有 74 名低保、低收入残障人士，其中低保、低收入困难残障人士家庭有 60 户，他们因疾病、生理缺陷、社会地位等方面原因，在生活、学习和就业方面遇到诸多困难，居家环境、人际交往、家庭照料等需求得不到满足，需要提升生活水平。

为了向茶山镇社区困难残障家庭提供基础生活照料服务，同时给予中心服务对象一个锻炼实践的机会，茶山残疾人康复就业服务中心特开展“阳光伴我行”残障人士助人自助关爱项目，采取“社工＋服务对象＋社会志愿者”联动方式，以多元化的形式开展服务以满足两个群体需求，达到“助人自助”目的。

（二）项目目标

1. 提升中心服务对象的基本生活自理、自信心、沟通能力、工作技能等社会融入能力。

2. 缓解社区困难残障人士的精神压力，减轻他们的家庭生活照料负担。

（三）项目简介

该项目以中心服务对象和社区困难残障人士为服务对象，以茶山镇康复就业服务中心服务基础为依托。项目前期在中心筛选出部分有意愿及能力的服务对象，对他们进行系统化的家居清洁、沟通能力、社交礼仪、园艺技能等训练，组织他们加入助残志愿者队伍，再整合社会资源，入户为茶山镇困难残障人士家庭提供志愿服务，减轻他们家庭照顾负担，助其以更积极的心态面对生活。茶山镇通过此方式促进了两个残障人士群体共同成长。

（四）项目实施

项目的实施主要分为前期、中期和后期三个阶段。项目前期，通过对中心服务对象进行培训，提升其基础服务能力，邀请有意愿、有能力的服务对象加入助残志愿服务队伍，与社会志愿者一起为社区残障人士服务；项目中期，志愿服务队伍壮大，开始与社会志愿服务团队合作，提供多元化服务；项目后期，中心志愿者升级为活动助理，不断发挥自身价值，实现助人自助。

1. 前期：扎实做好基础训练，走出中心，打开社区实践平台

项目前期主要针对中心服务对象开展基础能力训练，组织他们加入助残志愿者队伍，开始入户为困难残障人士提供居家清洁服务。

（1）基础能力训练

项目前期中心重点加强服务对象在基本生活自理、安全教育、文明礼仪、沟通表达、规则意识等方面的训练，社会工作者在社会学理论指导下，结合服务对象的特点，理论、情景模拟、实操相结合，通过早课、小组、个训、组训等方式，强化服务对象能力。经过两年多的时间，中心70%的服务对象能有礼貌地与人相处，学会安全出行、遵守中心及社区公众场合规则，与人沟通时表达能力有所提升，并能自己完成区域内的卫生清洁。

（2）加入助残志愿者队伍

在长期系统训练后，社会工作者在中心召开了一次志愿者招募大会，以PPT、视频的形式向服务对象展示他们的改变和成长、志愿者的意义及作用、困难残障家庭的问题和需求，邀请服务对象成为志愿者为困难残障家庭服务。在社会工作者的引导下，服务对象对志愿服务产生了浓厚的兴趣，表示愿意为有需要的人做一些力所能及的事情。在家属的支持与鼓励下，有10名服务对象填写志愿者申请，成为第一批助残志愿者。

（3）入户开展志愿服务

除中心志愿者之外，社会工作者还招募社会志愿者，以“1名社工＋2名社会志愿者

+2 名中心志愿者”的形式,为社区困难残障人士提供居家清洁服务。第一次入户前,社会工作者跟困难残障家属做好对接,沟通协调清洁的具体事宜做客厅、厨房清洁。同时,结合志愿者的特点进行培训与分工,如将扫地、拖地、抹桌子、清洗用具等这些服务具体到人。在服务过程中,社会志愿者发挥了较大的作用,而中心志愿者由于身体上的不便和心理上的紧张,与人沟通和具体服务等方面的能力都有待提升。

在以后几次的服务中,社会工作者肯定社会志愿者的引导作用,加强对中心志愿者的能力培训。经过几次的入户,10 名志愿者能较好完成下户过程中见面打招呼、介绍自己、安全出行、清洁等任务。除了关注困难残障家庭居家环境的改进,也会链接社区资源,为其送上节日慰问。

2. 中期：适应角色的转变，发挥所长，不断丰富服务内容，帮助社区困难残障人士走出家门

随着服务不断地深入与延续,社区困难残障人士对中心志愿服务信任越来越高,主动提出了更多需求。与此同时,中心服务对象的能力也在不断增长,社会工作者开始不断丰富服务对象的能力训练及链接更多社会资源参与项目,为社区困难残障人士提供丰富的服务内容。

(1) 不断扩展服务内容与形式,以满足两个群体发展需要

在中心服务对象具备基础的服务能力及服务经验之后,中心工作人员结合中心日常自主管理模式,对服务对象进行了社交礼仪、情绪管理、利用社区资源使用、职业技能、工作态度等方面的系统培训,以进一步提升其服务能力,同时对服务对象的特长进行巩固和提高。例如,有些服务对象能独立在超市中购物,便强化其购物技能,在后续入户时可安排协助外出购物。

经过不断学习、调整适应,服务内容不断丰富,由原来的清洁卫生扩展到陪聊、协助走出家门到公园散步、协助外出购物、文娱表演等;服务队伍不断壮大,中心志愿者由原来的 10 名增加到 20 名。采取“以熟带新”团队协作形式,依托于社区实践平台,中心志愿者的自我管理与服务能力不断提升,精神面貌也有了很大的改善。同时,社区困难残障人士也得以走出家门,走进社区。

(2) 加强沟通,多方合作,切实满足困难残障人士的合理要求

随着服务内容不断丰富、深入,社区残障人士对中心的信任度、依赖度会逐渐增加,会主动提出他们的需求。在本项目范围之内的需求,社会工作者、中心志愿者及社会志愿者会尽力满足;当一些需求不在服务范围之内时——如一些社区困难残障人士提出轮椅需要更换——社会工作者则会跟社区困难残障人及其家庭澄清项目的定位,并表示可以多方链接资源,寻求捐赠,以及向镇残联反馈,询问是否有政策支持,过程中及时与其沟通进度和情况,以便后续服务更顺畅开展,也让社区困难残障人士对项目服务有正确的期待。

(3) 加强资源链接，形成稳定的合作团队

在项目中期，中心不再单一招募志愿者参与服务，开始与社会志愿者团队合作，与茶山团委、春风志愿服务队达成合作，定期组织开展志愿者培训、志愿者分享会，稳定参与人员。另外依据社区困难残障人士在辅助器具、家庭生活负担、家用电器等方面的需要，中心还积极链接了广东省东莞监狱志愿者团队、惟善素食馆、嘉荣超市等 10 个爱心企业团体为项目捐赠多批物资。

3. 后期：助人自助，从输出到引入，完成自我成长与蜕变

在项目后期，服务对象能较好完成志愿者工作，技能学习突出，可以用自己的技能去获得收入，社会工作者资源链接从单纯提供项目服务、捐赠物资开始转变成参与体验服务的消费者，而社区残障人士的服务也开始关注其心理情绪，协助走进社区。

(1) 从志愿者成长成为活动助理，在助人过程中实现自我成长

在项目后期，社会工作者依据服务对象需求，重点强化训练其园艺工作技能，从浇水、除草、施肥等基础养护知识的学习到播种、种植盆栽、农作物生产等，以“理论讲解＋小组互动＋实操＋日常分工”等多种形式去强化服务对象园艺工作技能。一方面，社会工作者强化中心服务对象生产入户服务中表现突出的中心志愿者成为活动助理，参与活动的全过程，锻炼其人员分工、清点物资、跟进彩排等各方面的能力。经过不断学习，中心服务对象有 5 名能够成为体验活动助理，有 15 名服务对象的产品成功在市场出售，服务对象在过程中自我成就感增强，家属对其融入社会信心不断增加。

(2) 合理有效利用资源，关注社区残障人士的心理需要，促进其融入社区

随着经济不断发展，政策不断完善，社区困难残障人士在基本生活照料方面的需求越来越少，而回归社区、自我精神的需要越发明显，社会工作者一方面链接社区资源，协助其外出用餐、理发、参与社区活动等帮助其融入社区，另一方面将园艺带入社区残障人士家中，让残障志愿者以带领者身份与社区残障人士一起种植，用生命影响生命，在园艺体验过程中舒缓社区残障人士的精神压力，引导他们更积极地面对生活，体验种植乐趣和成就感。

(3) 志愿资源的转变，从支持项目服务到自我体验，实现助人自助

项目建立了较稳定的志愿资源，在市、镇、社区有一定影响力，社会工作者除了链接稳定的志愿者参与项目志愿服务外，还开发体验课程，对外招募体验服务，资源方开始从原来单纯的捐物、捐钱到带领团队参与园艺体验，释放工作、生活压力，增进同事间团队凝聚力，在过程中不仅让残障服务对象实现自我的价值，也能让资源方收获体验的乐趣，终能实现助人自助。

（五）项目成效

1. 服务对象获得良好改变

目前共有 35 名中心服务对象加入茶山镇助残志愿者队伍，中心整体评估结果显示，

90%的中心服务对象整体在出行能力提升 2 分以上、80%沟通能力提升 2 分以上、82%社交礼仪提升 2 分以上、88%自信心提升 2 分以上、100%工作技能提升 2 分以上。经过项目服务开展，有 5 名服务对象实现公开就业，10 名服务对象参与企业定期实习，35 名服务对象辅助性就业收入得到提升。

2. 社区困难残障家庭受益颇多

项目至今共开展助残活动 60 多次，已为 390 名困难残障人士提供志愿服务。经问卷调查，100%的社区残障人士对项目服务表示满意，83%的社区残障人士表示项目能解决自己基本生活需求。

（六）项目反思

1. 社会工作者要关注服务对象需求，创造机会助为服务对象成长

在服务的过程中，社会工作者要做要前期评估，制定项目阶段性发展目标，有序推进服务对象的成长，本项目中有两个不同群体的服务对象，如何结合现有的资源，去平衡满足两个群体需要，就需要社会工作者在前期做好规划，过程中不断总结经验，及时调整计划，同时加强与残联、专职委员、社区民政等多方政府资源的沟通，对于不能解决的社区困难残障人士需求及时对接或转介。而中心服务对象的成长与发展也是循序渐进的，需要扎实打好基础，才能获得长远的发展。在过程中也需注重服务对象自主参与，以最少协助原则引导服务对象成长，相信服务对象是有能力的，给予信任与平台，让其发挥与成长。

2. 依据服务对象成长，合理有效地利用分配资源

项目在不同发展阶段，同一样资源的分配不同，社会工作者需要重点结合现实情况及未来发展合理分配。在项目前期，社会志愿者就是活动协助者，到中期志愿者要发挥引导者、活动评估者、记录者等角色功能，到后期就可能只是一个观察记录者，服务开展慢慢发展成以残障志愿者为主导。在项目前期，资源链接以物资为主，中期重点是场地、活动、资金等支持，到后期，资源方就有可能转变成消费者或服务享受者。这些资源使用不断变化均是结合服务对象的成长而调整的，而服务对象也因有这些社会资源的助力才能更好地融入社会，回归社会。

本 章 小 结

残疾人托养服务、就业服务、社会融合服务、法律维权服务、家属支援服务和助残志愿服务等是残疾人服务中的重要内容，作为残疾人服务的提供者，我们应不断提高自己的专业能力，积极链接资源进行多方合作，满足其个性化需求，为残疾人提供更好的服务，促进我国残疾人事业的发展。

参考书目

1. 福娟：《缺失与重塑：残疾人社会工作案例研究》，华东理工大学出版社，2018。
2. 杨立雄：《中国残疾人事业典型案例》，人民出版社，2012。

后记

这几年编书的业务逐渐多起来，编书有苦有乐。有时候工作顺利，艳阳高照，有时候阴雨连绵，忍受着痛苦和摧残。但不管怎样，这个过程是幸福、快乐的。就像我学写的《望月》：

月未到羊城，先到花仙谷。
花仙谷看月，隔几枝修竹。
今晚要告竣，月晕如玉厚。
最幸福时节，总在痛苦后。

编书不易，需要有深厚的积累和情怀。绝不是轻轻松松、敲锣打鼓就能编好的。特别是在以论文论英雄的高校，编书、出版专著实在是一项吃力不讨好的事情，但确实是社会需要的，这些年我干了很多这样的事。但是我愿意，只要有助于推动社会组织，只要有利于推动弱势群体前行，我都愿意干。尽管要付出艰巨、艰苦的努力。

在编写的过程中，得到了广东省残联和广州市残联相关领导的支持和帮助，在此表示深深的谢意。点赞我的团队，他们默默忍受着我带给他们的痛苦和摧残。不管我如何要求，他们都愿意付出。在此感谢他们真情的付出，感激他们的相伴。

全书的分工如下：第一章由罗文波、张肖编写；第二章由王秀丽、陈彩琼、谷舒晴、陈惠君编写；第三章由李锦顺、陈惠君编写；第四章第 1、2、3、4、5、7 节由李锦顺、陈彩琼编写，第 6 节由杨超编写；第五章由罗文波、张肖编写；第六章由吴鹏飞编写；第七章由李锦顺编写；第八章由王秀丽、谷舒晴、吴鹏飞编写。其中第八章的案例撰写分工如下：居家服务案例由李存俨、魏兆文、李志伟撰写；日间照料案例由吴鹏飞、吴秀娟撰写；寄宿制托养案例由郝晓琴、袁继红、徐彩霞、黄楚帆撰写；支持性就业案例由杨超撰写；辅助性就业案例由梁月娥、林千叶撰写；自闭症儿童融合教育由李小玲撰写；智力或精神残障人士独立就医由吴秀娟撰写；视障者诉银行办卡歧视案例由丁鹏撰写；因工致残后的自主维权和自我成长案例由黄肖凤撰写；脑瘫患者家属支援案例由罗水妹撰写；融合中国心智障碍者家长组织网络案例由梁志图撰写；助残志愿服务案例由刘国豪、林泳芬撰写；自我增能案例由陈磊珍撰写。正是由于他们提供的撰写案例资料，编者才能使本书更加丰满生动。全书由我负责设计、规划和统稿。胡斯乐同学帮我搜集了大量的资料，对此表示感谢。

在写作中参考了大量专家和学者的论文和专著，在此对这些作者表示感谢和敬意！

若欲对本书提出建议，或与作者就相关课程开展或学习资源等进行交流，请发送电子邮件至 Jinshun78@126.com。

李锦顺于广州花仙谷

2021 年 5 月 12 日

图书在版编目（CIP）数据

残疾人服务概论 / 李锦顺, 罗文波, 王秀丽编著
. —上海：东方出版中心, 2022.4
ISBN 978-7-5473-1962-8

Ⅰ. ①残… Ⅱ. ①李… ②罗… ③王… Ⅲ. ①残疾人
- 社会服务 - 中国 Ⅳ. ①D669.69

中国版本图书馆CIP数据核字（2022）第027531号

残疾人服务概论

主　　编　李锦顺　罗文波　王秀丽
责任编辑　韦晨晔　江彦懿
封面设计　钟　颖

出版发行　东方出版中心有限公司
地　　址　上海市仙霞路345号
邮政编码　200336
电　　话　021- 62417400
印 刷 者　上海颛辉印刷厂有限公司

开　　本　787mm × 1092mm　1/16
印　　张　18.25
字　　数　350千字
版　　次　2022年9月第1版
印　　次　2022年9月第1次印刷
定　　价　98.00元